€ 2,50

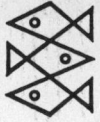

Über dieses Buch: Am 7. Mai 1915 gegen 15 Uhr nachmittags wurde der britische Luxusdampfer »Lusitania«, das größte und schnellste Schiff seiner Zeit, unmittelbar vor der Küste von Irland von einem Torpedo des deutschen »U-20« getroffen. Unmittelbar danach explodierte das Schiff und sank in weniger als zwanzig Minuten. Unter den zwölfhundert Männern, Frauen und Kindern, die starben, waren auch zahlreiche amerikanische Staatsbürger. Nach der offiziellen Erklärung der britischen Regierung handelte es sich um ein beispielloses Verbrechen der deutschen Kriegsmarine, das im Gegensatz zu allen Regeln der Seekriegsführung stand und als kaltblütiger Mord bezeichnet wurde.

Der Untergang der »Lusitania« führte zu einer scharfen diplomatischen Konfrontation zwischen den Vereinigten Staaten und Deutschland und schließlich zum Eintritt Amerikas in den Ersten Weltkrieg.

Die scheinbare Logik der Ereignisse ist Geschichte geworden, die eigentlichen Hintergründe aber blieben im Dunkel. Jene mächtigen Männer, die das Schiff auf die tödliche Fahrt schickten, haben alles getan, um die Wahrheit über die »Lusitania« so lange wie möglich unter Verschluß zu halten. Allzu verschlungen waren die Wege, auf denen das amerikanische Volk in den Krieg geführt wurde.

Der englische Journalist Colin Simpson ist den ungeklärten Punkten der »Lusitania«-Geschichte nachgegangen. Dabei entdeckte er ein Geheimabkommen zwischen der Royal Navy und der Cunard-Dampfschiff-Gesellschaft, gefälschte Ladepapiere, Pläne für die Bewaffnung des Schiffes, unterdrückte Zeugenaussagen und die Spuren einer geschickten Geheimdienst- und Pressearbeit. Es gelang ihm, die packende Geschichte einer vorgeplanten Katastrophe zu rekonstruieren, die zur Trumpfkarte des Krieges wurde.

Sein Bericht ist eine faszinierende Darstellung von politischem Zynismus, Arroganz und jener kalten Berechnung, die Völker im Interesse der Profite zum Krieg treibt.

Der Autor: Colin Simpson wurde 1931 geboren. Er erhielt seine Ausbildung in Wellington, Oxford, Sandhurst und an der Universität von Helsinki. Zuletzt studierte er die finnisch-ugrischen Sprachen und promovierte mit einer Studie über das Verhältnis von Umwelt und nationaler Kunst. Seit 1964 ist er Sonderkorrespondent der *Sunday Times*.
Zusammen mit Phillip Knightley gab er 1969 »The Secret Lives of Lawrence of Arabia« heraus. Er ist Autor von »Seeschlacht vor Trinidad« (1979).

Colin Simpson

Die Lusitania

Amerikas Eintritt in
den Ersten Weltkrieg

Aus dem Englischen übersetzt
von Hermann Stiehl

Fischer Taschenbuch Verlag

Maritime Fachberatung: Bodo Herzog

Ungekürzte Ausgabe
Veröffentlicht im Fischer Taschenbuch Verlag GmbH,
Frankfurt am Main, November 1987
Lizenzausgabe mit freundlicher Genehmigung
des S. Fischer Verlages GmbH, Frankfurt am Main
© 1972 Colin Simpson
Für die deutsche Ausgabe:
© 1973 S. Fischer Verlag GmbH, Frankfurt am Main
Umschlaggestaltung: Jan Buchholz / Reni Hinsch
Gesamtherstellung: Clausen & Bosse, Leck
Printed in Germany
ISBN-3-596-24384-x

Inhalt

Einleitung

Der Old Head of Kinsale ist ein steiles und felsiges Vorgebirge, das von der Südwestküste Irlands aggressiv in den Atlantik hineinstößt. Auf seinem Rücken gibt es einen Leuchtturm, eine Küstenwachstation und die Ruinen einer frühen keltischen Siedlung. Zwei Jahrtausende hindurch war es ein Aussichtspunkt für die Menschen an Land und eine wichtige Landmarke für die Menschen auf See. Hinter ihm liegen ein tiefer und sicherer Hafen, einst Unterschlupf spanischer und englischer Flotten, und die Stadt Kinsale, heute ein verschlafenes Fischernest, das jeden Sommer von Touristen und Jachtfahrern überschwemmt wird. An Zeitvertreib gibt es wenig mehr als das Gespräch, und dabei kommt die Rede früher oder später unweigerlich auf die *Lusitania*, die ganz in der Nähe am 7. Mai 1915 torpediert wurde, wobei 1201 Menschen den Tod fanden. Es gibt eine »*Lusitania* Bar«, einen »*Lusitania* Grill« und die unvermeidlichen *Lusitania*-Souvenirs. Ebenso unvermeidlich ist die Lusitania-Legende, daß der große Dampfer mit Barrengold beladen war, das auf jeden wartet, der reich genug und entschlossen ist, dreihundert Fuß auf den von der Strömung gepeitschten Granitgrund des Atlantik zwölf Meilen südlich und zwei Grad westlich des Old Head hinabzutauchen.

Man hat mehrere Bergungsversuche unternommen. Alle wurden aufgegeben, zwei von ihnen endeten mit einem Bankrott. Kurz nach dem Ende des letzten Krieges ging das Bergungsschiff *Reclaim* der Royal Navy über dem Wrack vor Anker. Seine Anwesenheit wurde im Logbuch der Küstenwachstation auf dem Old Head vermerkt. Die Spekulationen verstummten wieder, als die *Reclaim* weiterfuhr. Im Jahre 1954 machte im Auftrag der Risdon Beazley Limited, einer Gesellschaft aus Southampton, ein Bergungsschiff über dem Wrack fest und blieb dort einige Tage. Journalisten konnten keine Bestätigung dafür erhalten, daß die Schiffe je dort gewesen waren. Die Legende fügte dem Barrengold eine Ladung Platin und Stahlkammern mit Diamanten und anderen Edelsteinen hinzu. Dann kam ein amerikanischer Taucher, John Light, der mit wenig Geld und spärlicher Ausrüstung mehrere Tauchunternehmen durchführte. Über seinen bemerkenswertesten Versuch berichtete die amerikanische *Sports Illustrated* am 24. Dezember 1962. Zu dem Team am Meeresgrund gehörte auch Surgeon-Commander John Aquadro von der US-Navy. Sie lieferten keinen schlüssigen Bericht, behaupteten aber, Anzeichen dafür entdeckt zu haben, daß frühere Taucher die Schiffswand aufgeschnitten und gesprengt hätten, während Commander Aquadro angab, er habe etwas gesehen, das er für ein Geschützrohr hielt. Die Folge war, daß das Geld für eine Reihe teurer Tauchversuche zusammenkam. Unglückliche Umstände und Meinungsverschiedenheiten führten zur Aufgabe des Projekts, und die finanzielle Unterstützung wurde zurückgezogen. Jetzt ist die Frage, wem Wrack und Ladung gehören, hinzugetreten, und seit 1965 hat es keine Tauchoperationen von Bedeutung mehr gegeben.

Ich las den Artikel in der *Sports Illustrated* und begann auf Anregung von William Rees-Mogg, jetzt Herausgeber der *Times*, mit eigenen Nachforschungen. Da es mich nicht lockte, in den Atlantik hinunterzutauchen, konzentrierte ich mich auf die Archive. Die Geschichte, die sie enthüllen, wird in diesem Buch erzählt. Von Anfang an wurde meine Neugier durch die Frage geschärft, ob die Schiffe der Admiralität und der Firma Risdon Beazley je am Wrack gewesen waren. Anhand der Marinelisten machte ich zwei Angehörige der Besatzung der *Reclaim* ausfindig und unterhielt mich ausführlich mit ihnen. Sie gaben offen zu, daß sie bei der *Lusitania* gewesen waren, aber sie sagten auch, daß sie keine weiteren Angaben machen könnten ohne Genehmigung der Admiralität und wiesen in diesem Zusammenhang darauf hin, daß sie dem Geheimhaltungsgesetz unterstünden. Bis zum heutigen Tag bestreitet die Admiralität, daß sich »die *Reclaim* oder irgendein anderes Marinefahrzeug« an der Stelle aufhielt oder daß irgendwelche Angehörige der Royal Navy nach dem Wrack tauchten. Diesen Standpunkt vertritt sie jetzt seit sieben Jahren. Im Januar 1972 gab die Firma Risdon Beazley in Southampton mir gegenüber zu, daß sie zweimal an der Tauchstelle gewesen war, aber nur »zum Spaß«. Der Direktor bat mich, festzustellen, daß »keine Angestellten dieser Gesellschaft je nach der *Lusitania* getaucht sind«.

Meine ersten Nachforschungen gingen von der Vorstellung aus, daß hier die klassische Geschichte von einem gesunkenen Schatz vorlag, und deshalb akzeptierte ich das unbestrittene Zögern vieler Personen, über die Angelegenheit zu sprechen. Andererseits bildete es für mich eine echte Herausforderung, die Fakten zu ermitteln. Der Ausgangspunkt mußte natürlich die Liste der Ladung sein, mit der die *Lusitania* den New Yorker Hafen verlassen hatte. Das Archiv der *Times* zeigte, daß sechs Wochen nach der Katastrophe das Handelsministerium den Untergang des Schiffes untersucht hatte. Eine zweite Untersuchung fand 1918 in New York statt. Bei beiden mußten die Ladepapiere als förmliches Beweisstück gedient haben. Dem Handelsministerium gehen Kopien der Ladepapiere aller Schiffe zu; sie werden im National Maritime Museum in Greenwich aufbewahrt. Bei einem Schiff, das von New York auslief, mußte sich eine weitere Liste bei der New Yorker Zollbehörde befinden. Die ersten drei konnte ich ausfindig machen. Sie waren alle voneinander verschieden. Übereinstimmung zeigten sie nur darin, daß in keiner Liste von Barrengold, Hartgeld oder sonstigen wertvollen Dingen die Rede war, die eine teure Bergungsoperation gerechtfertigt hätten. Die Cunard Linie bestätigte, daß auch sie eine Ladeliste besaß. Diese vermerkte ebenfalls keine Schätze, stimmte aber ihrerseits nicht mit den anderen Listen überein. Eine genaue Prüfung ergab, daß es sich bei allen um Kopien handelte. Wo also war das Original? Es fand sich unter den Papieren von Präsident Franklin D. Roosevelt, und ich beschaffte mir eine Kopie. Diese Entdeckung und die Umstände, wie und warum Präsident Roosevelt das Dokument erhalten hatte, erwiesen sich als Ausgangspunkt für das vorliegende Buch. Ich setzte weder die Admiralität noch das US-State Department davon in Kenntnis, daß ich die Kopie besaß, sondern bat beide Ministerien um Zugang zu allen die *Lusitania* betreffenden Dokumenten, der mir rasch und höflich gewährt wurde.

Die Akten der Admiralität gelten dreißig Jahre lang als geheim. Dann werden sie auf Angelegenheiten hin gesichtet, die die nationale Sicherheit betreffen, und diejenigen Unterlagen, die diese Prüfung bestehen, wandern ins Public Record Office, wo sie der Öffentlichkeit zur Verfügung stehen. In den Vereinigten Staaten verfährt man ähnlich, hier gelangen die Akten in die National Archives. Obwohl die *Lusitania*-Affäre beide Nationen unmittelbar betraf und das erste und dramatischste der Ereignisse war, die schließlich zum Eintritt der Vereinigten Staaten in den Ersten Weltkrieg führten, enthalten beide Archive darüber nur spärliche Informationen. Zwischen beiden Archiven bestehen, was die Fakten angeht, substantielle Unterschiede, und oft möchte man kaum glauben, daß sich die Akten auf dasselbe Schiff beziehen. In ihren Schlüssen stimmen beide Dokumentensammlungen jedoch überein. Sie bilden die Grundlage der offiziellen oder autorisierten Version der *Lusitania*-Affäre, die als kleine Broschüre im Oktober 1915 von der Cunard Linie veröffentlicht wurde. Ihrer kriegerischen Erklärungen entkleidet, spiegelt sie genau die offizielle Einstellung der Britischen Admiralität und des amerikanischen State Departments zu den Vorgängen und ihren Ursachen wider: eine Haltung, die sie bis auf den heutigen Tag einnehmen. Es wäre diesen ehrwürdigen Institutionen gegenüber ungerecht, nicht daraus zu zitieren.

Seit 1840 ist die Cunard Steam Ship Company Limited eng mit der britischen Regierung verbunden. Von Zeit zu Zeit wurden mehrere wichtige Vereinbarungen getroffen, zu denen nicht zuletzt die von 1902 gehörte, in der die Gesellschaft sich verpflichtete, zwei große Dampfschiffe zu bauen, der Regierung ihre gesamte Flotte zur Verfügung zu halten und ein rein britisches Unternehmen zu bleiben. Das Ergebnis dieser Vereinbarung war der Bau der weltbekannten Ozeanriesen *Lusitania* und *Mauretania*.

Der eigentliche Bau der *Lusitania* begann im September 1904. [...] Sie lief am 7. Juni 1906 vom Stapel [...], genau vierzehn Monate und drei Wochen, nachdem sie auf Kiel gelegt worden war [...].

Ihr Bau wurde von allen am Schiffbau Interessierten aufmerksam verfolgt, da das Schiff – wegen seiner Größe, seiner prächtigen Ausstattung, seiner Geschwindigkeit, seines Turbinentriebwerkes – weltweite Beachtung gefunden hatte. [...]

Am 7. September 1907 lief die *Lusitania* von Liverpool zu ihrer Jungfernfahrt nach New York aus, und es ist keine Übertreibung, zu sagen, daß noch nie zuvor die erste Fahrt eines Passagierdampfers so weitverbreitetes Interesse erweckt hat. Mehr als 200 000 Menschen wohnten dem Auslaufen bei. [...]

Die Hochrufe der ungeheuren Menschenmenge, verstärkt durch die Dampfpfeifen und Sirenen aller auf dem Fluß liegenden Schiffe, als der Riese sich langsam vom Pier fortbewegte und im Dunkel verschwand, trugen zur Bedeutung dieses epochemachenden Vorgangs bei. Die enthusiastischen Szenen wiederholten sich im Hafen von Queenstown, den sie am nächsten Tag wenige Minuten nach zwölf Uhr verließ. [...] Der Empfang auf der anderen Seite des Atlantiks war ebenso begeistert, eine ganze Flotte von Schleppern und Vergnügungsdampfern begrüßte das Schiff, als es in den neu ausgebaggerten Ambrose Kanal einfuhr.

Von Anfang an war die *Lusitania* bei den Atlantikreisenden beliebt, was nicht verwundern konnte, denn sie war nicht nur schnell, sie war auch so luxuriös ausgestattet, daß die Unterbringung der Passagiere den Gipfel des Komforts darstellte und sie sehr wohl die Bezeichnung »schwimmender Palast« verdiente.

Ihre dekorative Architektur konnte sich mit der der vornehmsten Hotels der Welt vergleichen – hohe Kuppeln, ausgeführt und ausgemalt von erfahrenen Raumgestaltern, von kunstfertigen Handwerkern gearbeitete Täfelungen, schöne Wandbehänge, Vorhänge und Teppiche. Der Speisesaal der Ersten Klasse war eine Vision in Weiß und Gold. Der Stil war Louis Seize und die vorherrschende Farbe altrosa. Die prachtvolle Anrichte aus Mahagoni mit ihren Ornamenten aus vergoldetem Metall erregte die Bewunderung aller, die sie sahen, und darüber wölbte sich die wundervolle Kuppel mit Paneelgemälden im Stil von Boucher. Das Foyer war im Stil der späten Georgianischen Periode gehalten, und die schönen eingelegten Mahagonipaneele, die üppig ausgestaltete Kuppeldecke und die marmornen Kaminsimse stellten ein luxuriöses Ganzes dar. Harmonie und Eleganz waren das Motto von Schreibzimmer, Bibliothek und Rauchsalon.

Diesen verschiedenen öffentlichen Räumlichkeiten gesellten sich Prunksuiten hinzu, bestehend aus Speisezimmer, Wohnzimmer, zwei Schlafzimmern, Bad und Toilette, mit anschließenden Räumen für Zofen oder Diener. Auch die Unterbringung der Zweiter-Klasse-Passagiere stand auf einem luxuriösen Niveau, und zu den öffentlichen Räumen gehörten Speisesaal, Rauchsalon, Bibliothek und Foyer. Ausreichende Vorkehrungen waren auch für diejenigen getroffen, die Dritter Klasse reisten. So lassen sich in Kurzfassung die Passagierunterkünfte der *Lusitania* beschreiben. [. . .]

Über ihre Leistungen und über die zahlreichen interessanten Ereignisse auf ihren 201 erfolgreichen Fahrten über den Atlantik könnte man sehr viel schreiben, aber hier ist nur Raum für ein kurzes Resümee. [. . .] Auf ihrer zweiten Atlantiküberquerung in Ost-West-Richtung, bei der sie übrigens den deutschen Passagierschiffen *Kronprinz Wilhelm, Kaiser Wilhelm II* und *Kronprinzessin Cäcilie* das »Blaue Band« abjagte und damit für die britische merkantile Schiffahrt zurückgewann, erreichte sie eine Durchschnittsgeschwindigkeit von 24 Knoten in der Stunde und drückte die Fahrzeit von Liverpool nach New York auf weit unter 5 Tage (4 Tage, 19 Stunden und 52 Minuten), dabei legte sie einmal an einem Tag 617 Knoten zurück. [. . .]

Damit kommen wir zum letzten Abschnitt ihrer Geschichte. Obwohl im August 1914 der Krieg ausbrach und die britische Regierung gemäß der 1902 mit der Gesellschaft getroffenen Vereinbarung die *Lusitania* hätte requirieren können, stand sie doch nie unmittelbar im Dienst der Regierung, sondern nahm weiter ihren regulären Platz unter den Cunard-Schiffen ein. Im April 1915 lief sie – es war ihre 101. Reise, nachdem sie bereits zweihundertmal den Atlantik überquert hatte – von Liverpool nach New York aus. Sie traf unbehelligt in dem amerikanischen Hafen ein, obwohl sie auf einer früheren Reise dem Angriff eines feindlichen Unterseeboots hatte ausweichen müssen. Am 1. Mai verließ die *Lusitania* New York mit Kurs auf Liverpool. [...]

Vor der Abfahrt veröffentlichten deutsche Stellen in der amerikanischen Presse drohende Erklärungen, in denen die Versenkung des Schiffes vorausgesagt wurde; doch um Lord Mersey zu zitieren, der anschließend die Untersuchung zur Klärung des Schiffsuntergangs führte: »Weit davon entfernt, eine Entschuldigung darzustellen, verschlimmern diese Drohungen das Verbrechen nur, indem sie es offenkundig machen, daß die Absicht, es zu begehen, bewußt entwickelt und das Verbrechen selbst geplant worden war, bevor das Schiff auslief.«

[...] Am 7. Mai, die Fahrt war ohne besondere Vorkommnisse verlaufen, kam die irische Küste in Sicht, und um 14 Uhr 10 war das Schiff etwa 8 bis 10 Meilen vom Old Head of Kinsale entfernt. Ohne die geringste Warnung tauchte plötzlich die Blasenbahn eines deutschen Torpedos auf, die sich näherte, und das Schiff wurde zwischen dem dritten und vierten Schornstein getroffen. Es gab Anzeichen dafür, daß ein zweiter und vielleicht noch ein dritter Torpedo abgefeuert wurden, und das große Schiff sank innerhalb von 20 Minuten. Es ist unmöglich, auch nur annähernd die herzzerreißenden Szenen zu schildern, die sich abspielten. Männer, Frauen und Kinder, wie in einer Falle gefangen, kämpften vergeblich um ihr Leben inmitten von Trümmern aller Art. Auf die SOS-Rufe des todgeweihten Schiffs kam innerhalb weniger Stunden Hilfe, und 764 Menschen wurden gerettet. Aber die hunnischen Piraten hatten ihre Aufgabe erfüllt, der zivilisierten Welt zu zeigen, daß im Namen der deutschen Kultur die ganze Skala der Barbarei ausgeschöpft werden sollte. Die Greuel in Belgien, das Vergiften von Brunnen und der Einsatz erstickender Gase – all das schrumpfte zur Bedeutungslosigkeit zusammen angesichts der widerlichsten Mordtat, die je auf hoher See begangen wurde. Das Verbrechen, das für alle Zeit als Schandfleck an der Geschichte einer zivilisierten (?) Nation haften bleiben wird, hatte den Tod von 1198 unschuldigen und harmlosen Menschen zur Folge*. [...] Als die Leichen von Männern, Frauen und

* Die Zahlen der Cunard Linie rechnen unbeabsichtigt drei Personen in den Arrestzellen nicht mit. Siehe Kapitel 9.

unschuldigen Kindern geborgen wurden, kam es zu grausigen Szenen, die selbst den Abgebrühtesten die Tränen in die Augen trieben. Die Beisetzung der Opfer fand auf dem Old Church Friedhof statt.

»Dieses abscheuliche Verbrechen hat das internationale Recht und die Konventionen aller zivilisierten Völker verletzt, und wir klagen deshalb die Besitzer des Unterseeboots, den deutschen Kaiser und die deutsche Regierung, auf deren Befehl die Besatzung gehandelt hat, des Massenmordes an.«

Dies war der Spruch der Geschworenen bei der Untersuchung, die sich mit der Todesursache der Opfer von Kinsale zu befassen hatte. Eine schreckliche Anklage, die in die Geschichte eingehen und alle künftigen Generationen des deutschen Volkes in Schande bringen wird.

Die ganze Welt war über diese größte Greueltat wider die Menschlichkeit schockiert. Doch in einem Artikel der *Kölnischen Volkszeitung* über das Verbrechen hieß es: »Mit Stolz und Freude erfüllt uns diese jüngste Heldentat unserer Marine.« Der Sieg wurde *in allen Teilen des Deutschen Reichs mit Freudenrufen begrüßt*, und die Kinder bekamen sogar schulfrei! Es war zu erwarten, daß der Feind versuchen würde, seine abscheuliche Tat zu rechtfertigen, indem er behauptete, das Schiff sei bewaffnet gewesen. Über den Funktelegrafen und durch seine Presse stellte der Feind diese schändliche und teuflische Behauptung auf. Sie stellte sich als absolut unbegründet heraus. [...] Wieder eine deutsche Lüge entlarvt!

Doch nicht zufrieden mit dem Jubel über seine heimtückische Tat mußte der Feind auch noch eine Medaille prägen lassen zu dem Zweck, in den Herzen der Deutschen diese Tat ihrer Kriegsmarine wachzuhalten.

Als die britische Presse von diesem schrecklichen Souvenir berichtete, wurde seine Ausgabe von der deutschen Presse zunächst bestritten. [...]

Die *Kölnische Volkszeitung* reagierte empört auf die Vorstellung, deutsche Künstler könnten je ein solch geschmackloses Produkt herstellen; sie mußte aber zugeben, daß eine derartige Medaille hergestellt und daß sie in ganz Deutschland verteilt wurde. Sie wurde von dem Münchner K. Goetz entworfen, hat einen Durchmesser von 2 1/2 Zoll, besteht aus kupferfarbenem Metall und ist in Hochrelief ausgeführt. Selbst das deutsche Pressebüro gibt jetzt zu, daß die

Medaille privat hergestellt wurde. Hier eine kurze Beschreibung der Medaille:

Auf der Bildseite ist unter der Inschrift »Keine Bannware« die sinkende *Lusitania* dargestellt. Man hat Geschütze, Panzerwagen und Flugzeuge in das Bild eingefügt, zweckdienlicherweise aber die Frauen und Kinder weggelassen, die, wie alle Welt weiß, *tatsächlich* an Bord der *Lusitania* waren. Auf der Rückseite ist unter der Inschrift »Geschäft über alles« die Figur des Todes zu sehen, die am Buchungsschalter Schiffskarten an Passagiere ausgibt, welche die von einem Deutschen ausgesprochene Warnung vor Unterseebooten nicht beachten. Dieses Bild versucht offenbar die Theorie zu verbreiten, daß die Schuld an dem Verbrechen beim Opfer und nicht beim Mörder liegt, wenn dieser das Opfer von seiner Absicht in Kenntnis setzt. [...]

Die *Lusitania* liegt auf dem Grunde des Meeres – ihr Name wird für alle Zeiten an die Greueltaten eines Volkes erinnern, das tief in die Barbarei versunken ist und dessen Blutdurst keine Grenzen kannte.

Der Hinweis auf die Medaille ließ mir keine Ruhe. Ich stellte bald fest, daß es einen Herrn Goetz tatsächlich gegeben hatte, daß er auch eine Medaille entworfen und sie in insgesamt vierundvierzig Exemplaren verteilt hatte. Er hatte sie als satirischen Kommentar zu der Behauptung der deutschen Regierung gedacht, die *Lusitania* habe Konterbande an Bord gehabt. In England war von der Medaille zum ersten Mal in einer Pressemitteilung des Foreign Office an die *Times* die Rede. Wie eine Durchsicht der Akten des Foreign Office für jenen Zeitraum ergab, scheinen 300 044 Medaillen geprägt worden zu sein, in verschiedenen Ausführungen und Metallen, 300 000 davon auf Anweisung von Captain Reginald Hall, Leiter des Nachrichtendienstes der britischen Kriegsmarine während des Ersten Weltkriegs. Ihr Hersteller war nicht Herr Goetz, sondern der Warenhausbesitzer Gordon Selfridge, und sie wurden auf der ganzen Welt verteilt, um Abscheu vor Deutschland zu erregen. Das Projekt hatte offenbar einen entschiedenen Propagandawert und kostete den patriotischen Mr. Selfridge mehrere tausend Pfund.

Die Akte des Foreign Office über die Medaille enthielt Hinweise auf andere Unterlagen, und diese wiederum lieferten genügend Beweismaterial, um mich zu der Überzeugung gelangen zu lassen, daß die offizielle Version der *Lusitania*-Katastrophe substantielle Lücken und Ungenauigkeiten enthielt. Diese notierte ich mir und zeigte die Notizen Lord Mancroft, der Mitglied des Anwaltsrats, früherer parlamentarischer Sekretär im Verteidigungsministerium, Kabinettsminister und – zu der Zeit, als ich ihm begegnete – stellvertretender Vorstandsvorsitzender der Cunard Linie war. In letzterer Eigenschaft gestattete mir Lord Mancroft, in den Cunard-Archiven nachzuforschen, wo ich dies wünschte, und er wies einige seiner leitenden Angestellten und die Anwälte der Firma an, mir jede Unterstützung zu gewähren. Außerdem gestattete er mir, aus allen Akten zu zitieren, was ich für nützlich hielt. Ohne seine Initiative und Unterstützung hätte die vorliegende Geschichte nicht erzählt werden können.

Lord Mancroft brachte mich mit den Herren der Anwaltsfirma Hill, Dickinson and Co. in Verbindung, insbesondere mit ihrem Seniorpartner, Mr. Robert Leslie Adam. Diese Firma fungiert als Rechtsbeistand der Cunard Steam Ship Co. Ltd. seit ihrer Gründung im Jahre 1878 und ebenso ihrer Vorläufer, seit Samuel Cunard 1840 die Cunard Linie gründete. Mr. Adam ist der Sohn von Mr. R. A. Adam, einem früheren leitenden Ingenieur von Cunard, der auf ihrer letzten Fahrt an Bord der *Lusitania* gewesen wäre, wenn er damals nicht gerade Lungenentzündung gehabt hätte. Mr. Adam war daher in einer Welt geboren und aufgewachsen, in der der Untergang der *Lusitania* eine stets gegenwärtige Erinnerung war. Er und seine Firma sind die Hüter vieler Fakten und Unterlagen, auf denen sich dieses Buch gründet, und er hat sie mir mit Erlaubnis der Leitung von Cunard Co. alle zugänglich gemacht. Seine Firma hat auch den Kurs der *Lusitania* aufgezeichnet, soweit dies heute anhand des verfügbaren Materials und mit modernen Seekarten möglich ist. Die Sichtung von Unterlagen und Erinnerungen, die sich im Laufe von siebenundfünfzig Jahren angesammelt haben, führt zu Irrtümern und manchmal zu Fehlinterpretationen. Bei einer die Gemüter so erregenden Geschichte wie der vorliegenden kann sich ein gewisser Grad von Unausgeglichenheit einschleichen, für den Zeit und Ehrgeiz verantwortlich sind. Um die vorliegende Darstellung zu korrigieren – soweit die Cunard Company betroffen ist –, bat ich Mr. Adam, einen ersten Abzug des Buches durchzusehen, wobei ich mich verpflichtete, alle Fakten zu berichtigen, von denen er wußte, daß sie entweder ungenau oder unzutreffend waren. Er hat dies getan, und obwohl meine Geschichte in dieser Beziehung kein besseres Imprimatur haben könnte, trage ich doch für die darin vorgebrachten Meinungen und gezogenen Schlußfolgerungen die alleinige Verantwortung.

Hauptaufgabe der Anwaltsfirma Hill, Dickinson and Co. war es damals, die Cunard Linie bei der von Lord Mersey geführten Untersuchung des Handelsministeriums im Juni 1915 und später bei der von Richter Julius B. Mayer geleiteten Verhandlung vor dem New Yorker Distriktsgericht im Jahre 1918 zu vertreten.

Beide Richter bewahrten ihre Urteilsnotizen auf, zusammen mit den Originalaufzeichnungen der Gerichtsstenografen und vielen Beweisstücken, die als Material verwendet wurden. Der derzeitige Lord Mersey gewährte mir unbeschränkte Einsicht in die Papiere seines Großvaters. Einige Maßnahmen seines Großvaters mögen in mancher Hinsicht als juristisch nicht völlig korrekt erscheinen. Deshalb ist die Feststellung von Wichtigkeit, daß er auf höhere Weisung gehandelt hat. Er erhielt auch den Auftrag, der Admiralität alle zur Untermauerung ihres Standpunkts dienenden Papiere zurückzugeben. Zu seiner Ehre ist zu sagen, daß er die Instruktionen letztlich doch nicht befolgte und seine Papiere aufbewahrte, zweifellos mit dem Gedanken daran, daß sein Verhalten eines Tages seine Erklärung finden würde. Die Unterlagen von Richter Mayer waren fünfzig Jahre lang gesperrt, und das US-Justizministerium gab sie 1968 zur Einsicht frei.

Die Papiere beider Richter zeigen, daß sie in engem Kontakt mit vielen Personen standen, die bei der Kriegsführung eine wichtige Rolle spielten. Ich habe in jedem Falle versucht, diesen Kontakten nachzuspüren, und führe die Liste privater Aufzeichnungen und Quellen, die ich benutzte, bei den Quellenangaben auf. Das Ergebnis dieser Nachforschungen, das sich zu den aus dem Studium der Cunard- und Hill-Dickinson-Archive resultierenden Fakten gesellte, wurde schließlich ergänzt durch die Entdeckung der Papiere des damaligen Vorstandsvorsitzenden der Cunard Linie, Alfred Booth, und seines Vetters George, der von 1914 bis 1919 stellvertretender Director-General des Ministry of Munitions war.

Zum Schluß sei noch gesagt, daß dieses Buch sich nicht mit den moralischen Problemen des uneingeschränkten U-Boot-Krieges befaßt. Es befaßt sich überhaupt nicht mit ethischen Problemen. Es scheint jedoch wichtig, sich daran zu erinnern, daß, wie die Geschichte berichtet, der erste U-Boot-Krieg das geistige Produkt des deutschen Admirals von Tirpitz war und daß für England und St. Georg Flottenadmiral Lord Fisher den Kampf mit dem deutschen Drachen aufnahm. Die Geschichte berichtet nicht, daß diese beiden Männer insgeheim miteinander korrespondierten. Am 29. März 1916, während Plakate noch mit dem Slogan »Rächt die Lusitania!« Rekruten warben, schrieb Lord Fisher an Tirpitz: »Ich mache Ihnen keinen Vorwurf wegen der U-Boot-Sache, an Ihrer Stelle hätte ich genauso gehandelt.«

DIE LUSITANIA

1

Die *Lusitania* war das größte und schnellste Schiff ihrer Zeit.
Sie wurde am 7. Juni 1906 in Clydebank vom Stapel gelassen,
ein Ereignis, das den Schiffahrtskorrespondenten der *Times*
zu solchen Lobeshymnen hinriß, daß ihm die Metaphern
durcheinandergerieten. »Sie ist«, so schrieb er, »ein wahrhaf-
ter Windhund der Meere [...] ein würdiger Sproß ihres illu-
stren Geschlechts [...] eine Ehre für den erhabenen und edlen
Stall, der sie hervorbrachte [...]« Die *Times* ließ sich nicht
weiter über ihre Abstammung aus, doch ihre Ausdrucksweise
übernehmend, kann man feststellen, daß an ihrer Wiege eine
Verbindung unter dem Motto: »Zum Nutzen der Seefahrt –
Aus öffentlichen Mitteln« stand. Es war eine Vernunftehe, pa-
radoxerweise aber gleichzeitig auch eine Muß-Heirat. Das
»Muß« war repräsentiert in der Gestalt des amerikanischen
Finanziers J. P. Morgan.
Zu Beginn dieses Jahrhunderts befand sich der größere Teil
der Nordatlantik-Schiffahrt in europäischen Händen. Infolge
einer isolationistischen und kurzsichtigen Gesetzgebung hatten die Vereinigten Staaten die Vorherrschaft verloren, die
ihre früheren Dampfschiffe, durch Regierungsbeihilfe unterstützt, errungen hatten. Britische, französische und deutsche
Gesellschaften besaßen das Verkehrsmonopol und hatten durch
scharfen Wettbewerb untereinander ihre Profite in manchen
Fällen auf dürftige Beträge zusammenschrumpfen lassen. Seit
1897 besaßen zwei deutsche Gesellschaften, die Hamburg-
Amerika-Linie und der Norddeutsche Lloyd, von ihrer Regierung stark subventioniert, das »Blaue Band« für die

schnellste Atlantiküberquerung, und es fiel ihren Rivalen schwer, das erforderliche Geld zum Bau von Schiffen aufzubringen, die eine effektive und dennoch profitable Konkurrenz bedeutet hätten. Obwohl der Fracht-, Passagier- und Auswandererverkehr rasch zunahm, waren Fahrpreise und Transporttarife rücksichtslos gesenkt worden, weil man sich einen Anteil am Geschäft sichern wollte, und manche Gesellschaft war kaum in der Lage, Dividende zu zahlen.

J. P. Morgan diagnostizierte das, was man im modernen Jargon eine typische Übernahmesituation nennt. Er beschloß, einen Verband zu bilden, der die Nordatlantikrouten monopolisieren würde, und dann die Tarife zu erhöhen, um seine Gewinne zu vergrößern. Im März 1902 kontrollierte Morgans Gruppe bereits alle bedeutenderen Schiffahrtsgesellschaften beiderseits des Atlantiks oder besaß zumindest größere Teile ihres Aktienkapitals, mit Ausnahme der französischen Compagnie Générale Transatlantique und der Cunard Company in Liverpool. Die beiden großen deutschen Gesellschaften waren fest in Morgans Hand, und Cunards größten englischen Rivalen, die White Star Line, schluckte er schließlich im Dezember 1902. Daraufhin ging Morgan daran, das Schiffbauprogramm der Mitgliedsgesellschaften seiner Gruppe zu rationalisieren, die sich jetzt International Mercantile Marine Co. nannte. Ende 1902 war sie das dominierende und lautstärkste Unternehmen im Schiffahrtsgeschäft mit einer Marktkapitalisierung von 25 Millionen Pfund.

Die Cunard Linie hatte mit der Schiffbaufirma Swan Hunter wegen eines neuen schnellen Passagierdampfers verhandelt und ihre Planung fast abgeschlossen, als die Morgan-Gruppe auftrat. Anfang 1902 machte Morgan der Cunard Company ein Übernahmeangebot, das den Firmenleitern im Liverpooler Sitzungssaal Beklemmung bereitete, zu ihrem Glück aber auch die Admiralität verärgerte. Die Admiralität hatte fast hundert Jahre lang die größeren Passagier-Schiffahrtsgesellschaften subventioniert, indem sie ihnen Gelder als Postdienst- oder Auswanderungsbeihilfen zukommen ließ. Dafür hatte sie das Recht, geeignete Schiffe als Transporter oder Hilfskreuzer einzusetzen. Nun hatte Morgan auf einen Schlag ihre Lordschaften fast einer kompletten Hilfsmarine beraubt. Für die Admiralität war Morgan eine zweifelhafte Größe, und seine angeblich mit Sympathie gefärbten Beziehungen zu deutschen Handelsinteressen ließen seine Motive suspekt erscheinen. * Auf Ersuchen der Admiralität verbot das Parlament den Transfer der jüngst erworbenen Schiffe der Morgan-Gruppe aus dem britischen Schiffahrtsregister. Hinter den Kulissen übte die Admiralität zwecks drastischer Erhöhung des Marinebudgets und verschleierter Subventionen auf das Schatzamt einen solchen Druck aus, daß Premierminister Lord Salisbury bemerkte: »Wir sind vor Topp und Takel einem chauvinistischen Wirbelsturm ausgeliefert.« [2]

Der Admiralität kam dabei eine Abhandlung [3] zugute, die H. O. Arnold-Forster angefertigt hatte, damals Sekretär der Admiralität und bekannte Autorität in Verteidigungsfragen. Er hatte kurz zuvor die deutschen Marinebasen in Kiel und Wilhelmshaven besucht, und seine Vorstellungen wurden als offizielle Politik vom First Lord der Admiralität, Lord Selborne, übernommen und in Form eines Memorandums dem Kabinett zugeleitet. »Ich bin überzeugt, daß die große neue deutsche Kriegsmarine zielstrebig auf einen möglichen Krieg mit uns hin aufgebaut wird [...] wir können um unserer Sicherheit willen den bösartigen Haß des deutschen Volkes und die offenkundigen Absichten der deutschen Kriegsmarine nicht ignorieren [...]« [4] Arnold-Forster berichtete auch, daß die schnellsten deutschen Passagierschiffe so konstruiert waren, daß sie als Hilfskreuzer operieren konnten und daß ihr Potential eine ernste Bedrohung der englischen Versorgungsrouten darstellte.

Die Folge war, daß die Admiralität beschloß, ihre Praxis bescheidener jährlicher Zuschüsse aufzugeben, und ein Komitee

---

* Es sollte sich herausstellen, daß Morgan ganz auf Seiten der Alliierten stand. Während des Ersten Weltkriegs brachte er Kredite für die Alliierten in Höhe von 2 396 791 777 Dollar auf. [1]

bildete, zu dem Vertreter vom Institute of Naval Architects hinzugezogen wurden, die mit genauen Zahlenangaben der Admiralität raten sollten, wie ihre Mittel in Zukunft einzusetzen waren. Die Admiralität verlangte ein Schiff, das bei ruhiger See eine Dauergeschwindigkeit von $24\frac{1}{2}$ Knoten durchhielt und in der Lage war, eine beträchtliche Bewaffnung mitzuführen. Das Komitee ging bei seinen Kalkulationen von den durchschnittlichen Baukosten von Schiffen unterschiedlicher Tonnage und PS-Zahl aus, zog die bisherigen Subventionsraten in Betracht und stellte dann eine Hochrechnung an, bis man auf die geforderte Fahrgeschwindigkeit kam. Der Ausschuß stellte fest, daß angesichts der Anforderungen der Admiralität 68 000 PS nötig waren, daß die Baukosten 1 250 000 Pfund betragen würden und daß ein jährlicher Unterhaltszuschuß von 204 000 Pfund angezeigt war. Zu dieser Zeit war das stärkste je gebaute Schiff der deutsche Passagierdampfer *Kaiser Wilhelm II* mit Maschinen von 38 000 PS, die eine Geschwindigkeit von $23\frac{1}{2}$ Knoten erlaubten. Für den einen Knoten mehr waren zusätzlich 30 000 PS erforderlich. Auf Grund dieser Berechnungen begann die Admiralität Verhandlungen mit der Cunard Linie, die schließlich zu einem Abkommen führten, in dem sich die Admiralität bereit erklärte, die gesamten Baukosten von zwei Passagierschiffen zu übernehmen, die die Gesamtsumme von 2 600 000 Pfund nicht übersteigen durften, zu einem Zinssatz von $2\frac{1}{2}$ Prozent, zuzüglich eines jährlichen Unterhaltszuschusses von 75 000 Pfund außer dem Postdienstzuschuß, während sich die Cunard Company verpflichtete, Schiffe zu bauen, die in der Lage waren, eine mittlere Ozeangeschwindigkeit von 24 bis 25 Knoten zu fahren. Die beiden Schiffe waren die *Mauretania* und die *Lusitania*.

Die Einzelheiten des Abkommens sind in zwei dicken Bänden enthalten, die nie veröffentlicht wurden, da die Admiralität sie noch heute als Geheimsache betrachtet. Sie wurden jedoch in einer kurzen Formel als ebenso »gewichtig wie wortreich«[5] beschrieben. Diejenigen Bestimmungen, die sich auf die Konstruktionsplanung des Schiffes beziehen, stehen in direktem Zusammenhang mit dem ungeheuren Verlust an Menschenleben bei der späteren Tragödie. Die Admiralität verlangte, daß sich Cunard in allen Fragen der Planung und Konstruktion ihren Weisungen unterwarf; daß die Schiffe nach Maßgabe und unter Überwachung der Admiralität gebaut wurden; daß sie bei drohenden Feindseligkeiten sofort aus dem Verkehr gezogen wurden, um endgültig zu Hilfskreuzern umgerüstet werden zu können, und daß sie bei Kriegsausbruch dem Befehl der Admiralität unterstellt wurden. Die Cunard-Herren mußten garantieren, daß die Gesellschaft immer in britischen Händen blieb, daß sie in Kriegszeiten ihre gesamte Flotte der Admiralität zur Verfügung stellen würden und daß sich zu jeder Zeit ein bestimmter Prozentsatz von Offizieren und Mannschaften aus ausgebildeten ehemaligen Angehörigen der Royal Navy zusammensetzte.[6] Die Cunard Linie nahm alle diese Forderungen an, und die formelle Vereinbarung wurde von ihren Verantwortlichen am 30. Juli 1903 unterzeichnet.

Der Bauauftrag, den die Cunard-Direktoren ihrem Chefkonstrukteur Leonard Peskett erteilten, hatte es in sich. Er mußte die Forderungen der Admiralität unbedingt erfüllen, und da die Gesellschaft eine jährliche Subvention von nur 75 000 anstatt der nötigen 204 000 Pfund pro Schiff akzeptiert hatte, mußte die Deckungslücke durch eine drastische Erweiterung der Passagierunterkünfte geschlossen werden. Außerdem verlangte die Cunard Linie, daß diese Unterkünfte so geräumig und luxuriös wie in den besten Hotels der Welt zu sein hätten. Peskett sollte, um es kurz auszudrücken, ein schwimmendes Hotel mit Unterbringungsmöglichkeiten für 2300 Gäste und 900 Mann Personal bauen. Das Ganze sollte den Atlantik mit mindestens $24\frac{1}{2}$ Knoten pro Stunde überqueren und mit zwölf Sechs-Zoll-Geschützen bestückt werden können.

Die Geschwindigkeit eines Schiffes wird bestimmt durch eine komplizierte Gleichung mit den Faktoren PS-Zahl, Länge der Wasserlinie, größte Schiffsbreite und Wasserverdrängung.

Peskett wußte bereits, daß er von 24½ Knoten Mindestgeschwindigkeit und 68 000 PS auszugehen hatte. Er mußte die Ansprüche seiner Auftraggeber und der Admiralität mit einer Wasserlinienlänge von 760 Fuß und einer größten Schiffsbreite von 87 Fuß 6 Zoll vereinbaren. Das bedeutete, er mußte hoch bauen, höher als je ein Schiff gebaut worden war. (Die ersten Experimente und Pläne legten eine größte Schiffsbreite von 78 Fuß zugrunde, aber bei einem Modellversuch in Haslar erwies sich das Schiff als so gefährlich unstabil, daß die Schiffsbreite vergrößert wurde.)

Die Admiralität bestand auch darauf, daß alle Maschinen, Kessel, Ruderanlagen, Brennstoff und wichtigen Steuerungseinrichtungen unterhalb der Wasserlinie untergebracht wurden, wie dies bei Kriegsschiffen üblich war. Die Turbinenräume nahmen den größten Teil des Hecks ein, dann kamen vier große Kesselräume mit fünfundzwanzig Kesseln, die in Reihen über die Schiffsbreite angeordnet waren. Die Kesselräume reichten bis in die Verjüngung des Bugs hinein, und vor ihnen lagen noch ein kleiner Gepäckraum und die Trimmtanks. Das ganze Schiff war durch zehn Querschotten, die alle mit wasserdichten Türen versehen waren, in elf wasserdichte Sektionen unterteilt. Jeder Kesselraum war eine wasserdichte Sektion für sich, doch diese Sektionen waren zu breit und ergaben nicht das gewünschte Tragvermögen, deshalb wurde zu beiden Seiten des Schiffes in Längsrichtung je eine wasserdichte Sektion eingebaut, die Kessel und Maschinenanlagen flankierten. Um Schäden bei einem Zusammenstoß vorzubeugen, wurde jede dieser großen Sektionen in fünf Abschnitte unterteilt. Maschinen, Kessel und die beiden wasserdichten Längssektionen füllten allen verfügbaren Raum aus, und es war kein Platz für die 6600 Tonnen Kohle, die das Schiff für eine Fahrt von Liverpool nach New York brauchte. Um den Vorschriften der Admiralität nachzukommen und weil damals niemand eine bessere Lösung wußte, wurden die Längssektionen als Kohlenbunker benutzt. Das entsprach der Praxis der Admiralität, die diese schon seit 1858 übte. Kohle, so sagte

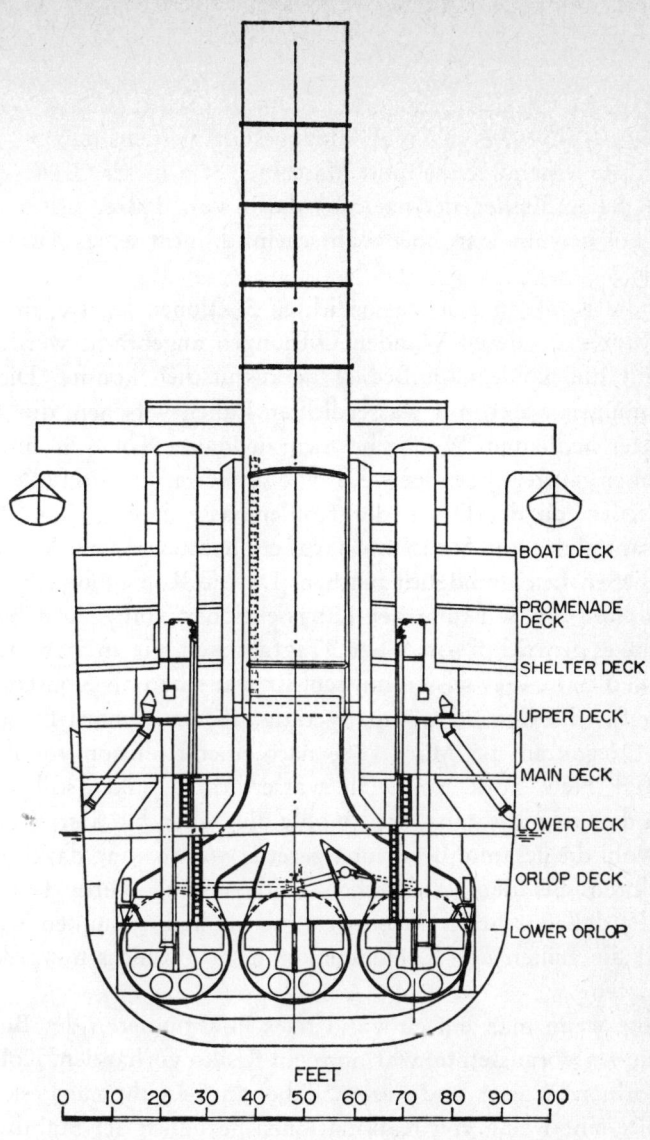

BOAT DECK

PROMENADE DECK

SHELTER DECK

UPPER DECK

MAIN DECK

LOWER DECK

ORLOP DECK

LOWER ORLOP

FEET

0 10 20 30 40 50 60 70 80 90 100

Querschnitt durch den Kesselraum Nr. 1.

man sich, absorbierte die feindlichen Granaten und stellte somit einen Schutz für die Kessel dar. Niemand dachte daran, daß Minen oder Torpedos sich anders auswirken könnten. (Zu Pesketts Ehrenrettung muß hinzugefügt werden, daß zuvor noch nie jemand Kessel und Maschinen von dieser Größe gebaut hatte. Es liegen Anzeichen dafür vor, daß er sich eines Risikos bewußt war, aber wahrscheinlich nicht seines Ausmaßes.) [7]

Da die Kohle in den wasserdichten Sektionen lagerte, mußten unten an deren Wänden Öffnungen angebracht werden, damit die Kohle nach Bedarf herausrutschen konnte. Diese Öffnungen waren mit wasserdichten Luken versehen, die die Heizer bedienten. Wer je bei sich zu Hause Kohle in einem Bunker gelagert hat, der weiß, wie schwer es ist, die Luke zu schließen, da der Druck der Kohlenmasse dahinter und die Ansammlung von Staub und Grus ein leichtes und wirksames Schließen fast unmöglich machen. Da die Kohlenbunker der *Lusitania* die Wirkung der Längssektionen völlig aufhoben, fehlte es dem Schiff sowohl an Tragfähigkeit wie an Stabilität. Peskett hätte dies wissen müssen. Er war schon als Konstrukteur für die Cunard Company tätig, als der Cunard-Dampfer *Oregon* am 10. März 1886 nach einer Kollision vor Fire Island, New York, sank. Die wasserdichten Luken schlossen sich damals nicht ganz, weil Kohle die Süllen blockierte, und obwohl die gesamte Besatzung gerettet wurde, ging das Schiff verloren. Bei der gerichtlichen Untersuchung wurde festgestellt, daß das Schiff in erster Linie deshalb gesunken war, weil die Luken der Kohlenbunker nicht geschlossen werden konnten. [8]

Selbst wenn man ein einwandfreies Funktionieren der Bunkerluken voraussetzte, war noch ein Risiko vorhanden. Kohle absorbiert Wasser und nimmt dabei an Gewicht zu. Peskett stellte eine Reihe von Kalkulationen bezüglich der Stabilität des Schiffes an für den Fall, daß Wasser in einen, zwei oder drei der Kohlenbunker auf der einen oder anderen Seite eindrang. Er gelangte zu dem Schluß, daß sich das Schiff schon bei einer offenen Bunkerluke um sieben Grad zur Seite neigen würde. Bei zwei offenen Luken mußte die Neigung mindestens fünfzehn Grad betragen, und bei mehr als zwei offenen Luken würde das Schiff nicht mehr schwimmfähig sein. [9] In den Betriebsanweisungen für den Kapitän war vermerkt, daß alle Mann von Bord gehen mußten, wenn das Schiff zu irgendeinem Zeitpunkt eine Schlagseite von mehr als zweiundzwanzig Grad erreichte und beibehielt. [10]

An heutigen Maßstäben gemessen wäre dieser Mangel an Stabilität völlig indiskutabel gewesen, doch es mußten noch weitere Kompromisse gemacht werden. Peskett war gezwungen gewesen, hoch zu bauen. Über dem, was man als »Antriebsplattform« bezeichnen könnte, baute er sechs Decks. Sie wurden, von oben nach unten, mit A bis F bezeichnet. Die Rettungsboote des Schiffes hingen 8 Fuß über dem A-Deck und damit 68 Fuß über der Wasserlinie. Wenn sie zum Hinunterlassen ausgeschwenkt wurden, lag zwischen ihnen und der Deckkante nur ein Spielraum von 18 Zoll. [11] Offenbar stellte niemand die Überlegung an, daß es schon bei einer leichten Schlagseite unmöglich sein würde, die Boote auf der »hohen« Seite des Schiffes herunterzulassen, sie konnten dann bestenfalls an der Bordwand hinunterrutschen. Beim Eindringen von Wasser durch nur eine Kohlenluke oder bei einer Neigung von mehr als fünf Grad, konnte die Hälfte der Rettungsboote der *Lusitania* nicht mehr zu Wasser gelassen werden. Weniger düster, aber gleichfalls besorgniserregend sah es bei einer Neigung des Schiffes auf der »tiefen« Seite aus – hier würden die Boote nach außen schwingen und, bei dem angenommenen Neigungswinkel, 7 Fuß vom Deckrand entfernt und 60 Fuß über dem Wasser hängen. Diesen Umstand hatte Peskett offenbar nicht bedacht. Ihm war klar, daß Wasser durch die Bullaugen des F-Decks eindringen würde, wenn einer der Kohlenbunker überflutet war. Deshalb ließ er sie fest einbauen, ohne Öffnungsvorrichtung, und zwischen Kesselräumen und F-Deck sowie zwischen F-Deck und E-Deck eine Reihe wasserdicht schließender Türen einsetzen. Diese konnten mittels eines Schalters von der Brücke aus bedient werden. [12] Es gab auch einen manuell zu bedienenden Öffnungs- und Schließmechanismus, der das elektrische System außer Kraft setzte. Der Besatzung unten war dieser Mechanismus bekannt, aber es liegen keine Angaben vor, die darauf hinweisen, daß irgendwelche Passagiere auf diesen Mechanismus aufmerksam gemacht wurden, der für sie die einzige Möglichkeit zur Flucht aus ihrem »Dritter-Klasse-Sarg« bildete.

Kritik ex post, wenn man es besser weiß, ist zweifellos unfair. Die *Lusitania* stieß in Planung und Ausführung fast in jeder Hinsicht zu neuen, unbekannten Horizonten vor. Zu keiner Zeit wurde ein Wort des Vorwurfs laut, und das Handelsministerium zögerte nicht, der *Lusitania* das Zeugnis der Seetüchtigkeit auszustellen. Sie wurde am 7. September 1907 in den Liniendienst zwischen Liverpool und New York gestellt und errang schon bald darauf das »Blaue Band« mit einer neuen Rekordgeschwindigkeit von 25,88 Stundenknoten.

Ihre Größe flößte von Anfang an Vertrauen ein und ist ohne vergleichende Darstellungen schwer zu beschreiben. Der erste Eindruck aller zeitgenössischen Beobachter war ihre ungeheure Höhe, die ihre Länge geringer erscheinen ließ. Auf ihrem Kiel neben der Admiralität aufgebockt, die sie in Auftrag gegeben hatte, würde sie die Gebäude von Whitehall zu Zwergengröße degradiert haben; die Passagiere hätten vom obersten Deck aus nur die Tauben auf dem Dach der Admiralität sehen können. Sie war länger und höher als der gesamte Komplex von Capitol und Senat in Washington, und bei einem Spaziergang um das Promenadendeck legte man über eine Viertelmeile zurück. Diese Höhe, diese Länge und die im Vergleich dazu geringe Breite führten zu der Bezeichnung »Windhund der Meere«. Bis zum 7. Mai 1915 war sich niemand bewußt, daß dies auch ein eleganter Euphemismus für ein Schiff sein konnte, das in seinem Verhältnis von Breite und Länge einem Kanu nahekam.

Die *Lusitania* und die *Mauretania* monopolisierten die Nordatlantikroute und lieferten sich einen freundschaftlichen Wettkampf um die schnellste Überquerung. Das »Blaue Band« schien eine Haustrophäe der beiden Spitzenschiffe der Cunard Company zu sein. Dieser Rekord wurde zum ersten Mal durch die Morgan-Gruppe bedroht, als die White-Star-Linie den Bau einer Konkurrentin ankündigte, nämlich der unglücklichen und angeblich unsinkbaren *Titanic*. Man weiß, daß sie auf ihrer Jungfernfahrt sank, nachdem ein Eisberg sie unterhalb der Wasserlinie aufgerissen hatte. Der Riß ging über die Länge von dreien ihrer vier Kesselräume. Die *Titanic* war mit konventionellen Querschotten versehen, und sie hielt sich fast drei Stunden lang auf ebenem Kiel über Wasser. Ihr Untergang führte zu gerichtlichen Untersuchungen in London wie in New York, unter Vorsitz derselben beiden Richter, die später im Fall der *Lusitania* das Urteil sprechen sollten. Bei beiden Verhandlungen verglichen die Anwälte der Überlebenden die Konstruktion des Schiffes mit der der *Lusitania*. Sie erklärten, wenn die *Titanic* über Längsschotten verfügt hätte wie die zwei großen Cunard-Schiffe, wäre der Riß in der Seitenwand abgeriegelt worden und die *Titanic* nicht gesunken. Die Besitzer der *Titanic* versuchten diese Vorstellung zu widerlegen. Solche Schotten, so sagten sie vor Gericht, seien von zweifelhaftem Wert bezüglich der Tragfähigkeit und würden zu einer so starken Neigung führen, daß es fast unmöglich gewesen wäre, die Rettungsboote zu Wasser zu lassen.

Die White-Star-Line stellte dieses Argument freilich nicht allzusehr in den Vordergrund, weil es die Aufmerksamkeit auf die Rettungsboote lenkte, und da standen die Dinge für sie nicht gut. Bei beiden Untersuchungen wurde festgestellt, daß die *Titanic* Rettungsboote nur für einen Teil ihrer Passagiere mitgeführt hatte. Anstatt sich mit den angeblichen Mängeln der Schottenkonstruktion aufzuhalten, stürzten sich die Kläger auf das emotionale und viel simplere Argument der fehlenden Rettungsboote. Das Handelsministerium und die Admiralität erkannten beide Punkte als wichtig an. Zum ersten Mal legte das Handelsministerium jetzt fest, wie viele Boote ein Passagierschiff mitführen mußte. Es *empfahl* auch, daß

Dampfer mit hohem Freibord einen Kran verwenden sollten, der es ermöglichen würde, die Boote so weit von der Schiffseite auszuschwenken, daß sie auch bei starker Neigung heruntergelassen werden konnten. Dieser Empfehlung fügten sie einen *Vorschlag* an: Da die Rettungsboote schwer geworden seien und jetzt für sechzig und mehr Personen konstruiert würden, sollte ein mit einem Getriebe versehener Kran verwendet werden, denn solche Boote seien voll besetzt zu schwer, als daß sie von zwei Mann von Hand zu Wasser gelassen werden könnten, selbst wenn sie sich dabei eines Flaschenzugsystems bedienten.

Die Cunard Linie verdoppelte prompt die Zahl der Rettungsboote der *Lusitania* von zweiundzwanzig auf vierundvierzig. Die Kräne wurden nicht verdoppelt und auch nicht umgebaut. Man behielt die altmodische Methode des Herunterlassens von Hand bei; ein Mann an jeder Talje, und die Taljen liefen durch einen Flaschenzug. Die zusätzlichen Boote wurden unter den bereits vorhandenen untergebracht, so daß man im Ernstfall zunächst das erste Boot zu Wasser lassen, die Taljen einholen und an dem zweiten Boot befestigen mußte, bevor man dieses hochziehen, über Bord schwenken und ebenfalls hinunterlassen konnte.

Weder im Handelsministerium noch bei Cunard dachte man über die Sache mit der Schottenkonstruktion nach, dem Leiter des Marinebauamts, Sir Eustace Tennyson-d'Eyncourt, entging das Problem jedoch nicht. Er ließ Anfang 1914 eine Reihe von Berichten anfertigen, und alle Kreuzer dieser Bauart wurden einer Prüfung unterworfen. Im August 1914 wurde den Berichten entsprechend gehandelt. Kreuzer oder Schlachtschiffe mit ungepanzerten Längsbunkern durften keinesfalls einem U-Boot-Angriff ausgesetzt oder ohne geeignete Eskorte offensiv tätig werden, und auch dies nur auf Befehl des Kriegsstabes der Admiralität.

Das Jahr 1913 begann für Cunard wenig verheißungsvoll. Um die Auflagen des Handelsministeriums zu erfüllen, mußten die *Lusitania* und ihr Schwesterschiff für längere Zeit ins

Trockendock geschafft werden, wo man die neuen Rettungsboote anbrachte. Anfang Februar erhielt der Cunard-Chef
Alfred Booth einen Brief des ständigen Sekretärs der Admiralität, Sir William Graham Greene, in dem er gebeten wurde, zwecks Vereinbarung gewisser Modifikationen des zwischen der Admiralität und der Cunard-Company geschlosse-
nen Abkommens vorzusprechen. Darüber hinaus wurde festgestellt, daß die Admiralität die Zeit für gekommen hielt, um
über die für die Gesellschaft aus diesem Abkommen resultierenden Verpflichtungen zu reden.

Alfred Booth fand sich am 19. Februar 1913 um 14 Uhr 30
auf der Admiralität ein. Der First Lord, Winston Churchill,
führte den Vorsitz und hatte charakteristischerweise sehr viel
zu sagen. Er ließ keinen Zweifel daran, daß es in Kürze einen
Krieg mit Deutschland geben werde. Man rechne mit seinem
Ausbruch im September 1914, wenn die Deutschen den Kai-
ser-Wilhelm-Kanal fertiggestellt hatten und in Europa die
Ernte eingebracht war. Er stelle daher fest, daß der Zeitpunkt
gekommen sei, im nationalen Interesse gewisse Klauseln an-
zuwenden, in denen sich die Cunard Linie verpflichtet habe,
ihre Schiffe der Admiralität zur Verfügung zu stellen. Er
sprach den Wunsch aus, daß man die *Lusitania*, die *Mauretania*, die *Ivernia* und die *Aquitania*, die damals noch im Bau
war, sofort umrüste, damit sie bei Ausbruch der Feindseligkeiten unverzüglich ihre Rolle als Hilfskreuzer übernehmen
könnten. Er nannte weitere sechs Schiffe, darunter die *Transylvania*, die ebenfalls umgebaut werden sollten, sobald die
Arbeiten an der ersten Gruppe abgeschlossen waren. Booth
protestierte, doch das einzige Zugeständnis, das er herausholen konnte, war, daß die *Mauretania* nicht gleichzeitig mit der
Lusitania umgerüstet wurde, damit die Cunard Linie ihren
Verkehr zwischen Liverpool und New York wenigstens teilweise aufrechterhalten konnte.

Unter strenger Geheimhaltung kam die *Lusitania* am 12. Mai
1913 in Liverpool ins Trockendock. Die Cunard Company erklärte, das Schiff werde vorübergehend aus dem Verkehr ge-

zogen, damit die neuesten Turbinenmodelle eingebaut werden könnten, aber die *New York Tribune* ließ die Katze aus dem Sack, als sie am 19. Juni berichtete:

Als Begründung für den langen Aufenthalt des schnellen Passagierdampfers *Lusitania* in Liverpool war gesagt worden, die Turbinen des Schiffes würden ausgewechselt; wie unser Korrespondent jedoch heute von Vertretern der Cunard Linie erfuhr, wird der Windhund gemäß der neuen englischen Politik, die Passagierschiffe zu bewaffnen, mit Hochleistungs-Marinegeschützen ausgerüstet.

Diese Meldung enthielt einen faktischen Irrtum. Kanonen oder Hochleistungs-Marinegeschütze wurden nicht eingebaut, wenn diese auch beim Royal Arsenal bestellt wurden und im November des gleichen Jahres in Liverpool eintrafen. Was tatsächlich um- oder eingebaut wurde, ist ausführlich in den Cunard-Archiven belegt (alle Konstruktionszeichnungen für den Umbau liegen im National Maritime Museum, Greenwich). [13]

Die gesamte Schiffslänge wurde vom Schutzdeck bis unter das Oberdeck in einer Höhe von 14 Fuß 6 Zoll mit doppelten Stahlplatten versehen und hydraulisch vernietet. Auch die Stringerplatte des Schutzdecks wurde verdoppelt. Der Reserve-Kohlenbunker unmittelbar vor dem ersten Kesselraum wurde in ein Munitionsmagazin umgewandelt. Außerdem baute man spezielle Granatengestelle so ein, daß die Granaten an den Schotten lagerten, und brachte Hebevorrichtungen an. Ein zweites Magazin entstand aus einem Teil des Postraums im Heck des Schiffes, und auf dem Vorder- und Hinterdeck wurden Drehsockel für Geschütze montiert, so daß jedes Deck zwei Sechs-Zoll-Schnellfeuergeschütze aufnehmen konnte. Die Teakholzdielen des Schutzdecks wurden entfernt und Drehkränze darunter montiert; dann legte man die Dielen wieder darüber, die betreffenden Abschnitte konnten aber wie Falltüren aufgeklappt werden. Das Schutzdeck wurde für die Aufnahme von vier Sechs-Zoll-Geschützen auf beiden Seiten eingerichtet, womit eine Gesamtbestückung von zwölf Geschützen oder eine Breitseite von sechs Geschützen erreicht war, die alle Granaten mit hochexplosiver Ladung verschossen. Ein Geschützsockel ist ein drehbarer Ring, der, auf einem Kugellager ruhend, in das Deck eingelassen ist. Man brauchte im Ernstfall nur das Geschütz auf den Sockel zu montieren und zwölf Bolzen festzuziehen.

Die *Lusitania* nahm am 21. Juli 1913 ihre Fahrten nach New York wieder auf, und am 16. März 1914 konnte Winston Churchill dem Unterhaus voller Stolz mitteilen, daß über vierzig britische Handelsschiffe »mit defensiver Bewaffnung« ausgerüstet worden waren.[14] Der Terminus »defensiv« muß, auf die Cunard-Schiffe angewandt, auf das Konto »Freiheit eines Politikers« gebucht werden, denn die genannten Schiffe konnten alle mit einer schwereren Breitseite aufwarten als z. B. die Kreuzer der *Bacchante-* oder E-Klasse, die damals mit der Verteidigung des Ärmelkanals beauftragt waren. Es war jedoch eine äußerst glückliche Wortwahl, an die man sich erinnern muß, wenn die auf den Untergang der *Lusitania* folgenden politischen Auseinandersetzungen behandelt werden.

Zum Krieg mit Deutschland kam es einen Monat vor dem von der Admiralität vorausgesagten Zeitpunkt, und die *Lusitania* war gerade im Begriff, New York zu verlassen, als er am 4. August 1914 erklärt wurde. Sofort nach ihrer Ankunft in Liverpool wurde sie der Admiralität übergeben, zusammen mit den anderen für eine Kreuzerrolle vorgesehenen Cunard-Schiffen. Am 8. August waren auf der *Aquitania* die Geschütze montiert, und die *Lusitania* wurde ins Trockendock am Merseyufer gebracht, um ebenfalls entsprechend umgerüstet zu werden.* Die Admiralität entfernte alle Passagierunter-

---

* Die Eile, mit der die Bewaffnung montiert wurde, läßt sich am Beispiel des 25 000-Tonnen-Passagierschiffs *Carmania* erkennen, das am 6. August in England eintraf. Am 14. September begegnete sie in der Höhe des brasilianischen Bahia im Südatlantik im Deckmantel des deutschen Passagierschiffs *Kap Trafalgar* und mit acht 4,7-Zoll-Geschützen ausgerüstet der *Kap Trafalgar*, die sich als *Carmania* getarnt hatte. Nach kurzem Gefecht versenkte die *Carmania* das deutsche Schiff, indem sie seine Längstanks durchlöcherte. Die *Kap Trafalgar* bekam starke Schlagseite und sank über den Bug, zwanzig Minuten nachdem die *Carmania* ihre erste Salve abgefeuert hatte.

künfte im F-Deck, dem untersten der sechs Decks über den Kesselräumen, und sperrte einen großen Teil des Schutzdecks. Die Bewaffnung wurde montiert, und am 17. September wurde das Schiff als bewaffneter Hilfskreuzer in das Flottenregister der Admiralität aufgenommen und von da an als solcher auch in den Büchern der Cunard Company geführt. Die *Lusitania* war für den Krieg gerüstet.

2

Am 17. September 1914 stattete Churchill der britischen Nordseeflotte, der »Grand Fleet«, einen Besuch ab, die im Loch Ewe vor Anker lag, einem entlegenen, aber ausgezeichneten Hochseeliegeplatz an der schottischen Nordwestküste.

Es war ein bemerkenswerter Besuch, denkwürdig hauptsächlich wegen einer nächtlichen Exkursion, deren Ausgangspunkt die Offiziersmesse von Admiral Jellicoes Flaggschiff *Iron Duke* war. Der First Lord war zu der Überzeugung gelangt, daß der Besitzer eines nahegelegenen Hauses mittels eines auf dem Dach montierten Scheinwerfers den Deutschen Signale zu geben pflegte. Der fragliche Hausbesitzer war ein seniler 75-jähriger früherer konservativer Parlamentsabgeordneter, Sir Arthur Bignold, und der Scheinwerfer funktionierte nicht. Der First Lord ließ jedoch aus der Waffenkammer des Flaggschiffs Handfeuerwaffen und Munition holen, setzte sich an die Spitze eines Stoßtrupps und bedrohte den unglücklichen Hausbesitzer und seinen Butler mit der Pistole. Das Ganze war eine unverantwortliche und eher törichte Eskapade, möglicherweise inspiriert von Admiral Jellicoes hervorragendem Kognak. * Aber Churchill fand dabei Gelegenheit zu einem formlosen Gespräch mit Commodore Roger Keyes, einem der

---

* Churchills Gruppe setzte sich zusammen aus Konteradmiral Sir Horace Hood, der später die für die *Lusitania* bereitstehende Eskorte befehligen sollte, Vizeadmiral Henry Oliver, Leiter des Marine-Nachrichtendienstes, den Churchill zwei Wochen später zu seinem Naval Secretary machte, Commodore Keyes und Commodore Tyrwhitt.

vier Offiziere, die er sich zu seinem Landeunternehmen aus der Offiziersmesse mitgenommen hatte.

Commodore Keyes war einer jener Marineoffiziere, denen man eine glänzende Laufbahn voraussagte. Er war auch äußerst freimütig. Er wies den First Lord auf den Umstand hin, daß entgegen der Verfügung der Admiralität nicht weniger als vier Kreuzer der *Bacchante*-Klasse mit ihren ungepanzerten Längsbunkern ständig bei der Doggerbank patrouillierten, und zwar seit Kriegsausbruch. Sie befanden sich in einer äußerst exponierten, gefährlichen Lage. Ihre Besatzungen waren zum größten Teil jungverheiratete Reservisten und Kadetten vom Osborne Naval Training College. Die britische Flotte, so berichtete er dem First Lord, hatte sie die »Livebait Squadron«, das Geschwader der lebenden Köder, getauft. Churchill war entsetzt. Gleich am nächsten Tag, nach London zurückgekehrt, ließ er sich Tennyson-d'Eyncourts nach der *Titanic*-Verhandlung angefertigten Bericht kommen und befahl, die betreffenden Kreuzer sofort aus dem Patrouillendienst zurückzuziehen. Der Kriegsstab der Admiralität nahm sich jedoch für die Herausgabe der entsprechenden Verfügungen Zeit und wies, bis über das *Bacchante*-Geschwader endgültig verfügt war, drei der Schiffe an, sogar noch näher vor der holländischen Küste zu patrouillieren, in einer Gegend, die als »the Broad Fourteens« bekannt war.

Am 21. September war Churchill in Liverpool, wo er vor Rekruten eine Rede halten sollte. Vorher besichtigte er die Docks, um die Cunard-Schiffe zu inspizieren, die gerade in Hilfskreuzer umgewandelt wurden. Die *Lusitania* lag neben dem Dock. Churchill und Leonard Peskett, der die Bauplanveränderungen überwachte, betrachteten das Schiff, das hoch über ihnen aufragte. Churchill brachte die Mängel der *Bacchante*-Klasse zur Sprache und erkundigte sich bei Peskett eingehend nach der Schottenkonstruktion des Cunard-Schiffes und seiner Stabilität. Peskett beruhigte ihn und sagte: »Die Navy hat nicht ihresgleichen.« Churchill murmelte eine Erwiderung, die ihn verfolgen sollte: »Doch.

Für mich sind das hier nur weitere 45 000 Tonnen Lebend-Köder.« [1]

Am nächsten Tag kurz nach Morgengrauen dampften die drei *Bacchante*-Klasse-Kreuzer *Aboukir*, *Hogue* und *Cressy* in Kiellinie durch ihr Patrouillengebiet. Um 6 Uhr 30 wurde die *Aboukir* von einem Torpedo getroffen. Sie kenterte sofort und versank innerhalb von fünfundzwanzig Minuten. Mit ritterlicher Selbstverständlichkeit eilten ihre beiden Schwesternschiffe herbei und erlebten auf der Stelle das gleiche Schicksal: 1459 Mann fanden den Seemannstod. Viele von ihnen stammten aus Liverpool, und Churchills Bemerkung am Dock hatte bereits die Runde gemacht. Die Presse griff die von der Marine gebrauchte Bezeichnung »Lebend-Köder« auf, und Churchill sah sich einer heftigen Kampagne ausgesetzt, die ihm vorwarf, er habe von der Gefahr gewußt, die den Kreuzern drohte, und sie rücksichtslos aufs Spiel gesetzt. An dem Untergang der Schiffe war er zweifellos unschuldig, und ein geheimes Untersuchungsverfahren sprach ihn auch frei und gab die Schuld dem Kriegsstab.

Das Desaster der Kreuzer der *Bacchante*-Klasse hatte bei der Admiralität eine drastische Neueinschätzung der von U-Booten drohenden Gefahr zur Folge. Bis dahin hatten Churchill und viele der ranghöchsten Angehörigen der Admiralität dazu geneigt, die U-Boote zu ignorieren. Die Folge war, daß Großbritannien 1914 nur einundsechzig einsatzfähige U-Boote besaß, zwölf weniger als 1907. Sie dienten fast ausschließlich Verteidigungszwecken, und nur siebzehn waren in solchem Maße seetüchtig, daß sie sich über die Küstengewässer hinaus vorwagen konnten. Deutschland besaß einundzwanzig einsatzfähige U-Boote, die alle für Fernfahrten eingerichtet waren.

Churchill und seine Ratgeber bei der Admiralität waren mit ihrer Ansicht fast allein gewesen. A. J. Balfour, der frühere konservative Premierminister, hatte im Rahmen eines langen Briefes an Flotten-Admiral Lord Fisher vom 6. Mai 1913 als Großbritanniens Achillesferse jene Stellen im Ärmelkanal und

in der Irischen See bezeichnet, an denen die großen Handels-
routen zusammenliefen, und hinzugefügt: »Ob *unsere* U-Boote die Position des Feindes unhaltbar machen könnten, beschäftigt mich eigentlich weniger als die Frage, ob *er* mit *seinen* U-Booten *unsere* Position unhaltbar machen könnte.«
Lord Fisher, der sich 1911 aus dem aktiven Dienst zurückgezogen hatte, antwortete im Juni 1913 mit einer wohldurch-
dachten Erwiderung, die er an Churchill schickte.[2] Er wies
darauf hin, daß einem feindlichen U-Boot nichts anderes
übrig blieb, als sein Opfer zu versenken, und fuhr fort: »Diese U-Boot-Gefahr ist eine wahrhaft schreckliche Bedrohung
des britischen Handels [...] sie ist zweifellos eine barbari-
sche Methode der Kriegsführung [...], [aber] das Wesen des
Krieges ist Gewalt, und Mäßigung im Krieg ist Dummheit.«
Er wies ferner darauf hin, daß die neutrale Schiffahrt nicht
verschont bleiben würde, und meinte: »Im Gegenlicht durchs
Periskop gesehen, sieht eine Flagge so ziemlich wie die andere
aus.«
Die Sea Lords und Churchill waren über Fishers Schreiben
entsetzt. Churchill beantwortete es mit einiger Verspätung am
10. Januar 1914. Er schrieb, in mancher Hinsicht halte er seine, Fishers, Darstellung für glänzend und nützlich; es gebe
jedoch einige Punkte, »von denen ich nicht überzeugt bin. Dazu gehört vor allem die Verwendung von Unterseebooten
zum Versenken von Handelsschiffen. Ich glaube nicht, daß
eine zivilisierte Nation dies je tun würde.« Prinz Louis of
Battenberg, der First Sea Lord, war der Ansicht, daß der Wert
von Fishers Denkschrift durch diesen Hinweis beeinträchtigt
wurde. Premierminister Asquith weigerte sich, sie dem Ausschuß für die Verteidigung des Empires zuzuleiten. Herbert
Richmond, Assistant Director der Operationsabteilung der
Admiralität, stellte in einer Notiz fest, das Unterseeboot be-
sitze »von allen Seefahrzeugen die geringste Eignung zum direkten Angriff auf den Handel«, und Commodore Keyes bestätigte in seiner Autobiographie, daß »wir alle« eine solche
Eventualität »als unmöglich und undenkbar aus unseren

Überlegungen ausgeschaltet hatten«. Es wird aufgezeigt werden, daß man bei der Bewaffnung einiger Handelsschiffe im Frühjahr 1913 nicht an das U-Boot dachte, sondern an das bewaffnete deutsche Passagierschiff, das als Handelszerstörer auftreten würde. Churchills oft vorgebrachte autobiographische Behauptung, er habe die U-Boot-Gefahr geahnt und sie durch seine vorausschauende Handlungsweise weitgehend beseitigt, läßt sich mit Tatsachen nicht belegen.

Die Admiralität war der Ansicht, daß ein Handelsschiff von einem Unterseeboot genauso behandelt werden sollte wie von einem Kreuzer; das heißt, praktisch so, wie die Royal Navy seit 1512 operierte, als Heinrich VIII. dem Flotten-Admiral vor seiner Expedition nach Guienne genaue Instruktionen erteilte. Kurz, die Navy glaubte, es sei korrektes Vorgehen, wenn ein *unbewaffnetes* Schiff durch einen Schuß vor den Bug gestoppt und durchsucht wurde und dann, falls es ein neutrales Schiff war, seine Fahrt fortsetzen konnte. War es ein Handelsschiff, das einer kriegführenden Partei angehörte, wurden Besatzung und Passagiere als Geiseln und Schiff und Ladung als Prise betrachtet. Konnte wegen Personalknappheit kein Prisenkommando abgestellt werden oder war man zu weit von einem eigenen Hafen entfernt, konnten Schiff und Ladung zerstört werden. Diese Prinzipien, bekannt als »Prisenrecht«, waren mit geringen Abweichungen von allen seefahrenden Mächten akzeptiert worden. Sie bezogen sich jedoch auf *unbewaffnete Handelsschiffe*.

Als Churchill britische Handelsschiffe bewaffnen ließ, beraubte er sie damit automatisch des Anspruchs auf eine solche Behandlung. Auf den unteren Rangebenen der Admiralität war man sich klar darüber, daß es kein U-Boot je wagen würde, aufzutauchen, um ein schwer bewaffnetes Schiff zu stoppen und zu durchsuchen. Doch selbst wenn es dies tat und man seinen Befehlen Folge leistete – was sollte ein Unterseeboot mit der Besatzung, den Passagieren und der Prise anfangen? Wie der im Ruhestand lebende Lord Fisher und zahlreiche Offiziere der unteren Ränge voraussagten, blieb dem U-Boot

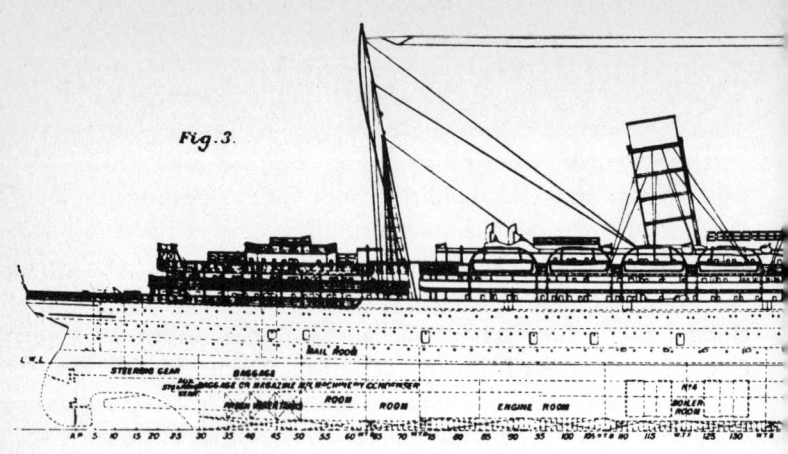

Fig. 3.

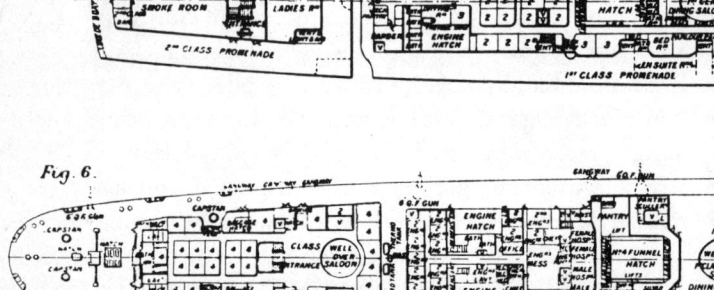

Fig 5.

Fig. 6.

Da die *Lusitania* als Subventionsbau in Dienst gestellt wurde, erschienen im Jahre 1907 in diesem Zusammenhang in britischen Fachzeitschriften Bauzeichnungen mit projektierter Armierung/Bewaffnung (zwölf 6-Zoll-Schnellfeuer-Geschütze).

Als echte Sensation müssen die beiden Abbildungen des Promenaden- und Shelter-Decks eingestuft werden. Sie erschienen sieben Tage nach dem Untergang der *Lusitania* am 14. Mai 1915 in der angesehenen britischen Fachzeitschrift ›Engineering‹.

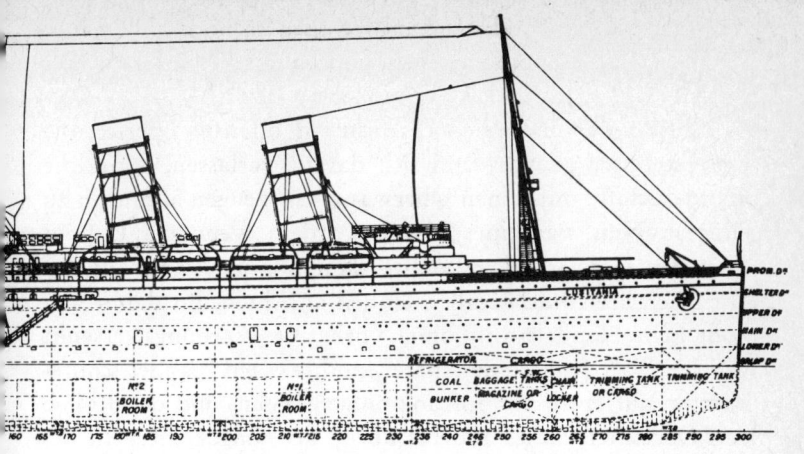

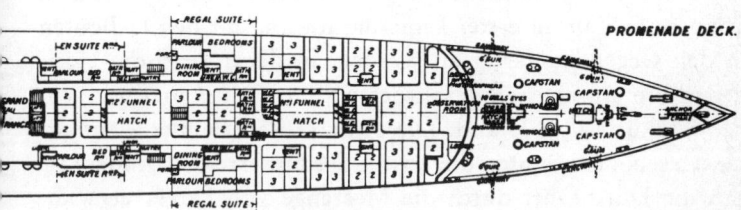

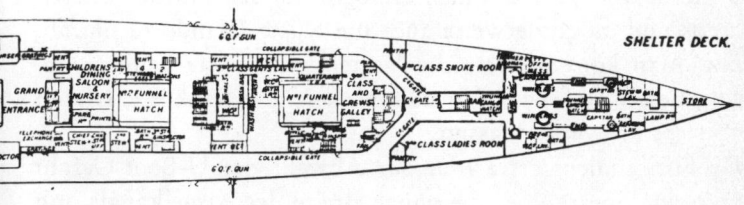

Oben Lusitania: Seitenansicht.

Mitte Lusitania: Promenaden-Deck mit vier 6-Zoll-Schnellfeuer-Geschützen.

Unten Lusitania: Shelter-Deck mit acht 6-Zoll-Schnellfeuer-Geschützen.

Archiv Bodo Herzog

gar keine andere Wahl, als den Menschen an Bord die Chance zu geben, in die Boote zu gehen, und dann seine Prise zu versenken.

Großbritannien hatte jedoch nicht an offensiv operierende Unterseeboote gedacht und sich darauf verlassen, feindliche Handelsschiffe mit seinen Überwasserfahrzeugen abfangen zu können. Nun war eines klar geworden: wenn ein U-Boot einen Kreuzer versenken konnte, dann konnte es auch auf den britischen Seehandelsstraßen Unheil anrichten. Bis dahin war noch kein Handelsschiff ohne vorherige Warnung versenkt worden, aber früher oder später mochte es ein Handelsschiffskapitän auf einen Kampf ankommen lassen, und dann blieb den Deutschen nichts anderes übrig, als von den Regeln des Prisenrechts abzugehen. Sie würden eine Änderung der Kampfesweise bei den Engländern wohl nicht einfach hinnehmen können. Es kam in erster Linie darauf an, mit den U-Booten in den Gegenden fertig zu werden, in denen britische Handelsschiffe am meisten gefährdet waren – im Kanal und vor der Südküste von Irland. Die Admiralität glaubte, deutsche Unterseeboote könnten die Irische See nur erreichen, indem sie sich die Durchfahrt durch die Meerenge von Dover erzwangen. Man wußte nicht, daß sie eine Seetüchtigkeit und Reichweite besaßen, die es ihnen ermöglichte, den Norden Schottlands und möglicherweise auch die Küste Irlands zu umfahren. Man konzentrierte die Verteidigungsanstrengungen infolgedessen auf den Ärmelkanal, und die Südküste Irlands wurde stark vernachlässigt.

Großbritanniens erste Idee zur Abwehr der U-Boot-Gefahr war eine Sperre über die ganze Breite des Ärmelkanals, mit Netzen und Minen. Die Sache war ein kostspieliges Fiasko und wurde aufgegeben. Die einzige Antwort waren vermehrter Patrouillendienst und Auslegung von Minen. Längs der englischen und irischen Küste wurde ein neues System aufgebaut, das nur zu deutlich die Vorstellungen des Oberkommandos einer Marine widerspiegelte, die, von unbedeutenden Kanonenbootaktionen und Beschießungen zur Aufrechterhaltung der Pax Britannica abgesehen, seit Trafalgar keine größere Seeschlacht mehr erlebt hatte. Man richtete eine Küstenjacht- und Motorbootpatrouille unter dem Oberbefehl des 61 jährigen Admiral Sir Frederick Inglefield ein. Ihre Anstrengungen, so gut sie gemeint waren, erwiesen sich größtenteils als lächerlich. Nur eines von zehn Fahrzeugen war bewaffnet, und diese Bewaffnung bestand in kaum mehr als einem Gewehr. Eines von fünfundachtzig Schiffen besaß ein Funkgerät. Die anderen waren auf Enthusiasmus und Phantasie angewiesen.

Die Phantasie führte in der Tat zu neuartigen Ideen. Man sah ein, daß Inglefields Streitkräfte zwar eine Präsenz darstellten, aber keineswegs wußten, wie sie im Ernstfall mit einem Unterseeboot fertig werden sollten. So bildete man Teams von je zwei Schwimmern, die den einzelnen Fahrzeugen zugeteilt wurden. Der eine hatte eine schwarze Tasche bei sich, der andere einen Hammer. Wurde ein Periskop gesichtet, so sollte das Boot so nah wie möglich heranfahren, und dann sollten die Schwimmer ins Wasser springen und das Periskop packen. Der eine mußte sodann die schwarze Tasche darüberstülpen und der andere versuchen, mit dem Hammer das Glas zu zertrümmern. Inglefield hatte aber noch eine weitere geniale Idee dieser Art: Man versuchte, Seemöwen so abzurichten, daß sie ihren Kot auf Periskope fallen ließen, und eine Zeitlang war ein entlegener Teil des Hafens von Poole in Dorset von Periskopattrappen und ausscheidungsfreudigen Seemöwen übersät. Inglefield beschloß seine hervorragende Laufbahn im Juni 1916, als er freiwillig in den Ruhestand trat, um jüngeren Offizieren Platz zu machen. Seine letzte offizielle Funktion war ein »besonderer Dienst bei der Admiralität«, wie es die *Times* euphemistisch nannte: Er war der ranghöchste Marineoffizier der Gruppe von Beisitzern, die Lord Mersey bei der Untersuchung des Untergangs der *Lusitania* zur Seite stand, eine wenig ruhmreiche Aufgabe als Abschluß einer im übrigen ehrenvollen Karriere. Bei all seiner Vorliebe für das Unorthodoxe war Churchill einer der ersten, die zu dem Schluß kamen, daß schwarze Taschen, Sperren und Seemöven nicht die richtigen Mittel zur U-Boot-Bekämpfung waren. Er mußte auch zu der Erkenntnis gelangt sein, daß seine bewaffneten Handelsschiffe früher oder später einem U-Boot begegnen würden und dann die eine oder die andere Seite von den Regeln des Prisenrechts abweichen und damit den Seekrieg einem Grad von Gnadenlosigkeit zutreiben würde, den weder Großbritannien noch Deutschland je im Auge gehabt hatte. Er entwarf daher eine geniale und subtile Strategie.

In seiner autobiographischen Darstellung des Ersten Weltkriegs, *Die Weltkrise*, schrieb Churchill: »Der Unterschied zwischen Politik und Strategie schrumpft zusammen, von je höherer Warte aus man blickt.«[3] Churchill blickte von der höchsten Warte aus, und die Strategie, für die er sich zur Abwehr der *erwarteten* U-Boot-Gefahr entschied, war fast ausschließlich politischer Natur. Es kann kaum daran gezweifelt werden, daß er insgeheim die Vereinigten Staaten in den Krieg hineinziehen wollte. Er fährt an der zitierten Stelle fort: »Von ganz oben betrachtet, sind wahre Politik und Strategie eins. Das Manöver, das einen Bundesgenossen mit auf den Plan ruft, ist so dienlich wie das, welches in einer großen Schlacht den Sieg bringt. Das Manöver, das einen wichtigen strategischen Vorteil bedeutet, kann weniger nützlich sein als eines, das einen gefährlichen Neutralen besänftigt oder einschüchtert.« Vereinfacht man das Problem, dem sich die Admiralität gegenübersah, auf seine wesentlichen Linien, so bestand es darin, daß die einzige nicht in den Konflikt einbezogene Seemacht von irgendwelcher Bedeutung die Vereinigten Staaten waren, die von Tag zu Tag als Nachschubquelle unentbehrlicher wurden. Der Zustrom von Kriegsmaterial kam fast ausschließlich aus Nordamerika, und es durfte nichts geschehen, was diese Situation in Frage stellen konnte.

Die britische Blockade der Nordsee war noch nicht verkündet, aber sie war seit 1907 in allen Einzelheiten geplant und schon in vollem Gang. Alles, was zu ihrer Verkündung fehlte, war der notwendige politische Vorwand. Inzwischen wurden die amerikanischen Handelsschiffe, obwohl sie von den Deutschen noch nicht angegriffen worden waren, ständig von britischen Patrouillenschiffen durchsucht und umgeleitet. Die Proteststimmen im US-Senat bereiteten dem britischen Außenministerium große Sorge. Der Neutrale, der »besänftigt oder eingeschüchtert« werden mußte, das waren natürlich die Vereinigten Staaten. Churchills Strategie war es, die Deutschen in eine Konfrontation mit den USA hineinzutreiben, davon erhoffte er sich zumindest eine Neutralisierung der prodeutschen Stimmung in Amerika und eine Konsolidierung seines Nachschubstroms.

Vom Oktober 1914 an ergingen an die Kapitäne britischer Handelsschiffe immer wieder aufhetzende Befehle. Es wurde als Vergehen hingestellt, auf Anweisung eines Unterseeboots zu stoppen. Die Kapitäne sollten statt dessen den Kampf mit dem Feind aufnehmen, indem sie sich ihrer Bewaffnung bedienten oder, falls sie keine besaßen, das U-Boot zu rammen versuchten. Jeder Kapitän, der sein Schiff dem Feind übergab, sollte unter Anklage gestellt werden, und einige wurden es auch. Churchills Darstellung zeigt, welche Strategie dahintersteckte, und wer die Verantwortung trug.

Die erste unter meiner Verantwortung getroffene britische Gegenmaßnahme verfolgte den Zweck, die Deutschen von Überwasser-Angriffen abzuhalten. Das untergetauchte U-Boot mußte sich in zunehmendem Maße auf den Unterwasser-Angriff stützen mit dem damit verknüpften Risiko, neutrale für britische Schiffe zu halten und neutrale Besatzungen in den Tod zu schicken und Deutschland auf diese Weise mit anderen Großmächten in Konflikt zu bringen. [4]

Um einem solchen Irrtum Vorschub zu leisten, gab die Admiralität eine Instruktion heraus, die alle britischen Schiffe anwies, ihre Namen und Heimathäfen zu übermalen und in britischen Gewässern die Flagge einer neutralen Macht zu zeigen. Diese Anweisungen gab die Admiralität an alle Schifffahrtsgesellschaften aus, und in dem der Cunard Linie zugegangenen Exemplar findet sich der handgeschriebene Zusatz:

»Geben Sie zu verstehen, daß die amerikanische Flagge benutzt werden soll.«

Britische Marinefahrzeuge erhielten den Befehl, die Besatzungen deutscher Unterseeboote als Verbrecher zu betrachten und ihnen nicht den Status von Kriegsgefangenen zuzuerkennen. Auf Betreiben von Admiral Sir Hedworth Meux, dem Marine-Kommandanten von Portsmouth, wurden seit September 1914, als der regelmäßig zwischen St. Malo und Southampton verkehrende Dampfer in dieser Weise eingerichtet wurde, mehrere »Mystery-« oder »Q-Schiffe« in Dienst gestellt – dem Anschein nach unbewaffnete Handelsschiffe mit getarnter Bewaffnung und einer in Zivil gekleideten Marinebesatzung an Bord. Churchill unterstützte diese Maßnahme, und seit Februar 1915 waren »Mystery-Schiffe« im Einsatz. Churchill entwarf persönlich ihre Instruktionen, und diejenigen, die sich auf Gefangene bezogen, waren symptomatisch für seine rücksichtslose, auf Eskalierung des Seekriegs gerichtete Politik. »Überlebende«, schrieb der grimmige First Lord, »sollten gefangengenommen oder erschossen werden – was immer sich als praktisch erweist.«[5]

Es gab noch andere, ebenso erbarmungslose Befehle, z. B. die berüchtigte Anweisung »Bei allen Kampfhandlungen ist auf weiße Flaggen sofort zu schießen«[6], und sie rührten in erster Linie von zwei Befürchtungen her. Zum einen befürchtete man, daß die Deutschen die Seeherrschaft erringen könnten, und zum anderen war man sich bewußt geworden, daß der Krieg doch nicht so schnell durch eine ruhmreiche Flottenoperation zu beenden sein würde, sondern ein langer, qualvoller Zermürbungskrieg zu werden versprach. Diese Faktoren verlangten nach einer radikalen Neubestimmung der Rolle, die die britische Kriegsmarine zu spielen hatte.

Bei Kriegsausbruch hatten die Hauptbedrohung des britischen Handels die zweiundvierzig deutschen Passagierschiffe dargestellt, die in Hilfskreuzer umgewandelt werden konnten. Dieser Bedrohung hatte Großbritannien, von der Royal Navy abgesehen, vierundzwanzig bewaffnete Passagierschiffe und vierundfünfzig bewaffnete Frachtschiffe entgegenzustellen. Weitere vierzig Schiffe befanden sich im Umbau. Aber die deutsche Gefahr blieb zum größten Teil aus. Von den zweiundvierzig potentiellen Hilfskreuzern waren nur fünf auf See, als der Krieg erklärt wurde, und im Herbst 1914 waren von diesen nur noch zwei unterwegs. Die Admiralität plante, eine gewisse Zahl bewaffneter Passagierschiffe im Fernen Osten zurückzuhalten, wo keine U-Boot-Gefahr bestand, sie verfügte jedoch, daß der Rest in den Frachtdienst übernommen wurde; sie sollten dringend benötigte Versorgungsgüter aus den Vereinigten Staaten herüberschaffen, und bei ihrer Geschwindigkeit und Bewaffnung waren sie, so glaubte man, gegen die unvorhergesehene U-Boot-Gefahr gefeit.

Am 24. September teilte die Admiralität der Cunard Company offiziell mit, daß sie die *Lusitania* nicht in der vorgesehenen Weise einzusetzen gedachte, und bat Alfred Booth zu einem Gespräch über die weitere Verwendung des Schiffes. Die zukünftige Rolle der *Lusitania* beschrieb ihm der Sekretär der Admiralität, Sir William Graham Greene, im Rauchzimmer des Reform Clubs am Abend des 3. Oktober. Die Cunard Company werde aufgefordert, so erfuhr Booth, die *Lusitania* in Betrieb zu nehmen und einen Schnelldienst zwischen Liverpool und New York einzurichten. Alle Cunard-Schiffe auf dieser Strecke sollten ihren Frachtraum der Handelsabteilung der Admiralität zur Verfügung halten, und Kabinenbestellungen, die von der Admiralität, dem Kriegsministerium oder einer anderen Regierungsstelle kamen, war auf allen Schiffen bei jeder Reise der Vorzug vor anderen Buchungen zu geben. Der Betrieb der Schiffe auf See sollte der Admiralität unterstehen. Sie würde den Kapitänen den einzuschlagenden Kurs mitteilen, und der Cunard Company war es verboten, mit ihnen Verbindung aufzunehmen außer mit Erlaubnis und unter Einschaltung der Admiralität. Aller von den Behörden nicht benötigte Fracht- oder Passagierraum konnte von der Cunard Linie genutzt werden, aber bei Fahrten in West-Ost-Richtung nur mit Genehmigung des Verbindungsstabs der Admiralität, der in New York stationiert werden würde. Besatzungen, Schiffe und Brennstoff bereitzustellen war Sache der Gesellschaft. Die Subvention in Höhe von jährlich 75 000 Pfund lief weiter, und die Admiralität würde für den von ihr in Anspruch genommenen Frachtraum bezahlen. Die Versicherungsgebühren trug die Regierung.

Alfred Booth war entgeistert. Seinem Vetter George Booth schrieb er später: »Kurz gesagt, Sir William nahm mich mit in *meinen eigenen Club* und befahl mir, im Interesse der Nation ein ›Konterbandist‹ im großen Stil zu werden.«[7] Ihm blieb jedoch nichts anderes übrig, als zuzustimmen, wenn er auch darauf hinwies, daß der Atlantik-Passagierverkehr jetzt, da der Krieg in vollem Gang war, bereits stark zurückgegangen war und er die *Lusitania* lieber bis Kriegsende eingemottet hätte. Er gab zu bedenken, daß sich die Besatzung zerstreut hatte und entweder zur Navy gegangen oder auf anderen Schiffen untergekommen war. Seine Proteste verhallten ungehört, und er wurde angewiesen, die *Lusitania* so schnell wie möglich zum Auslaufen vorzubereiten und die Admiralität zu verständigen, wenn sie reisefertig war. »Sie hatte«, sagte Sir William, »eine wichtige Aufgabe zu erfüllen.«[8]

3

Alfred und George Booth waren Vettern, Mitglieder einer Familie, die eines von Liverpools Phänomenen war und ist. Alfred Booth and Co., das Familienunternehmen, reflektierte exakt den unterschiedlichen Charakter ihrer einzelnen Mitglieder. Einer freigeistigen, unitarischen Einstellung hatte sich ein ebenso unabhängiger und unternehmerischer Geschäftssinn hinzugesellt, der zielsicher auf Dampfkraft und Außenhandel setzte. Zu Beginn dieses Jahrhunderts gehörten der Firma Alfred Booth and Co. ein beträchtlicher Anteil an der Cunard Linie, eine eigene Schiffahrtsgesellschaft, nämlich die Booth Steamship Company Limited, Fabriken, Gerbereien und Bauunternehmen in Brasilien, den Vereinigten Staaten und England, und sie war finanziell mit zahlreichen anderen Dampfschiff-, Lagerungs- und Großhandelsfirmen verbunden. Die ehelichen Bande der Booth waren so vielfältig wie eindrucksvoll: Alfred Booths Vater hatte eine Butler geheiratet, Tochter eines der großen Handelsherren von Liverpool; George Booths Vater heiratete Mary Macaulay, die Nichte des Historikers, und wurde später Privy Councillor. Im Jahre 1914 waren Alfred und George die zwei aktivsten Mitglieder des Clans. Der erstere konzentrierte sich auf die Schiffahrtsinteressen und widmete sich immer mehr den Angelegenheiten der Cunard Linie. Mit zweiundvierzig Jahren war er ihr Vorstandsvorsitzender.

Alfred Booth war groß und stets sehr sorgfältig gekleidet, und der Unabhängigkeitssinn der Familie zeigte sich bei ihm in mangelnder Bereitschaft, anderen Verantwortung zu übertragen, und in einer deutlichen Neigung zu einem gereizt-auto-kratischen Verhalten. Seine Privatbriefe wie seine geschäftli-che Korrespondenz zeigen, daß er sich von einem einmal ein-geschlagenen Weg nur selten wieder abbringen ließ, und er mochte weder Ratschläge noch Anweisungen. Trotz oder gera-de wegen dieser Schwächen lief die Cunard Linie unter seiner Leitung wie ein Uhrwerk.

Er verachtete die Admiralität aus ganzer Seele, was er den Behörden gegenüber so gut zu verbergen wußte, daß ihm eine dankbare Regierung 1916 die Baronetswürde verlieh. Seinen Gefühlen ließ er hauptsächlich in den Briefen an seinen Vater und seinen Vetter freien Lauf.

George Booth war ein gänzlich anderer Mensch. Sein Vater, der das Familienunternehmen geleitet hatte, war ein Radika-ler gewesen und gehörte zu den ersten Schriftstellern, die sich mit sozialen Fragen befaßten; mit seinem monumentalen Werk *Life and Labour of the People of London* trug er weit-gehend dazu bei, daß das viktorianische Gewissen für die Op-fer des Materialismus jener Zeit wieder zu schlagen begann. Zu seinen Freunden zählten Henry Hobhouse, Beatrice Webb, Lord Parmoor und Daniel Meinertzhagen, der Londoner Ban-kier. George hatte mit dem Vater Ansichten und Freunde in solchem Maße gemeinsam, daß er Meinertzhagens Tochter heiratete und für die Angestellten seiner Firma ein einzigarti-ges paternalistisches Sozialversicherungssystem einführte. Er war auch ein äußerst kluger und unternehmerischer Geschäfts-mann, eine Tatsache, die die Bank von England veranlaßte, ihn zu einem ihrer Direktoren zu machen, als er erst sieben-unddreißig Jahre alt war. Sein Äußeres ist leicht zu beschrei-ben, wenn er den Vergleich auch nicht geschätzt haben würde. Er sah Humphrey Bogart zum Verwechseln ähnlich.

Einen Tag nach Kriegsausbruch fuhr George Booth mit dem Zug von Liphook in Hampshire nach London. Im selben Wa-gen reiste Sir Hubert Llewellyn Smith, der Ständige Sekretär des Handelsministeriums. Sir Hubert bemerkte, nun da sich das Land im Krieg befinde, werde es nicht mehr so einfach sein, zwischen Wohnung und Arbeitsplatz zu pendeln, und George Booth bot ihm Bett und Frühstück in seinem Londoner Haus in Kensington an. Sir Hubert akzeptierte die Einladung. Während der nächsten Wochen kam es abends im Boothschen Haus zu einer Reihe interessanter Begegnungen. Am 6. August 1914 brachte Sir Hubert als Gast Walter Runciman, den Präsidenten des Handelsministeriums, mit, und nach dem Dinner berichtete Runciman den Anwesenden vom ersten Streit im Kabinett.

Das Kabinett war allgemein der Ansicht, daß der Krieg sehr schnell beendet sein werde, aber Feldmarschall Lord Kitchener, der neuernannte Heeresminister, hatte sich dieser Ansicht nicht angeschlossen. Er war fest davon überzeugt, daß es einen langen Krieg geben würde, und er hatte das Handelsministerium eingehend nach seinen Plänen zur Beschaffung der riesigen Kriegsmaterialmengen befragt, die gebraucht werden würden. Er hatte sich offenbar sehr eingehend mit den Plänen des Heeresministeriums und der Admiralität zur Befriedigung ihrer Bedürfnisse beschäftigt und zu seiner Bestürzung festgestellt, daß die britischen Vorräte an Munition und Versorgungsgütern aller Art nur für einen Feldzug von drei Monaten reichten. Die britische Armee hatte zum Beispiel keine Winterkleidung außer den Parademänteln. »Bis heute«, hatte er an diesem Morgen zu Walter Runciman bemerkt, »konnte man die Armee so mühelos ausrüsten, wie man bei Harrods einen Strohhut kauft, aber von jetzt an werden das Heer und die Marine und vielleicht auch diese Flieger größere Mengen an Material brauchen, als je hergestellt wurden.«[1] Er hatte bedauert, daß es keine zentralisierte Beschaffungs- und Verteilungspolitik gab, und das Kabinett gedrängt, etwas Derartiges zu organisieren. Asquith hatte den Gedanken verworfen.

Auf Runcimans Initiative wurde George Booth nun gebeten, ein inoffizielles Komitee von Finanzleuten, Reedern und Industriellen zu bilden, das mithelfen sollte, Pläne für den von Kitchener angesprochenen Notfall zu entwerfen, und inzwischen – also im stillen – unterstützend einspringen sollte, falls es bei Beschaffung oder Transport von Kriegsmaterial zu Engpässen oder sonstigen Schwierigkeiten kam. Als man Alfred Booth anwies, die *Lusitania* wieder auf der Nordamerika-Route einzusetzen, hatte sein Vetter das Komitee bereits zusammengestellt und die Zustimmung des Kabinetts erhalten. George Booth war ein Genie im Aussuchen der richtigen Leute. Er nahm sich zwei junge Verwaltungsangestellte der North Eastern Railway, Eric Geddes und George Beharrel, den Wirtschaftler Maynard Keynes aus Cambridge und den Bankier Cecil Baring. F. S. Oliver vom Warenhaus Debenham und Freebody wurden hinzugezogen zur Überwachung des Nachschubs an Bekleidung, auch in der Familienfirma sah Booth sich um und stellte W. H. Tregonning für den Passagierschiff-Requirierungsausschuß und Austin Fletcher zum Aufbau einer Prisengerichtsabteilung frei, die über das Schicksal von Schiffen und Ladungen entscheiden sollte, welche bei dem Versuch, die britische Blockade zu durchbrechen, aufgebracht wurden. Für den Kontakt mit der Regierung sorgte das Handelsministerium, das U. F. Wintour aus seiner Ausstellungsabteilung als Komiteesekretär zur Verfügung stellte (er wurde später Leiter der Abteilung Heeresaufträge). Sir Frederick Black, Leiter der Abteilung Admiralitätsaufträge, wurde vom Third Sea Lord dazu bestimmt, durch tägliche Rücksprache mit George Booth Verbindung zu halten.

Im Mai 1915, nachdem Lloyd George Rüstungsminister geworden war, bildete Booths Komitee den Kern des neuen Ministeriums. Vor diesem Zeitpunkt war der Ausschuß sowohl »offiziell inoffiziell« als auch geheim. Die Mitglieder mußten täglich konferieren, aber sie besaßen weder Räumlichkeiten noch formelle Befugnisse. Diese wurden dadurch ersetzt, daß man beständig seine Beziehungen spielen ließ. Glücklicherweise kannte jeder jeden. Man brauchte praktisch nur einen Raum, in dem man sich treffen konnte. George Booth löste das Problem auf eine für ihn typische Weise. Abends fanden die Besprechungen bei ihm zu Hause in Kensington statt, und jeden Tag traf man sich in seinem Club, dem Reform Club in

Pall Mall, wo im Speisesaal ein besonderer Tisch zur Verfügung gestellt wurde, den das Komitee »Runder Tisch« taufte. Bei diesen »Arbeitsessen« wurden die zahlreichen Nachschub-, Transport- und Finanzierungsprobleme behandelt.

Ende September 1914 nahmen Sir Frederick Black und Wintour George Booth nach einem solchen Essen beiseite. Beide hatten Probleme, bei denen es um Lieferungen aus den Vereinigten Staaten ging. (Die Waren, um die es sich handelte, sollten später die letzte Reise der *Lusitania* mitmachen.) Sir Frederick brauchte beträchtliche Mengen von Schießbaumwolle, die für Minen benötigt wurden. Großbritannien hatte sich offiziell gegen Minenlegen ausgesprochen, und am lautstärksten protestierte Churchill, der noch immer an ein Kriegsende in wenigen Wochen glaubte. Die Admiralität und das Foreign Office hatten einen Schrei der Entrüstung ausgestoßen, als die Deutschen am ersten Kriegstag die Hafeneinfahrt von Harwich verminten, und Churchill hatte sich dem Legen britischer Minen widersetzt, weil dadurch das Meer verseucht worden wäre, das Großbritannien bereits beherrschte. Zweifellos war dies Churchills ehrliche Überzeugung, aber es gab noch einen geheimeren Grund, der Großbritannien bis dahin am Minenlegen gehindert hatte.

Bei Kriegsausbruch hatte die Admiralität nur 4000 Minen auf Lager, und bei den ersten Versuchen, sie zu legen, hatte sie ein Fiasko erlebt. Die Fünf-Zentner-Senkgewichte hielten die Minen nicht an der vorgesehenen Stelle fest, und die Minen waren überallhin abgetrieben. Admiral Jellicoe hatte sich darüber beklagt: So schnell die Minen gelegt worden seien, so schnell seien sie abgetrieben, »infolge unserer idiotischen Angewohnheit, zur kurze Haltetaue zu verwenden«.[2] Die bei Kriegsausbruch im Kanal gelegten Minen waren bis zu achtzehn Meilen weit abgetrieben, und Admiral Oliver hatte sie als »eine höllische Plage« bezeichnet. Die englischen Minen waren für die Engländer gefährlicher als für die Deutschen. Häufig sprengten sie das Heck eines Minenlegers in die Luft, während sie beim Kontakt mit einem deutschen Schiff gewöhnlich nicht explodierten. Zahlreiche deutsche Schiffe hatten eine britische Mine als Souvenir an Deck montiert. *

Es gab jedoch in der Admiralität eine starke Minenlobby, und diese Personen hatten den Premierminister hinter Churchills Rücken dazu gebracht, den First Sea Lord anzuweisen, eine aggressive Minenpolitik einzuschlagen. Asquith tat dies am 29. September 1914. Sir Frederick Black brauchte nun 1000 Tonnen Schießbaumwolle für den designierten Leiter des Marine-Nachrichtendienstes, Captain Reginald Hall, dem die Sache deshalb anvertraut worden war, weil die Änderung der Minenpolitik geheim bleiben sollte. (Wahrscheinlich ist es auch Hall gewesen, der diese Änderung hauptsächlich betrieben hatte.)

Wintour hatte zwei Probleme, die das Heer betrafen. Er suchte einen Lieferanten für zwei Millionen Ledergarnituren (Patronentaschen, Gürtel, Schulterriemen) für die neue Freiwilligenarmee, die Lord Kitchener aufstellte. Das war eine einfache Sache; man würde Booth ein Muster der gewünschten Gegenstände zuschicken. Das zweite Problem war komplizierterer Natur. Ein amerikanischer Unternehmer namens Alfred Fraser hatte sich mit einem Schaffellmantel über dem Arm ins Heeresministerium begeben und war mit einem Auftrag für 100 000 Stück à 37 Shilling wieder herausgekommen. Das Ministerium war dann gebeten worden, das Geld im voraus zu zahlen, hatte dies aber abgelehnt. Konnte Mr. Booth vielleicht über Fraser Erkundigungen einziehen und, falls die Mäntel existierten, für Ankauf und sofortige Verschiffung nach Großbritannien sorgen? Und dann gab es noch ein wei-

---

* Die in der offiziellen britischen *History of the War* aufgestellte Behauptung, britische Minen hätten kein einziges nichtdeutsches Schiff versenkt, ist trügerisch. Sie stellten, wie Churchill ganz richtig sagte, eine »Verseuchung der Meere« dar. Von den bis Januar 1915 verlegten 9000 Minen trieben über 4000 ab und waren nicht mehr zu lokalisieren. Die Unterlagen der Admiralität bestätigen, daß noch im April 1917 über 90 % der britischen Minen zu gefährlich waren, um gelegt zu werden. Professor Marder behandelt das Minenfiasko ausführlich in *From the Dreadnought to Scapa Flow,* Band 2, S. 77–82.

teres kleines Problem. Die amerikanische Regierung machte Schwierigkeiten, was den Versand militärischer Güter und das Gestatten einer britischen Verschuldung beim Erwerb von Kriegsmaterial betraf. Wintour meinte, Booth und seine Familie könnten vielleicht bei der Bezahlung von Heereslieferungen aus dem Dollarguthaben von Booth and Co. in New York eine Überbrückungshilfe leisten. George Booth zeigte sich in allen Punkten hilfsbereit.

Cecil Baring schaltete sich mit dem Vorschlag ein, daß vielleicht die Bank von Montreal dabei mithelfen könnte, und man vereinbarte schließlich, daß Booth sich auch mit dem britischen Botschafter in Washington, Sir Cecil Spring-Rice, ins Benehmen setzen sollte, um zukünftige Finanzierungsmaßnahmen zu besprechen für den Fall, daß die Vereinigten Staaten sich weiterhin bei Ankauf und Verschiffung von Kriegsmaterial störrisch zeigten. Schließlich gab Sir Frederick Booth einen Empfehlungsbrief an Captain Guy Gaunt mit, den damaligen britischen Marineattaché in Washington, der mit dem Hersteller der Schießbaumwolle in Verbindung stand, aber als Diplomat natürlich nicht persönlich einen Auftrag erteilen oder direkte Verhandlungen aufnehmen konnte.

George Booth beeindruckte das Vertrauen, das man in ihn setzte. Er äußerte sich sehr zufrieden darüber in Briefen an seinen Vetter und seinen Vater, die beide der Ansicht waren, daß Booth and Co. die Finanzierung der Heereslieferungen übernehmen sollte. Alfred bat ihn, dafür zu sorgen, daß die Cunard Linie einen Teil der Frachtaufträge bekam, und reservierte ihm eine Suite an Bord der *Lusitania*. George Booth schiffte sich am 24. Oktober 1914 in Liverpool ein – es war die erste Fahrt des Dampfers seit die Admiralität den Befehl zur Neuindienststellung ausgegeben hatte. Er erhielt die Salonsuite No. B 70, aber die *Lusitania* war nicht mehr das Schiff, das er von früher kannte. Als erstes fiel ihm auf, daß die Stewards nicht mehr so »flink« waren wie einst; sodann schien das Schiff viel unruhiger geworden zu sein. Zum ersten Mal wurde er auf einer Atlantikreise seekrank – und er hatte schon manche Überquerung hinter sich. Dieses Schicksal teilten mit ihm viele Erster-Klasse-Passagiere, von denen die meisten, wie er in seinem Tagebuch vermerkte, entweder Offiziere in Zivil oder Mitglieder von Delegationen oder Einkaufskommissionen waren. Er sprach über seine Seekrankheit mit Kapitän Dow, einem alten Bekannten, dem man nachsagte, daß er nur bei ganz ruhigem Wetter *nicht* seekrank war. Dies und seine schottische Neigung zur Vorsicht hatten ihm in der Handelsmarine den Spitznamen »Schönwetter-Dow« eingetragen.

Wie Kapitän Dow erklärte, lag das Schiff aus gutem Grund unruhig im Wasser. Die Admiralität hatte das unterste Deck (das F-Deck) ausgeräumt und dadurch dem unteren Teil die nötige Schwere entzogen. Die Stahlverstärkung des Schutzdecks (des C-Decks) hatte das Schiff noch weiter topplastig gemacht, und der Abschnitt vor dem Schornstein 2 auf demselben Deck befand sich ganz in den Händen der Admiralität und war vom übrigen Teil des Schiffes abgetrennt. Wie Dow weiter erklärte, hatte die Admiralität die vorn und achtern montierten Geschütze entfernt, und er zeigte Booth die verdeckten Geschütz-Drehsockel, die in die Planken des Schutzdecks eingelassen waren. Er wußte nicht, ob die Geschütze noch an Bord waren, vermutete aber, daß sich zumindest einige von ihnen in dem vorderen, abgetrennten Abschnitt des Decks befanden. Die Admiralität hatte auch, so fuhr Dow fort, auf allen Decks unterhalb des C-Decks sämtliche Passagierräume im Vorderschiff mit Beschlag belegt. Dies hatte zur Schließung des Zweiter-Klasse-Rauchzimmers und des Dritter-Klasse-Speisesaals geführt. Die Zweiter- und Dritter-Klasse-Passagiere mußten jetzt schichtweise im Zweiter-Klasse-Speisesaal im Heck ihre Mahlzeiten einnehmen, worüber sich die Stewards sehr beschwerten. Weil man vorn so viel herausgerissen hatte, war das Schiff achterlastig geworden, und deshalb »schwankte und schlingerte es so stark«. Dow meinte, das werde sich zweifellos ändern, wenn dieser Abschnitt auf der Rückreise voll beladen sei, und Booth beschloß, ihn in dieser Hinsicht nicht zu enttäuschen. Seinem Bruder schrieb er von New York aus: »Die Sache mit den Ledergarnituren läßt sich gut an, was dem Heeresministerium Freude bereiten und Schönwetters Magen beruhigen dürfte.«[3]

Booths Besuch in New York war ein voller Erfolg. Er gab die Ledergarnituren in Auftrag, und es gelang ihm, den größten Teil der Order auf Cunard-Schiffen verladen zu lassen, da sie die schnellste Transportmöglichkeit boten. Zusammen mit Captain Gaunt suchte er die Firma Dupont de Nemours auf und bestellte dort sowohl die Schießbaumwolle wie die Spezialbehälter, in denen sie verschifft werden sollte. Zum dritten schließlich stellte er mit Gaunts Hilfe fest, daß Alfred Fraser ein Betrüger war. Die Schaffellmäntel kamen aus Boston, und Gaunt fand heraus, daß die Bostoner Firma sie einem New Yorker Agenten namens Heckman für 14 Shilling das Stück verkaufte. Heckman verkaufte sie mit einem Gewinn von 5 Shilling an Fraser weiter, und selbst wenn man Verpackung, Fracht und Versicherung berücksichtigte, machte Fraser einen Riesenprofit für kaum mehr als die Anbahnung eines Geschäfts. Es kam zu sehr harten Verhandlungen. Gaunt scheint ein ungewöhnlich begabter Marineattaché gewesen zu sein. Vertragliche Gründe verboten eine völlige Ausschaltung Frasers aus dem Geschäft, und er wurde auf einer Fünf-Prozent-Kommissionsbasis an der Transaktion beteiligt. Gaunt erklärte sich bereit, die Sache von New York aus weiter zu betreiben, und Booth finanzierte den Kauf. Danach wurde Fraser zu einem Strohmann, dessen sich Gaunt nach Gutdünken bediente.

Strohmänner waren gefragt. Die amerikanischen Behörden waren sich nicht recht schlüssig, ob sie die Verschiffung militärischer Güter an kriegführende Mächte erlauben sollten oder nicht, und gestatteten schließlich Lieferungen von Einzelpersonen an Einzelpersonen. Die amerikanischen Staatsbürger wurden jedoch darauf aufmerksam gemacht, daß eine solche Lieferung, falls es sich um Konterbande handelte, beschlagnahmt werden konnte, wenn sie auf hoher See abgefangen

wurde. In einem solchen Fall werde man die Rechte des Spe-
diteurs nicht schützen können. Es war eine erstaunlich nützliche neutrale Entscheidung, die technisch sowohl deutschen
wie alliierten Staatsbürgern das Recht gab, Güter zu kaufen
und in ihre Heimatländer zu verschiffen. Für die Deutschen
war es wegen der Blockade nur ein rein theoretisches Recht,
aber die deutsche Regierung akzeptierte die Entscheidung als
völlig legal und in Ordnung.

Das Problem war, die Sendungen so zu tarnen, daß sie wie
harmlose Transaktionen zwischen zwei Kaufleuten aussahen.
Konterbande wurde fast unvermeidlich im Namen irgendwelcher Scheinfirmen verschifft, und Fraser war eine solche. Eine
Durchsicht der Papiere der Ladungen, die New York im
Herbst 1914 und Frühjahr 1915 verließen, läßt Alfred Fraser
als einen der größten Handelsherren in Nordamerika erscheinen, während er in Wirklichkeit ein noch nicht entlasteter
Bankrotteur war, der von seiner und Captain Gaunts Raffi-
nesse lebte. Der zweite Grund zur Vorsicht war der amerikanische Brauch, jeden Tag *en detail* die Ladepapiere der Schiffe
zu veröffentlichen, die am Vortag ausgelaufen waren. Die Alliierten erfuhren dadurch, welche neutralen Schiffe Konterbande nach Deutschland brachten. Die Deutschen ihrerseits
gaben die Ladepositionen britischer Schiffe an ihre Unterseeboote weiter.

Für die Briten kam es darauf an, ein Schlupfloch im Regle-
ment des New Yorker Hafens zu entdecken. Die Hafenord-
nung bestimmte, daß der Zolleinnehmer erst dann die Auslaufgenehmigung erteilen durfte, wenn ihm eine beglaubigte
Kopie der Ladepapiere vorlag. Man fand ein Mittel, diese Bestimmung zu umgehen, als man darauf kam, daß Passagierschiffe oft erst kurz vor dem Auslaufen wußten, wie viele Passagiere auf einer bestimmten Fahrt an Bord sein würden, und
sich deshalb noch direkt am Kai mit letzten Vorräten eindeck-
ten. Kühltruhen und andere moderne Konservierungsmetho-
den gab es ja damals noch nicht. Nach den Gesundheitsbestim-
mungen von New York mußte ein nachträgliches Verzeichnis

nach Auslaufen des Schiffes eingereicht werden, falls zusätzlich Nahrungsmittel erworben worden waren oder in letzter Minute an Bord gegangene Passagiere zollpflichtiges Gepäck bei sich gehabt hatten. Es bürgerte sich, was britische Schiffe betraf, die Praxis ein, daß man die Auslaufgenehmigung auf Grund von falschen Ladepapieren und Beglaubigungen erlangte und erst vier, fünf Tage nach dem Auslaufen eine ergänzende Liste nachreichte, die eine exaktere Vorstellung von der Ladung des Schiffes vermittelte. Der Collector of Customs, Dudley Field Malone, ein ehemaliger Jurist aus dem Finanzministerium, dem Präsident Wilson diesen Posten als Belohnung für politische Gefälligkeiten verschafft hatte, wußte von diesem Trick und begünstigte ihn, weil er ein entschiedener Pro-Alliierter war.

Das schwierigste Problem war das vom State Department erlassene Verbot jeglichen Versands von Munition an Bord von Passagierschiffen. Hier sprangen Cunards New Yorker Anwälte hilfreich ein. Sie fanden heraus, daß im Jahr 1910 die Union Metallic Cartridge Co. in Bridgeport, Connecticut, die 1915 ein Teil der Remington Arms Corporation wurde, Jagd- und Sportgewehrpatronen mit schnellen Passagierdampfern auf amerikanischen Küstenrouten hatte versenden wollen, um Schwierigkeiten zwischen verschiedenen Bundesstaaten aus dem Wege zu gehen. Die Firma hatte sich an die Municipal Explosives Commission von New York gewandt und sie zu einem Test gebeten, durch den bewiesen werden sollte, daß Patronen nicht explodieren, wenn man sie fallen läßt oder dem Feuer aussetzt. Die Kommission ging auf die Bitte ein, und der Versuch fand am 27. Juli 1910 auf dem Schießstand der U. M. C. in Connecticut statt, wo die Gesellschaft den Kommissionsmitgliedern zunächst ein Mittagessen servieren ließ, ehe man sich auf den Schießstand begab.

Der Test bestand darin, daß man Gewehrmunition in ihren Kartons aufhäufte, zusammen mit Pistolenmunition vom Kaliber ·22, ·38 und ·45. Alle Patronen enthielten Schwarzpulver. Man entzündete ein Feuer an dem Stapel und ließ es fünfundzwanzig Minuten brennen. Die Patronen fingen zwar Feuer und verbrannten unter Zischen, aber da die Gase nicht in einen Gewehrlauf eingepreßt waren oder unter Druck standen, schleuderten sie den Schrot nur wenige Fuß weit weg. Die Kommissionsmitglieder – ein Anwalt und ein Fleischimporteur – zeigten sich von dieser Public-Relations-Demonstration sehr beeindruckt und gaben die Erlaubnis zum Transport von Patronen per Passagierschiff und Bahn, vorausgesetzt die Sendung trug den Vermerk »Bei Mengenversand nicht explosiv«.

Vom Oktober 1914 bis zu ihrem Eintritt in den Krieg schickten die Vereinigten Staaten den Alliierten über eine halbe Million Tonnen Kordit, Schießbaumwolle, Nitrozellulose, Knallquecksilber und andere Explosivstoffe, die alle mit einem solchen Zertifikat versehen waren, und der hilfsbereite Malone ließ alles passieren.

George Booth kehrte, sehr zufrieden mit dem Ergebnis seines Besuchs, Anfang November mit dem Cunard-Schiff *Orduna* nach England zurück. Er erstattete Kitchener, dem Handelsministerium und Sir Frederick Black Bericht, demgegenüber er nicht zu erwähnen versäumte, eine wie große Hilfe ihm Captain Gaunt gewesen war. Weiter sprach er von der dringenden Notwendigkeit einer zentralen Einkaufs- und Finanzierungsstelle in New York und schlug für diese Funktion die Firma J. P. Morgan and Co. vor. Obwohl er persönlich seinem eigenen Bankinstitut Baring Bros. verbunden war, das ebenfalls für die Gründung einer solchen amerikanischen Organisation eintrat, aber in Verbindung mit der First National Bank of New York, ließ er sich von der Tatsache leiten, daß Finanzierung und Einkauf zwar recht leicht abgewickelt werden mochten, die Lieferungen aber auch verschifft werden mußten. Die Morgan-Gruppe mit ihrem internationalen Handelsmarinekonzern verfügte über eine beträchtliche Tonnage, und mit der Beauftragung Morgans würde man diese Tonnage für die alliierte Sache gewinnen.

Noch andere Faktoren beeinflußten die Entscheidung der britischen Regierung. Die amerikanischen Behörden schienen die Alliierten nicht begünstigen zu wollen, und wenn jemand die Mauer von Bürokratie und Verboten zu durchbrechen vermochte, die Präsident Wilson zur Absicherung seiner Neutralität aufgebaut hatte, dann war es J. P. Morgan jr. Er hatte sogar schon einen Beauftragten nach London geschickt, um diese Frage zu besprechen. Es war H. P. Davidson, der Sir George Paish vom Schatzamt mitteilte, die Morgan-Gruppe könne und wolle nicht neutral bleiben und werde alles in ihrer Macht Stehende tun, um den Alliierten zu helfen. Dies beeindruckte Lloyd George dermaßen, daß er beschloß, sich der Dienste Morgans zu versichern, obwohl die First National Bank eine niedrigere Kommissionsrate angeboten hatte. Morgan übernahm den Auftrag und richtete eine eigene Abteilung zum Einkauf aller Kriegsmaterialien ein, die Großbritannien benötigte. Während der gesamten Dauer der Neutralität Amerikas arbeiteten englische Militärangehörige in Zivilkleidung bei Morgan. Dieser große Bankenkonzern spann rasch ein solch labyrinthisches Netzwerk von Scheinspediteuren und Scheinkonten samt allem zum Schmuggelwesen gehörigen Drum und Dran, daß nicht nur die Deutschen hinters Licht geführt, sondern gelegentlich auch die Admiralität und die Cunard Company verwirrt wurden, ganz zu schweigen von den unglücklichen Passagieren an Bord der Schiffe, die Konterbande mitführten.[4]

4

Es fällt schwer, Präsident Wilsons vielgerühmten Idealismus
und Neutralitätswillen mit dem Umstand in Einklang zu
bringen, daß er die Morgan-Operationen sanktionierte. Auch
kann man sich kaum weniger zueinander passende Bundesgenossen als das Wall-Street-Establishment und Wilsons demokratischen Regierungsapparat vorstellen. Sie hegten für-
einander eine traditionelle und tiefgreifende Abneigung. Im
Juni 1914 hatte sich J. P. Morgan jr. in einem privaten Brief
in ungeschminkten Worten über die Wilson-Administration
ausgelassen: »Noch nie hat eine größere Gesellschaft von absolut unfähigen und offenbar völlig unaufrichtigen Leuten ein
so erstklassiges Land regiert oder zu regieren versucht.«[1] Wilson vertrat die gleichen Ansichten bezüglich der Probität der
Bankiers und hatte sie in Verdacht, zu versuchen, politische
Entscheidungen zugunsten ihres Profits zu beeinflussen.

Im Jahr 1914 drohte für Amerika eine Periode akuter wirt-
schaftlicher Rezession, und den Bankiers war klar, daß bei
einem Krieg in Europa ihr normaler Exporthandel Schaden
leiden mußte, daß aber beide europäischen Machtblöcke Geld
und Kriegsmaterial brauchen würden. Die Regierung hatte zu
erkennen gegeben, daß sie weder Kredite noch Lieferungen
unterstützen werde. Zwei der Banken, die den Alliierten Kredite zur Verfügung stellen wollten, waren die National City
Bank und Morgan and Co. Sie taten sich zusammen, um den
Präsidenten umzustimmen.

Mit der Mission wurden Thomas B. Lamont von der Morgan-
Bank und Samuel McRoberts, ein Vizepräsident der National

City Bank, betraut. Sie sahen sich einer schwierigen Aufgabe gegenüber, die nicht leichter wurde, als sie feststellten, daß McAdoo, der Finanzminister, nicht nur von Finanzdingen fast nichts verstand, sondern auch keine wirkliche Macht besaß.[2] Seine Funktion war es lediglich, die Ausführung der etwas doktrinären Instruktionen seines Präsidenten und Gönners Woodrow Wilson zu überwachen. Lamont und McRoberts waren sich bewußt, daß es nicht möglich war, den Präsidenten auf direktem Weg für ihre Ziele zu gewinnen, und traten deshalb in aller Form an Außenminister Jennings Bryan heran. Dieser wies ihr Ansinnen ebenso förmlich zurück. »Kredite amerikanischer Banken«, sagte er, »sind mit dem wahren Geist der amerikanischen Neutralität unvereinbar.«[3]

Die beiden Bankiers konzentrierten nun ihre Bemühungen auf Bryans Stellvertreter, den jungen, ehrgeizigen und verbindlichen Berater im Außenministerium, Robert M. Lansing, der sich als Jurist auf territoriale und Grenzprobleme spezialisiert hatte. Er war Experte in der Frage der ungenügend festgelegten Grenzen der verschiedenen Handelshäfen auf dem chinesischen Festland, und sein juristischer Sinn hatte sich zweifellos an die Subtilitäten des Aushandelns orientalischer Konzessionen gewöhnt. Er hatte, was noch wichtiger war, Eleanor Foster geheiratet, die Tochter von John W. Foster, Außenminister unter Präsident Harrison im Jahre 1892. Diese Verbindung hatte ihn in engen Kontakt mit einflußreichen Washingtoner Persönlichkeiten gebracht. Sein Schwiegervater saß seit seinem Ausscheiden aus dem Amt in den Aufsichtsräten zahlreicher Gesellschaften. Washington und Wall Street trafen sich in John Fosters komfortabler Villa in Henderson Harbour am Südostufer des Ontariosees, um der Jagd und dem Angeln zu frönen. Robert Lansing war häufig zu Gast, zusammen mit seinen Neffen Allen und John Foster Dulles. Er war ein großer, stattlicher Mann, der mit einer Wurfangel ebenso umgehen konnte wie mit einem Schriftsatz. Er trug gewöhnlich Tweed und nahm Sprechunterricht, um einen »englischen Akzent« zu bekommen. Es ist nach so langer Zeit schwierig, seinen Charakter zu beschreiben, aber wenn man seine persönlichen Aufzeichnungen in der Bibliothek des amerikanischen Kongresses liest, insbesondere seine sorgfältig geführten Tagebücher, erhält man den überwältigenden Eindruck eines Chamäleonwesens, halb Wirtschaftsjurist, halb Public-Relations-Mann. So begrenzt sein Horizont war, so zwielichtig er sich in seinen posthumen Papieren ausnimmt, er zeigt sich als ein Mensch, der immer das tat, was er im Interesse der Vereinigten Staaten und Robert Lansings für richtig hielt. Seine Berufung in die demokratische Administration war eine Geste des Präsidenten gegenüber dem republikanischen Senator von New York, Elihu Root, gewesen, der dazu beigetragen hatte, im Senat Gesetze durchzubringen.

Lansing war seinem Wesen nach Republikaner und hatte zahlreiche persönliche und finanzielle Kontakte zur Wall Street. Bryan hatte sich seiner Ernennung widersetzt mit dem Hinweis, es gebe »substantielle Gründe für die Annahme, daß Mr. Lansing sich der Unregelmäßigkeit schuldig gemacht hat durch Annahme finanzieller Vorteile von Wirtschaftskreisen«, als er noch ein relativ bescheidener Jurist im State Department war, aber Senator Root hatte sich persönlich an den Präsidenten gewandt, und Lansing erhielt die Stelle. Die Folge war, daß er für Bryan wenig Sympathie hegte.

Bryan war bei all seiner Integrität und tiefen Religiosität ein unordentlicher, emotionaler Mensch, dem jede Subtilität fehlte und der zu logisch-überlegtem Denken kaum fähig war. Im Gegensatz zu ihm war Lansing ein fast pathologisch ordentlicher Denker mit einer Auffassungsgabe für das Detail. Er war rasch zu einem wesentlichen Gegengewicht für Bryans Gefühlsbetontheit geworden, und Bryan hatte ihm ganz gern sowohl das Aufsetzen der diplomatischen Korrespondenz wie die Vorbereitung von Memoranden übertragen, auf die sich der Präsident und Bryan bei ihren politischen Entscheidungen stützen konnten. Die Lansing-Papiere in der Kongreßbibliothek machen deutlich, daß es ihm Freude bereitete, wenn er an Bryans Standpunkt etwas aussetzen konnte, vor allem dann, wenn Bryan ihn bereits öffentlich verkündet hatte. Es muß ihm besonderen Genuß bereitet haben, Bryan am 13. Oktober 1914 in einem Memorandum zu informieren, daß »der Präsident der Vereinigten Staaten vom Gesetz her nicht befugt war, in den Handel zwischen Staatsbürgern der Vereinigten Staaten und Angehörigen kriegführender Länder in irgendeiner Weise einzugreifen«.[4] Bryan erkannte, daß er den wahren Geist der Neutralität beflecken mußte. Die beiden Bankiers jedoch wollten den Segen des Präsidenten für ihre Pläne haben, und so bedienten sie sich Lansings als ihres Abgesandten.

Samuel McRoberts von der National City Bank schrieb einen längeren Brief an Lansing, in dem er auf die der Wirtschaft der USA drohenden Gefahren hinwies, wenn der normale Handels- und Finanzverkehr Amerikas von Ländern wie Kanada, Australien und Argentinien übernommen wurde. McRoberts schrieb den Brief am Morgen des 23. Oktober in seiner Bank. Lansing war zugegen, er nahm den Brief mit ins Außenministerium und setzte ein »Memorandum für eine politische Entscheidung« auf, das nahezu Wort für Wort mit McRoberts Brief identisch war, nur daß er solche Wendungen wie »die Bank ist der Ansicht« in »ich bin der Ansicht« abänderte.[5] Als er das Memorandum fertig hatte, war es fast acht Uhr abends, und Bryan war schon längst gegangen. Lansing brachte das Memorandum noch am gleichen Abend ins Weiße Haus und erlangte innerhalb einer halben Stunde die Zustimmung des Präsidenten. Am nächsten Tag informierte er Morgan and Co. bei einer Begegnung im Metropolitan Club in New York, daß der Präsident nichts gegen Kredite an die Alliierten einzuwenden haben würde. Bryan erfuhr davon aus der *New York Times*.

Lansings Handlungsweise machte aus Amerikas öffentlich verkündeter Politik der »strikten Neutralität« eine Politik der »strikten Legalität«, und wenn die Legalität in Zweifel war, warf er sich selbst zum Schiedsrichter auf. Zum Glück für die Alliierten begünstigte er deren Ziele. Hätten seine

Sympathien den Deutschen zugeneigt, wäre er früher oder später zweifellos des Hochverrats angeklagt worden. Noch keine vier Wochen, nachdem er den Präsidenten für die Pläne der Bankiers gewonnen hatte, sollte er Großbritannien einen noch größeren Dienst erweisen – diesmal auf Kosten seiner eigenen Landsleute.

Deutschland hatte am ersten Kriegstag vor britischen Häfen Minen gelegt. Es hatte alle neutralen Mächte davon in Kenntnis gesetzt und ihnen Routen angegeben, auf denen sie die Minenfelder umfahren konnten. Großbritannien seinerseits hatte den Vereinigten Staaten mitgeteilt, daß es sich, obwohl es selbst in der Nordsee keine Minen gelegt habe, das Recht dazu vorbehalte. Alle Minen, über die Großbritannien bei Kriegsausbruch verfügte, waren am 8. August im Ärmelkanal gelegt worden, um den Transport der britischen Expeditionsarmee nach Frankreich zu decken.

Asquiths Anweisung an die Admiralität zur Einleitung einer aktiven Minenpolitik führte zur Bildung größerer britischer Minenfelder in der Nordsee, und am 2. Oktober informierte man die Vereinigten Staaten davon, daß »wegen deutscher Minenwurfaktivitäten die gesamte Nordsee als militärisches Gebiet betrachtet werden« müsse. Wie die Minenfelder zu umgehen waren, wurde nicht gesagt, und Großbritannien verlangte im Interesse der Sicherheit, daß jedes diese Gebiete passierende Schiff sich in einem britischen Hafen meldete, um entweder einen Lotsen an Bord zu nehmen oder die letzten Umleitungsinstruktionen zu erhalten. Schiffe, die dies nicht taten, würden auf hoher See gestoppt und in den nächsten britischen Hafen dirigiert werden. Alle Schiffe, ob sie nun, wie verlangt, einen britischen Hafen anliefen oder auf hoher See angehalten wurden, durchsuchte man anschließend, und zahlreiche Ladungen wurden entweder verzögert oder zurückgehalten. Gleichzeitig erklärte Großbritannien fast jede Art von Fracht zur Konterbande, und Konterbande wurde natürlich beschlagnahmt.

Es erhob sich ein Proteststurm, hauptsächlich in amerikanischen Wirtschaftskreisen, die ihren Handel dahinschwinden sahen, aber auch von liberalen Persönlichkeiten, die die britische Maßnahme mit Recht als eine Form des Besitzergreifens auf alle Fälle bezeichnete, dazu bestimmt, der patrouillierenden Royal Navy die Arbeit zu erleichtern. Die Navy berief sich darauf, daß sie wegen der deutschen U-Boot-Gefahr die Durchsuchung nicht gemäß dem Prisenrecht auf See durchführen könne.

Es kam zu Meinungsverschiedenheiten im amerikanischen Kabinett, und der Innenminister wandte sich an Counsellor Lansing mit der Bitte, ihm bei der Abfassung seiner Noten an Großbritannien zu helfen. »England verhält sich töricht, wenn es die amerikanische öffentliche Meinung gegen sich aufbringt, indem es auf Durchsuchungsrechten besteht, die es selbst nie anerkannt hat.«[6] Lansing vermochte die öffentliche Meinung in den Vereinigten Staaten teilweise zu befriedigen, indem er einen kriegerischen Ton anschlug, durch den sich das britische Foreign Office aber nicht täuschen ließ. Das hatte er auch gar nicht beabsichtigt. Die Gründe legte er in seinen Memoiren dar: »Im Verkehr mit der britischen Regierung schwang bei mir stets die Überzeugung mit, daß wir früher oder später Großbritanniens Bundesgenosse werden würden und daß es deshalb nicht angebracht war, unsere Kontroverse einen Punkt erreichen zu lassen, an dem statt diplomatischer Noten nur noch das Handeln übrigblieb.«[7] Er konzentrierte sich darauf, Protestnoten zu schreiben, die jede Maßnahme seitens der Vereinigten Staaten verzögerten, und gab dies ganz offen zu: »Die Noten waren lange und erschöpfende Abhandlungen, die eher neue Diskussionsthemen anschnitten, als diejenigen zu erledigen, um die der Streit ging. [. . .] Dies geschah mit voller Absicht. Auf diese Weise gingen die Auseinandersetzungen weiter und die Fragen blieben ungelöst.«[8]

Indem sich Lansing von solchen Überlegungen beeinflussen ließ, brachte er die Vereinigten Staaten zu einer stillschweigenden Hinnahme der britischen Doktrin von einer fast totalen Blockade und ihrer Erklärung, daß die Nordsee außer mit

ausdrücklicher Genehmigung der Royal Navy für die Schiff-
fahrt der ganzen Welt Sperrgebiet sei. Diese passive Hinnahme wurde von der britischen Diplomatie als Triumph gefei-
ert, war aber in Wirklichkeit ein Triumph der Taktik Lansings, der damit die Anschauungen seines eigenen Außenministers und die einhellige Meinung der Juristen des State Department unterminierte, die der Ansicht waren, daß die britischen Maßnahmen gegen das Völkerrecht verstießen.

Angesichts solcher Unterstützung durch das Außenministerium und seitens eines Mannes, auf den sich der Präsident in
zunehmendem Maße stützte, fiel es der Firma Morgan nicht
schwer, ihre Einkaufsoperation in die Wege zu leiten. Es war
ein riesiges Unternehmen. Allein im ersten Jahr kaufte Morgan and Co. Kriegsmaterial im Wert von 1 100 453 955 Dollar und verdiente dabei weit über 11 Millionen Dollar an
Kommission. Ein solcher Geschäftsumfang erforderte ein tat-
kräftiges Management, und Morgan gewann dafür Edward
Stettinius, den Präsidenten der Diamond Match Company.
Stettinius, den Morgan zum Geschäftspartner machte, leitete
die gesamte Operation bis Kriegsende. Ihm standen britisches
Personal, vom Schatzamt herübergeschickt, und eine beträchtliche Anzahl von Marine- und Waffenoffizieren zur Seite, die
Zivilkleidung trugen und dem Stab des britischen Konsulats
in New York zugeteilt wurden. Die ranghöchsten britischen
Beamten in New York waren Tom Catto (der als Lord Catto
Gouverneur der Bank von England werden sollte) und Sam
(später Sir Hardman) Lever.

Die Anbahnung und Finanzierung der Käufe wickelte Morgan ab, und nach der Überprüfung wurden die Waren der
Firma G. K. Sheldon and Co. übergeben, die als Versand-
stelle der Britischen Admiralität fungierte. Man benutzte fal-
sche Namen, um zu verhindern, daß der deutsche Geheimdienst die wahre Identität von Spediteuren und Herstellern
herausfand, wobei für Sicherheitsfragen Captain Gaunt zuständig war. Zu Gaunts Aufgaben gehörte es auch, die wert-
vollsten oder wichtigsten Frachten auf die schnelleren Schiffe

verladen zu lassen und der Admiralität mitzuteilen, welches Schiff welche Ladung an Bord hatte, welchen Kurs es nahm und wann es voraussichtlich im Bestimmungshafen eintreffen würde.

Soweit es um Sicherheitsmaßnahmen ging, wurde Gaunt vom britischen Generalkonsul, Sir Courtenay Bennett, unterstützt, der in New York die britische Gegenspionage leitete. Sir Courtenay war auch verantwortlich für die Überprüfung von Passagieren, die nach England wollten, und diese Aufgabe wurde erleichtert durch eine zentrale Schiffskartenausgabe in einem einzigen Büro, ganz gleich, mit welchem Schiff jemand fahren wollte. Man entschied sich dabei für das Büro der Cunard Linie, das in New York dafür die besten Voraussetzungen bot.

An den Cunard-Piers wurden auch die meisten Konterbandeschiffe beladen. Gaunt hatte sein eigenes Büro in den Räumen des General Managers von Cunard. Die Cunard Company hatte nicht nur ihre eigene Flotte laufen, sie wurde von der britischen Admiralität auch mit der Abfertigung zahlreicher anderer Schiffe beauftragt, die direkt der Admiralität unterstanden, aus Sicherheitsgründen aber als Schiffe unter Cunard-Regie aus New York ausliefen. Leiter der Cunard-Operation in New York war Charles P. Sumner, ein hochgewachsener, freimütiger Bostoner, an der gesamten amerikanischen Ostküste bekannt und geachtet als »guter Dampfschiff-Mann«. Sumner hatte nicht viel Zeit für Politiker oder die Aktivitäten von Morgan and Co., Captain Gaunt und Sir Courtenay Bennett. Überhaupt keine Zeit hatte er für gefälschte Ladepapiere und juristische Finessen und ihre Hinnahme durch den Zolleinnehmer Dudley Field Malone. Als ihm Sir Courtenay und Gaunt diese Dinge erklärten, reagierte er heftig.

Es ist nicht genau überliefert, was er sagte. Aber am 30. Oktober 1914 telegrafierte Sir Courtenay an Sir Eyre Crow, Assistent Under-Secretary of State im Foreign Office und nomineller Leiter des Intelligence Service, daß Sumner »im Solde der Deutschen« stehen müsse, da er »bei seiner Weigerung,

Munition auf irgendwelche Cunard-Schiffe zu verladen, sehr aggressiv und ausfallend« gewesen sei. Sir Courtenay fuhr fort: »Er sieht weder die Logik noch die Notwendigkeit des Verladens von Regierungsgütern in britische Laderäume, auch wenn diese Laderäume bei der Admiralität unter Kontrakt stehen.«[9] Man kann sich leicht vorstellen, was Sumner dem Generalkonsul geantwortet hat. Weil Sumner hartnäckig blieb, fuhr die *Lusitania* am 4. November mit einer gemischten Ladung allgemeiner Art nach Hause zurück. Es war die einzige Fahrt, die sie ohne Munition an Bord unternahm.

Sir Eyre Crowe gab Alfred Booth einen Wink. Sumners Gehalt wurde auf 5000 Pfund jährlich verdoppelt, und wie dickköpfig oder gewissenhaft er als Cunard-Bediensteter auch war – er nahm das Geld und zog seine Einwände zurück.

Spielte Sumner auch mit, so hatte er sich doch den Generalkonsul zum Feind gemacht, und Sir Courtenays Agenten befaßten sich von da an intensiv mit der Cunard-Linie, beschatteten ihre Angestellten und lieferten eine Reihe aufhetzender und nicht sehr akkurater Berichte, die durch einige Beispiele illustriert werden sollen.

Deutscher Einfluß bei der Cunard Company

[...] Die Position der Cunard Company [...] wird außerdem gefährdet durch die Tatsache, daß alle Schiffahrtsgesellschaften in den Vereinigten Staaten in der fremdsprachlichen Presse der Vereinigten Staaten annoncieren über die Association of Foreign Language Newspapers, Woolworth Building, New York, deren Präsident Mr. Louis Hammerling ist, ein deutscher Agent. Der Verband ist praktisch im Besitz und steht unter der Leitung von deutschen Schiffahrtsgesellschaften und deutschen Beteiligungen an so bedeutenden Korporationen wie Standard Oil und St. Louis Breweries [...] er ist politisch ein wichtiger Faktor und übt bedeutenden Einfluß aus, besonders in Einwanderungsfragen, und daher rührt auch seine Verwendung seitens der Schiffahrtsgesellschaften als Werbeorgan im Transatlantikdienst für Einwanderer.

Es besteht hinreichend Grund zu der Vermutung, daß Hammerling aktiv für deutsche Interessen tätig ist sowohl in der Propaganda wie in der Spionage. Er war verantwortlich für den vor kurzem ergangenen Aufruf der fremdsprachigen Presse gegen die Ausfuhr von Waffen. Sein Einfluß auf die polnischen und anderen slawischen sowie die jüdischen und italienischen Elemente in den Vereinigten Staaten haben in jüngster Zeit das ·Außenministerium zu Überlegungen veranlaßt, wie seinen Aktivitäten begegnet werden kann [...]

Die von den deutschen Schiffahrtsgesellschaften und besonders vom Norddeutschen Lloyd geschaffene Organisation wurde in jahrelanger Arbeit aufgebaut, und es besteht keine Aussicht, daß wir ihr durch irgendeine improvisierte Organisation während des Krieges begegnen können. Wahrscheinlich besteht das einzige Mittel, durch das eine Abschirmung für die in den nächsten Monaten vorgesehenen großen Transporte aus den Vereinigten Staaten für die Regierung erreicht werden kann, in einer Überwachung aller Angelegenheiten, die mit der Abwicklung von Regierungsaufträgen in den Schiffahrtsbüros zu tun haben, durch Beamte der Admiralität in diesen Büros selbst. [10]

Der Leiter des [Cunard-]Büros hier ist ein Bostoner, Mr. Charles P. Sumner, der in Boston stets als antibritisch eingeschätzt wurde und es seit seinem Fortgang hier vor einigen Jahren vermeidet, mit irgend etwas von britischer Tendenz identifiziert zu werden. Er wohnt in einem für seine deutschen und jüdischen Neigungen bekannten Club und ist dort so beliebt, wie er draußen beim Publikum, bei den Schiffsspediteuren und seinen mit den englischen Schiffahrtslinien verbundenen Kollegen unbeliebt ist.

[...]Mr. Herman Winter, der als eine Art stellvertretender Direktor fungiert, ist Deutscher, sowohl von Geburt [in Wirklichkeit war er in Baltimore geboren] wie seinen Ansichten nach.[11] [Er] ist in deutschen Kreisen wohlbekannt [...] Er ist Mitglied von [Clubs] [...], die sich hauptsächlich aus Deutschen zusammensetzen. Es wird gesagt, daß er ein beträchtliches Aktienpaket der Hamburg-Amerika-Gesellschaft besitzt und daß er über starke und einflußreiche deutsche Verbindungen verfügt und zu seinen Freunden so fanatische Deutsche zählt wie [...] [12]

Es besteht kein Zweifel, daß jedes Schiff der Cunard Company im Hafen von New York von deutschen Agenten genauestens beobachtet wird, von seiner Ankunft bis zum Augenblick seines Auslaufens [. . .] Sogar Hafenarbeiter, die auf den Piers beschäftigt sind, haben bemerkt, daß sich Männer von unverkennbar deutscher Erscheinung zu verschiedenen Zeiten an den Docks aufhalten, während Dampfer, darunter auch die *Lusitania*, festgemacht haben. [13] Wir kommen zum Cunard-Dock und stellen fest, daß ein Ire namens Mallon Leiter der Dockpolizei ist. Mallon, ein entlassener ehemaliger New Yorker Polizeibeamter, steht auf sehr freundschaftlichem Fuß mit [. . .] der Detektiv-Agentur, die Leute nach Kanada schickt, um Brücken usw. zu sprengen, und die auch zusammen mit Leuten von der Pinkerton-Agentur die Hamburg-Amerika-Docks bewacht. Er soll vor kurzem Iren, die sich zu unserer Armee gemeldet hatten, als »verdammte Narren« bezeichnet haben, weil sie für ein Land kämpften, das sie ihr Leben lang unterdrückt hat [. . .] [Er] hat ein Privatbüro [. . .] im Vincent Building, 302 Broadway [. . .] voller deutscher Juden. [14]

Sir Courtenay Bennett sorgte für einen ständigen Zustrom solcher und ähnlicher Berichte; sein letzter, abgeschickt zwei Tage nach Auslaufen der *Lusitania*, trug die Nummer 183. Von allen seinen Behauptungen war die schwerwiegendste die, daß Cunard einem deutschstämmigen Angestellten namens Farenheim weiter sein Gehalt zahle, obwohl man ihn aus dem Büro entfernt habe. Die Cunard Company erwiderte in sehr förmlichem Ton, bei Farenheim handele es sich um einen amerikanischen Staatsbürger, der elf Jahre lang bei der Gesellschaft beschäftigt gewesen sei, den man aber im nationalen Interesse für die Dauer des Krieges bei voller Gehaltszahlung suspendiert habe. Denn nach den amerikanischen Arbeitsbedingungen müsse man ihn entweder weiter bezahlen oder mit einer beträchtlichen Summe abfinden. Vielleicht, so fragte Alfred Booth frostig beim Foreign Office an, könnten diese Ausgaben aus öffentlichen Mitteln gedeckt werden? Sein Brief war das Ende der Korrespondenz.

5

Der Hafen von New York bot einen günstigen Hintergrund
für die Tätigkeit des britischen und des deutschen Geheimdienstes. Das Dichtgedrängte, Kosmopolitische der Stadt, die
Existenz großer und betriebsamer deutscher und irischer Ko-
lonien begünstigten anfangs das Wirken des deutschen Geheimdienstes, der von Hauptmann Franz von Papen, dem
Militärattaché der deutschen Botschaft (der später einmal für
kurze Zeit deutscher Reichskanzler werden sollte), und seinem
Kollegen von der Marine, Kapitän zur See Boy-Ed geleitet
wurde. Ihre Taktik, die sich im wesentlichen innerhalb des
Rahmens der ungeschriebenen Regeln diplomatischer Spionage hielt, war den übergeordneten Stellen in Berlin auf die
Dauer freilich zu subtil, während die beiden Männer sich andererseits durch ihre Arroganz bei den Amerikanern immer
unbeliebter machten. Für diese Unbeliebtheit war sowohl ihre
körperliche Erscheinung wie ihr fast unglaublicher Snobismus
verantwortlich. Sie waren beide hochgewachsene, elegante,
monokelbewehrte Militärs, Urbilder jener Witzblattfiguren
von preußischen Offizieren, die die pro-alliierte Presse gern
mit der Vergewaltigung belgischer Nonnen oder der Verwendung von Kindern für Bajonettübungen in Zusammenhang
brachte.
Von Papen selbst hielt die Amerikaner für äußerst ungehobelt
und einzig vom Profitstreben beseelt und behauptete, das
Schlimmste bei ihnen sei, daß man in keinem echt amerikanischen Restaurant anständig bedient würde oder richtig einge-
schenkten Rotwein vorgesetzt bekomme. Seiner Ansicht nach

war der Durchschnittsamerikaner gerade erst aus dem Urwald gekrochen, und er neigte dazu, öffentlich zu erklären, »daß er einfach nicht begreifen konnte, wie die Amerikaner den Übergang vom Vierbeiner zum Zweibeiner geschafft hätten« und bot dann selbst als Antwort an, daß sie »wahrscheinlich jemand darauf hingewiesen habe, daß mit dieser Gangart mehr Geld zu verdienen sei«. Ihn empörte auch die öffentliche Duldung von politischer Korruption und finanzieller Mißwirtschaft innerhalb der lokalen politischen Machtgruppen, was er als die Fähigkeit eines ganzen Volkes interpretierte, »in die Dekadenz zu verfallen ohne die üblicherweise dazwischentretende und erhebende Periode der Zivilisation«.

In den Briefen an seine Frau und in seinen veröffentlichten Memoiren berichtet er ausführlich über seine Tätigkeit zu jener Zeit und schreibt sich auch die Anregung zu gewissen Sabotageakten zu – so will er zum Beispiel angeregt haben, daß einzelne Abschnitte der kanadischen Eisenbahn in die Luft gesprengt und an Bord britischer Handelsschiffe im New Yorker Hafen Zeitbomben angebracht wurden. Das Studium deutscher Archive ergibt jedoch, daß diese offenkundig paramilitärischen Akte weder von Papens Eingebung entstammten noch seiner Verantwortung unterstanden. Sie gehen auf das Konto einer Randgruppe von fanatischen irischen und deutschen Einwanderern. Von Papens Methoden bewiesen, obwohl er sich damit bei seinen Vorgesetzten, die eher den direkteren Aktivitäten der militanten Einwanderer zuneigten, nicht beliebt machte, sowohl Subtilität wie einen Sinn für das Komische. Weder mit dem einen noch mit dem anderen erwarb er sich bei den Briten in New York oder bei den amerikanischen Behörden Sympathien.

Aus den Besuchen von George Booth und ähnlichen Delegationen schloß er zutreffend auf ihre Bedürfnisse und versuchte ihre Befriedigung listenreich zu vereiteln. Als erstes ließ er eine Gesellschaft zur Waffenfabrikation auf den Namen eines mit Deutschland sympathisierenden amerikanischen Geschäftsmanns eintragen und schoß diesem das Geld zum Bau einer großen Fabrik vor. Diese Gesellschaft bestellte dann Werkzeugmaschinen, Pressen und anderes zur Herstellung von Munition benötigtes Gerät in solchen Mengen, daß die Auftragsbücher der meisten amerikanischen Maschinenhersteller auf Monate hinaus gefüllt waren. Dies verzögerte die Ausführung britischer Bestellungen beträchtlich. Die zweite Operation war noch dreister. Wiederum mit Hilfe von Sympathisanten gründete von Papen zahlreiche kleine Gesellschaften, die nur auf dem Papier existierten und einwandfrei englisch klingende Namen trugen. Diese Gesellschaften boten dann den Briten ihre nicht vorhandenen Waren an und erzielten zahlreiche Kaufverträge mit zum Teil beträchtlichen Vorauszahlungen. Erst als Morgan and Co. die Sache übernahm und die britischen Einkäufe koordinierte, kamen seine Erfolge ans Licht.

Zwei relativ kleine Operationen von Papens hatten einen direkten Einfluß auf das Schicksal der *Lusitania* und die anschließenden politischen Auseinandersetzungen. Zuerst belegte er im Januar 1915 durch Bestellungen über eine seiner Strohmann-Gesellschaften auf zwei Jahre hinaus die gesamte Lieferkapazität an Spezialbehältern mit Beschlag, in denen Schießbaumwolle für den Transport verpackt wurde. Diese Behälter waren die Spezialität einer Zweigfirma von Dupont de Nemours. Von Papen bestellte und bezahlte im voraus. Die Lieferanten hatten keine Ahnung, daß sie mit den Deutschen im Geschäft standen. Sodann baute er ein Netz von Agenten auf, die ihm ausführlich berichteten, was beim Cunard-Dock vorging. Sir Courtenay Bennett hatte recht, wenn er feststellte, daß die Deutschen über alles informiert seien, aber er war trotzdem auf der falschen Spur. Von Papens Haupterfolg bestand in der Einschleusung eines deutschen Agenten namens Curt Thummel, der am 29. Januar 1915 unter dem Namen Charles Thorne auf dem Cunard-Passagierschiff *Transylvania* als Steward anheuerte.[1]

Der britische Geheimdienst in Übersee stand weitgehend unter der Obhut der Marine, verkörpert in der Person des Leiters des Marine-Nachrichtendienstes, Captain Reginald Hall. Er hatte den Posten im Oktober 1914 von Admiral Oliver übernommen, einem von Churchills Gefährten bei der mißlungenen mitternächtlichen Spionenjagd am Loch Ewe, der zum Chef des Marinekriegsstabs befördert worden war. Hall war ein begabter Marineoffizier, und seine geheimdienstlichen Fähigkeiten wurden erst entdeckt, als er aus Gesundheitsgründen den Befehl über den Schlachtkreuzer *Queen Mary* abgeben und einen Schreibtischposten übernehmen mußte. In einer konservativen Zeit war er unkonventionell bis an die Grenzen des Exzentrischen. Weil er beim Sprechen die Augen zusammenzukneifen pflegte, hatte er den Spitznamen »Blinzler« bekommen. Ein ausgezeichnetes zeitgenössisches Porträt von ihm ist in der Korrespondenz des amerikanischen Botschafters in London, Walter Hines Page, zu finden, der am 17. März 1917 an Präsident Wilson schrieb:

Hall gehört zu den Genies, die der Krieg hervorgebracht hat. Weder in der Literatur noch in der Wirklichkeit ist seinesgleichen zu finden. Er hat, wie ich weiß, manche Sachen vollbracht, über die man Bände schreiben könnte. Der Mann ist ein Genie – einwandfrei ein Genie. Alle anderen Geheimdienstleute sind im Vergleich zu ihm Amateure. [...] Denn Hall sieht durch seinen Gesprächspartner hindurch und beobachtet noch die Muskelbewegungen seiner unsterblichen Seele, während er sich mit ihm unterhält. Augen hat der Mann! Alle Wetter! Ich studiere hier höchst aufmerksam die Leute, die diesen umfangreichen und erstaunlichen Kriegsjob haben. Zu ihnen zählen die ungewöhnlichsten Personen – Männer, über die unsere Enkel in ihren Schulgeschichtsbüchern lesen werden; aber der außergewöhnlichste ist dieser Marineoffizier – von dem sie wahrscheinlich nie hören werden. Er verschließt gewisse Unterlagen, die den Vermerk tragen »Erst in zwanzig Jahren einzusehen«. Ich habe mich entschlossen, noch mindestens zwanzig Jahre zu leben. Ich will dabei sein, wenn dieser Safe geöffnet wird.[2]

Halls Informationen entstammten zum großen Teil der gänzlich inoffiziellen Zensur, die die Postbehörden kurz nach seiner Ernennung auf sein Betreiben einführten. Damals ging der größte Teil der Atlantikpost Europas über London, und Halls Initiative ergab viele Hinweise darauf, wo Deutschland sein Kriegsmaterial zu kaufen gedachte. Dieser Strom von Informationen war es, der in zunehmendem Maß das Anhalten neutraler Schiffe auslöste, die kontinentale Häfen anlaufen wollten, und indirekt zur strengen Kontrolle des neutralen Schiffsverkehrs durch die Briten in der Nordsee führte. Halls Nachrichtenmaterial hatte für eine bereits gefährlich dünn auseinandergezogene Navy viel zu viele »Durchsuchungsaufgaben« auf hoher See gestellt.

Halls zweiter Glückstreffer waren die abgefangenen Funknachrichten, geliefert von der Marconi-Company und einem Team von britischen Amateurfunkern. Schon sein Vorgänger Admiral Oliver hatte diesen Zweig der Nachrichtenbeschaffung ausgebaut, und bereits im Dezember 1915 fing der britische Marine-Nachrichtendienst fast jeden deutschen Funkspruch ab, und ein Stab von Experten unter Sir Alfred Ewing wertete sie aus. Ein Glücksfall hatte der Admiralität die offiziellen deutschen Marinecodes in die Hände gespielt, und bis Ende Februar 1915 hatte die Marconi-Company eine Funkpeilmethode entwickelt.

Ende Januar 1915 konnte Hall der Admiralität das Auslaufen jedes deutschen U-Boots zum Patrouillendienst melden, da die Deutschen die Funkverbindung der Schiffe zu testen pflegten, wenn sie etwa fünfzig Meilen von ihrer Basis entfernt und im Begriff waren, ihre Patrouillenfahrt anzutreten. Halls Hauptaufgabe war ein ständiger Horchdienst für den Fall, daß die deutsche Flotte auslief, aber daneben kümmerte er sich in erster Linie um die Auswertung der kommerziellen und politischen Nachrichten, die er sich durch die Funk- und Postzensur beschaffte und auch, da Großbritannien die transatlantischen und transpazifischen Kabel gehörten, durch die Zensur aller Kabeltelegramme. Er leitete das ihm zur Verfügung stehende Nachrichtenmaterial nach Gutdünken weiter, und es besteht kein Zweifel daran, daß er es zum Ausbau einer persönlichen Machtbasis benutzte, von der aus sich seine Aktivitäten viel weiter erstreckten als die jedes früheren Marine-Nachrichtendienstchefs. Mit der Zeit wurde Hall zu einem der mächtigsten mit der Führung des Kriegs beauftragten Männer und möglicherweise, wo es um die einzuschlagende Richtung ging, zum einflußreichsten überhaupt. Seine Hauptgebiete bei der Auswertung der Nachrichten waren die Südküste Irlands und die Vereinigten Staaten. Sein Interesse an dem ersteren Gebiet lag in seiner Entschlossenheit begründet, die Sinn-Fein-Bewegung zu zerschlagen. Halls Informationen waren es, die zur Gefangennahme von Sir Roger Casement führten, und Hall war es, der der Presse die Nachricht von der Existenz der berüchtigten »Casement-Tagebücher« zuspielte, um Sympathiegefühle für den Verurteilten zu unterdrücken und jede Chance für seine damals gerade zur Berufung anstehende Verhandlung zunichte zu machen.

Die USA waren jedoch sein Hauptoperationsgebiet, und er scheute keine Mühe, um sich ein genaues Bild davon zu verschaffen, was sich dort abspielte. In der Londoner US-Botschaft zum Beispiel war ein Angestellter in der Chiffrierabteilung ein Engländer, der für Hall arbeitete, und wahrscheinlich wurden alle Telegramme zwischen dem State Department und seinen europäischen Botschaften vom Marine-Nachrichtendienst entschlüsselt und gelesen, bevor sie ihre Empfänger erreichten. Dieses exakte »Background-Material« war von unschätzbarem Nutzen für Halls Mann in Amerika, Captain Gaunt.

Der britische Geheimdienst in Amerika arbeitete zweigleisig. Das Zusammentragen militärischer und kommerzieller Nachrichten war die Aufgabe der Botschaftsattachés, angeführt von Gaunt. Die zivile Gegenspionage, zu der die Überprüfung von Personen gehörte, die nach Europa reisen wollten, unterstand Sir Courtenay Bennett. Beide Männer waren ihrem Wesen nach das genaue Gegenstück ihrer deutschen Gegenspieler. Beide waren gesellige Menschen, und Gaunt mochte ganz offenkundig die Amerikaner, die ihrerseits eine hohe Meinung von ihm hatten. Man interessierte sich sehr für seine Ansichten und seine Interpretationen der amerikanischen Politik, und weil er so erstaunlich gut informiert war, erwarb er sich den Ruf eines Mannes, der den amerikanischen Standpunkt kannte und verstand. Auf besonders vertrautem Fuß stand er mit Counsellor Lansing, und die beiden Männer taten nichts lieber, als samstags gemütlich gemeinsam zu lunchen und sich dann ein Football-Spiel anzusehen. Gaunt beeindruckte auch Lansings Neffen Allen und J. Foster Dulles und war wohl dafür verantwortlich, daß ersterer sein Leben dem Geheimdienst widmete, geradeso wie Counsellor Lansings Geschmack an der Macht und einer »Politik am Rande des Abgrunds« möglicherweise für letzteren Vorbild war. Durch Lansing lernte Gaunt viele Angehörige der amerikanischen Sicherheitsdienste kennen und freundete sich mit Special Agent Bielaski an, dem ranghöchsten Mann im Justizministerium. Dies sollte sich als eine sehr nützliche Beziehung erweisen.

Ebenso wie von Papen knüpfte Gaunt ein umfassendes Netz von Informanten. Zu ihnen zählten viele in den USA wohnende Engländer, besonders Mitglieder einer Organisation, die sich »Liga patriotischer Briten in Übersee« nannte. Er spannte sein Netz jedoch noch über diesen kleinen Kreis hinaus, und einer der von ihm angeworbenen Männer, der in unserer Geschichte eine Rolle spielt, war ein nervöser und empfindsamer, aus Ungarn gebürtiger kleiner Chemiker, Dr. E. W. Ritter von Rettegh, der bei Kriegsausbruch bereits amerikanischer Staatsbürger war. Ein bekannter Experte für Sprengstoffe, hatte er eine Methode erfunden und patentieren lassen, mit deren Hilfe man aus Erdgas flüssiges Petroleum gewinnen konnte, und wegen seiner Herkunft hatte ihn die österreichisch-ungarische Botschaft gebeten, für sie zu arbeiten. Gaunt war mit einem ähnlichen Ansinnen an von Rettegh herangetreten und hatte ihn dazu überredet, auf das Angebot der Botschaft einzugehen, gleichzeitig aber ein bescheidenes

»Handgeld« für technische Beratung in Fragen anzunehmen, die »nicht mit seiner anderen Tätigkeit in Konflikt standen«. Gaunt zahlte per Scheck und hatte seinen Doppelagenten rasch in die klassische Position des durch mögliche Erpressung bei der Stange gehaltenen Spions hineinmanövriert.[3]

Gaunt sandte seine Berichte direkt an die Admiralität. Sir Courtenays Berichte liefen über das Foreign Office. Die Arbeitsgebiete beider überschnitten sich natürlich an mehreren Stellen, aber auf einem Gebiet war dieses Überschneiden wesentlich. Die vertraulichen Anweisungen der Admiralität an die Kapitäne von Handelsschiffen verfaßte die Handelsabteilung der Admiralität unter Captain Richard Webb. Sie wurden dann dem Geheimdienst- und dem Operationsstab vorgelegt und nach Billigung an die sogenannten Senior Naval Officers (S. N. O.), die ranghöchsten Marineoffiziere in den einzelnen Häfen, weitergeleitet, damit diese ihrerseits dem Kapitän eines auslaufenden Schiffes den einzuschlagenden Kurs, Geschwindigkeit etc. angeben und ihn mit den neuesten Informationen über U-Boot-Tätigkeit und Einzelheiten über die für diese Fahrt gültigen Funk-Rufzeichen und Codes versehen konnten. In einem neutralen Hafen gab es natürlich keinen S. N. O., und so übernahm in New York Sir Courtenay diese Funktion.

Das System mußte bisweilen fast zwangsläufig zu Verwirrungen führen. Sir Courtenay instruierte den Kapitän des auslaufenden Schiffes, dem es untersagt war, von seinen Anweisungen abzuweichen. Captain Gaunt jedoch mußte der Admiralität Zeit und Ort der Ankunft jedes Schiffes und Einzelheiten über seine Ladung mitteilen, damit es von einem geeigneten Geleitschiff empfangen und für die entsprechenden Entlademöglichkeiten gesorgt werden konnte. Bennett saß in New York, Gaunt in Washington. Über 1100 Schiffe liefen monatlich aus nordamerikanischen Häfen nach Großbritannien aus, und wenn Gaunt nicht sofort Geschwindigkeit und Zielhafen eines Schiffes erfuhr, war häufig keine Zeit mehr, die Admiralität so rechtzeitig zu verständigen, daß diese ein Geleitschiff

bestimmen und ihm den Befehl zum Ansteuern des Treff-
punkts geben konnte. Am 20. Mai 1915, als die Admiralität
ihre eigene geheime Untersuchung der *Lusitania*-Katastrophe
durchführte, wies Vize-Admiral Oliver, Chef des Marine-
Kriegsstabs, genau auf das Problem hin:

Es kommt manchmal vor, daß kanadische Truppen in großer Zahl
an Bord von gewöhnlichen Passagierschiffen eintreffen oder daß
wertvolle schwere Geschütze oder Lafetten mit Handelsschiffen eintreffen und Begleitschiffe ihnen entgegenfahren müssen. Es kommt
gleichfalls häufig vor, daß das Schiff ausgelaufen ist, bevor [der
Admiralität] bekannt ist, daß Truppen oder wertvolle Rüstungs-
materialien an Bord sind.[4]

Abgesehen von dem Eingeständnis, daß gewöhnliche Passagierdampfer gleichzeitig auch als Truppentransporter eingesetzt wurden, eine Tatsache, die alle Sprecher der Admiralität
seit siebenundfünfzig Jahren abstreiten, geht aus dieser Darstellung hervor, daß es mit dem Geleitschiffsystem haperte.
Dafür war außerdem der Umstand verantwortlich, daß die
Admiralität noch immer glaubte, um in den Gewässern vor
der Südküste Irlands zu operieren, müßten sich die U-Boote
die Durchfahrt durch den schwer verminten und sorgfältig
kontrollierten Ärmelkanal erzwingen.

Am 30. Januar 1915 erschien U-21 vor Liverpool und versenkte an einem einzigen Nachmittag drei unbewaffnete Handelsschiffe. Menschen kamen nicht zu Schaden, da das U-Boot
sich in allen Fällen an die Prisenregeln hielt. Es tauchte auf,
stoppte die Schiffe, gab den Besatzungen genügend Zeit, um
in die Boote zu gehen, und versenkte die Prisen durch an Bord
angebrachte Sprengladungen. An Bord ihres ersten Opfers,
des 3000-Tonnen-Dampfers *Ben Cruachan* der Ben Line von
Edinburgh, fiel der U-Boot-Besatzung eine komplette Ausgabe von Churchills aggressiven Befehlen in die Hände, darunter auch die Anweisung zum Rammen und Zeigen einer neutralen Flagge.

Die Admiralität handelte rasch. Man nahm an, U-21 werde auf dem gleichen Weg zurückkehren, den es, wie man glaubte, gekommen war – durch die Irische See, um Land's End herum und dann durch den Kanal nach Hause. Admiral Oliver schickte sofort einen dringenden verschlüsselten Funkspruch an die Marinebasis in Queenstown (heute Cobh).

Schlüssel D.
84 Dringend

Von: Admiralität
An: Vize-Admiral Queenstown
30. 1. 15

Die Cunard-Schiffe *Transylvania* eintreffend Höhe Fastnet Sonntagnacht 31. Januar und *Ausonia* eintreffend Mittwochnacht 3. Februar, beide mit wertvoller Ladung an Bord, sind nach Queenstown zu beordern und vor U-Boot-Angriff zu schützen.
Beide Schiffe haben M.V.-Code.

Quer über den Funkspruch steht in Admiral Olivers Handschrift der Vermerk geschrieben: »Nach Queenstown umgeleitet wegen zweier Siebzig-Tonnen-Geschütze an Bord für die Royal Navy.« [5]
Die Hintergründe dieser Angelegenheit sind ebenso merkwürdig wie aufschlußreich. Bei den Geschützen handelte es sich um zwei aus einer Serie von vier Paar 14-Zoll-Geschützen samt Türmen, die die Bethlehem Steel Co. für das griechische Schlachtschiff *Salamis* gebaut hatte. Churchill hörte von ihnen und brachte Mr. Schwab, den Präsidenten der Bethlehem Steel, dazu, sie der Royal Navy zu verkaufen. Interessant, aber keineswegs erstaunlich ist der Umstand, daß die New Yorker Zollabfertigungsscheine und nachgereichten Ladepapiere weder des einen noch des anderen Schiffes die Geschütze aufführen, was einerseits entweder auf Nachlässigkeit oder probritische Sympathien bei den Neutralitätsbeamten hindeutet, die alle auslaufenden Dampfer inspizierten, andererseits aber auf die willfährige Haltung des Zolleinnehmers Malone. In beiden Fällen machten die Türme mit den einmontierten Geschützen die Fahrt auf dem Vordeck der Cunard-Schiffe mit.

Beide Passagierschiffe wurden befehlsgemäß von Queenstown aus gewarnt, und sobald sie im Hafen festgemacht hatten, wurden die Passagiere von der Außenwelt isoliert. Der U-Boot-Alarm dauerte zwei Tage, und die Beschwerden von vier empörten amerikanischen Passagieren sickerten schließlich zum State Department durch. Alle vier Beschwerden erwähnten ausdrücklich die Geschütze, aber obwohl jede einzelne von Counsellor Lansing abgezeichnet worden ist, scheinen sie an den Außenminister oder die Neutralitätsbeamten im New Yorker Hafen nicht weitergeleitet worden zu sein.

Hinter den beiden Cunard-Schiffen, die nach Queenstown in Sicherheit gebracht worden waren, folgte eine lange Kette von Fracht- und Passagierschiffen, alle mit ihrem Anteil an Nachschubgütern an Bord, alle auf dem gleichen Kurs: Landkennung beim Felsen von Fastnet, dann weiter zum Entladen nach Avonmouth oder Liverpool. Der Kommandant von U-21 berichtete dem deutschen Admiralsstab: »Da ich nur noch einen Torpedo für die Rückfahrt übrig hatte, war ich zu dem Entschluß gezwungen, keinen Überwasserangriff zu versuchen gegen einundvierzig Handelsschiffe, die, wie ich aus meinen Jahrbüchern feststellte, bewaffnet waren.«[6] Die erwähnten Jahrbücher waren zwei britische Veröffentlichungen, *Jane's Fighting Ships 1914* und *The Naval Annual 1914*. Beide Publikationen gehörten zur Standardausrüstung jedes U-Boots. Eines der Schiffe, die dank des Zögerns von U-21 verschont blieben, war die *Lusitania*, die Fastnet Rock am 5. Februar bei Morgengrauen sichtete. Beide britische Marine-Jahrbücher führten sie als bewaffnet auf, *Jane's* als Hilfskreuzer, *The Naval Annual* als bewaffnetes Handelsschiff. Wie zuvor stand sie auch auf dieser Reise unter dem Kommando von Captain »Schönwetter« Dow, und zu ihren Passagieren zählte Colonel Edward House aus Houston, Texas.

House war der persönliche Vertreter und Berater von Präsident Wilson. Er reiste in geheimer Mission, denn er trug die Vorschläge des Präsidenten für eine Friedensinitiative bei sich, die er nacheinander den Alliierten und dem Kaiser unterbreiten sollte. Das Tagebuch seines Besuchs in Europa findet sich in den Archiven der Yale University:

5. Februar

[...] die ersten zwei Tage hatten wir sommerliche See, aber als wir die Neufundlandbank passiert hatten, erhob sich heulend ein stürmischer Wind. [...] Er hielt vierundzwanzig Stunden an, und die *Lusitania*, so groß sie ist, hüpfte umher wie ein Korken in den Stromschnellen. Heute nachmittag, als wir uns der irischen Küste näherten, wurde die amerikanische Flagge gehißt. Das verursachte große Aufregung und führte zu wilden Kommentaren und Spekulationen [...]

6. Februar

Ich hörte von Mr. Beresford, Lord Decies' Bruder, der mit uns reiste, daß Captain Dow in der vergangenen Nacht sehr beunruhigt gewesen sei und ihn, Beresford, gebeten habe, die ganze Nacht bei ihm auf der Brücke zu bleiben. Er rechnete mit einem Torpedoangriff, und das war auch der Grund für das Hissen der amerikanischen Flagge. Aus diesem Vorfall könnten sich zahlreiche Komplikationen ergeben. Jede Zeitung in London hat mich danach gefragt, aber glücklicherweise war ich kein Augenzeuge und konnte sagen, daß ich davon nur durch Hörensagen erfahren habe. Der Kapitän war so besorgt um die Sicherheit des Schiffes, daß er einen kompletten Plan zur Rettung der Passagiere, zum Herunterlassen der Rettungsboote etc. aufstellte. Zu Beresford sagte er, wenn die Kessel nicht von Torpedos getroffen würden, könne das Schiff sich noch mindestens eine Stunde über Wasser halten, und in dieser Zeit wolle er sich bemühen, die Passagiere zu retten.

Captain Dow, so scheint es, teilte die Ansicht von Eignern und Konstrukteuren der *Lusitania* nicht und war sich der Verwundbarkeit der Längsschotten nur allzu bewußt. Immerhin hatte er aber noch nie ein Unterseeboot gesichtet, und kein Schiff hatte ihn bedroht. Bis dahin war auch noch kein Handelsschiff ohne vorherige Warnung angegriffen worden, aber andererseits waren mehrere U-Boote bei Rammversuchen nur knapp einer Katastrophe entgangen, und die Stimmung unter den U-Boot-Kommandanten war dementsprechend gereizt.

In Deutschland begann sich jetzt die britische Blockade auszuwirken, und in der Woche zuvor waren Getreide, Milch und Mehl rationiert worden. Die formelle Erklärung der Nordsee zum Sperrgebiet seitens der Briten war für die Deutschen ein letztes Warnsignal – sie mußten jetzt rasch Gegenmaßnahmen zur Abwendung einer Situation treffen, die die Wirtschaft des Landes zu untergraben und dadurch zur militärischen Niederlage zu führen drohte. Genau dieses Ergebnis sahen die britischen Kriegspläne vor, aber dabei hatte man die U-Boot-Waffe nicht einkalkuliert. Lord Fisher hatte es getan, doch wie wir sahen, hatte man seine Ansichten zurückgewiesen. Im Amtszimmer des First Sea Lord sitzend, ahnte er jetzt den Gegenzug der Deutschen voraus und notierte ihn für seine Memoiren: »Wenn der gute alte Tirpitz nur weitsichtig genug ist, werden diese verdammten Deutschen alles daransetzen, die Blockade aufzuheben, indem sie den Überwasserschiffen [...] durch Unterseeboote das Leben schwer machen.«[7] Wie gewöhnlich sollte er recht behalten.

6

Als die Briten im November 1914 die Nordsee zum Kriegsgebiet erklärten und die Führungsoffiziere der deutschen Marine sich darüber klar wurden, daß nicht nur viele alliierte Handelsschiffe bewaffnet waren, sondern auch alle die Anweisung hatten, die Seefahrtsregeln zu mißachten und jedes Unterseeboot sofort anzugreifen, hatte dies einen sofortigen Gegenzug zur Folge. Die deutschen Offiziere verfaßten ein an den Chef des Admiralstabs, Admiral von Pohl, gerichtetes Memorandum, in dem verlangt wurde, daß die U-Boote ebenfalls von den Seefahrtsregeln abgehen und alliierte Handelsschiffe ohne vorherige Warnung angreifen sollten. Neutrale Schiffe, so wurde vorgeschlagen, sollten davor gewarnt werden, britische Häfen anzulaufen, wenn dem deutschen Admiralstab nicht vorher durch konsularische Kanäle Angaben über das Schiff und seine Ladung gemacht worden waren, die natürlich nicht aus Kriegsmaterial bestehen durfte. Dieser Vorschlag lief praktisch auf eine Gegenblockade hinaus.

Von Pohl schloß sich den Argumenten an und legte das Memorandum dem deutschen Generalstab vor, wo Admiral von Tirpitz sich dagegen aussprach. Er hatte Zweifel an der internationalen Legalität einer U-Boot-Blockade und sah Schwierigkeiten mit den Neutralen voraus. Die zunehmende Benutzung neutraler Flaggen durch die Briten mußte zu Verwechslungen führen. Von Pohl war einverstanden, daß das Wort Blockade fallengelassen wurde, und schlug als Gegenmaßnahme vor, die Gewässer vor der britischen und irischen Küste zum Kriegsgebiet zu erklären. Von Tirpitz erwiderte:

Der Unterseebootskrieg ohne Blockadeerklärung [...] geht meines Erachtens in seiner Wirkung auf die Neutralen sehr viel weiter als eine regelrechte Blockade und ist deswegen politisch erheblich gefährlicher. [...] Auch die Bezugnahme auf die Maßnahmen der Engländer, die das Befahren der nördlichen Nordsee als gefährlich bezeichnet haben, scheint mir nicht ganz zutreffend.[1]

Er erklärte weiter, die Rechtfertigung der Briten für ihr Kriegsgebiet sei die Behauptung gewesen, daß die Deutschen dort Minen verlegt hätten, eine Behauptung, die, wie er sagte, falsch sei, da Deutschland lediglich die Zugänge zu Häfen an der britischen Ostküste vermint habe.

An diesem Punkt schaltete sich das deutsche Außenministerium ein, das den Gedanken eines Kriegsgebiets vorzog, da die Erklärung einer Blockade seinen eigenen Protesten zuwidergelaufen wäre, welche sich auf die Illegalität einer totalen Blockade stützten. Auch die deutsche Öffentlichkeit und die Presse forderten Vergeltungsmaßnahmen, und am 5. Februar 1915 erklärte der Kaiser die britischen Küstengewässer mit Wirkung vom 18. Februar zum Kriegsgebiet. Am gleichen Tag sprach er in Wilhelmshaven vor U-Boot-Kommandanten. Gegen Ende seiner Rede kam er darauf zu sprechen, daß es durch das Versenken von feindlichen Handelsschiffen ohne vorherige Warnung zweifellos zu Verlusten unter den Besatzungen kommen werde. An dieser Stelle machte er eine Pause und fuhr dann fort: »Wenn es euch möglich ist, die Besatzungen der Handelsschiffe zu retten, dann tut es.« Nach einer weiteren Pause fügte er hinzu: »Wenn ihr sie nicht retten könnt, dann kann man nichts machen.«[2]

Einige U-Boote liefen zu Feindfahrten aus, aber am 15. Februar machte sich der Kaiser doch wieder Gedanken, denn er sandte an alle U-Boot-Kommandanten auf See einen Funkspruch, in dem er sie anwies »unter keinen Umständen Schiffe anzugreifen, die neutrale Flaggen zeigen, es sei denn, sie würden mit absoluter Sicherheit als getarnte feindliche Schiffe erkannt«[3]. Der Funkspruch des Kaisers war durch die Reaktion in den USA motiviert.

Die deutsche Proklamation eines Kriegsgebiets wurde dem State Department in Washington zusammen mit einer »Denkschrift« durch den deutschen Botschafter Graf Bernstorff am 5. Februar übermittelt. Außenminister Bryan weilte auf einer Vortragsreise im Westen, und die deutsche Note wurde von Counsellor Lansing entgegengenommen. Der Text der Note ist wichtig.

Die Großbritannien und Irland umgebenden Gewässer mit Einschluß des Ärmelkanals werden zum Kriegsgebiet erklärt. Beginnend mit dem 18. Februar 1915 wird jedes in der erwähnten Zone angetroffene feindliche Handelsschiff zerstört werden, ohne daß es immer möglich sein wird, die dabei Besatzung und Passagieren drohenden Gefahren abzuwenden. Selbst neutrale Schiffe setzen sich in dem Kriegsgebiet Gefahren aus, da angesichts des am 31. Januar von der britischen Regierung angeordneten Mißbrauchs von neutralen Flaggen und der Zufälligkeiten des Seekriegs Irrtümer nicht immer zu vermeiden sind und sie durch Angriffe getroffen werden können, die feindlichen Schiffen gelten.[4]

In der Proklamation wurden sodann sichere Zonen angegeben, in denen neutrale Schiffe ungefährdet verkehren konnten, wenn auch keine dieser Zonen zu einem englischen Hafen führte. Die der Proklamation beigegebene Denkschrift enthielt eine ausführliche Rechtfertigung des deutschen Vorgehens. Sie betonte, daß die Briten als erste ein solches Kriegsgebiet proklamiert hätten, und bat schließlich die Vereinigten Staaten und alle neutralen Mächte, ihre Staatsangehörigen davor zu warnen, als Passagiere an Bord von feindlichen Schiffen zu reisen oder Frachten mit solchen Schiffen zu befördern.

Lansing las die Proklamation zunächst ohne Zuratziehen der Denkschrift und setzte in Bryans Abwesenheit noch am gleichen Tag eine Protestnote an Deutschland auf, die er um sieben Uhr abends dem Präsidenten vorlegte. Es war eine drohende und herausfordernde Epistel, in der die Proklamation als »in der Seekriegsführung beispielloser Willkürakt« bezeichnet wurde.[5] Nachdem er jedoch die Denkschrift gelesen und mit den Juristen des State Department konferiert hatte, legte er zwei Tage später ein weiteres Memorandum vor, in dem gesagt wurde, es sei »fraglich«, ob »ein Protest irgendwelcher Art« überhaupt ratsam sei.[6] Doch einige Tage später kehrte Lansings kriegerische Stimmung zurück, und er setzte eine Note auf, die der Präsident akzeptierte. Dieser Entwurf ignorierte völlig den Vorschlag, daß die amerikanische Regierung ihre Bürger vor Reisen auf alliierten Schiffen warnen sollte, und Bryan, der inzwischen zurückgekehrt war, beschwerte sich empört beim Präsidenten über diese Unterlassung. Der Präsident wiederum beauftragte Lansing, ihm einen Bericht über die genaue juristische Situation, Passagiere an Bord kriegführender Handelsschiffe betreffend, auszuarbeiten, unter besonderer Berücksichtigung von Fällen, in denen solche Schiffe bewaffnet waren. Und an diesem Punkt lenkte Lansing die Vereinigten Staaten auf einen Weg, der zum Krieg führen sollte.

Der bekannteste Präzedenzfall zu diesem Thema ist das Urteil über die sogenannte »*Nereide*-Affäre«, in dem der Chief Justice Marshall vom Supreme Court die Ansicht vertreten hatte, daß »ein bewaffnetes Handelsschiff eine offene und erklärte kriegführende Partei ist, mit allen Rechten und ausgesetzt allen Gefahren, die sich aus dem Status einer kriegführenden Partei ergeben«. Die *Nereide* war ein britisches Handelsschiff, das am 19. Dezember 1813 von dem amerikanischen Kaperschiff *The Governor Tomkins* aufgebracht worden war. Schiff und Ladung wurden von den amerikanischen Behörden in Ausübung der Rolle der Vereinigten Staaten als Verbündeter Frankreichs beschlagnahmt. Ein spanischer Passagier, Manuel Pinto, war Besitzer eines Teils der Ladung. Er verlangte ihn zurück mit der Begründung, daß er Staatsbürger einer neutralen Macht sei und nicht gewußt habe, daß die *Nereide* bewaffnet gewesen sei und den Befehl gehabt habe, bei einem Angriff Widerstand zu leisten. Er kam damit nicht durch. In der Berufung gelangte der Fall am 6. März 1815 vor den Supreme Court.[7]

Lansing, ein hervorragender Jurist, zitierte mehrere Stellen aus dem *Nereide*-Prozeß, die seine Ansichten untermauerten. Diese beeindruckten den Präsidenten so sehr, daß er später, als der Kongreß ihn angriff, weil er die Vereinigten Staaten in den Krieg hineinzuziehen schien, Lansing beauftragte, seine Zusammenfassung des *Nereide*-Präzedenzfalls weiter auszuarbeiten als Material für jene Kongreßabgeordneten, die den Standpunkt der Regierung vertreten sollten. Bei beiden Gelegenheiten ließ Lansing die entscheidende, oben zitierte Passage des Urteils unter den Tisch fallen. Heute kann man bestenfalls feststellen, daß Lansings dem Präsidenten und dem Kongreß vorgelegte »Ansicht« juristisch mangelhaft war. Es besteht jedoch einiger Grund zu der Annahme, daß es sich um eine bewußte Unterschlagung von Fakten handelte. Einundzwanzig Jahre später untersuchte ein Senatsausschuß für auswärtige Beziehungen die Angelegenheit. Dabei wurde festgestellt: »Von Marshalls Urteilsbegründung wurde eine entstellte Version gegeben [. . .] eine so irreführende Version, daß sie praktisch eine Fälschung darstellt; aber sie wurde weithin verbreitet und sogar in Reden vor dem Kongreß benutzt.« [8]
Juristisch mangelhaft oder unaufrichtig, Lansings Ansichten wurden vom Präsidenten akzeptiert und die diplomatische Fassade nach außen hin gewahrt, indem man gleichzeitig mit der Note an Deutschland eine scharfe Note an Großbritannien richtete, in der wegen der Verwendung der amerikanischen Flagge Beschwerde geführt und die Hoffnung ausgesprochen wurde, daß »weder die britische Admiralität noch das Foreign Office diese Prozedur ausdrücklich sanktioniert« habe. Unglücklicherweise aber sandte Präsident Wilson dem gerade in London weilenden Colonel House ein privates Telegramm, das »die Notwendigkeit, die Note abzuschicken, bedauerte, aber früher oder später ließ sie sich nicht vermeiden«. [9] Das Telegramm wurde natürlich entschlüsselt und gelesen, ehe House es noch in Händen hatte, und das britische Foreign Office antwortete der amerikanischen Regierung in freundlichem Ton:

Die deutsche Erklärung vom 5. Februar, in der die Versenkung britischer Handelsschiffe ohne vorherige Warnung angekündigt wurde, so daß keine Vorkehrungen zur Rettung der Zivilisten, Besatzungen und Passagiere getroffen werden können, hat den Kapitän der *Lusitania* veranlaßt, als Schutzmaßnahme die amerikanische Flagge zu hissen, und sie wurde nur gehißt auf Verlangen amerikanischer Passagiere, um deren Sicherheit zu garantieren.

In der Note wurde weiter versichert, weder die Regierung noch die Admiralität habe eine solche Aktion sanktioniert. Das war eine glatte diplomatische Lüge, und Lansing muß das gewußt haben, da der deutschen Denkschrift Photographien der erbeuteten Anweisungen der Admiralität beigegeben waren. Er hatte diese Beweisstücke weder Bryan noch dem Präsidenten gegenüber erwähnt.

Die amerikanische Note an Deutschland enthielt das, was Lord Morley, ein früherer Minister und Freund Churchills, damals als »einen Ton von sinnloser Animosität« bezeichnete.[10] Sie verurteilte zunächst jedes Abweichen von den Seefahrtsregeln als ohne Präzedenzfall in der Seekriegsführung und sprach dann die Drohung aus, die die Vereinigten Staaten schließlich in den Krieg hineinziehen sollte: »Sollten ein amerikanische Schiff oder amerikanische Staatsbürger auf hoher See durch deutsche Unterseeboote zu Schaden kommen, würde es der Regierung der Vereinigten Staaten schwerfallen, dies nicht als eine unentschuldbare Verletzung neutraler Rechte zu betrachten.«[11] Es wurde hinzugefügt, falls sich eine solche Situation ergeben sollte, werde die deutsche Regierung dafür »strikt zur Verantwortung« gezogen werden.

Der Standpunkt, daß die Anwesenheit amerikanischer Staatsbürger an Bord eines alliierten Schiffes, auch wenn es sich bei diesem um einen bewaffneten Munitionstransporter handelte, eine Warnung an Deutschland darstellen sollte, daß es dieses Schiff nur auf die Gefahr eines Krieges mit den Vereinigten Staaten hin angreifen könne, verblüffte die Deutschen ebenso sehr, wie er die Engländer entzückte. Die deutsche Regierung begann einen Rückzieher zu machen. Deutschland erbot sich, die strittigen Anweisungen an seine Unterseeboote fallen zu lassen und sich an die üblichen Seefahrtsregeln zu halten, wenn England für Deutschland bestimmte Lebensmittellieferungen durch die Blockade ließe und auf die Bewaffnung von Handelsschiffen verzichtete. Außerdem war Deutschland bereit, die Sicherheit amerikanischer Schiffe zu garantieren, wenn die Vereinigten Staaten den deutschen Stellen englische Häfen anlaufende amerikanische Schiffe ankündigten, unter Angabe von Fahrtroute und Zielhafen, und wenn möglichst auch angeordnet wurde, das Sternenbanner auf die Schiffswand zu malen. Diese Konzessionen leuchteten Präsident Wilson ein, doch aus England berichtete der amerikanische Botschafter, dort gebe es nicht »die Spur einer Hoffnung auf eine Vereinbarung mit Deutschland, durch die sich England verpflichten würde, unter irgendwelchen Bedingungen Lebensmittel nach Deutschland durchzulassen«.[12]

Churchills Politik – das Bewaffnen von Handelsschiffen und die Anweisung an diese, sich über die Seefahrtsregeln hinwegzusetzen – zielte darauf ab, Deutschland mit neutralen Mächten in Konflikt zu bringen. Nun, da sie offensichtlich Früchte trug, war er nicht bereit, von ihr abzuweichen. Deutschlands Proteste gegen die Bewaffnung britischer Handelsschiffe waren von Lansing lässig abgetan worden, der den Schiffen stillschweigend die Benutzung amerikanischer Häfen gestattete. Er hatte verlangt, daß während des Aufenthalts im Hafen keine Geschütze montiert sein durften, und gelangte, ohne Bryan zu befragen, mit der britischen Botschaft zu der formlosen Übereinkunft, daß man ihn unterrichtete, welche Schiffe Waffen an Bord hatten. Von den 1319 bekanntermaßen bewaffneten Schiffen der Handelsmarine, die von September 1914 bis zum Kriegseintritt der USA häufig amerikanische Häfen anliefen, wurden dem State Department nur siebzehn gemeldet. Ein einziger Fall gelangte Außenminister Bryan zur Kenntnis, und er ist bezeichnend dafür, wie wenig ernst die Briten Amerikas Vorbehalte nahmen.

Am 1. September 1914 lief der Dampfer *Merion* unter Zur-

schaustellung einer Bewaffnung von sechs 6-Zoll-Geschützen in New York ein. Die deutsche Botschaft verständigte das State Department. Bryan trat an den britischen Botschafter heran, der versicherte, die Bewaffnung werde sofort abmontiert. Drei Tage später fragte die britische Botschaft beim State Department an, ob man etwas dagegen einzuwenden habe, daß die abmontierten Geschütze als Frachtladung auf einem anderen Schiff nach Großbritannien verschifft würden, da Geschütze als Frachtgut gegen die US-Gesetze verstießen. Bryans Antwort spricht für sich selbst: »In Beantwortung Ihrer Note vom 4. September erscheint es überflüssig, auf die Frage, die Verschiffung der Geschütze der *Merion* mit einem anderen Fahrzeug betreffend, einzugehen in Anbetracht der Tatsache, daß dem Außenministerium zur Kenntnis gelangte, daß die *Merion* entgegen den Versicherungen Ihrer Regierung bei ihrer Abreise Geschütze und Munition an Bord hatte.« [13]
Auf Verlangen des britischen Botschafters wurde der letzte Teil des Satzes von Lansing aus den offiziellen Akten gestrichen, da er die Ehre der britischen Regierung verletzte. Auch leitete Lansing die Korrespondenz nicht an das Archiv weiter, sondern bewahrte sie unter seinen privaten Papieren auf.

Das Bewaffnen von Handelsschiffen war nicht Englands einziger Versuch zur Abwehr einer möglichen U-Boot-Offensive gewesen, denn die deutsche Proklamation einer Blockade war seit langem erwartet und in einigen Admiralitätskreisen als legal akzeptiert worden. Dieses Akzeptieren hatte sich öffentlich in der *Times* vom 16. Juli 1914 kundgetan, als Admiral Sir Percy Scott, auf die voraussichtliche Verkündung eines Kriegsgebiets anspielend, schrieb:

Eine solche Proklamation wäre meines Erachtens völlig in Ordnung, und wenn, nachdem sie erfolgt ist, britische oder neutrale Schiffe sie mißachten, so könnte ihnen nicht zugebilligt werden, daß sie [...] friedlichen Geschäften nachgehen [...], und wenn sie versenkt würden, könnte dies nicht als ein Rückfall in Barbarei oder Piratentum in seiner übelsten Form bezeichnet werden. [...] Man lese die Berichte darüber, was Blockadebrechern widerfuhr, die im amerikanischen Bürgerkrieg Charleston anzulaufen versuchten [. . .] Die Blockadekreuzer hatten fast nie irgendwelche Skrupel, die Schiffe zu beschießen, auf die sie Jagd machten [. . .] der U-Boot-Torpedo wird einfach ein Abschreckungsmittel neuerer Art sein.[14]

Sir Percys Ansicht teilte der Stabschef der französischen Mittelmeerflotte, der die Meinung vertrat, daß der von den Deutschen angekündigte U-Boot-Krieg gerechtfertigt war.[15]
Mitte November erfuhr die Admiralität von der Diskussion innerhalb der Kaiserlichen Marine und dem Druck, der zwecks Einführung einer U-Boot-Blockade ausgeübt wurde. Wie Commander J. M. Kenworthy vom Marine-Nachrichtendienst (Politische Abteilung) berichtet, spricht einiges dafür, daß man damals in der Tat hoffte, daß Großbritannien seine Erklärung über die Nordsee-Zone abgeben würde. Die Pläne für Abwehrmaßnahmen gegen eine solche Bedrohung waren Anfang Dezember 1914 fertig.
Die England und Irland umgebenden Gewässer wurden in dreiundzwanzig Gebiete eingeteilt, von denen jedes durch eine neue Streitmacht, genannt »Auxiliary Patrol«, überwacht wurde. Diesen Einheiten wurden die Küsten-Motorboot-Abteilungen unter Admiral Sir Frederick Inglefield eingegliedert, allerdings ohne dessen Seemöwen. Jedes Gebiet bekam eine Nummer. Die Südküste Irlands war Gebiet 21 und stand unter dem Oberbefehl von Vize-Admiral Sir Henry Coke in Queenstown, Cork. Seine Verteidigungskräfte bestanden aus vier Torpedobooten und vier kleineren Verbänden der Auxiliary Patrol, zu denen jeweils eine bewaffnete Jacht, vier Motor-Fischerboote und ein Motorboot gehörten. Ihre Aufgabe war es, 285 Meilen Küste effektiv gegen U-Boot-Angriffe zu schützen. Gemäß den Instruktionen der Admiralität von 1910 hatten die Torpedoboote den Auftrag, nur die Zufahrten zum Hafen von Queenstown zu sichern, und diese Instruktionen waren seitdem nicht revidiert worden. Dies bürdete der Auxiliary Patrol die gesamte Überwachung auf. Die Schiffe ver-

fügten insgesamt über fünf Funkgeräte und ein recht buntscheckiges Sammelsurium von Feuerwaffen, von denen die schwerste ein 12-Pfünder an Bord der Jacht *Scadaun* war. Durch Abnutzungserscheinungen aller Art hatte sich die Gesamtstreitmacht der Auxiliary Patrol bis Mitte April 1915 auf siebzehn kleinere Fahrzeuge reduziert, und unter Berücksichtigung von Ruhe- und Wartungszeiten war es unmöglich, mehr als elf davon gleichzeitig einzusetzen. Das schnellste Schiff machte elf Knoten, und das Überwachungsgebiet des einzelnen Schiffes umfaßte 300 Quadratmeilen. Diese lächerlich kleine Streitmacht stellte den Schutz für Großbritanniens wichtigste Nachschubroute und den Schnittpunkt aller von Nordamerika zu den Britischen Inseln führenden Schiffahrtslinien dar.

Weiter draußen im Atlantik vor der irischen Küste war ein Patrouillenkreuzer des 11. Geschwaders mit dem Codenamen E und der Basis Queenstown im Einsatz. Dies waren alte Schiffe von 5600 Tonnen mit elf 6-Zoll-Geschützen, einer etwas schwächeren Bewaffnung, als sie für die *Lusitania* vorgesehen war. Ihr Alter und die Tatsache, daß sie zu der Kreuzerklasse mit den ungepanzerten Längsschotten gehörten, die keinem U-Boot-Angriff ausgesetzt werden durften, stempelten sie zu Fahrzeugen von zweifelhaftem Einsatzwert. Die einzigen kampfkräftigen Schiffe in der westlichen Zone waren die fünf Zerstörer einer im etwa dreihundert Meilen entfernten Milford Haven stationierten Flottille. Sie dienten ausschließlich dazu, Schiffe mit wertvoller Ladung einzuholen und ihnen Geleitschutz zu geben.

Für die deutsche U-Boot-Offensive standen insgesamt einundzwanzig Boote zur Verfügung, doch Wartungs- und Reparaturarbeiten brachten es mit sich, daß in der Praxis nie mehr als sieben in See sein konnten, und in den Gewässern um die irische Küste und die englische Westküste operierten selten mehr als zwei U-Boote zur gleichen Zeit. Dennoch wirkte sich die deutsche Proklamation zu 80 Prozent gerade in diesen Gewässern aus. Vom Beginn des Inkrafttretens des deutschen Kriegsgebiets im Februar bis zum 28. März 1915 wurden fünfundzwanzig Handelsschiffe von deutschen U-Booten versenkt. Sechzehn davon wurden ohne vorherige Warnung torpediert, wobei von insgesamt 712 Besatzungsmitgliedern zweiundfünfzig ums Leben kamen. Achtunddreißig davon wurden getötet, als die mit Nitraten beladene *Tangistan* auf der Höhe von Flamborough Head in die Luft flog. Auf den fünfundzwanzig versenkten Schiffen befanden sich 3072 Passagiere, von denen kein einziger zu Schaden kam. Zwanzig der fünfundzwanzig Schiffe wurden überhaupt ohne irgendwelche Menschenverluste versenkt.

Am 28. März wurde diese nicht unehrenhafte Bilanz einer Kampfesweise, die von der Geschichte später als »totale Kriegsführung« bezeichnet wurde, jäh unterbrochen. Achtunddreißig Meilen westlich des Leuchtturms von Smalls und kurz nach 14 Uhr versuchte U-28 das 5000-Tonnen-Fracht- und Passagierschiff *Falaba* durch einen Schuß vor den Bug anzuhalten. Die *Falaba* kam der Aufforderung nicht nach, aber schließlich zwang U-28 sie zum Stoppen und gab dem Kapitän zehn Minuten Zeit zum Verlassen des Schiffes. Die *Falaba* sandte über Funk weiter Hilferufe aus, und da das Von-Bord-Gehen noch im Gange war, verlängerte U-28 die Frist um weitere zehn Minuten. Eine zweite Fristverlängerung von drei Minuten wurde zugestanden, und kurz darauf kam ein bewaffneter britischer Trawler in Sicht. U-28 schoß der *Falaba* daraufhin einen Torpedo ins Heck, und die Ladung des Schiffes, zu der dreizehn Tonnen hochexplosiven Sprengstoffs gehörten, flog in die Luft. Zu den Opfern zählte ein amerikanischer Staatsbürger namens Leon C. Thresher.

Die wütende Reaktion der amerikanischen Presse sollte den Präsidenten noch enger an seine Hinnahme der Lansingschen Doktrin von der »strikten Verantwortung« binden. Die damalige öffentliche Version der Ereignisse besagte, daß dem Schiff so gut wie gar keine Frist gegeben worden und das Torpedieren ein kaltblütiger, rücksichtsloser Akt der Zerstörung gewesen sei. Es wurde heftig bestritten, daß das Schiff irgendwelches Kriegsmaterial an Bord gehabt habe (die Ladepapiere und die Aussagen der Schiffsoffiziere wurden vollständig erst 1965 freigegeben). Die unvermeidliche Kraftprobe mit Deutschland wurde hinausgezögert, weil die Auseinandersetzung der Standpunkte zwischen Lansing und Bryan jetzt in vollem Gang war.

Lansing vertrat hartnäckig die Ansicht, Deutschland wolle Krieg mit den Vereinigten Staaten und man solle eine harte Haltung einnehmen. Der gewissenhafte Bryan ließ sich einen recht genauen Bericht über den *Falaba*-Zwischenfall vom amerikanischen Konsul in Plymouth liefern, der mit mehreren Überlebenden gesprochen hatte. Schließlich schien der Präsident Bryans Standpunkt zuzuneigen. Er gab zu, daß eine harte Haltung vielleicht nicht das Richtige sei, und schrieb ihm: »Vielleicht ist es nicht nötig, in dieser Angelegenheit überhaupt vorstellig zu werden.« In dieser unentschlossenen Stimmung war der Präsident noch einen Monat später.

Sowohl die deutsche Kolonie in New York wie auch das Auswärtige Amt in Berlin sahen die Zeichen an der Wand. Sollte es zu einer weiteren Eskalation der Krise kommen, würden die Vereinigten Staaten höchstwahrscheinlich auf der Seite der Alliierten in den Krieg eintreten. In Berlin sagte man sich freilich, daß dies kaum etwas an der Lage ändern würde, da Amerika ohnehin mit der Sache der Alliierten schon industriell und finanziell so stark verknüpft war, und viele einflußreiche Amerikaner teilten diese Ansicht. Colonel House berichtete aus London, je früher Amerika in den Krieg eintrete, desto besser – er habe das Gefühl, daß die Alliierten Amerikas Friedensvorschläge »nutzlos« und »möglicherweise verletzend« fänden. Er riet dem Präsidenten, gegenüber Deutschland einen harten Kurs einzuschlagen und deutete dunkel an, »zu einem ernsthafteren Bruch kann es jederzeit kommen«.[16]

Die Möglichkeit eines weiteren und ernsthafteren Bruchs bereitete der deutschen Kolonie in New York Sorgen, und am 20. April traf sich eine Gruppe von Deutschen, um zu überlegen, wie man eine solche Entwicklung abwenden könnte. Das Treffen hatte George Viereck einberufen, der Herausgeber der in deutschem Besitz befindlichen amerikanischen Zeitung *The Fatherland*, und zu den Anwesenden gehörten Dr. Bernhard Dernburg und Dr. Karl Führ. Man besprach die Situation, und Viereck bemerkte: »Früher oder später wird irgendein großes Passagierschiff mit Amerikanern an Bord von einem Unterseeboot versenkt, und dann ist der Teufel los.« [17]

Andere meinten, man schlage da einen falschen Kurs ein. Es sei besser, sich darauf zu konzentrieren, den Amerikanern das Unmoralische der britischen Blockade und die Tatsache ins Bewußtsein zu rücken, daß Handelsschiffe angewiesen würden, Befehle zum Anhalten zu mißachten. Dr. Führ sagte, wenn man schon an die Gefühle appelliere, so solle man anschaulich auf die hungernden Kinder in Deutschland hinweisen. Aber Dr. Dernburgs Gegenargument überzeugte schließlich die Versammlung. Er sagte: »Das amerikanische Volk kann sich das Schauspiel von 100 000, ja einer Million deutscher Kinder, die infolge der britischen Blockade den langsamen Hungertod sterben, nicht vorstellen, aber es sieht sehr deutlich das mitleiderregende Gesicht eines kleinen Kindes vor sich, das im Wrack eines von den Deutschen torpedierten Schiffes ertrinkt.«

Dernburgs plastisches Bild veranlaßte Dr. Führ zu der Frage, wann das nächste größere englische Passagierschiff nach England abgehe. Es stellte sich heraus, daß die Abfahrt der *Lusitania* für den 1. Mai vorgesehen war, also in zehn Tagen. Viereck rief: »Dann veröffentlicht eine Warnung, ehe die *Lusitania* ausläuft!«

7

Im Winter 1914 und auch im folgenden Frühjahr fuhr die *Lusitania* monatlich von Liverpool nach New York und wieder zurück. Sie erreichte nicht mehr ihre früheren Rekordzeiten, weil im November 1914 die Leitung der Cunard Linie eine unpopuläre und möglicherweise unkluge Entscheidung traf: Man verminderte ihre Geschwindigkeit.

Alfred Booth hatte ein wachsames Auge auf die Finanzen seiner Gesellschaft. Am 16. November teilte ihm die Buchhaltung mit, daß die Gesellschaft bei jeder Fahrt der *Lusitania* 2000 Pfund zusetzte. Als Gründe wurden die teurer gewordene Kohle und der Rückgang des Passagierverkehrs angegeben. Die Buchhaltung war sogar der Ansicht, daß eine Aufrechterhaltung des Passagierdienstes nicht mehr gerechtfertigt sei. Die amerikanischen Passagierschiffe hatten genügend freie Plätze, um den Bedarf zu decken. Die Buchhaltung lieferte dazu Zahlen, aus denen hervorging, daß die *Lusitania* infolge ihrer verminderten Passagierkapazität und der Zeit, die sie im Dock der Admiralität zugebracht hatte, mit 24 591 Pfund in die roten Zahlen geraten war. Man schlug vor, den Passagierdienst, wenn nicht ganz, so doch während des Winters einzustellen. Booth und sein Aufsichtsrat schlossen sich, wahrscheinlich auf Druck der Admiralität, diesem Vorschlag nicht an. Man beschloß Sparmaßnahmen. Man reduzierte die Besatzung um 258 Mann, womit man pro Fahrt 1325 Pfund an Lohngeldern einsparte. Der Maschinenraum büßte dreiundachtzig Mann ein, so daß nur drei der vier Kesselräume bedient werden konnten. Dies führte zu einer Kohlenersparnis von 1600 Tonnen pro Fahrt, und insgesamt wurde damit der angezeigte Verlust mehr als aufgewogen, gleichzeitig aber bedeutete dies eine Reduzierung der Maximalgeschwindigkeit im Ernstfall von 26 auf 21 Knoten und der Reisegeschwindigkeit von 24 auf 18 Knoten.

Das Personal war mit diesen Maßnahmen durchaus nicht einverstanden. Für die erste Reise in Ost-West-Richtung heuerten fünfundzwanzig der siebenundsiebzig Vollmatrosen nicht mehr an. In New York verließen fünfundvierzig Stewards das Schiff, und Charles Sumner, der Cunard-Manager in New York, setzte sich recht bestürzt mit seinem Chef in Verbindung. Er glaubte zuerst, der Entscheidung, einen Kesselraum stillzulegen und die Geschwindigkeit zu drosseln, liege ein finstereres Motiv zugrunde – möglicherweise Sabotage: »War verminderte Kohlenmenge Absicht oder Folge ›angeblichen‹ Irrtums beim Bunkern. Erbitte Eilantwort.«[1] Booth bestätigte, daß Kohlenvorrat und Personal absichtlich vermindert worden waren, und daraufhin schrieb ihm Sumner einen persönlichen Brief, in dem er seine Bedenken erläuterte und vorsichtig andeutete, daß er es für besser hielte, wenn das Schiff die volle Kohlenmenge mitführte:

Etwa zu der Zeit, als ich Ihr Telegramm erhielt, in dem Sie die Kohlenmenge an Bord der *Lusitania* bestätigten, glaubte ich Grund zu der Annahme zu haben, daß sich an Bord des Dampfers wenigstens zwei Personen befanden, die unseren Interessen nicht freundlich gesinnt waren. Ich kam bei näherer Überlegung zu dem Schluß, daß der knappe Kohlenvorrat möglicherweise auf die Machenschaften eines der sogenannten Spione im Maschinenraum zurückzuführen sei. Ich war sehr erleichtert, als sich herausstellte, daß die verminderte Kohlenmenge die Folge reiflicher Überlegung war und daß sie mir in Ihrem Brief vom 18. November erklärt werden würde.

Ich halte es dennoch für klug, angesichts der unsicheren Verhältnisse auf dem Nordatlantik im Augenblick einen vollen Kohlenvorrat an Bord zu haben, selbst wenn Sie seinen vollen Verbrauch auf Notfälle beschränken.[2]

Sumners Vorschlag wurde zurückgewiesen. Booth vertrat den völlig logischen Standpunkt, daß das Anheizen der stillgelegten Kessel zwanzig Stunden dauern würde und daß ohnehin nicht genügend Heizer vorhanden wären. Er erwiderte, er wisse es zu schätzen, daß sich Sumner Sorgen mache, wisse aber nicht, auf welchen Fall sie sich bezögen. »Angesichts dessen, was wir über die Methoden der Kriegsführung bei den Deutschen wissen, glauben wir nicht, daß sie mit einem Angriff warten würden, bis Freiwillige auf der *Lusitania* durch Inbetriebnahme der stillgelegten Kessel für genügend Dampf gesorgt haben.« [3]

Sumner bekam seine Kohle trotzdem. Captain Dow, dem Sumner die Situation erklärt hatte, weigerte sich rundheraus, die Fahrt in West-Ost-Richtung ohne volle Kohlenbunker anzutreten, und sprach nach seinem Eintreffen in Liverpool kurz vor Weihnachten 1914 auch persönlich mit dem Cunard-Chef, der schließlich nachgab. Aber was den Ausschlag gab, war nicht »Schönwetter«-Dows rauh-herzliche Beredsamkeit, sondern ein Memorandum der Buchhaltung des Inhalts, daß die Kohle in New York billiger und es deshalb im Interesse der Gesellschaft sei, sie dort zu kaufen, so daß man die Fahrt in Ost-West-Richtung mit verminderter Kohlenmenge und in West-Ost-Richtung mit vollen Bunkern zurücklegte. Booths diesbezügliche Anweisungen an Sumner enthielten noch eine weitere Warnung vor unnötigen Kosten: »Wenn Captain und Oberingenieur es wünschen, lassen Sie *Lusitania* vollbunkern und dafür möglichst wenig Trinkwasser übernehmen.« [4]

Captain Dows Vorsicht war zwar legendär, aber nicht unangebracht. Auf der nächsten Fahrt entging die *Lusitania* mit knapper Not in den Nebeln der Neufundlandbänke dem deutschen Kreuzer *Karlsruhe*, und auf der darauffolgenden Fahrt gab es U-Boot-Alarm. Die *Lusitania* verließ Liverpool am 20. Februar 1915. Auf dieser drittletzten Reise des Schiffes war die U-Boot-Gefahr von Anfang an gegenwärtig. Gleich am ersten Tag wurden zwei Handelsschiffe in nur zehn Meilen Entfernung von der *Lusitania* von U-30 angegriffen und versenkt, und auf der Rückfahrt torpedierte U-20 den Frachter *Bengrove,* als die *Lusitania* gerade in den St.-Georgs-Kanal einfuhr. Captain Dow hatte genug. Am 8. März teilte er Alfred Booth mit, er sei wohl bereit, weiterhin ein Handelsschiff in diesen Gewässern zu befehligen, weigere sich aber, die Verantwortung für eine gemischte Ladung von Passagieren und Munition oder Konterbande zu übernehmen. Möglicherweise wurde er in seinem Entschluß bestärkt durch den Umstand, daß auf seiner letzten Reise der unternehmerische Captain Gaunt den Doppelboden der *Lusitania* mit 100 000 Gallonen Dieselöl hatte beladen lassen, was weder Dows Seelenfrieden noch seinem empfindlichen Magen dienlich gewesen war. Alfred Booth sagte sich, daß Dow überanstrengt war, und sah sich unter seinem Personal nach einem anderen Schiffsführer um. Seine Wahl fiel auf Captain William Thomas Turner.

»Bowler Bill«, wie Turner genannt wurde, weil er außer auf der Brücke stets eine Melone trug, war ein strenger, pedantischer Vorgesetzter, der seine Laufbahn als einfacher Matrose vor dem Mast begonnen hatte. Sein erstes Schiff war ein Raasegler gewesen. Er war 1883 zur Cunard Linie gekommen und hatte, seit er 1907 Cunard-Schiffsführer geworden war, als Kapitän sowohl die *Lusitania* wie die *Mauretania* befehligt. Bei Kriegsausbruch war er Kapitän der *Aquitania* gewesen, die als Hilfskreuzer fuhr.* Er war sehr stämmig gebaut, dickbackig und von notorischer Schweigsamkeit. Aus diesem Grund hatte man ihm Captain Dow vorgezogen, da Turner die weltmännische Art fehlte, die Cunard von seinen Schiffsführern erwartete. Er war jedoch ein äußerst befähigter Seemann mit einem legendären Ruf für persönliche Stärke und Leistungskraft. Er verabscheute die gesellschaftliche Seite des

---

* Die *Aquitania* lief am 8. August aus und war nur vier Tage lang Hilfskreuzer, bis sie einen Zusammenstoß hatte. Sie wurde Ende September umgebaut. Von Mai bis August 1915 diente sie als Truppentransporter und danach eine Zeitlang als Lazarettschiff. Im Jahre 1918 brachte sie amerikanische Truppen nach Europa.

Kapitänsdaseins und nahm seine Mahlzeiten zumeist auf der Brücke ein, um nichts mit den Passagieren zu tun zu haben, die an seinem Tisch sitzen wollten. Nach Captain Turners Ansicht waren Passagiere, wie sich seine Haushälterin Miß Every erinnert, oft nicht besser als »ein Haufen verdammter Affen« – ein eher zahmer Ausdruck, an modernen Maßstäben gemessen, der sich jedoch in Bowler Bills breitem Liverpooler Akzent recht treffend anhörte. Um die »gesellschaftliche Balance« wiederherzustellen, bestimmte die Cunard Linie Captain John C. Anderson zum Zweiten oder Staff Captain, der den erforderlichen Umgang mit den Passagieren pflegen sollte. Am 10. März 1915 inspizierte Captain Turner die *Lusitania* vom Bug bis zum Heck und hatte eine ganze Anzahl Beanstandungen. Er beklagte die allgemein niedrige Qualität der Besatzung und fand sowohl an den Rettungsbooten wie an den Trimmtanks einiges auszusetzen, so daß er erst am 20. März zu seiner ersten Reise mit der *Lusitania* auslaufen konnte. Als er am 11. April nach Liverpool zurückkehrte, war er nach Angaben seiner Haushälterin ebenso zornig wie bekümmert. Wie sich Miß Every weiter erinnert, schickte er an Booth einen sehr kritischen Bericht, in dem er sich über die mangelhafte Ausbildung der Besatzung, über den schlechten Zustand der Lebensrettungsausrüstung und die ungenügende Leistung der Turbinen beschwerte. Mit diesem Bericht an die Cunard Company noch nicht zufrieden, wandte er sich auch noch direkt an den Liverpooler Repräsentanten des Handelsministeriums.[5]

Was die Besatzung betraf, konnte die Cunard Company wenig ändern. Ein großer Teil ihrer erfahreneren Leute war zur Royal Navy einberufen worden, und die Mannschaften mußten im Liverpooler Hafen zusammengekratzt werden. Heizer und Vollmatrosen wurden für die Hin- und Rückfahrt eingestellt, Stewards aber nur für jeweils eine Fahrt – ihre Zahl richtete sich nach den gebuchten Schiffspassagen. Viele Stewards betrachteten ihr Engagement in Ost-West-Richtung daher lediglich als kostenlose Überfahrt auf dem Weg in die

Emigration. Den anderen Beschwerden Turners wurde prompt entsprochen. Der Emigration Officer von Liverpool, Captain Barrand, inspizierte die gesamte Lebensrettungsausrüstung und ließ jedes irgendwie fehlerhafte Stück ersetzen, darunter auch drei Rettungsboote. Mr. Laslett vom Handelsministerium inspizierte die Maschinenanlagen und bemängelte die Ventile der Niederdruckturbine, die möglicherweise versagten, wenn sie unter hohem Dampfdruck auf volle Kraft zurück eingesetzt wurden. Niederdruckturbinen wurden jedoch gewöhnlich nur beim An- und Ablegemanöver benutzt, und so hielt man diese Angelegenheit nicht für unbedingt dringlich. Der Chief Engineer Officer und Captain Turner wurden immerhin darauf aufmerksam gemacht, daß es mit der Niederdruckturbine bei voller Kraft zurück zu Komplikationen kommen könne, wahrscheinlich zu dem, was man »Dampfrücklauf« nennt – einfach ausgedrückt bedeutet das, daß der Dampf, der nicht mehr dadurch entweichen kann, daß er die Turbine treibt, einen ungeheuren Druck erzeugt und ein Hauptdampfleitungsrohr zum Platzen bringt. Etwas Ähnliches passiert, wenn man plötzlich den Ausguß eines kochenden Wasserkessels verstopft – dann fliegt der Deckel weg.

Abgesehen von diesem Defekt lief die *Lusitania* am 17. April 1915 in bester Verfassung aus. Name und Heimathafen am Heck waren entfernt, und sie hatte keine Flagge gesetzt. Miß Every wohnte dem Auslaufen bei, und sie erinnert sich, daß Staff Captain Anderson das Ablegemanöver leitete, während Captain Turner oben auf dem Vorderdeck stand und den Bootsmann und seine Leute am Ankerspill anknurrte. Sie vermerkte zu ihrer Zufriedenheit, »daß Thomas eine neue Melone trug«. Es war eine Fahrt ohne besondere Vorkommnisse, und die *Lusitania* machte am 24. April im New Yorker Hafen fest. Während dieser letzten Überfahrt in Ost-West-Richtung nahmen die Ereignisse in New York, London und Wilhelmshaven einen Verlauf, der über das weitere Schicksal des Schiffes entscheiden sollte.

George Viereck verließ die Zusammenkunft der deutschen Gemeinde in New York mit dem Auftrag, in fünfzig Zeitungen seiner Wahl eine geeignete Warnung zu veröffentlichen. Man hatte beschlossen, die Anzeige im Schiffahrts- oder Reiseteil einrücken zu lassen, den die meisten Ostküstenzeitungen regelmäßig freitags brachten. Viereck dachte an die Ausgabe vom Freitag, dem 23. April, damit die Warnung wenigstens eine Woche vor Auslaufen der *Lusitania* bekannt wurde. Sieben Tage Publizität und Diskussion über die Angelegenheit, so sagte sich Viereck, würden jedem möglichen Passagier Zeit lassen, seine Entscheidung zu revidieren. Er setzte in seinem Büro den Text auf und rief dann von Papen an, um ihm die Bedeutung der Anzeige zu erklären und sich zu erkundigen, ob er den Wortlaut billigte. Von Papen war mit dem Text einverstanden, schlug aber inoffiziell vor, die Anzeige nicht mit »Das Deutsche Komitee von New York«, sondern mit »Die Kaiserlich-Deutsche Botschaft« zu unterzeichnen. Wie er erläuterte, hatte das Auswärtige Amt die Botschaft ersucht, etwas zu tun, um Amerikaner vor Atlantikreisen zu warnen, sie hatte aber aus diplomatischen und rechtlichen Rücksichten nichts unternehmen können. Von Papen erklärte weiter, nach amerikanischem Recht könne der Anzeigenaufgeber wegen Verleumdung und Geschäftsschädigung im Falle britischer Schiffahrtsgesellschaften haftbar gemacht werden, wenn aber die Botschaft die Urheberschaft an der Anzeige abstreiten könne, sei alles in Ordnung. Viereck zufolge forderte von Papen auch, daß die Anzeige möglichst in die Nähe der Auslaufankündigungen der Cunard Linie gerückt werden sollte. Die Anzeigenabteilung des *Fatherland* schickte die »Kopie« der Anzeige zusammen mit angemessenen Schecks an die fünfzig Zeitungen, die Viereck ausgewählt hatte. Den New Yorker Zeitungen wurde der Auftrag noch am Abend durch Boten überbracht, damit man keinesfalls die Annahmefrist für den 23. April versäumte. Der Text der Anzeige ist auf der nächsten Seite wiedergegeben.

Die Anzeige traf bei der *New York Sun* kurz vor Mitternacht ein, und da die Anzeigenabteilung geschlossen war, wurde der

NOTICE!

TRAVELLERS intending to embark on the Atlantic voyage are reminded that a state of war exists between Germany and her allies and Great Britain and her allies; that the zone of war includes the waters adjacent to the British Isles; that, in accordance with formal notice given by the Imperial German Government, vessels flying the flag of Great Britain, or of any of her allies, are liable to destruction in those waters and that travellers sailing in the war zone on ships of Great Britain or her allies do so at their own risk.

IMPERIAL GERMAN EMBASSY
WASHINGTON, D. C., APRIL 22, 1915.

BEKANNTMACHUNG!

REISENDE, die den Atlantik überqueren wollen, werden daran erinnert, daß sich Deutschland und seine Verbündeten und Großbritannien und seine Verbündeten im Kriegszustand befinden; daß das Kriegsgebiet die Gewässer um die Britischen Inseln einschließt; daß sich, wie in der formellen Mitteilung der Kaiserlich Deutschen Botschaft angekündigt, Schiffe unter der Flagge Großbritanniens oder eines seiner Verbündeten in diesen Gewässern der Zerstörung aussetzen und daß Reisende, die an Bord von Schiffen Großbritanniens oder seiner Verbündeten in das Kriegsgebiet einfahren, dies auf eigene Gefahr tun.

Die Kaiserlich Deutsche Botschaft Washington, D.C., 22. April 1915 als eilig bezeichnete Umschlag zum Nachrichtenredakteur vom Nachtdienst hinaufgebracht. Der witterte einen Knüller und rief Charles Sumner in dem Club an, in dem er wohnte, und bat um Stellungnahme. Anschließend ließ er sich mit dem diensttuenden Beamten im State Department verbinden und fragte, was er tun sollte. Sumner erwiderte, die *Lusitania* sei schneller als jedes bisher gebaute Unterseeboot, und legte sich wahrscheinlich wieder schlafen. Der Beamte im State Department meinte, es sei höchst gefährlich, die Anzeige zu bringen, da sie als Verleumdung ausgelegt werden könnte und schlug vor, man solle am nächsten Morgen bei der deutschen Botschaft rückfragen. Der Nachtredakteur folgte dieser Empfehlung und belegte, möglicherweise um zu verhindern, daß Rivalen ihm zuvorkamen, die Anzeige für die gesamten Vereinigten Staaten mit einer »Sperre«, indem er United Press anrief und die Nachrichtenagentur aufforderte, alle bei ihr abonnierten Zeitungen durch Rundschreiben davon zu verständigen, daß das State Department bei der *Sun* angerufen und ihr mitgeteilt habe, daß ohne Genehmigung des State Department oder seiner Bevollmächtigten keine Zeitung eine Anzeige der Botschaft einer kriegführenden Nation bringen dürfe. Von den fünfzig Zeitungen, die Viereck ausgewählt hatte, brachte nur das *Des Moines Register* die Anzeige am 23. April.[6] Inzwischen wurde die Anzeige für viele amerikanische Journalisten zum Gesprächsthema. Captain Gaunt erfuhr davon am 21. April vor 10 Uhr morgens und kabelte den Text an Captain Hall vom Marine-Nachrichtendienst in Whitehall, der seinerseits den Kriegsstab auf der Mittagssitzung des 22. April darauf aufmerksam machte.

Hall kam sofort zu dem Schluß, daß die Deutschen der *Lusitania* eine Falle stellen wollten; er veranlaßte, daß Admiral Bacon von der Dover Patrol gewarnt wurde und gab dem »Mystery«-Schiff *Lyons,* das vor den Scilly Inseln stationiert war, spezielle Anweisungen, in denen die *Lusitania* als deutsches Angriffsziel genannt wurde. Admiral Bacon wurde durch Funkspruch lediglich davon verständigt, daß U-Boot-

Angriffe auf sehr große Transporter im Kanal und vor der Westküste zu erwarten seien und erhöhte Wachsamkeit notwendig sei. Zu diesem Zeitpunkt befand sich die *Lusitania* noch auf der Fahrt nach New York, und Hall glaubte, der Angriff werde auf dieser Fahrt erfolgen. Ähnliche Funksprüche erhielten die Senior Naval Officers in Liverpool und Dartmouth, und eine Kopie ging an den Vize-Admiral, der die Basis Queenstown befehligte.

Irgendwie erfuhr der deutsche Admiralstab von diesen Schritten, und am frühen Morgen des 24. April wurde Fregattenkapitän Bauer, Chef der dritten U-Boot-Flottille, zum Flaggschiff in Wilhelmshaven beordert. Es ist nicht bekannt, woher der deutsche Admiralstab seine Information hatte. Möglicherweise war es ein abgefangener Funkspruch, aber zu dieser Zeit hatten die Deutschen noch nicht sehr viel Erfahrung beim Entschlüsseln, so daß es unwahrscheinlich erscheint, daß sie die Nachricht auf diesem Wege so schnell bekommen haben. In den deutschen Archiven ist die Information in Gestalt eines Befehls erhalten, der auf Nachrichtenverzeichnis KZ 7927 basiert, und die Quelle wird als »ungeprüft« bezeichnet. Fregattenkapitän Bauers Kriegstagebuch schildert die Ereignisse.

25. IV. 15 Wilhelmshaven Werft
U 30 läuft aus der Ems nach der Westküste aus.
U 9 geht nach beendigter Reparatur von W[ilhelms]haven nach Helgoland. Auf Admiralstab KZ 7927 wird in Besprechung auf Flottenflaggschiff festgesetzt, baldmöglichst drei Stationen zum Abfangen der Truppentransporter zu besetzen:

vor Dartmouth

vor Bristolkanal

vor Liverpool

Nach Dartmouth wird U 30 durch folgenden FT Befehl über Norddeich Borkum u. H[elgo]land beordert:
Große englische Truppentransporte zu erwarten ausgehend von West- und Südküste Englands. Auf schnellstem Wege um Schottland den englischen Kanal ansteuern. Stellung nehmen vor Dartmouth.

Transporte, Handelsschiffe, Kriegsschiffe angreifen. Position besetzt halten, solange Vorräte gestatten. U 20 und U 27 gehen nach Irischer See und Bristolkanal.

U 30 wird für Dartmouth vorgesehen, weil dies die am wenigsten wichtige der drei Stationen ist und die Befehlsübermittlung am unsichersten ist; bekommt U 30 den Befehl garnicht oder verstümmelt, so fällt zunächst die Besetzung des Hafens aus, der für die Einschiffung von Truppen voraussichtlich am wenigsten in Frage kommt. Tatsächlich besteht zur Zeit der Abgabe noch FT Verbindung* mit U 30, so daß festgestellt werden kann, daß U 30 den Befehl erhalten hat.[7]

Bauer erteilte auch U-20 und U-27 den Befehl, alle Vorbereitungen zum Auslaufen zu treffen. Bei U-20 mußte der wasserdichte Verschluß der Sehrohrverkleidung repariert werden, und so kam es, daß dieses Boot vier Tage später auslief als die anderen und deshalb einige Tage länger als sie in seinem Patrouillengebiet in der Irischen See verbleiben konnte.

Vize-Admiral Bacon hatte gerade erst das Kommando über die Dover Patrol übernommen. Sein Vorgänger, Vize-Admiral Hood, hatte Lord Fishers Ärger zu spüren bekommen. Nach Lord Fishers Ansicht konnte das Erscheinen von Unterseebooten in der Irischen See nur bedeuten, daß sie sich an den Sperren im Kanal vorbeischlichen. Hood war seines Kommandos entbunden und nach Queenstown versetzt worden, wo er seine Flagge auf dem alten Kreuzer *Juno* hißte, der westlich von Fastnet Rock seine einsame Atlantikpatrouille fuhr. Sein unmittelbarer Vorgesetzter war Vize-Admiral Sir Henry Coke, der das Gebiet 21 befehligte, das sich über die ganze Länge der irischen Südküste erstreckte. Coke stand mit der Admiralität über Telefon und über Kurzwellenfunk in Verbindung. Alle das Gebiet 21 betreffenden Anweisungen der Admiralität gelangten zuerst zu Coke und wurden von

* Dieser Funkspruch an U-30 mußte eigentlich von den Briten aufgefangen und entschlüsselt worden sein, die den gesamten U-Boot-Funkverkehr mithörten. Falls dem so war, wurde keine Kopie davon nach Queenstown geschickt.

seinem Gefechtsstand aus telefonisch an Funkstationen in Crookhaven und Valentia in Südwestirland weitergeleitet. Da die meisten der Coke unterstehenden Schiffe keine Funkeinrichtung besaßen, wurden ihnen seine Befehle per Flaggen- oder Lichtsignale übermittelt. Es gab fünf derartige Signalstationen an der 160 Meilen langen Küste zwischen Queenstown und Fastnet Rock.

Wenn sich ein auf See befindliches Schiff mit Coke in Verbindung setzen wollte und nicht in Reichweite einer Signalstation war, mußte es irgendwo anlegen und vom nächsten Telefon aus anrufen. Mit der *Juno* bereitete die Verständigung keine Schwierigkeiten, da sie mit Funk ausgerüstet war.

Admiral Coke wußte nur zu gut, wie dünn sein Verteidigungsnetz war. Er hatte immer wieder zusätzliche Schiffe, vorzugsweise Zerstörer, angefordert, aber die Admiralität bewilligte sie ihm nicht, da sie noch immer der Ansicht war, daß den Gewässern westlich Englands und südlich Irlands die geringste Priorität hinsichtlich der U-Boot-Abwehr zukam. Der Admiralitäts-Kriegsstab stützte sich dabei auf Statistiken. Einerseits ging aus ihnen hervor, daß es der deutschen U-Boot-Führung bis jetzt lediglich gelungen war, 0,5 Prozent der Schiffe zu versenken, die Häfen an Englands Westküste anliefen. Andererseits besagten sie, daß während der ersten vier Monate des Jahres 1915 neunundvierzig Handelsschiffe innerhalb britischer Gewässer Unterseebooten zum Opfer gefallen waren. Von diesen befanden sich siebenunddreißig in westlichen Gewässern. Der Kriegsstab zog die erste Auslegung als die bequemere vor.

Der Morgen des 26. April hatte Captain Gaunt in Washington einigen Ärger gebracht. Er hatte einen beunruhigenden Anruf von Mr. Stettinius von Morgan and Co. bekommen – man hatte festgestellt, daß die Spezialbehälter zur Verpackung der Schießbaumwolle nicht zu haben waren. Die Firma, die sie herstellte, hatte offenbar ihren ganzen Vorrat und ihre laufende Produktion an eine den alliierten Interessen feindlich gegenüberstehende Gesellschaft verkauft. Es würde geraume Zeit dauern, bis man die Behälter auf anderem Wege beschafft hatte. Gaunt wurde von Dupont de Nemours, der Herstellerfirma der Schießbaumwolle, bedrängt, die wissen wollte, wie ihre neueste Lieferung verpackt und verschifft werden sollte. Dieses Problem beschäftigte ihn während eines Gesprächs mit dem Agenten Dr. Ritter von Rettegh, den er dazu überredet hatte, für die österreichisch-ungarische Botschaft zu arbeiten. Von Retteghs eidesstattliche Darstellung dieses Gesprächs findet sich bei den Akten der Fahndungsabteilung des Justizministeriums. Auf Mr. Lansings Anweisung ist sie nie veröffentlicht worden.

Am 26. April 1915 suchte ich ihn [Gaunt] auf seine Bitte hin in seinem Büro auf. Wir kamen während der Unterredung auf Explosivstoffe zu sprechen, und er bat mich, ihm die Eigenschaften des Treibstoffs zu nennen, den die deutsche Regierung für ihre Unterseeboote benutzt. Nachdem wir noch ein wenig Konversation gemacht hatten, fragte er mich nach den möglichen Auswirkungen, wenn Meerwasser mit Schießbaumwolle in Berührung komme. Ich erkundigte mich, warum er das wissen wolle. Er sagte: »Wir sollen in den nächsten Tagen mit einem unserer schnellsten Dampfer etwa sechshundert Tonnen Schießbaumwolle verschiffen, die wir bei der Du Pont Powder Company gekauft haben.« Ich erklärte ihm, daß es zwei Arten von Schießbaumwolle gebe. Die eine sei die Trinitro-Zellulose, aus Kiefernholzfasern hergestellt, und sie werde durch Meerwasser nicht angegriffen, da sie nicht-hydroskopisch sei. Die andere Art, Pyroxylin genannt, aus Baumwolle gewonnen und stark hydroskopisch, absorbiere nach dem Gesetz der Kapillarität Wasser und Feuchtigkeit, besonders wenn sie warm ist und sich in loser Form befindet. Ich sagte, daß sofort eine chemische Veränderung eintritt, wenn unter solchen Umständen Meerwasser mit der Schießbaumwolle in Berührung kommt. Die freie Schwefelsäure in der letzteren wird chemisch durch die Brom- und Jodsalze und andere gewöhnlich im Meerwasser enthaltene Salze angegriffen, wodurch die Temperatur steigt und eine plötzliche Explosion herbeigeführt wird. Er fragte mich, was man tun könne, um das zu verhindern, und ich sagte, man muß die Schießbaumwolle trocken lagern.
Während dieses Besuchs sandte er mehrere Telegramme ab. Diese

diktierte er im Zimmer nebenan, aber so laut, daß ich einiges verstehen konnte, und diese Telegramme bezogen sich auf unser Gesprächsthema.

Er fragte mich während dieses Gesprächs, ob ich glaubte, daß eine Schießbaumwollexplosion das plötzliche Sinken der *Audacious* und der *Courbet* verursacht habe.* Ich sagte, das sei möglich. Gegen Ende unseres Gesprächs kam der Erste Sekretär der britischen Botschaft herein, reichte Captain Gaunt ein Telegramm und sagte: »Captain, schließen Sie Ihre Unterredung mit dem Doktor ab, Sie werden schnell hinunter müssen.« Bei diesem Zusammentreffen gab mir Captain Gaunt zwei Schecks als persönliches Darlehen – einen über fünfzehn und einen über fünfundzwanzig Dollar. Ich gab ihm einen Schuldschein mit meiner Unterschrift.[8]

Der Wahrheitsgehalt der Darstellung von Retteghs läßt sich nach sechsundfünfzig Jahren nicht mehr nachprüfen. Am 28. April ließ Captain Gaunt jedoch ein Memorandum über die Eigenschaften des von deutschen Unterseebooten verwendeten Dieselöls zu den Akten nehmen. Am 26. April fuhr er nach New York und übernachtete im Hotel Gotham. Am Tag darauf begab er sich zu der Fabrik von Dupont de Nemours in Christfield, New York, die Pyroxylin herstellte, und am 27./ 28. verlud Dupont im Auftrag von Morgan and Co. etwa 600 Tonnen dieses Sprengstoffs, die zur Cunard-Pier gebracht wurden.

George Viereck verbrachte den 26. April damit, sich im State

---

* Die *Audacious,* eines der neuesten britischen Schlachtschiffe, lief am 27. Oktober vor der irischen Küste auf eine Mine. Die Besatzung konnte in Sicherheit gebracht werden, und das Schiff wurde eingeschleppt, obwohl es tief im Wasser lag. Drei Stunden später explodierte es plötzlich, kenterte und sank. Die Ursache der Explosion konnte offiziell nie ermittelt werden, die Untersuchungskommission vertrat jedoch einstimmig die Ansicht, daß sie im Schiff selbst gelegen habe. Der Kommandant stellte die Theorie auf, der Inhalt des Magazins könnte sich auf irgendeine unerklärliche Weise durch die Kessel entzündet haben. Es ist nicht bekannt, ob das Schiff Pyroxylin an Bord hatte. Es wurde von der Royal Navy nicht als Treibmittel benutzt, man verwendete es aber als Sprengstofffüllung für Wasserbomben und hochexplosive Granaten. Die *Courbet* explodierte unter ähnlichen Umständen.

Department zu erkundigen, warum seine Anzeige nicht veröffentlicht worden war. Es gelang ihm schließlich, zu Bryan vorzudringen, den er darauf hinwies, daß die *Lusitania* mit einer Ausnahme auf allen ihren Fahrten seit Kriegsbeginn Munition an Bord gehabt habe. Er zeigte Kopien ihrer zusätzlichen Ladepapiere vor, die im Büro des Zolleinnehmers für die Öffentlichkeit einzusehen waren. Außerdem setzte er Bryan davon in Kenntnis, daß am nächsten Freitag nicht weniger als sechs Millionen Schuß Munition auf die *Lusitania* verladen werden sollten und daß man in diesem Augenblick beobachten könne, wie diese Fracht an der Pier 54 gestapelt werde. Bryan griff zum Telefon und gab die Veröffentlichung der Anzeige frei. Er gab Viereck die Zusage, daß er den Präsidenten ersuchen wolle, die Amerikaner öffentlich vor Atlantikreisen zu warnen. Eine solche Warnung wurde vom Präsidenten nicht herausgegeben, aber es besteht kein Zweifel daran, daß Präsident Wilson über die Art der für die *Lusitania* bestimmten Fracht informiert wurde. Er unternahm nichts, sollte aber an dem Tag, als er von ihrem Untergang erfuhr, eingestehen, daß ihm dieses Wissen viele schlaflose Stunden bereitet habe.

8

Einer der ersten, die von der *Lusitania* abheuerten, war der Steward Charles Thorne (Curt Thummel), den von Papen an Bord des Cunard-Schiffes *Transylvania* geschleust hatte und der nach drei Monaten ertragreichen Nachrichtensammelns in Liverpool mit der *Lusitania* in die Vereinigten Staaten zurückgefahren war. Er ließ sich sein Seemannsbuch von Staff Captain Anderson abzeichnen für den Fall, daß er noch einmal als Thorne auftreten mußte. Als Adresse gab er in seinen Entlassungsunterlagen 20 Leroy Street, New York City, an.

Als kurze, aber wesentliche Abschweifung vom Ablauf der Hauptereignisse sei vermerkt, daß aus Thummel schon am 26. April ein gewisser Chester Williams aus Kingsland, New Jersey, wurde, der seine Arbeit im Fracht-Terminal antrat, den die Leigh Valley Company im New Yorker Unterhafen betrieb. Nach sieben Monaten wechselte er zum Montagewerk Kingsland über mit der Begründung, die neue Arbeitsstelle liege näher bei seiner Wohnung. Bei der einen wie der anderen Firma arbeitete er im Personalbüro und war für das Ausfindigmachen und die Einstellung ungelernter Arbeitskräfte zuständig. Beide Firmen hatten mit der Verpackung und dem Versand von Waren zu tun, die Morgan für die britische Kriegsrüstung gekauft hatte. Leigh Valley übernahm den Versand der nichtexplosiven Munition der Remington Company. Am 29. Juli 1916 legten Chester Williams und zwei andere Personen Feuer an den Leigh-Valley-Komplex. Der Knall, zu dem es dabei kam, rüttelte sogar die nachgiebigen Leute von der New Yorker Sprengstoffkommission auf. Siebenunddreißig beladene Güterzüge, mehrere Lagerhäuser, zwölf Lastkähne, die Verladepiers und ein kompletter Güterbahnhof flogen bei einer einzigen Riesenexplosion in die Luft. Die Fabrik in Kingsland brannte am 11. Januar 1917, und die FBI-Akten weisen auf Chester Williams als einen der Brandstifter hin. Die gesamten Anlagen wurden vom Feuer zerstört, und der Wert der »Transitgüter« wurde der Versicherung mit siebzehn Millionen Dollar angegeben. Welche Rolle Chester Williams dabei spielte und unter welchen Namen er vorher auftrat, wurde erst im Februar 1930 vom Leiter des britischen Marine-Nachrichtendienstes während des Ersten Weltkriegs, dem inzwischen zum Konteradmiral beförderten Sir Reginald Hall, enthüllt, der von dem amerikanischen Anwalt Amos Peaselee um Unterstützung bei der Aufklärung der beiden Fälle gebeten worden war, in denen das FBI zwölf Jahre lang vergeblich Ermittlungen angestellt hatte. Mit Halls Angaben war das Rätsel gelöst, und am 15. Juli 1939 riet Franz von Papen der deutschen Regierung, sich mit den amerikanischen Versicherungsgesellschaften wegen der fraglichen 55 Millionen Dollar ins Benehmen zu setzen. Hitler nahm den Rat an, und man darf vermuten, daß zu seinem Entschluß möglicherweise von Papens persönliche Kenntnis der Angelegenheit beitrug.

Staff Captain Anderson benötigte mehr als einen neuen Steward, denn auf der nächsten Überfahrt nach Europa, zu der die *Lusitania* am 1. Mai auslaufen sollte, schien es viel Arbeit zu geben. Er stellte deshalb gern einen jungen Mann namens Neil J. Leach ein, der bis dahin nur als Passagier zur See gefahren war. Die Empfehlung kam von Leachs Onkel, einem Lebensmittelimporteur, der in New York wohnte und den Anderson von gesellschaftlichen Begegnungen her flüchtig kannte. Leach und Anderson gingen beide mit der *Lusitania* unter, aber auf Anweisung von Lansing stellte Chief Agent Bruce Bielaski ein detailliertes Dossier über Leach zusammen.

Leach war der Sohn eines englischen Anwalts in Westindien. Er hatte in Cambridge neue Sprachen studiert, war während der großen Ferien 1914 nach Deutschland gegangen und hatte dort dem Sohn eines Industriellen Privatunterricht erteilt. Bei Kriegsausbruch wurde Leach interniert, dann aber freigelassen auf die ehrenwörtliche Versicherung hin, nach Westindien zurückzukehren und nicht gegen Deutschland zu kämpfen. Er reiste über Holland in die Vereinigten Staaten und lernte auf dem Schiff einen deutschen Steward namens Gustav Stahl kennen. Stahl heuerte in New York ab, und da Leach recht wenig Geld hatte, nahm er Stahls Angebot an, zusammen mit ihm in eine kleine Pension zu ziehen, für die Stahl eine Empfehlung hatte. Es war die schon bekannte Adresse 20 Leroy Street. Sie kamen am 15. April 1915 an, und Leach nahm ein Zimmer bis zum 30. April – dann werde er nach England fahren, sagte er zu Miß Gertrude Weir, der Pensionsinhaberin. Warum er nicht sofort zu seinem Onkel ging oder seine Reise gemäß dem gegebenen Wort fortsetzte, läßt sich nur vermuten. Am 26. April lud Stahl Leach zu einem Mittagessen zusammen mit Fräulein Bunker und Fräulein Masser ein, zwei jungen deutschen Damen, die ebenfalls in der Pension wohnten. Beim Essen gesellten sich noch zwei Pensionsgäste zu ihnen, nämlich ein gewisser Hans Hardenberg und sein Zimmergenosse Curt Thummel (Chester Williams). Man sprach von Geld und davon, daß man keines besaß, und auf Vorschlag von Hardenberg ging Leach mit diesem und Thummel zum deutschen Konsulat am Broadway.

Als »Handelsberater« hatte Kapitän Boy-Ed, der deutsche Marineattaché, dort ein Büro, und wie aus den deutschen Archiven hervorgeht, gab Thummel an diesem Tag auf dem Konsulat zu Protokoll, daß er an Bord der *Lusitania* vier Geschütze gesehen habe, die er ausführlich beschrieb und deren Verstecke er genau angab. Boy-Ed vermerkte auf diesem Bericht, daß er Hardenberg und einen weiteren Mann angewiesen habe, Fotografien von den Geschützen zu beschaffen, und daß er Paul König, auch als Stemler bekannt, ermächtigt habe, die Operation zu überwachen. König war der Sicherheitsbeauftragte der Hamburg-Amerika-Linie und für die zur

Zeit im New Yorker Hafen internierten deutschen Passagier-schiffe zuständig.*

Am Abend des gleichen Tages traf Leach mit seinem Onkel zusammen und sagte ihm, er brauche Geld, weil er nach England wolle, um sich freiwillig zur Truppe zu melden. Sein Onkel verabredete mit Staff Captain Anderson, daß er sich seine Überfahrt als Steward verdiente, und gab ihm noch fünfundzwanzig Dollar mit. Leach ging am 29. April an Bord der *Lusitania* und wurde sofort bei der Reinigung des Schiffes eingesetzt. Am 30. April schrieb er einen Brief an seine Mutter, in dem er berichtete, er fülle die Zeit bis zum nächsten Schiff nach Jamaica mit einer Fahrt als Steward auf der *Lusitania* aus, und dies werde »sehr gut bezahlt, da sie große Mühe haben, zuverlässige Leute zu bekommen in diesen gefährlichen Zeiten«. Er fügte hinzu, sie solle sich keine Sorgen machen, die *Lusitania* sei »ein außergewöhnlich schnelles Schiff mit mehreren kupferfarbenen Kanonen an Bord«.

Darüber hinaus ist von Leach nur noch bekannt, daß er mit dem Schiff unterging und daß er wahrscheinlich die Absicht hatte, nach New York zurückzukehren, weil er seinen Schiffskoffer zurückließ und nur einen kleinen Koffer mitnahm. Man darf annehmen, daß er die Fahrt auf Druck oder wegen finanzieller Versprechungen seitens der Deutschen antrat. Er scheint seiner Familie gegenüber nicht ganz ehrlich und in Geldangelegenheiten nicht ganz korrekt gewesen zu sein. Der auf seine Bank in Cambridge ausgestellte Scheck, mit dem er die zwei Wochen Miete in New York bezahlte, erwies sich als nicht gedeckt. Leach taucht in dieser Darstellung nur deshalb

---

* Sie waren interniert mit der Begründung, daß es sich bei ihnen um Hilfskreuzer der Kaiserlichen Marine handele, und es hat nie eine befriedigende Erklärung dafür gegeben, weshalb die amerikanischen Behörden der *Lusitania* nicht die gleiche Behandlung zuteil werden ließen. Deutsche Quellen haben, vielleicht etwas zynisch, behauptet, dies sei geschehen, weil die Firma Morgan and Co., der ein großer Teil des Kapitals gehörte, das die deutschen Schiffe repräsentierten, ihre Investitionen nicht dem Zugriff der brititischen Kriegsmarine aussetzen wollte, die ständig die Mündung des Hudson Rivers überwachte.

auf, weil seine bloße Existenz und das von Agent Bielaski über ihn zusammengestellte Dossier immerhin bis zu einem gewissen Grad die Angaben abstützen, die Gustav Stahl später machen sollte. Es dauerte fast vier Jahre, bis das britische Konsulat und die Cunard Linie seinen Eltern bestätigten, daß er überhaupt an Bord der *Lusitania* gewesen war, was darauf hindeuten könnte, daß sie sich wegen seines Briefes an die Mutter in einer peinlichen Lage sahen. Seine schriftliche Angabe, daß die *Lusitania* über »Kanonen« verfügt habe, muß als ohne Beweiskraft betrachtet werden, da er nicht sagt, daß er sie selbst gesehen hat und es sehr wohl möglich ist, daß er nur von dem wendigen Curt Thummel davon erfuhr.[1]

Ersatz für abgeheuerte Stewards zu finden, war nicht Staff Captain Andersons einzige Sorge. Das Schiff mußte Kohle bunkern, die Fracht übernehmen und seine Verpflegungsvorräte auffrischen. Die Zahl der Passagiere war wesentlich höher als bei Fahrten in Kriegszeiten üblich, und die Fracht hatte einen Umfang wie seit mehreren Reisen nicht mehr. Sein Hauptproblem war, genügend Vollmatrosen zu bekommen: Er brauchte siebenundsiebzig, aber als die *Lusitania* auslief, waren nur einundvierzig an Bord. Damit kam noch nicht einmal ein Vollmatrose auf ein Rettungsboot, so daß Anderson auch Bootsbesatzungen aus Stewards und Heizern zusammenstellen mußte. Von den Stewards hatten viele gar keine oder nur geringe Erfahrung auf See, und die Heizer waren vollauf mit der Kohleversorgung beschäftigt.

Die *Lusitania* lag mit der Steuerbordseite an der Pier 54. Die Kohle- und Frachtleichter drängten sich an der Backbordseite. Die Kohle wurde von Hand auf Fördergeräte geschaufelt, die sie aus den Leichtern zu den Ladeluken in der Schiffswand hinaufschafften. An Bord mußte sie dann gleichmäßig auf die Längsbunker zu beiden Seiten des Schiffes verteilt werden. Man arbeitete Tag und Nacht, und die letzten Kohlenkähne legten erst um neun Uhr am Abend vor dem Auslaufen ab.

Anderson ertrank, so daß er nicht befragt werden kann, aber er teilte zweifellos jedem Rettungsboot eine Besatzung zu und achtete darauf, daß jeder Mann seinen Platz und seine Aufgabe bei der Bedienung kannte, wenn es auch eine offene Frage ist, wie gut diese Aufgabe ausgeführt wurde. Schwerer fällt es, der von Anderson dem Pier Superintendent vor Auslaufen der *Lusitania* schriftlich gegebenen Versicherung zu glauben, daß alle Boote »ins Wasser hinuntergelassen« worden waren und daß die Bootsbesatzungen »das Aushängen der Ruder, Losfahren, Retten eines über Bord Gegangenen und das Bedienen der Davits« geübt hätten. Wenn man die Umstände bedenkt, erscheint es unmöglich, daß irgendwelche Rettungsboote tatsächlich zu Wasser gelassen wurden oder daß die Bootsbesatzungen das Hochziehen oder Herunterlassen der Boote mittels der Kräne geprobt haben. Die Kohlenleichter waren schon zwei Stunden nach Festmachen der *Lusitania* längsseits gekommen und hatten erst nach Einbruch der Dunkelheit am Abend vor dem Auslaufen des Schiffes wieder abgelegt. Der Kai auf der Steuerbordseite und die Leichter auf der Backbordseite mußten das Herunterlassen der Boote ausgeschlossen haben, und wenigstens sieben der insgesamt einundvierzig Vollmatrosen wechselten erst um sechs Uhr am Abend des 30. April von dem Dampfer *Queen Margaret*, der in der Nähe festgemacht hatte, zur *Lusitania* über. Drei von ihnen, Leslie Morton, sein Bruder John und Henry Thomason, überlebten und sollten später bei den Untersuchungen in London und New York wichtige Aussagen machen.

Staff Captain Anderson übergab seine Erklärung dem Assistant Pier Superintendent Captain Chalmers, der das Zertifikat mit seiner Unterschrift versah. Andersons und Chalmers' Hauptaufgabe war das Übernehmen und Verstauen der Fracht. Bei der Papierarbeit halfen ihnen die Cunard-Leute vom Hafenbüro, aber für die Verteilung der Ladung im Schiff war in erster Linie Anderson verantwortlich; Nachlässigkeit beim Verstauen der Ladung konnte die Gleichgewichtslage des Schiffes beeinträchtigen. Anderson ließ sich, als er seinen Ladeplan aufstellte, von drei Faktoren leiten. Der erste und wichtigste war das Gewicht. Es ging darum, die schwereren

Frachtgüter in die unteren Laderäume zu verstauen und in den einzelnen Laderäumen wiederum die schweren auf dem Boden unterzubringen. Der zweite Faktor war die Beschaffenheit des Frachtguts. Fässer mit Austern, Salzheringen und anderen stark riechenden Dingen durften nicht in der Nähe von Stoffballen oder ähnlichen Gütern gelagert werden, die leicht Gerüche annahmen. Der dritte Faktor war die Haltbarkeit der Ladung. Leicht verderbliche Güter wie etwa Fleisch, Butter und Frischfisch wurden gewöhnlich im Kühlraum gelagert oder doch zuoberst auf anderer Fracht, damit für angemessene Belüftung gesorgt war, und möglichst weit von den Kesselräumen entfernt.

Die *Lusitania* war nicht als Frachtschiff gebaut, und sie verfügte nur über einen kleinen Kühlraum auf dem F-Deck und zwei kleine Laderäume unter diesem Deck auf dem Orlop- und unteren Orlopdeck. Die letztgenannten beiden Laderäume lagen unterhalb der Wasserlinie zwischen dem vordersten Kesselraum Nr. 1 und dem Bug. Beim Umbau waren jedoch alle Decks unmittelbar über den Orlopladeräumen in Ladeflächen verwandelt worden, so daß, im Aufriß gesehen, der gesamte Bezirk vom Kiel bis zu den Ankerwinden und vom ersten Schornstein bis zum Bug als Laderaum dienen konnte. Das Problem war, daß es außer auf dem Vorder- und dem Orlopdeck keine Luken oder Transportvorrichtungen gab, so daß alle für die zeitweiligen Laderäume bestimmten Frachten durch menschliche Muskelkraft dorthin befördert werden mußten.

Es war eine außerordentlich große Frachtmenge zu verladen, und ein beträchtlicher Teil waren dringende Regierungsaufträge. In diesen Fällen war besondere Vorsicht geboten, damit kein Artikel, bei dem der Zolleinnehmer die Stirn runzeln mochte, auf die »Ladeliste« kam, auf Grund deren die Auslaufgenehmigung erteilt wurde, sondern erst auf die zusätzliche Liste, die nachgereicht wurde, wenn die *Lusitania* bereits auf hoher See war. Auf dieser Fahrt fiel fast die gesamte Ladung unter den Begriff Konterbande. Der untere Orloplade-

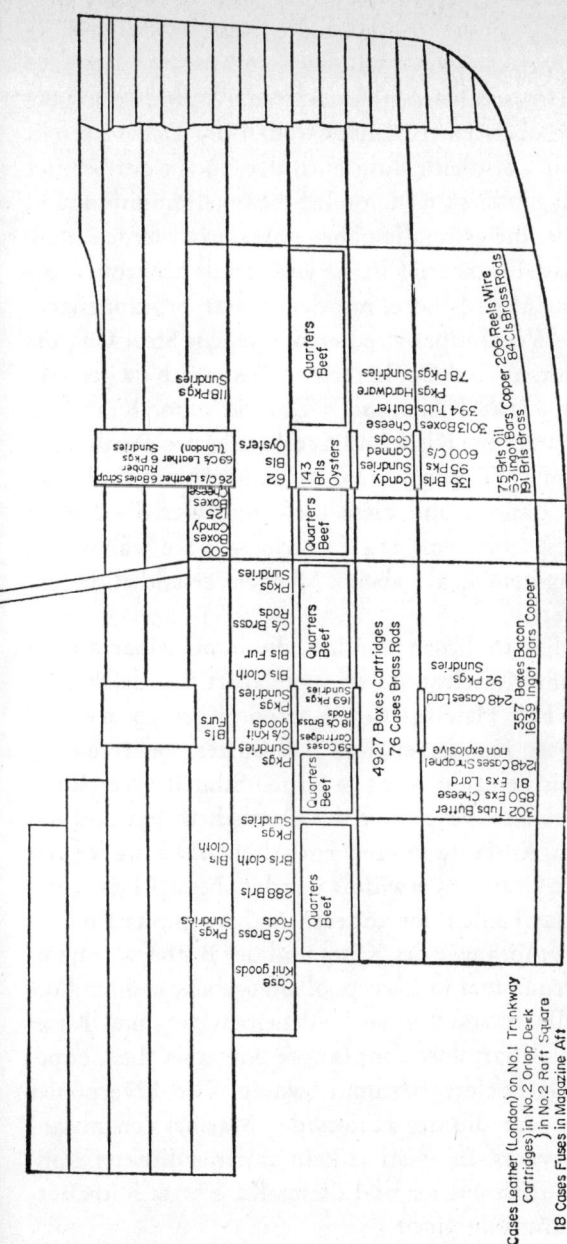

Cases Leather (London) on No.1 Trunkway
Cartridges } in No.2 Orlop Deck
} in No.2 Raft Square
18 Cases Fuses in Magazine Aft

Lage der Fracht und des Gepäcks beim Auslaufen in New York am 1. Mai 1915. Wiedergegeben von der dritten Ausfertigung Nr. 1. Zu beachten sind neben den Kupferbarren (Brass Rods) besonders die 4927 Kisten mit Munition (Cartridges) und die 1248 Kisten mit Schrapnellen (Shrapnel).

raum wurde, vom hinteren Ende bei den Kesseln an, mit einer seltsamen und möglicherweise unheilvollen Mischung von Gütern beladen. Dazu zählten 1639 Barren Kupfer, die ganz ordnungsgemäß über den gesamten Boden des Decks verteilt gelagert wurden, der gleichzeitig auch der Boden des Schiffes war. Darüber lagen 1248 Kisten mit Schrapnellmunition, und diese Sendung ist die erste, die näher untersucht werden muß. Auf dem Cunard-Frachtbrief ist sie einfach als Schrapnell bezeichnet – kleine Metallstücke, mit denen man Schrapnellgranaten füllt. Die Versandpapiere der Bethlehem Steel Co., die die Ware an Morgan and Co. lieferte, drücken sich da genauer aus. Sie nennen »1248 Kisten mit 3-Zoll-Schrapnellgranaten, gefüllt; 4 Granaten pro Kiste und 250 Kisten pro Partie; Gewicht der Partie 51 Tonnen«. Die Versandpapiere sind vom 28. April 1915 datiert, und diese Lieferung war die Nr. 25 einer Gesamtbestellung von 214 Lieferungen. Sie war natürlich bestimmungsgemäß als »beim Mengenversand nicht explosiv« deklariert.

Zu dieser ziemlich tödlichen Ladung, die unmittelbar an der Schottwand zum Kesselraum Nr. 1 gelagert wurde, kamen vierundsiebzig Faß Heizöl, 3863 Kartons Käse zu etwa 40 Pfund, 600 Kisten Konserven, 696 Faß Butter, mehrere hundert Stück Gemischtwaren und 329 Kisten Schmalz. Verständlich-vorsichtigerweise waren nur die Gemischtwaren und das Schmalz in den Auslaufpapieren enthalten. Daß weder das Kupfer noch die Granaten erwähnt wurden, bedarf keiner Erklärung, aber das Fehlen der anderen Nahrungsmittel ist bezeichnend. Als Empfänger des Käses und der Butter war nämlich eine Chiffrenummer in Liverpool angegeben, während die an anderer Stelle verstauten bescheidenen Butter- und Käselieferungen für so harmlose Empfänger wie etwa die Cooperative Wholesale Society bestimmt waren. Die Liverpooler Chiffrenummer war die des Leiters der Marine-Versuchsanstalt in Shoeburyness. Es existiert kein anderer direkter Hinweis darauf, ob diese Butter und dieser Käse tatsächlich Butter und Käse waren oder nicht.

Diese gemischte Ladung füllte den gesamten unteren Orlopraum. Der Hauptorlopraum barg sechsundsiebzig Kisten mit Messingstäben für Thomas Firth in Sheffield und 4927 Kartons Patronen. Diese kamen von der Remington Small Arms Co. und gingen an das Royal Arsenal in Woolwich. Jeder Karton enthielt 1000 Schuß ·303 Munition, und die Lieferung hatte ein Gesamtnettogewicht von 173 Tonnen. Jede Patrone war mit einer Knallquecksilberspitze versehen, und das Sprengstoffgewicht dieses Postens betrug etwas mehr als zehneinhalb Tonnen.

Oberhalb des Orlopdecks war das F-Deck eingeteilt in einen kleinen Kühlraum und ein Areal für Passagierunterkünfte, das man für Ladezwecke und zum Truppentransport umgebaut hatte. Im Kühlraum lagerten Ochsenseiten und Fässer mit Austern. Die übrige Fläche ist auf dem Ladeplan in den Cunard-Archiven als leer bezeichnet. Im März 1918 wurde durch ein Besatzungsmitglied bekannt, daß die beiden vorderen Sektionen des F-Decks mit Fracht ausgefüllt waren. Worum es sich dabei im einzelnen handelte, wurde nie bekannt. Es besteht aber kein Zweifel daran, daß es Munition war. Beweis dafür ist ein Telegramm von Sumner an Alfred Booth zwei Tage nach der Katastrophe. Booth hatte per Kabel angefragt, wo die Munition untergebracht gewesen sei, und Sumner erwiderte, sie habe den gesamten unteren und Hauptorlopladeraum sowie die Haupt- und Nebengänge des F-Decks ausgefüllt.

Auf dem E-Deck lagerten weitere Messingstäbe, zweiundsechzig Faß Austern und zahllose Posten gemischter Ware, während das Deck darüber mit dem Käse und Schmalz für die Cooperative Wholesale Society beladen war. Im Gegensatz zu der ähnlich deklarierten Ladung im unteren Orlop, wo jeder Karton 40 Pfund wog, war diese Lieferung in Fässern zu je ca. 300 Pfund verpackt. Dazu kamen 500 Kisten Süßwaren und 184 Kisten Ausrüstung für Booth and Co. – die Brotbeutel, Patronentaschen etc., deren Kauf George Booth bei seinem Besuch in den USA in die Wege geleitet hatte. Und schließlich waren da noch geheimnisvolle 323 Ballen Rohfelle, als deren Absender Alfred Fraser zeichnete, der unternehmerische halbe Bankrotteur aus der Geschichte mit den Schaffellmänteln.

Frasers Lieferung ist noch immer weitgehend ungeklärt. Drei Umstände deuten darauf hin, daß es sich dabei nicht um die angegebene Ware handelte. Zum einen war sie mit 150 000 Dollar versichert, ohne daß dem Versicherungsunternehmen je eine Forderung präsentiert wurde. Zum anderen erweisen die Versandpapiere, daß sie per Schiff von Rheaboat, Maryland, und per Bahn vom Güterbahnhof Hopewell an der Pennsylvania-Bahn kam. Weder Rheaboat noch Hopewell waren Fell-Depots, an beiden Orten waren aber Zweigunternehmen von Dupont de Nemours. Zum dritten schließlich ging die ganze Sendung an die Firma B. F. Babcock and Co. in Liverpool.

Benjamin Franklin Babcock war ein anglo-amerikanischer Baumwollhändler, der in zunehmendem Maße Baumwolle aus den Südstaaten importierte. Während des Krieges kaufte er für die Alliierten Baumwolle zur Herstellung von Schießbaumwolle auf und schränkte dabei die Tätigkeit seines Liverpooler Unternehmens ein, so daß dieses nur noch in begrenztem Umfang weiter tätig war und lediglich mit Meterware zu tun hatte. Die Firma B. F. Babcock Ltd. in Liverpool besteht noch heute, und aus ihren Akten, die die Geschäftsleitung auf meine Bitte hin durchsah, ergibt sich zum einen, daß die Firma nie mit Alfred Fraser in Geschäftsverbindung stand, zum anderen, daß sie nie mit Fellen irgendwelcher Art handelte oder solche importierte, und zum dritten, daß sie im Jahr 1915 überhaupt nichts importierte. Zu den Fellen, der Butter und dem Käse ist bis zum heutigen Tag keine öffentliche Erklärung abgegeben worden, wenn sich auch später Lansing und Chief Agent Bielaski noch ausgiebig mit Frasers Tätigkeit beschäftigen sollten. Alle diese ungeklärten Warenposten hatten eines gemeinsam: sie wurden zu dem eigens zwischen Cunard und der britischen Regierung vereinbarten Frachtsatz beför-

dert und für keinen wurden Forderungen an Versicherungsunternehmen gestellt.[2]

Die Fracht war fast verstaut, das Kohlebunkern fast abgeschlossen, als Captain Gaunt den erschöpften Verantwortlichen der *Lusitania* noch eine Überraschung präsentierte: Er
wünschte, daß das Schiff siebzig Passagiere und nicht ganz 200
Tonnen Fracht des Dampfers *Queen Margaret* übernahm. Der
Grund für diesen Vorgang ist heute nicht mehr festzustellen,
aber Sumner und Anderson erklärten sich einverstanden –
letzterer unter der Bedingung, daß er auch sieben Mann Besatzung von der *Queen Margaret* bekam. Die Passagiere waren siebenundsechzig Männer und zwei Frauen, von denen die
eine ein Baby bei sich hatte. Sie wurden auf dem E-Deck untergebracht, und keiner von ihnen scheint den Untergang
überlebt zu haben. Den Ehepaaren – ihre Namen sind mit
Matthews und Palmer angegeben – wurden Salonkabinen zu-
gewiesen. Mr. Matthews machte sich bei Sumner dadurch beliebt, daß er unter den übergewechselten Passagieren Freiwillige warb, die beim Umladen der Fracht halfen – diese wurde aus der *Queen Margaret* auf einen Leichter gehievt und
dann mit dem Ladebaum der *Lusitania* aus dem Leichter an
Bord gehoben. Es steht fest, daß es sich zumindest bei einem
Teil dieser Ladung um Munition handelte, weil sich im Archiv
der Firma Remington ein Brief des Versandleiters dieses Unternehmens an den Verbindungsmann E. H. Wilson von der
New England Steamship Co. befindet, in dem letzterer angewiesen wird, 2000 Kisten Handfeuerwaffenmunition auf die
an der Pier 54 liegende *Queen Margaret* zu verladen. Diesem
Brief beigeheftet ist eine Empfangsbestätigung der Cunard
Company für 2000 Kisten ·303 Munition mit der laufenden
Nummer N. E 101 und dem Vermerk *Lusitania* über dem
durchgestrichenen Namen *Queen Margaret*.

Wer Mr. Matthews und seine Freiwilligen waren, dürfte sich
aus dem Bericht über einen am 8. Mai bei den Felsen des Old
Head of Kinsale angespülten Toten und aus der Liste der
Dinge, die er bei sich hatte, ergeben: »Männliche Leiche, iden-

tifiziert als Lieutenant/Captain-Stellvertreter R. Matthews von den 6th Winnipeg Rifles anhand von Bescheinigungen und Papieren in seinen Taschen.«[3] Zu den Papieren zählten Schiffskarten für ihn und seine zwei Angehörigen sowie ein Kontingent von Freiwilligen von den 6th Winnipeg Rifles. Unter den ganz persönlichen Dingen war ein Papierstreifen an einem Abzeichen von der *Lusitania* mit der Aufschrift »Erster Preis im Kartoffelwettlauf der Damen: Mrs. Matthews«. Der Bericht des die Todesursache untersuchenden Richters trägt den Vermerk: »Leichnam von der Armee angefordert und am 10. Mai in Cork City beigesetzt.«

Am Freitag, den 30. April um 9 Uhr abends war die *Lusitania* fertig beladen. Die Ladepapiere umfaßten zwanzig eng beschriebene Seiten, aber um die Auslaufgenehmigung kam man ein auf Grund einer Liste, die nur eine Seite lang war und verschiedene Posten aufführte, welche man sorgsam ausgewählt hatte, um das etwas schläfrige Auge von Zolleinnehmer Dudley Field Malone zufriedenzustellen. Die eidesstattliche Versicherung, welche die Liste begleitete, wurde am 30. April um 4 Uhr nachmittags abgegeben, und das Schiff erhielt die Erlaubnis, am nächsten Morgen um 10 Uhr auszulaufen. So automatisch wurde diese Erlaubnis ausgestellt, daß sie auf den Namen von Captain Dow lautete.[4]

9

Am 1. Mai um 8 Uhr morgens nahmen Peter Smith und Billy Williams, die beiden Polizeioffiziere der *Lusitania*, am oberen Ende der Hauptgangway Aufstellung. Hinter ihnen standen weitere Angehörige des Schiffspersonals – die Zahlmeister, der Chefsteward, die Oberstewards der einzelnen Decks und John Lewis, der Intermediate Third-Class Officer. Sie hatten sich eingefunden, um die Passagiere auf die traditionelle Weise zu begrüßen, aber es waren nur wenige Passagiere zu sehen, dagegen sehr viele Reporter und ein Wochenschauteam, das Naphtalampen mitgebracht hatte. John Lewis glaubte zunächst, irgendeine berühmte Persönlichkeit werde sich einschiffen, und flüsterte hinter vorgehaltener Hand mit seiner weichen Waliserstimme dem einen Zahlmeister zu: »Wer ist denn die Prominenz, die diesmal mitfährt?« [1] Und der Zahlmeister erwiderte in jenem herablassenden Ton, der für Zahlmeister und Hotelgeschäftsführer auf der ganzen Welt charakteristisch ist: »Wir erwarten keine Prominenz, nur ein paar Leute mit Geld.« Weshalb so viele Reporter gekommen waren, klärte sich rasch auf, als einer von ihnen die Gangway hinaufging und Lewis die Morgenausgabe der *New York Tribune* hinhielt, die so aufgefaltet war, daß ihm gleich die deutsche Warnung ins Auge sprang. Der Reporter wünschte den Kapitän zu sprechen, aber Lewis schlug ihm begreiflicherweise diese Bitte ab und ließ statt dessen Sumner telefonisch benachrichtigen und ersuchen, zur Pier zu kommen und zur Presse zu sprechen. Sumner traf kurz nach neun Uhr ein. Er tat die aus der Warnung herauszulesende Drohung verächtlich ab. Die *Lusitania* sei das schnellste Schiff auf dem Atlantik, sagte er – wenn nicht auf der ganzen Welt, und es gebe kein deutsches Kriegsschiff oder Unterseeboot, das sie einholen könne. Die Reporter waren damit keineswegs zufrieden. Sie umringten jeden Passagier, der sich näherte, und versuchten ihm eine Stellungnahme zu entlocken. Sumner beschwerte sich in spaßhaftem Ton über sie, gab aber im stillen Anweisung, keinen von ihnen an Bord zu lassen. Kurz vor zehn Uhr trafen die ersten Telegramme ein. Die *Lusitania* war mit dem Telefonnetz verbunden, hatte aber auch eine direkte Verbindung zur Western Union. Telegramme wurden telefonisch zum Funkraum durchgegeben, wo der Telegrafist Robert Leith sie entgegennahm und, nachdem er sie ins Logbuch eingetragen hatte, zur Zustellung ins Zahlmeisterbüro hinunterbringen ließ. Leith wußte, von welchem Amt die Telegramme abgesandt wurden, wenn er es auch nur selten in das Formular eintrug. Das erste Telegramm war für Alfred Vanderbilt bestimmt, den zweifellos reichsten Passagier, und warnte ihn vor der Atlantiküberfahrt. Das zweite, mit fast gleichlautendem Text, war an den bekannten Theaterproduzenten Carl Frohman gerichtet. Auch die Telegramme Nummer drei, vier und fünf hatten bekannte Gesellschaftsgrößen zu Adressaten, wenn sich Leith auch nicht an ihre Namen erinnern konnte und sein Logbuch mit dem Schiff unterging. Insgesamt liefen neun Telegramme ein. Leith hielt sie zurück und fragte Sumner, was er tun solle. Sumner sagte, er solle herauszufinden versuchen, von wo aus und möglichst auch von wem die Telegramme aufgegeben worden seien. Nach fast einer Stunde hatte Leith festgestellt, daß fünf Telegramme von ein und demselben Western-Union-Amt gleich neben der Redaktion des *Providence Journal* * gekommen wa-

---

* Das *Providence Journal* erwarb sich einen Ruf für antideutsche »Knüller« und konnte dadurch seine Auflage drastisch erhöhen und an Einfluß gewinnen. Die gesamte auf den Krieg hin gerichtete Tendenz des *Providence Journal* bedarf dringend der Neuüberprüfung und muß im Lichte der beträchtlichen Geldsummen gesehen werden, die Captain Gaunt namens des britischen Marinegeheimdienstes Mr. Rathom zukommen ließ.

ren und daß der junge Mann, der sie aufgegeben hatte, ein Angestellter von John Rathom, dem Herausgeber dieses Blattes, war.

Sumner gab die Anweisung, die Telegramme nicht zuzustellen, aber das hinderte mehrere eifrige Journalisten nicht daran, sie Wort für Wort in ihren Artikeln zu zitieren. Als Vanderbilt mit seiner Begleitung eingetroffen war, hatte ihn der Reporter der *New York Sun* gefragt, ob er seinem Telegramm Beachtung schenken werde. Sumner stellte fest, daß Vanderbilt schon zwanzig Minuten vor dem Zeitpunkt an Bord gegangen war, zu dem Leith das Telegramm entgegengenommen hatte, und wurde sich bewußt, daß die Telegramme nichts als ein höchst geschmackloser journalistischer Gag waren. Er ließ die Pier sofort von allen Journalisten bis auf zwei Agenturvertreter und das Wochenschauteam räumen. Die Augenzeugenberichte vom Auslaufen der *Lusitania*, die am nächsten Morgen einen großen Teil der amerikanischen Presse beherrschten, waren ebenso erfunden wie die Telegramme, die zu einem der immer wieder aufgenommenen Themen der *Lusitania-Story* wurden. Charles Sumner hielt die Telegramme zurück, und Captain Turner konnte auf Alfred Booths spätere Frage völlig wahrheitsgemäß antworten, daß »*kein Passagier*« ein Warntelegramm erhalten habe.

Viele der an Bord gehenden Passagiere hatten die Zeitungen mit der deutschen Warnung nicht gelesen, aber es dauerte nicht lange, bis sich die Nachricht über das ganze Schiff verbreitete. Der Dritte Offizier Lewis erinnerte sich, daß überall eine nervös-gespannte Atmosphäre herrschte, die er selbst als ansteckend empfand. Eine Gruppe von Passagieren stand vor dem Büro des Zahlmeisters, man sah sich an, schwieg und wartete. Von der Partystimmung, die sich gewöhnlich mit dem Auslaufen eines Schiffes verband, war nichts zu spüren, und Lewis erinnerte sich, daß die Stewards ihm zuflüsterten, viele Passagiere hätten das Kabinenpersonal gebeten, ihre Kleider nicht auszupacken. Er hatte das Gefühl, daß jeder nur darauf wartete, daß jemand den Mut hätte, seine Buchung rückgängig zu machen. Kurz vor Mittag, wenige Minuten, bevor das Schiff auslaufen sollte, erschien Captain Turner und schritt in entschlossener Eile die Gangway hinunter – dabei legte er nicht einmal seine Melone ab. Einen Augenblick lang glaubte Lewis, jetzt werde ihm eine Flut von Passagieren folgen, die sich zur Gangway gedrängt hatten, um ihn zu sprechen. Aber sie gelangten nicht an ihn heran, da es in diesem Augenblick zu einer burlesken Szene kam, die der Situation wahrscheinlich die Spannung nahm.

Eine große Familie mit Anhang war gerade die Gangway heraufgekommen – Mr. Paul Crompton, ein Partner der Firma Alfred Booth and Co., seine Frau, seine sechs Kinder, eine Schar von Gepäckträgern und das farbige Kindermädchen, das die Kinder zum Schiff begleitet hatte. Als die Kinder an Deck dirigiert wurden, rissen sie sich mit Jubel und Hallo los, zwei begannen zu raufen, und das Kindermädchen brach in Tränen aus. Captain Turner verließ das Schiff inmitten dieses Treibens, und Lewis erinnerte sich hauptsächlich noch daran, daß eines der Kinder verzweifelt »Muß mal! Muß mal!« schrie.

Captain Turner war im Begriff, sich seine Anweisungen bei Sir Courtenay Bennett abzuholen, der in New York die Funktion des S. N. O. ausübte. Normalerweise hätte einer von Courtenays Leuten diese Anweisungen zum Schiff gebracht, aber diesmal war Turner durch einen dringenden Telefonanruf um persönliches Erscheinen gebeten worden. Turner mußte bei dem Anruf an die deutsche Warnung denken und lange danach hat er einmal gestanden, daß er eigentlich damit gerechnet habe, man werde die Fahrt verschieben oder überhaupt streichen. Er wußte, daß am gleichen Tag auch der amerikanische Dampfer *America* nach Liverpool auslief und nur ganz wenige Passagiere an Bord hatte, und ehe er bei Sir Courtenay vorsprach, rief er vom Büro des Pier Superintendent aus an und erkundigte sich nach den freien Plätzen auf der *America*. Dieser Gedanke kam Sir Courtenay jedoch offenbar nicht.

Als Turner kam und um seine Kursanweisungen bat, sagte man ihm, man habe keine neuen Anweisungen erhalten, deshalb habe er den gleichen Kurs zu nehmen wie beim letzten Mal. Es hieß, Einheiten des Kreuzer-Geschwaders E würden ihn zehn Meilen südlich und vierzig Meilen westlich von Fastnet Rock ins Geleit nehmen; aus den Erkennungssignalen, die man ihm mitteilte, rechnete er sich aus, daß es sich um die *Juno* handeln würde. Er wurde auch darüber belehrt, welcher Marinecode auf dieser Fahrt zu verwenden sei und erhielt Anweisung, die 1. Ausgabe des Codes der Handelsmarine zu benutzen. Man übergab ihm auch die Funkrufzeichen der *Lusitania*, CQ für Routinefunkverkehr und MFA für Funksprüche militärischer Art. Darüber hinaus hatte Sir Courtenay noch zwei weitere Punkte mit Turner zu besprechen. Zum einen überreichte er ihm eine versiegelte, bleigewichtige Segeltuchtasche mit Mitteilungen der Botschaft an das Foreign Office und verlas formell die damit verbundenen Instruktionen, aus denen hervorging, daß im Falle eines deutschen Angriffs die Tasche sofort über Bord zu werfen war. Zum anderen informierte er Turner, man habe gerade erfahren, daß ein amerikanisches Schiff in der Irischen See von einem U-Boot angegriffen worden sei.[2] Mit der Tasche und den Funkanweisungen kehrte Turner zu seinem Schiff zurück. Als er an Bord ging, trat einer der Passagiere, Mr. C. T. Hill aus Richmond, Virginia, auf ihn zu und fragte ihn das, was sich alle fragten: »Besteht irgendwelche Gefahr? Wenn ja, was wird dagegen unternommen?« Turner erwiderte mit Nachdruck: »Es besteht immer Gefahr, aber die beste Garantie für Ihre Sicherheit ist die *Lusitania* selbst und die Tatsache, daß bei jedweder Gefahr Ihre Sicherheit in den Händen der Royal Navy liegt.«

Die *Lusitania* lief kurz nach Mittag aus. Sie hatte ihre eigene Flagge und die Cunard-Flaggen gehißt sowie eine Anzahl weiterer Flaggen als Identifizierungszeichen für die britischen Kreuzer, die an der Drei-Meilen-Grenze vor der Hudson-Mündung patrouillierten. Während sie sich ins Fahrwasser hinausbewegte, inspizierten die beiden Polizeioffiziere die Decks, um sich zu vergewissern, daß keine Verabschiedungsgäste oder blinde Passagiere an Bord zurückgeblieben waren. In der Steward-Anrichte auf dem Schutzdeck unmittelbar vor der Kinderstation auf Backbord entdeckten sie drei Männer und eine Kamera. Williams sperrte sie in der Anrichte ein, während Smith zu Staff Captain Anderson eilte, der sich noch immer über Captain Turners Bemerkungen mit Mr. Hill unterhielt, einem Stamm-Passagier der Cunard Linie, der einer der Direktoren der British American Tobacco Co. war. Einen solchen Mann konnte man nicht kurz abspeisen.

Anderson begab sich nach vorn und stellte fest, daß es sich bei den Männern um Deutsche handelte. Sie wurden in die Arrestzellen hinuntergebracht, und Anderson konfiszierte die Kamera und eine Anzahl Platten. Hill sah aus der Ferne zu und konnte nicht herausfinden, was die Männer fotografiert haben mochten. Anderson erstattete dem Kapitän Bericht, der die *Lusitania* zu dem Blockade-Kreuzer *Caronia* hinüberdirigieren und die Maschinen stoppen ließ. Die beiden Schiffe schwankten behutsam dreihundert Meter voneinander entfernt auf dem Wasser, während der Funker Robert Leith Lichtsignale gab. Eine Mannschaft von der *Caronia* kam herübergerudert, übergab die für die Heimat bestimmte Post und übernahm die Kamera, die Platten und einen kurzen, an Captain Gaunt adressierten Bericht von Captain Turner, den die *Caronia* dem nächsten New York anlaufenden britischen Schiff mitgeben sollte. Hill wunderte sich darüber, daß nicht auch die drei Gefangenen übergeben wurden, und Anderson, bei dem er sich danach erkundigte, antwortete, sie würden zur Vernehmung nach England gebracht. Anderson gab Hill außerdem zu verstehen, daß dies nicht das erste Mal war, daß die *Lusitania* verdächtige Personen an Bord hatte, und meinte in scherzhaftem Ton, die Zellen der Cunard Company zählten zu den komfortabelsten ihrer Art. Die Identität der Männer ist ungeklärt, aber es besteht kaum ein Zweifel daran, daß es sich bei ihnen um das Fotografenteam handelte, das Ka-

pitän Boyd-Ed befohlen und das Paul König zusammengestellt hatte. Der für die Backbord-Anrichte zugeteilte Steward
war Neil J. Leach. Vermutlich hatten die Männer den Auftrag, die Geschütze ausfindig zu machen und zu fotografie-
ren, die von Papens Agent Curt Thummel gesehen haben
wollte. Die *Lusitania* holte alle ihre Flaggen ein und dampfte
mit erhöhter Geschwindigkeit auf den Atlantik hinaus zu ihrem Rendezvous mit Kreuzer-Geschwader E.

Fregattenkapitän Bauers U-Boote hielten sich an ihre Befehle.
U-27 hatte mit verklemmten Tiefenrudern umkehren müssen.
U-20 lief, nachdem das Sehrohrgehäuse repariert war, am 30.
April aus und testete seine Funkverbindung um 13 Uhr mit
einem Prüffunkspruch an die Stationen Borkum und Arkona.
Dieser wurde vom britischen Funkhorchdienst aufgefangen,
und am 1. Mai unterrichtete Captain Hall den Kriegsstab der
Admiralität und alle betroffenen Küstenwachstationen davon,
daß drei U-Boote Kurs auf die Irische See nahmen. Eine Kopie des Funkspruchs wurde sowohl von Churchill wie von
Fisher zur Kenntnis genommen und abgezeichnet. Der 1. Mai
sollte über Halls Warnung hinaus noch einen greifbareren Beweis für Bauers Operation liefern. U-30, unter dem Befehl
seines Kommandanten von Rosenberg-Grusczynski, war bereits am 24. April ausgelaufen und von Bauer umdirigiert
worden, vor Dartmouth Stellung zu beziehen. Unterwegs wü-
tete von Rosenberg unter den Schiffen, die Häfen an Englands
Westküste ansteuerten. Die offizielle von der Admiralität her-
ausgegebene Darstellung des Seekriegs von Sir Julian Corbett,
Naval Operations, schrieb die U-Boot-Erfolge ursprünglich
einem »ganzen Rudel von U-Booten« zu, »die wahrscheinlich
der *Lusitania* auflauerten«.[*] In Wirklichkeit war U 30 das
einzige Unterseeboot weit und breit und wurde am 4. Mai von
U-20 abgelöst.

Am 28. April stoppte U-30 den 1950 Tonnen großen Koh-
lendampfer *Mobile*, ließ die Besatzung von Bord gehen und

---

[*] Nur in der ersten Auflage.

versenkte das Schiff durch Geschützfeuer. Am 29. April führte das Boot die 3200 Tonnen große *Cherbourg* dem gleichen Schicksal zu, und am Tag darauf gab es dem Dampfer *Fulgent* den Befehl zum Anhalten. Die *Fulgent* versuchte zu entkommen, daraufhin feuerte von Rosenberg einen Schuß in die Kommandobrücke, und der Kapitän und der Steuermann wurden getötet. Der übrigen Besatzung wurde erlaubt, in die Boote zu gehen. Leute von U-30 gingen an Bord der Prise, und nachdem sie sich mit frischer Nahrung versorgt und die Papiere an sich genommen hatten, versenkten sie das Schiff mittels einer am Kiel angebrachten Sprengladung. Am selben Nachmittag wurde der 3100-Tonnen-Dampfer *Svorono* gestoppt und versenkt, und am nächsten Morgen ereilte die mit Getreide beladene *Edale* und das französische Handelsschiff *Europe* ein ähnliches Schicksal. Bei diesen sechs Schiffsversenkungen kamen nur die zwei Leute auf der *Fulgent* ums Leben.

Um Mittag hielt U-30 etwa fünfundvierzig Meilen nordwestlich von den Scilly Inseln einen holländischen Dampfer an und ließ ihn nach Prüfung der Papiere weiterfahren. Bei diesem Manöver wurde U-30 von dem Fischdamper *Clara Alice* beobachtet, der die Marine-Patrouillenfahrzeuge *Filey* und *Iago* verständigte, die sich daraufhin auf die Suche nach U-30 machten. Auf dem Weg zu der letztgemeldeten Position des U-Boots stoppten sie den amerikanischen Tanker *Gulflight,* der vor zwanzig Tagen mit einer Ladung Öl für Rouen aus Port Arthur, Texas, ausgelaufen war. Die Kommandanten der Patrouillenboote gaben sich mit der Überprüfung der Papiere der *Gulflight* nicht zufrieden, sie hatten das Schiff in Verdacht, dem U-Boot als Treibstofflieferant zu dienen, und so brachen sie ihre Suche ab und forderten den Tanker auf, sie zum nächsten Hafen zu begleiten. Die *Filey* setzte sich vor die *Gulflight* und die *Iago* nahm eine Position seitlich von ihr ein.

Kurz vor 13 Uhr tauchte von Rosenberg vor ihnen auf und befahl dem kleinen Geleitzug, zu stoppen. Die *Filey* hatte die

Flagge der britischen Flotte gehißt, und von Rosenberg hielt den Tanker verständlicherweise für ein unter britischem Geleit fahrendes Schiff. Die *Filey* versuchte ihn zu rammen, deshalb führte er ein Schnelltauchmanöver durch und schoß wenige Minuten später einen Torpedo auf die *Gulflight* ab. Der Torpedo explodierte, richtete aber nur geringfügigen Schaden an. Es brach kein Brand aus, und es kam niemand zu Schaden. Dem Logbuch von U-30 zufolge sah von Rosenberg dann am Heck die amerikanische Flagge wehen und brach den Angriff ab. Nach dem Torpedotreffer verloren jedoch zwei Mann der Besatzung der *Gulflight* die Nerven, sprangen über Bord und ertranken. Am Abend, als sich die *Gulflight* – noch immer unter Geleit – Saint Mary's näherte, erlitt ihr Kapitän einen Herzanfall und starb. Zum zweiten Mal hatten amerikanische Staatsbürger als Folge eines U-Boot-Angriffs ihr Leben eingebüßt, und der *Gulflight*-Zwischenfall diente zur weiteren Verschärfung der Auseinandersetzung zwischen Lansing und Bryan und drängte Präsident Wilson noch mehr in die Richtung von Lansings heikler Doktrin von der »strikten Verantwortung«.

Es war vorauszusehen, daß einander widersprechende Darstellungen des Zwischenfalls veröffentlicht wurden. Großbritannien konzentrierte sich ganz auf die auszubeutenden diplomatischen Vorteile und vertuschte die Ergebnisse, zu denen die von der Admiralität angestellte Untersuchung kam und die völlig zugunsten von U-30 ausfielen. Die Admiralität stellte fest, daß sich U-30 höchst korrekt verhalten hatte und daß der Torpedoangriff allein durch das Verhalten der zwei Patrouillenfahrzeuge ausgelöst worden war, die die *Gulflight* ins Geleit genommen hatten. Sie kam außerdem zu dem Schluß, daß U-30 sich kaum in Schußposition hätte manövrieren können, wenn die Begleitschiffe die *Gulflight* nicht gezwungen hätten, sich ihrer langsameren Fahrtgeschwindigkeit anzupassen. Natürlich ließ sich aus dem Eingeständnis, daß sich von Rosenberg einwandfrei an die Seekriegsregeln gehalten hatte, kaum ein politischer Vorteil schlagen, und so war in Großbritannien wie in den USA die für den öffentlichen Gebrauch bestimmte Darstellung die, daß es sich um einen heimtückischen und unprovozierten Piratenakt gehandelt habe. Ebenso leicht vorauszusehen war die Reaktion Lansings. Außenminister Bryan bekam prompt ein Memorandum vorgelegt, das ihn zu einem sofortigen, heftigen Protest drängte. Lansing zufolge zeigte der *Gulflight*-Zwischenfall, daß die deutsche Regierung völlig auf eine Politik der »willkürlichen und unterschiedslosen Zerstörung von ·Schiffen ohne Rücksicht auf ihre Nationalität« eingestellt war.[3] Er schloß mit der Feststellung, daß Deutschland »entschlossen« sei, »den Vereinigten Staaten Schmach zuzufügen« und dadurch einen »offenen Bruch der diplomatischen Beziehungen« zu erzwingen. Lansings Memorandum besagte im wesentlichen: Deutschland strebt den Zustand der »offenen Feindseligkeit« mit den Vereinigten Staaten an und ist darauf vorbereitet.

Wer sich mit Lansing beschäftigt, dem fällt sofort der ambivalente Charakter dieses Mannes auf. Seine öffentlichen Äußerungen und seine Gutachten stimmten nicht immer mit dem überein, was ihm sein Gewissen oder, falls ein subtiler Vergleich am Platz ist, seine innerste Überzeugung sagte. Er war für seine Person keineswegs der Ansicht, daß Deutschland es auf einen Krieg mit den USA anlegte, und aus seinen privaten Aufzeichnungen geht jedenfalls hervor, daß er den deutschen Standpunkt durchaus begriff. An demselben Tag, an dem er Bryan und Wilson zu energischem Vorgehen riet, gewann seine juristische Ausbildung die Oberhand, und er stellte eine Beurteilung für beide Seiten der Frage auf. Dabei kam er für sich persönlich zu einem Schluß, der weit von dem entfernt war, den das von ihm erarbeitete Memorandum enthielt. Er legte seine Gedanken in einer Abhandlung nieder, die sich im Gewahrsam seines Neffen Allen W. Dulles befindet und aus der Mr. Dulles Teile in der Ausgabe des *New York Times Magazine* vom 31. Januar 1937 veröffentlichen ließ.[4] Sie offenbart eine versöhnliche Einstellung und eine Einschätzung der deutschen Position, die, wenn sie sich in seinem Gutachten niedergeschlagen hätte, die Vereinigten Staaten zu einer anderen Politik hingeführt haben würde, nämlich zu einer Politik des Verbots von Waffenlieferungen für alle Parteien im europäischen Konflikt, die Amerika von dem Kollisionskurs weggebracht haben würde, auf den er es festgelegt hatte.

Vielleicht hatte Lansing ein Talent für das, was man »brinkmanship« nennt, eine Politik am Rande des Abgrunds. Vielleicht sah er auch, daß die Vereinigten Staaten und die Alliierten zusammen zwangsläufig Sieger werden mußten, wogegen eine Neutralität der USA zu einem weitgehend von Deutschland diktierten europäischen Frieden führen würde mit den entsprechenden Verlusten für solche Gesellschaften wie Morgan and Co. Seine Motive werden vermutlich nie klar erkannt werden, aber die beiden wahrscheinlichsten Gründe sind die, daß er sich entweder als der strenge Legalist, der er war, an die Fortsetzung der Politik gebunden fühlte, zu der er früher geraten hatte, oder daß er – dies ist die zynischere Möglichkeit – Bryans Posten anstrebte, und das konnte er nur, wenn er sich Bryans versöhnlichem und liberalem Standpunkt widersetzte; zum unmittelbaren Vorteil seiner Gönner in Politik und Handel und letztlich zur Befriedigung seines Ehrgeizes.

Mit dem *Gulflight*-Zwischenfall war der Brandsatz gelegt, der explodieren sollte, als sich *Lusitania* und U-20 begegneten, das bereits um die Westküste Schottlands herum nach Süden vorstieß. Das Zeichen stand für alle, die sich die Mühe machten, es zu lesen, deutlich an der Wand geschrieben, und die vielleicht Scharfsinnigsten, die dies taten, waren der Chefredakteur der *New York Times*, der ernste Befürchtungen für die *Lusitania* äußerte, »die jetzt in die Gefahrenzone unterwegs« war, und sein Kollege von der *Tribune*, der seinen Londoner Korrespondenten Vance Pitney telegrafisch anwies, sich sofort nach Queenstown zu begeben und von dort über die Ankunft der *Lusitania* zu berichten. Die *Tribune* war der allgemein verbreiteten Ansicht, daß die aufmerksame Admiralität im Falle irgendwelcher Gefahr die *Lusitania* sofort nach

Queenstown geleiten würde, bis diese Gefahr vorüber war, wie sie dies vor ein paar Wochen mit der *Transylvania* und der *Ausonia* getan hatte. Pitney reiste am Abend des 4. Mai nach Queenstown ab, und ohne daß er es wußte, deutete alles darauf hin, daß die Admiralität Maßnahmen traf, um die *Lusitania* bei ihrer Ankunft ins Schutzgeleit zu nehmen. Admiral Hood dampfte mit dem alten Kreuzer *Juno* südlich von Fastnet Rock dahin und mußte bald seine Rendezvousposition erreicht haben.

Hood war davon unterrichtet worden, daß akute U-Boot Gefahr bestand, da die Funkpeilstationen der Admiralität die Funksprüche von Bauers Booten empfangen hatten. Sie waren entschlüsselt worden, und mit Bestimmtheit wußte sowohl der Marine-Nachrichtendienst wie der Kriegsstab der Admiralität nicht nur von der Anwesenheit der U-Boote, sondern auch von ihrem Auftrag, denn Bauers Befehl an U-30 war eindeutig gewesen. Niemand war jedoch auf den Gedanken gekommen, die *Lusitania* über Funk zu warnen.

Die Auxiliary Patrol in Queenstown bekam inzwischen die Auswirkungen ihrer zu geringen Mannschaftsstärke bei zu vielen Dienststunden zu spüren. Von Admiral Cokes vierundzwanzig kleinen Schiffen konnten acht ihre Patrouillenposition nicht beziehen, weil die Besatzungen sich ausruhen oder dringende Reparaturen vorgenommen werden mußten. Coke hätte gern auf die vier Motor-Torpedoboote zurückgegriffen, die in Queenstown stationiert waren, aber die Admiralität hatte bestimmt, daß sie nur zum Minenräumen im Bereich der Hafenzufahrten eingesetzt werden durften, und obwohl diese Bestimmung vom Jahr 1910 datierte, war niemand bereit, sie zu widerrufen.

Am Abend des 4. Mai hatte U-30 auf Nordkurs die Heimfahrt angetreten und befand sich um 20 Uhr 30 unmittelbar vor dem Eingang zur Galway Bay. Zur gleichen Zeit vermerkte Kapitänleutnant Walter Schwieger, der Kommandant von U-20, in seinem Logbuch, daß er auf Backbord die Nordwestküste von Irland gesichtet habe, als er zu seiner langen

Überwasserfahrt die Westküste entlang zum Leuchtturm Fastnet nach Süden drehte.[5] Was zu dieser Zeit auf der *Lusitania* geschah, darüber läßt sich anhand der Aussagen der Überlebenden wenig berichten, außer daß auf dem hinteren Promenadendeck Sportwettkämpfe stattfanden und alle sich einer friedenszeitlichen Atmosphäre erfreuten. Die einzige, definitive über diesen Nachmittag bekannte Tatsache ist der Umstand, daß Mrs. Matthews den Kartoffelwettlauf der Damen gewann.

10

Am Donnerstag, dem 5. Mai, hatte Churchill nach einem ungewöhnlich frühen Frühstück schon um 8 Uhr mit Fisher, seinem First Sea Lord, in der Admiralität eine Besprechung. Die beiden Männer waren in ihrer Zusammenarbeit auf dem Tiefpunkt angelangt, und jeder hatte das Gefühl, der andere behindere und verwirre die Marinepolitik. Churchill hatte eine unorthodoxe Vorstellung von seiner Aufgabe und gab sich im Gegensatz zu früheren Marineministern nicht damit zufrieden, die täglichen Entscheidungen der Navy den Professionellen zu überlassen. Er hatte überall seine Hand im Spiel, und obwohl seine Energie und sein Weitblick vieles wachgerüttelt hatten, was man nur als »schläfrigen Dienst« bezeichnen kann, hatte seine Handlungsweise doch heftige und öffentliche Kritik ausgelöst. Er hatte sich Feinde geschaffen und war in den Ruf eines verantwortungslosen Dilettanten geraten.

Das Ministeramt hatte ihn anfangs gereizt, weil es die Aussicht auf persönlichen Ruhm bot. Wie die meisten Engländer hatte er die Überzeugung der Navy geteilt, daß ein eventueller Krieg mit Deutschland rasch und endgültig auf See entschieden werden würde. Falls es eine zweite Armada oder ein zweites Trafalgar gab, wollte Churchill als der Architekt dieses neuen englischen Sieges in die Geschichte eingehen. Er hatte inzwischen zögernd eingesehen, daß sich der Krieg zu einem Zermürbungskrieg entwickelt hatte, in dem die Kriegsmarine eine weitgehend passive Rolle spielte. Er überlegte nun, wie er sich mit Anstand aus der Marine-Sackgasse zurückziehen konnte, möglichst in einer Weise, die ihn auf den Pfad zum

Ruhm führte, den er anstrebte. Er hatte in den vergangenen Monaten zweimal seine Bereitschaft angedeutet, sich versetzen zu lassen. Er reflektierte zu dieser Zeit auf ein höheres Kommando im Felde. Um eine solche Entwicklung zu fördern, hatte er enge persönliche Beziehungen zu Feldmarschall Sir John French angeknüpft, dem Oberbefehlshaber des englischen Expeditionskorps in Frankreich. Diese Beziehungen waren Heeresminister Kitchener ein Dorn im Auge, der argwöhnte, daß die beiden Männer gegen seine Interessen intrigierten.

Der Kontakt zu French erforderte häufige Besuche im Hauptquartier des dreiundsechzigjährigen Feldmarschalls auf dem Festland. Der König, Kitchener, der Premierminister und seine Frau Clementine hatten Churchill wegen seines häufigen und inoffiziellen Fernbleibens von der Admiralität bereits Vorhaltungen gemacht, und Churchill mußte entweder in aller Heimlichkeit oder unter irgendeinem Vorwand reisen. In seinem Stab bezeichnete man dieses Verlangen Churchills nach der Gesellschaft des Feldmarschalls ironisch als »Reisen zu seiner französischen Geliebten«. Lord Fisher mißdeutete diesen Eingeweihten-Witz und sollte Clementine Churchill schon bald mit einer Anspielung darauf zutiefst verletzen.*

Ein Hauptgrund dafür, weshalb es Fisher und Churchill ge-

---

* Martin Gilbert, der offizielle Biograph Winston Churchills, berichtet in *Churchill 1914–16*, III, 419 die folgende Episode: »Als Churchill am 5. Mai nach Frankreich abgereist war, fiel die Verantwortung für die Führung der täglichen Geschäfte der Admiralität automatisch Lord Fisher zu. Diese Verantwortung lastete schwer auf Fisher und machte ihn nervös. Um ihn zu besänftigen lud Clementine Churchill ihn zum Mittagessen im Admiralty House ein. Alles ging gut, und der Admiral verabschiedete sich in aufgeräumter Stimmung. Aber als Mrs. Churchill einige Augenblicke später ebenfalls ging, sah sie ihn noch draußen auf dem Gang stehen. »Was ist?« fragte sie. »Sie sind eine törichte Frau«, erwiderte er. »Immer wenn Sie glauben, Winston ist bei Sir John French, ist er in Paris bei seiner Geliebten.« Clementine Churchill war sprachlos, und für sie war diese verletzende Bemerkung ein sicheres Anzeichen für Fishers geistige Verwirrung. Sie berichtete ihrem Mann nach seiner Rückkehr von dem Vorfall, weil sie befürchtete, Fisher könnte einen Nervenzusammenbruch erleiden. Der Admiral, so erinnerte sie sich später, war »so nervös wie ein Kätzchen«.

lungen war, so lange ohne eine dramatische Auseinandersetzung zusammenzuarbeiten, waren ihre völlig entgegengesetzten Arbeitsgewohnheiten. Der alte Admiral, der auf die Fünfundsiebzig zuging, stand bei Morgengrauen auf, arbeitete bis 2 Uhr nachmittags, ruhte sich ein wenig aus, fand sich dann zur 18-Uhr-Konferenz mit Churchill ein und ging früh zu Bett. Der Streß der Ereignisse, die ewigen Dispute wegen des Dardanellenfeldzugs, den die Navy im März begonnen hatte und der sich bereits als kostspieliger Fehlschlag abzeichnete, hatten zusammen mit den Beschwerden des Alters dem alten Seemann stark zugesetzt, und immer mehr Anzeichen sprachen dafür, daß er im Begriff war, sein Urteilsvermögen, wenn nicht den Verstand, zu verlieren. Churchill stand gewöhnlich spät auf, arbeitete im Bett über seinen Papieren und richtete es so ein, daß er um die Mittagessenszeit in der Admiralität war. Die politische Seite seines Lebens diktierte seine anschließenden Schritte, und gewöhnlich kehrte er abends nach dem Dinner in die Admiralität zurück oder wenn das Unterhaus seine Sitzung beendet hatte, und arbeitete dann bis in die frühen Morgenstunden hinein. Es bestand zu dieser Zeit nur wenig Kontakt zwischen den beiden Männern, und damit sich die Arbeit der Admiralität reibungsloser abwickelte, hatte Churchill den sogenannten Kriegsstab gebildet. In *Die Weltkrise* gesteht er ein, daß dieser Stab, um ein Höchstmaß an Leistungsfähigkeit zu erreichen, fünfzehn Jahre der Einarbeitung bedurft hätte, denn die Personen, die ihm zur Verfügung standen, waren zum größten Teil liebenswürdige, pflichtbewußte Männer, die das Empire und ihre Gattinnen hochhielten – in dieser Reihenfolge – und keinerlei persönliche Kriegserfahrung besaßen.

Jede geringfügige Anforderung, jedes Stück Papierkram von der Flotte mußte zunächst von der Admiralität gebilligt werden, und auf dem Schreibtisch eines Sea Lord konnte genausogut das Gesuch des Kommandanten eines Minenräumers landen, der um die Erlaubnis bat, einem kranken Matrosen für zwei Shilling Zitronellensaft verordnen zu dürfen, wie die letzte Meldung über Bewegungen deutscher Schiffe. Die Admiralität war ein riesiger bürokratischer Ameisenhaufen, wirkungslos geworden durch ein Jahrhundert des Friedens und die daraus resultierende wohlmeinende Ignoranz.

Während des ersten Kriegswinters hatte die gekoppelte Tatkraft von Churchill und Fisher den Hauptelan der Admiralität dargestellt, und die wichtigsten, die Marine betreffenden Entscheidungen waren von einem inneren Stab getroffen worden, der aus Churchill, Fisher, Admiral Oliver, dem Chef des Flottenstabs, und einem dreiundsiebzigjährigen Veteranen des Krimkriegs und früheren First Sea Lord, Flottenadmiral Sir Arthur K. Wilson bestand, den Churchill ohne feste Position aus dem Ruhestand in die Admiralität zurückgeholt hatte, um der öffentlichen Kritik an seiner eigenen Unreife und Verantwortungslosigkeit entgegenzutreten. »Tug«, wie er gemeinhin genannt wurde, war ein Volksheld, der sich 1884 das Victoria Cross damit verdient hatte, daß er mehrere Derwische mit der bloßen Faust niederschlug, als bei Tamai im Sudan das britische Karree eingedrückt worden war. Er arbeitete ohne Bezahlung für Churchill. Fisher hat diesen inneren Stab, der »Kriegsgruppe« genannt wurde, in einer Notiz an Churchill vom 23. März 1915 treffend beschrieben: »AKW. und der gute Oliver sind Esel [...] außerdem halten sie sich tagelang mit Nebensächlichkeiten auf [...] Oliver überlastet sich so sehr, daß er mit dem Bearbeiten seiner eingehenden Papiere vierundzwanzig Stunden hinter der Zeit zurück ist.« [1]

Fishers Bemerkungen über den Admiralitätsstab sind ebenfalls aufschlußreich, wenn auch bisweilen unfair. Falls seine Urteilskraft wirklich getrübt war, so erkannte er die Grundsituation doch sehr genau und umriß sie in zwei Briefen an Admiral Sir John Jellicoe: »Wir haben hier eine richtiggehende Menagerie von Wohltätigkeitsadmirälen, die völlig ungeeignet sind für die ihnen übertragene Arbeit, da die Admiralität von jungen Marineoffizieren wimmelt, die draußen auf See sein sollten – und die Arbeit von Sekretären tun.« [2] Sein zweiter Brief war noch schärfer und verriet seine Besorgnis wegen Churchills Art, sich um alles gleichzeitig persönlich zu kümmern. In diesem Brief mit dem Vermerk »Bitte gleich verbrennen« hieß es: »Winston hat alle Initiative in der Admiralität so sehr monopolisiert und feuert eine solche Menge von Abteilungsanweisungen ab *(seine Arbeitskraft ist einfach verblüffend)*, daß meine Kollegen keine *aufsichtsführenden Lords* mehr sind, sondern nur noch *die Registratur des First Lord!* Ich sagte Winston das gestern, und er hat es gar nicht gern gehört, aber es ist so! Und die Folge ist, daß die Sea Lords zurückgesetzt und ihre Abteilungen in Wirklichkeit von der Ministerkanzlei aus geleitet werden [...]« [3]

Es gab jedoch andere Augen, die Fisher und Churchill und ihr Verhältnis mit Sorge beobachteten. Premierminister Asquith hatte an seine Frau geschrieben, »Winston wird von der Eitelkeit verzehrt« [4], während Clementine Churchill sich Fishers wegen Gedanken machte und hoffte, er werde sich nicht als »nicht mehr ganz richtig« erweisen. [5] Admiral Beatty erkannte die wirkliche Kluft zwischen den beiden Männern und sagte ihre baldige Trennung voraus. »Die Situation ist merkwürdig, zwei sehr energische und kluge Männer, der eine alt, listig und mit umfassender Erfahrung, der andere jung, geltungsbedürftig, mit einer großen Selbstzufriedenheit, aber labil. Sie können nicht zusammenarbeiten, sie können nicht beide das Spiel leiten.« [6] Beatty hatte recht. Am Morgen des 5. Mai 1915 war Fisher zu müde, um es zu leiten, und Churchill war in Gedanken anderswo. Außerdem war er in Eile. Er durfte den Zug nach Paris nicht verpassen. Die Besprechung war kurz und hatte unzulängliche Entscheidungen zur Folge.

Der *Gulflight*-Zwischenfall war das erste Thema, das zur Sprache kam. Das Foreign Office mußte von dem Ergebnis der von der Admiralität durchgeführten Ermittlungen in Kenntnis gesetzt werden. Vom taktischen Standpunkt aus dringlicher waren Folgerungen, die aus der Erkenntnis gezogen werden mußten, daß U-Boote die westlichen Zufahrtsstraßen Englands um die Nordküste Schottlands und um Irland herum erreichen konnten. Churchill gab gnädigst zu, daß

Admiral Hood zu Unrecht seines Postens als Befehlshaber der Dover Patrol enthoben worden war, und machte sich eine Notiz, um diese Sache sobald wie möglich wieder ins reine zu bringen. Am wichtigsten aber – besonders für jemanden, dem das grausame Spottwort vom »Lebendköder« noch in Erinnerung war – war die Tatsache, daß mehrere der Schiffe, die die westlichen Zufahrtsstraßen überwachten, keinem U-Boot-Angriff ausgesetzt werden durften. Die getroffenen Maßnahmen mußten revidiert werden, wenn man ein zweites *Bacchante*-Desaster vermeiden wollte.

Churchill, Fisher und mit ihnen Admiral Oliver gingen hinunter in den großen Kartenraum der Admiralität, um sich die Lage vor Augen zu führen. Man beorderte Captain Hall, den Leiter des Marine-Nachrichtendienstes, hinzu, der den in der politischen Abteilung des Marine-Nachrichtendienstes arbeitenden Commander Joseph Kenworthy mitbringen sollte. Die eine Seite des Raums nahm und nimmt noch heute eine große Weltkarte von etwa 10 mal 7 Meter Größe ein. Da es sich um eine Marinekarte handelt, sind nur die physikalischen Besonderheiten der Ozeane vermerkt, während die Landmassen bis auf Signal- und Funkstationen und Verkehrswege weiß sind. Zu jener Zeit war die ganze Karte von einem Koordinatennetz überzogen, wie es der deutsche Admiralstab während des Krieges benutzte, um den genauen Standort seiner Schiffe bestimmen zu können – ein englisches Fischerboot hatte bei der Doggerbank zusammen mit anderen Papieren ein solches Netz aufgefischt, das von einem gesunkenen deutschen Schiff stammte. Ein U-Boot, das seine Position angab, teilte keine Längen- und Breitengrade mit, sondern funkte nur beispielsweise »Befinden uns Südost Sektor Planquadrat T 34«.

Seit September 1914 war die Admiralität im Besitz des deutschen Kriegsmarine-Codes, und seit Februar 1915 versetzte eine rings um die Küsten Englands und Irlands herum eingerichtete Kette von Funkhorch- und Peilstationen den Marine-Nachrichtendienst in die Lage, nicht nur fast jeden deutschen Marine-Funkspruch mitzuhören, sondern auch genau zu ermitteln, woher er kam. Auf der großen Karte war die mit jedem neuen Funkspruch sich verändernde ungefähre Position fast aller deutschen Schiffe der Kaiserlichen Marine eingetragen, neben der der alliierten Kriegsschiffe.

Jedes Schiff, ob Freund oder Feind, war durch eine Nadel mit rundem Kopf markiert. Der Durchmesser des Kopfes entsprach dem Blickfeld vom höchsten Beobachtungspunkt des betreffenden Schiffes aus. Zwei Ausnahmen gab es. U-Boote waren durch rote Vierecke gekennzeichnet, die ein Gebiet von zweiunddreißig Quadratmeilen bedeckten und mit einem Pfeil in der vermutlichen Fahrtrichtung des Bootes versehen waren. Die Fahrzeuge von der Auxiliary Patrol, der Hilfsüberwachung, die verschiedenen Motorboote und bewaffneten Jachten, waren nicht einzeln mit Nadeln eingetragen, sondern ihr gesamtes Kontrollgebiet war schraffiert eingezeichnet. Schließlich wies die Karte rote Vierecke mit einer weißen Diagonalen auf – vermutete oder unbestätigte Positionsmeldungen über U-Boote, die gewöhnlich auf Meldungen von Küstenbeobachtern beruhten. Diese Lagebeurteilung hatte zwei system-immanente Fehlerquellen, die zu falschen Entscheidungen führen konnten. Die Quadrate, die U-Boote darstellten, bezogen sich auf eine Unterwassergeschwindigkeit und -reichweite von vier Stunden. In dieser Zeit konnte ein U-Boot über Wasser aber etwa achtzig Meilen zurücklegen. Sodann erweckten die schraffierten Überwachungszonen die Illusion starker Abwehrvorkehrungen, obwohl die Hilfsüberwachung praktisch ineffektiv war.

Die Verantwortung für die Eintragung der Position feindlicher Schiffe trug der Marine-Nachrichtendienst. Admiral Olivers Kriegsstab zeichnete die Position alliierter Kriegsschiffe ein, und Captain Webb, der Leiter der Handelsabteilung, war für die Nadeln zuständig, die die Position der im Regierungsauftrag fahrenden Handelsschiffe markierten, gleichgültig, ob es bewaffnete Handelsschiffe waren oder solche, die wichtige Nachschubgüter an Bord hatten. Auf einen Blick zeigte die »Lage« also die annähernd aktuelle Situation in jedem Sektor

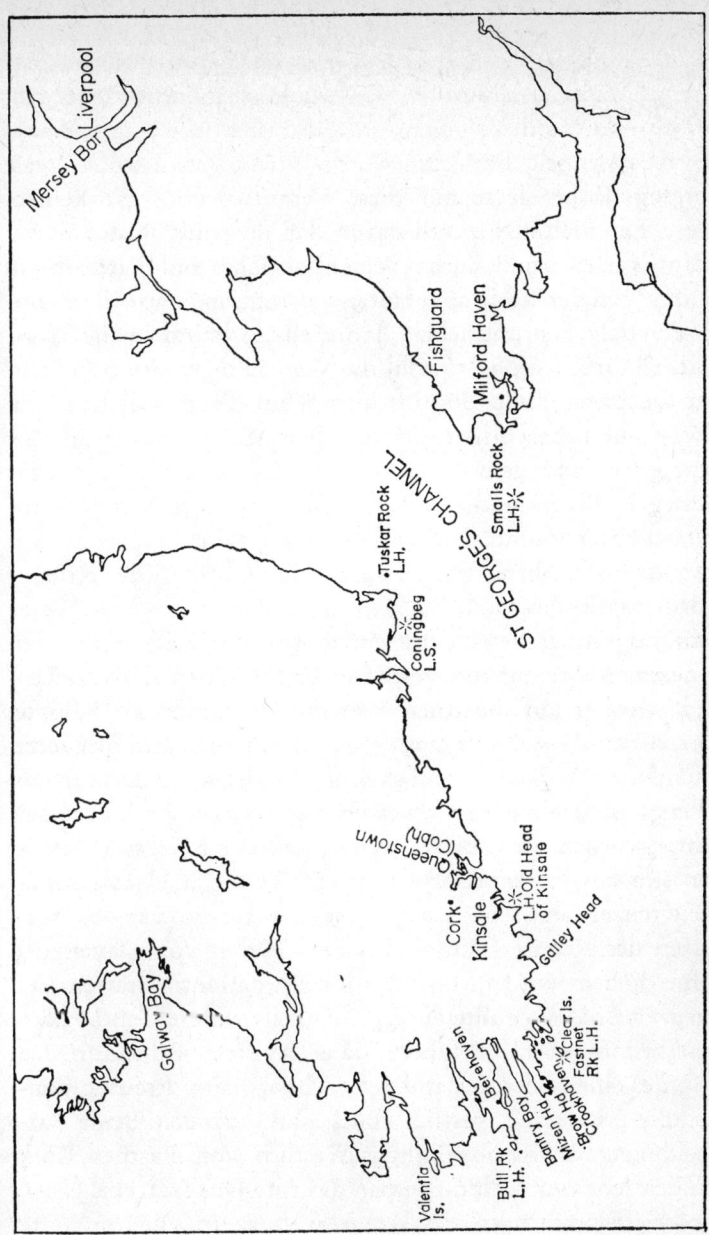

Der St.-Georgs-Kanal und seine Einfahrt.

der Weltozeane, und von ihrer Genauigkeit und regelmäßigen Berichtigung hingen die operativen Entscheidungen der Admiralität ab. Churchill, der seinen Zug nicht verpassen wollte, mußte sich vergewissern, daß Fisher, der während seiner Abwesenheit die Verantwortung trug, genau wußte, was vorging. Fisher legte auf diese Verantwortung gar keinen Wert. Er tadelte Churchill dafür, daß er seinen Posten überhaupt verließ, und auch Clementine Churchill hatte ihren Gatten von der Reise abzuhalten versucht, indem sie ihm sagte, der bald fünfundsiebzig Jahre alte Admiral sei überfordert. Churchill schlug sowohl die Vorstellungen des Admirals wie die Bitten seiner Frau in den Wind. Es war deshalb ein etwas mürrischer Fisher, der seit dem Morgengrauen an seinem Schreibtisch gesessen hatte und sich jetzt den Lagebericht Admiral Olivers und die Entscheidungen eines Marineministers anhören mußte, der fünfunddreißig Jahre jünger war als er und ihn belehrte, wie eine im Kampf befindliche Kriegsmarine zu führen war.

Admiral Oliver behandelte ein Operationsgebiet nach dem anderen. Als er auf die westlichen Zufahrtswege zu sprechen kam, wies er auf die roten Vierecke hin, die zwei U-Boote darstellten: U-30 fuhr nach Norden und befand sich jetzt schon ein gutes Stück nördlich von Irland, und U-20 war um 9 Uhr wenige Meilen nordwestlich von Fastnet Rock kurz gesichtet worden. Er erklärte weiter, daß der Kriegsstab schon von sich aus in Anbetracht der Tätigkeit von U-20 einigen der Kreuzer neue Anweisungen erteilt hatte. So war das Auslaufen des Kreuzers *Orion* aus dem Hafen von Davenport aufgeschoben worden, und der im Nordatlantik stationierte Kreuzer *Colossus* sollte entgegen früherem Befehl nicht nach Großbritannien zurückfahren, da er bei dieser Rückfahrt den Weg des einen oder des anderen U-Boots hätte kreuzen können, die sich derzeit westlich von Irland befanden. Beide Entscheidungen wurden gebilligt. Westlich von Fastnet Rock standen jedoch als Alarmzeichen das rote Quadrat von U-20, der breite Nadelkopf des Kreuzers *Juno* und der breiteste

Nadelkopf überhaupt, der das größte Schiff auf allen Ozeanen symbolisierte, die *Lusitania*, die sich mit über zwanzig Stundenknoten Fastnet Rock näherte. Behielt U-20 seine Position bei, würden die beiden sich im Morgengrauen des nächsten Tages treffen, und die *Juno* würde sich ganz in der Nähe befinden. Drehte U-20 nach Westen ab, würde es noch früher zu dieser Begegnung kommen. Admiral Oliver wies Churchill auf die Tatsache hin, daß die *Juno* ohne Eskorte einem U-Boot-Angriff nicht ausgesetzt werden durfte, und schlug vor, ihr sofort Einheiten der Zerstörerflottille aus Milford Haven zu Hilfe zu schicken.

Hier bricht das Kriegstagebuch der Admiralität ab, vielleicht aus gutem Grund, weil jetzt die Entscheidung getroffen wurde, die sich als unmittelbare Ursache der Katastrophe erweisen sollte. Keiner der heute noch Lebenden weiß, wer sie traf, aber Churchill und Fisher müssen sich in die Verantwortung teilen. Kurz nach Mittag am 5. Mai befahl die Admiralität der *Juno* durch Funkspruch, ihre Geleitschutzmission abzubrechen und nach Queenstown zurückzukehren. Sie sollte über Nacht einen südöstlichen Kurs steuern, so daß sie Fastnet Rock in fünfzig Meilen Entfernung und im Schutze der Dunkelheit passieren würde. Die *Lusitania* wurde nicht davon unterrichtet, daß sie jetzt allein war und sich mit jeder Minute der Position von U-20 näherte. Admiral Coke in Queenstown wurde von dem Befehl in Kenntnis gesetzt und angewiesen, für den Schutz der *Lusitania* so gut zu sorgen, wie er konnte. Coke seinerseits sandte keinen Warnfunkspruch an die *Lusitania* ab.

Captain Hall beanstandete die Entscheidung, aber wem gegenüber er dies tat, läßt sich heute nicht mehr feststellen. Die morgendliche Diskussion über den *Gulflight*-Zwischenfall hatte alle Anwesenden daran erinnert, welch gefährlicher Zone die *Lusitania* sich näherte, und die Londoner Presse hatte die deutsche Warnung gebracht, die allgemein auf die *Lusitania* bezogen wurde. Es war eine unglaubliche Entscheidung, an welchen Maßstäben man sie auch mißt, und als Erklärung bieten sich nur zwei Gründe an. Entweder: sowohl Churchill wie Fisher waren so sehr mit den Dardanellen und ihren persönlichen Problemen beschäftigt, daß sie ihre Tragweite nicht erfaßten; oder: sie war der Gipfel von Churchills höherer Strategie, die zum Ziel hatte, die U-Boote mit einer neutralen Macht in Konflikt zu bringen.

Commander Kenworthy, der in so erhabener Gesellschaft nicht um seine Meinung gebeten wurde, fragte sich, warum man ihn überhaupt hinzugezogen hatte. Er war bis dahin mit Churchill nur einmal zusammengetroffen, und dies bei der Gelegenheit, als er auf Churchills Anforderung ein Memorandum über die Versenkung eines Ozeandampfers mit amerikanischen Passagieren an Bord vorlegen sollte. Er wußte nicht, ob Churchill es überhaupt gelesen hatte, aber er nahm natürlich an, daß er angesichts des Wirbels um den Torpedoangriff auf die *Gulflight* aus diesem Grund zu der Besprechung beordert worden war. Was vorgebracht wurde, wird nie festgestellt werden können, aber als Kenworthy den Kartenraum nach der Konferenz verließ, war er empört über den Zynismus seiner Vorgesetzten. Im Jahre 1927 deutete er in seinem Buch *The Freedom of the Seas* an, was sich erkennen ließ. »Die *Lusitania*«, so schrieb er, »wurde bei beträchtlich verminderter Geschwindigkeit und ohne die zurückbeorderten Geleitschiffe in eine Zone geschickt, in der bekanntermaßen ein U-Boot lauerte.«[7]* Ihre Lordschaften, so fuhr er fort, hatten offenbar beschlossen, die internationale Legalität und den Erfolg der deutschen U-Boot-Offensive vor dem Gerichtshof der öffentlichen Meinung testen zu lassen. Kenworthys Darstellung ist der einzige Augenzeugenbericht jenes Morgens im Kartenraum, und ob und wem Verantwortung zuzumessen ist, das muß heute der Leser entscheiden. Churchill nahm zusammen mit Clementine im Admiralty House einen frühen Lunch ein und begab sich dann zum Zug nach Paris.

---

* Im Originalmanuskript hieß es »bewußt [...] geschickt«. Das Wort »bewußt« wurde gestrichen, nachdem die Admiralität beim Verlag Hutchinson deswegen vorstellig geworden war.

Captain Turner nahm am 5. Mai seinen Lunch wie gewöhnlich auf der Brücke ein und ging Lewis, dem Dritten Offizier, dadurch auf die Nerven, daß er geräuschvoll ein Hühnerbein abnagte. Turner machte sich Sorgen – am nächsten Tag würde er in die Gefahrenzone einfahren, und er mußte ständig an die deutsche Warnung denken. Es herrschte ruhige See mit gelegentlichem Nebel, und er sagte sich, daß er wegen der Gefahr einer Kollision die Geschwindigkeit werde herabsetzen müssen, wenn es weiter neblig blieb, während er sich der irischen Küste näherte. Sein Kurs zeigte direkt auf Fastnet Rock, den Punkt, an dem die Nordatlantikrouten der Passagierschiffe zusammenliefen – und an dem es zur ersten Bedrohung durch U-Boote kommen konnte. Er zog sich in seine Kabine zurück, um seine Pläne auszuarbeiten. Zwei waren erforderlich – ein Schönwetterplan und ein Ausweichplan für den Fall, daß der Nebel anhielt. Militärisch ausgedrückt war Turners Aufgabe einfach. Sie bestand darin, die *Lusitania* zu einem solchen Zeitpunkt bis zu der vor dem Mersey-Fluß liegenden Sandbank zu bringen, zu dem genügend Wasser vorhanden war, um sie überqueren zu können. Er war ermächtigt, ohne Lotsen den Mersey hinauf nach Liverpool zu fahren, was viel besser war, als vielleicht eine Stunde draußen vor der Mündung auf einen Lotsen warten zu müssen und dabei eine herrliche Zielscheibe für jedes in der Nähe operierende U-Boot abzugeben. Der erste in Frage kommende Flutwasserzeitpunkt war 4 Uhr 30 morgens am 8. Mai, dem Tag, an dem das Schiff in Liverpool eintreffen sollte. Turner setzte sich 4 Uhr 30 als Frist für die Überquerung der Mersey-Bank und rechnete von diesem Zeitpunkt aus rückwärts.

Der erste zu seinen Gunsten sprechende Faktor war der Umstand, daß er den schmalen St.-Georgs-Kanal zwischen Irland und Wales während der Nachstunden passieren würde. Den Eingang zum Kanal markierte das Feuerschiff *Coningbeg*, und hier und an der Mersey-Bank waren U-Boot-Angriffe am wahrscheinlichsten. Der sicherste Teil des Kanals war in der Mitte, aber der Eingang war nur vierundzwanzig Meilen breit, und um irgendwelche natürlichen Irrtümer zu korrigieren, die sich in seiner Navigation während der Fahrt über den Atlantik eingeschlichen haben mochten, würde er irgendwann am 7. Mai seine Position bestimmen müssen, ehe er Kurs auf den Eingang zum Kanal nahm. Angesichts des Nebels, der von Dauer zu sein schien, beschloß er, Fastnet Rock in gehöriger Distanz zu passieren und einen Kurs zwanzig Meilen südlich der irischen Küste zu steuern und sich zu bemühen, am Morgen des 7. Mai seine Position mit Hilfe einer der Landmarken an dieser Küste zu bestimmen. Es boten sich mehrere an: Galley Head, Bull Rock, Brow Head, Mizen Head und Old Head of Kinsale. Alle würden bei klarem Wetter aus zwanzig Meilen Entfernung zu sehen sein, und die *Lusitania* würde ihrerseits von den Fahrzeugen der Auxiliary Patrol zu sichten sein, deren Patrouillengebiet sich zehn Meilen auf See hinaus erstreckte.

Bei seinen Entscheidungen ließ sich Turner von den Instruktionen leiten, die die Cunard Linie an ihre Schiffsführer herausgegeben hatte. In diesen war genau vermerkt, wie eine Landsichtung bei diesem oder jenem Wetter auszuführen war. Außerdem hatte er zwei dicke Bündel von Admiralitäts-Anweisungen und Admiralitäts-Empfehlungen. Die Anweisungen waren obligatorisch und Abweichungen davon nicht erlaubt. Die Empfehlungen waren genau das, was ihr Name besagte, und nicht mehr. Für diese Überfahrt hatte Turner keine besonderen Instruktionen mitbekommen. Sir Courtenay Bennett hatte vorgeschlagen, er solle sich an die Instruktionen für die vorige Überfahrt halten. Diese waren einfach und eindeutig. Er hatte sich in Küstennähe von der normalen Dampferroute fernzuhalten, er mußte absolute Funkstille wahren und sollte versuchen, seine Landsichtung bei Morgengrauen vorzunehmen und alle Kaps in gehöriger Entfernung zu passieren. Auf der vorigen Reise hatte er sich genau an diese Anweisungen gehalten. Gewöhnlich passierte die *Lusitania* Fastnet Rock in etwa einer Meile Entfernung und folgte dann einem Kurs parallel zur irischen Küste, wobei sie eine Distanz von etwa zwei Meilen einhielt. Auf der letzten Fahrt hatte Turner Fastnet Rock in zwölf Meilen Entfernung passiert und danach eine Distanz von zehn Meilen zwischen Küste und Schiff eingehalten. Der Nebel und die U-Boot-Gefahr gaben den endgültigen Ausschlag bei seiner Entscheidung, den Sicherheitsabstand zu vergrößern, wodurch er auch jedes Risiko einer Kollision mit der *Juno* vermied. Turners Entschluß, Fastnet Rock und die irische Küste in einem Abstand von mindestens zwanzig Meilen zu passieren, zeugte sowohl von kluger Vorsicht wie von seemännischer Erfahrung.

Die Admiralitäts-Empfehlungen waren eine bunte Sammlung von Dokumenten, die einander zum Teil widersprachen. Stand in der einen, daß von Torpedos keine ernste Gefahr drohe, so hieß es in einer anderen, Unterseeboote operierten selten in Sichtweite der Küste, während eine dritte den Kapitän davor warnte, zu dicht an die Küste heranzukommen, da dies das Operationsgebiet der Unterseeboote sei. Diese Empfehlungen waren zum größten Teil das Produkt von Fishers »Menagerie von Wohltätigkeitsadmiralen«, und es gab niemanden in der Admiralität, der je die Verantwortung für die Führung eines Ozeanriesen von 41 000 Tonnen bei hoher Geschwindigkeit in feindlichen Gewässern getragen hätte. Wie die meisten Handelsschiffkapitäne seines Schlages behandelte Turner die Admiralitäts-Empfehlungen mit Geringschätzung. Die Schubkraft der *Lusitania* war so groß, daß viele der empfohlenen Ausweichmanöver eine physikalische Unmöglichkeit darstellten, während eine Kursänderung um neunzig Grad bei hoher Geschwindigkeit wahrscheinlich im Inneren des Schiffes Schäden in Höhe von einigen tausend Pfund verursacht und zu schweren Verletzungen unter den Passagieren geführt haben würde. Die meisten der Empfehlungen schienen für Schiffe von Fregattengröße gedacht zu sein und waren völlig unbrauchbar für einen Schiffskoloß von der Größe eines sechsgeschossigen Hotels, der mit Höchstgeschwindigkeit durch die Wellen pflügte.

Um 17 Uhr 30 machte sich Turner in Begleitung von Staff Captain Anderson auf einen Rundgang durch das Schiff. Zu dieser Zeit ruhten sich die Passagiere aus, schrieben Briefe oder begannen, sich zum Dinner umzukleiden. Die Maisonne wärmte nicht mehr, und die Decks waren fast leer. Diese Stunde liebte Turner besonders, denn es war jetzt, als hätte er das Schiff, das er so gern befehligte, fast ganz für sich allein. Er gedachte sich früh zurückzuziehen, da er nach alter Sitte am Donnerstagabend dem Konzert im Erster-Klasse-Rauchsalon beiwohnen mußte und die Nacht des 7. Mai, die gefährlichste Etappe seiner Reise, auf der Brücke zuzubringen beabsichtigte.

Kapitänleutnant Schwieger von U-20 vermerkte in seinem Logbuch, daß er sich um 14 Uhr südöstlich von Fastnet Rock befand, und fuhr dann auf einem Kurs in etwas über zwanzig Meilen Abstand zur Küste weiter, der fast identisch war mit dem, den Captain Turner sich für den Morgen des 7. Mai vorgenommen hatte. Gegen Abend hielt er mehr auf das Festland zu, und um 17 Uhr 30 sichtete er den 99 Tonnen großen Segelschoner *Earl of Lathom*, der ohne Ladung von Liverpool nach Limerick unterwegs war. Er tauchte auf, wies das Schiff durch sein Sprachrohr an, zu stoppen und forderte die Besatzung auf, in die Boote zu gehen und ihm die Schiffspapiere zu bringen. Die Besatzung tat das, und Schwieger versenkte das Schiff durch Granatbeschuß. Dieses geschah etwa zwölf Meilen südsüdwestlich vom Old Head of Kinsale, vor den Augen der Besatzungen mehrerer Kinsaler Fischerboote und eines kleinen Dampfers. Eines der Fischerboote näherte sich in dem Glauben, es handele sich um ein britisches Unterseeboot und bemerkte seinen Irrtum erst, als an Bord der *Earl of Lathom* die Granaten explodierten. Dann senkte sich der Nebel herab, der auch Captain Turner zu schaffen gemacht hatte, und als er sich kurz vor der Abenddämmerung wieder lichtete, griff U-20 etwa zwölf Meilen östlich von Kinsale einen weiteren Dampfer an. Der Dampfer entkam in den Nebel hinein, und Schwieger nahm wieder Kurs auf See, um die Nacht aufgetaucht und in einiger Entfernung von den Patrouillenzonen und üblichen Dampfschiffahrtswegen zu verbringen.

Beide Angriffe wurden Admiral Coke in Queenstown sofort gemeldet und die Berichte von diesem an die Admiralität weitergegeben. Unternommen wurde nichts.

Churchill traf kurz nach 21 Uhr in Paris ein und stieg aus nur ihm selbst bekannten Gründen als Mr. Spencer im Hotel Ritz ab. Admiral Fisher ging etwa um die gleiche Zeit zu Bett, und die Admiralität schien in einen Schlummer zu versinken, aus dem sie in Churchills Abwesenheit erst der Alptraum von Schwiegers Torpedo aufwecken sollte.

11

Churchills Reise nach Paris galt dem Abschluß eines Marine-
abkommens mit Italien, auf dessen Kriegseintritt an ihrer Seite die Alliierten mit Erfolg hingewirkt hatten. Churchills Bio-
graphen behaupten, diese delikaten Verhandlungen hätten
drei Tage in Anspruch genommen, aber das stimmt nicht.
Churchills Rolle bei den Verhandlungen war am späten Nachmittag des 6. Mai beendet, und es gab für ihn keinen Grund,
nicht zur Admiralität zurückzukehren. Er begab sich jedoch
zu Sir John French nach Nordfrankreich. Es ist wahrscheinlich, aber nicht restlos bewiesen, daß er zusammen mit French
eine Intrige zur Diskreditierung Kitcheners anzettelte, indem
er dem Korrespondenten der *Times* gegenüber die mangelhafte Versorgung der Westfront mit Granatenmunition zur Sprache brachte. Er fuhr jedenfalls in Begleitung des *Times*-Kor-
respondenten Repington nach Flandern hinauf, vernachlässig-
te seine Pflichten in der Admiralität und blieb von Freitag bis
Montag – also vom 7. bis zum 10. Mai – in Saint Omer bei
Calais zu dem angeblichen Zweck, sich das kostspielige Scheitern eines Angriffs der Truppen von Sir John auf die Höhe
von Aubers anzusehen, der am 9. Mai stattfinden sollte.
Für ihn war dies eine merkwürdige Zerstreuung, wenn man
bedenkt, daß er Fishers Gesundheitszustand und die Krisen-
situationen kannte, die sich in der Irischen See und an den
Stränden von Gallipoli entwickelt hatten. Man kann eigentlich nur von einer nicht zu rechtfertigenden Handlungsweise
sprechen, die an nebensächlicheren Auswirkungen zur Folge
hatte, daß seine Ministerkanzlei, als sie davon erfuhr, eiligst

und mit Bedauern Churchills Teilnahme an einer Dinnerveranstaltung am Abend des 7. Mai beim amerikanischen Botschafter absagen mußte. Das Dinner wurde zu Ehren von Colonel E. M. House gegeben, dessen erfolglose Mission als Präsident Wilsons persönlicher Friedensemissär sich ihrem Ende näherte, und Botschafter Walter Hines Page hatte dafür gesorgt, daß der Colonel, wenn er auch mit leeren Händen zurückkehrte, zumindest die beste Abschiedsparty bekam, die Londons geschwächte Society zu bieten hatte. Geladen waren außerdem Sir Edward Grey, Wickham Steed, der Auslandsredakteur der *Times*, und eine Anzahl von Notabeln, zu denen George Booth und Captain Reginald Hall zählten, sowie, auf spezielles Ersuchen von House, Lord Mersey, den für Schiffsuntergänge zuständigen Beauftragten des Vereinigten Königreichs, und F. E. Smith, der gerade zum Zweiten Kronanwalt ernannt und in den Adelsstand erhoben worden war.

House war mit seiner Mission gescheitert, als er in seine Vorschläge ein Konzept, genannt »Freiheit der Meere« einfügte – die Handelsschiffahrt aller Nationen sollte von allen An- und Eingriffen frei sein. Dies hieß, daß sowohl Deutschland wie England Handel treiben konnten, wie und wo sie wollten, und das gesamte Konzept der Blockade hätte aufgegeben werden müssen. Die Seestreitkräfte der einzelnen Länder hätten sich darauf konzentrieren müssen, sich gegenseitig zu bekämpfen, anstatt eine Blockade aufzuziehen und den Welthandel zu behindern. Das war ein überraschender Vorschlag, der, wenn er ehrlich befolgt worden wäre, innerhalb von Wochen zu einem europäischen Waffenstillstand geführt hätte. Außerdem hätte er die neutralen Lieferanten von Kriegsmaterial bereichert, die ihre Ware buchstäblich an den Meistbietenden hätten versteigern können. Die Deutschen unterstützten die Idee energisch; Präsident Wilson tat dies ebenfalls.

In Großbritannien war Sir Edward Grey, der Außenminister, zwar persönlich davon angetan, aber politisch, so erklärte er House, war die Sache völlig inakzeptabel. House beschloß, sein Konzept der weiteren Bearbeitung durch Denker und Publizisten wie Lord Loreburn, einen früheren Lordkanzler, Lord Mersey und die leitenden Herren des *Daily Chronicle* und des *Economist* zu überlassen. Er glaubte, wenn der Gedanke öffentlich ventiliert werde, bestehe die Chance, daß eine des Gemetzels in Frankreich müde Bevölkerung eine Lösung erzwingen werde. Dies war ein bescheidenes Beispiel für politische Beeinflussung, und House organisierte eine Lobby, die zwar sehr beredt war, aber über wenig Macht verfügte. Dies hing im wesentlichen damit zusammen, daß er so gut wie keine Ahnung hatte, was in England außerhalb der Salons von Mayfair und der Clubs von Pall Mall vorging.

Page war gegen die Idee. Er war viel zu sehr von der britischen Vorstellung erfüllt, daß der deutsche Militarismus ein für allemal zerschmettert werden müsse, um der Sache auch nur seine stillschweigende Unterstützung zu leihen. Er glaubte, Frieden könne nur auf den Trümmern von Berlin geschlossen werden, und selbst dann werde Amerika ein gewichtiges Wort mitreden müssen, damit der Militarismus nie wieder sein Haupt erhob. Bevor sich jedoch der Dialog zwischen Page und House richtig entwickelte und die Lobby ihre Kampagne starten konnte, ging das Konzept, von Kapitänleutnant Schwieger versenkt, spurlos unter.

Der frühe Morgen des 6. Mai brachte für U-20 dichten Nebel, und das Logbuch gibt eine Sichtweite von 30 Metern an. Bis 6 Uhr 30 hatte sich der Nebel etwas gelichtet, wenn auch hier und da noch dichte Schwaden hingen, die die Morgensonne nicht zu durchdringen vermochte. Um 7 Uhr lief der Dampfer *Candidate* der Harrison Linie, aus einer Nebelbank herauskommend, U-20 über den Weg. Das Schiff führte sofort ein Ausweichmanöver aus, und Schwieger feuerte zwei Schüsse aus seiner Bordkanone ab, dann hüllte der Nebel beide Fahrzeuge ein. Eine halbe Stunde später hob sich der Nebel, und U-20 befand sich etwa 50 Meter von der *Candidate* entfernt. Zwei Granaten brachten die *Candidate* dazu, beizudrehen, und der Besatzung wurde gestattet, das Schiff zu verlassen. Menschen kamen nicht zu Schaden, und das Prisenkommando

Captain Turner auf der Brücke der *Lusitania*

2 Jungfernreise 1907

Das Bootsdeck. Aufnahme vor 1910. Die zusätzlichen Klappboote unter den anderen Rettungsbooten waren noch nicht eingebaut.

4 Winston Churchill
und Lord Fisher
nach einer Sitzung
des Imperial Defence
Comittee 1913

5 Alfred Booth,
Chairman
von Cunard

6 Captain
  Guy Gaunt

7 Captain
  Reginald Hall,
  Director of Naval
  Intelligence.
  Aufnahme aus dem
  Jahre 1919

8 Kapitän
Franz von Papen
Militärattaché der
Kaiserlichen Botschaft
in Washington

9 Kapitänleutnant
Schwieger

10 U-20
mit Besatzung

11 Das »Nervenzentrum« von U-20

U-20. Rechts auf dem Turm Kapitänleutnant Schwieger

Schwieger versenkt ein Frachtschiff

14 William Jennings Bryan, der amerikanische Außenminister (links) und Robert M. Lansing, Counsellor beim State Department, im Juli 1915

15 Einige Offiziere der *Lusitania* während der Untersuchung in London im Juni 1915: W. A. Bestic, Junior Third Officer, Rowland Jones, First Officer, und J. I. Lewis, Senior Third Officer (von rechts nach links).

5 Der Treffer: Nach einem Aquarell von Carl Engelin

17/18 Funksprüche zwischen der *Lusitania* und der W/T-Station Valentia in der Zeit vom 6. Mai 1915, 19 Uhr 30, und dem 7. Mai, 14 Uhr 11. Beglaubigte Kopie der Funkkladde von Valentia im Besitz von Lord Mersey.

LOG OF WIRELESS SIGNALS ~~RECEIVED~~ sent to and received from ~~AT THE~~ STATION.

S.S. Lusitaria

Date and Time	From	To	Speed	Strength	Wave length in feet	SIGNAL

6.5.16
P.m.
7.50 GCK CQ — Following from Admiral

... ... seas off south coast of Ireland ends.

7.32 GCK CQ — offer Admiralty message.
7.36 followed GCK ‡ please repeat. gra? ("mta" sent once quickly)

GCK call
7.57 GCK made — Sent following message 19 Words.
To — Alfred Vanderbilt S.L.
Lusitania Valencia. Hope you have safe crossing looking forward very much seeing you soon. May ...
Farewell
RR. K. (Admt.)

1.8.0 his call — Sent following mge to a.B. mL.
8.5 GCK his call — Homeward bound. Following from Admiral R ueenstown begins

(‡ Though no call sign was used it is definitely known the ship was mta)

bjuale etrston gauegb rgaceg olpfww osfohe uamwhn aazozg phitgw kowfeg dubwob juahes ulhtlp plgmuz heaffw tflici afoio mtllow ... ganelli aunegd xgeorm lwegs wslhvp ousfiy eyffwm noghas oiooto ... wveoof padjoh etzgia xushto ends ooos.
RR. (Admt.)

8.8 hd made.
7-5-15.
11.2 am GCK mta — Sent following mge 13 words to mta

Zu beachten ist besonders die Nachricht im Marine Code, die Admiral Coke um 11 Uhr 02 senden ließ. Der Schlüssel für die anderen Funksprüche (MV-Code, Serie 1) ist auf Seite 333 abgedruckt.

19 Lord Mersey, 1912

20 D. McCormick,
der zweite Funker
der *Lusitania*

21 Die britische Propagandafälschung der deutschen *Lusitania*-Medaille

22 Schwimmgürtel der *Lusitania*

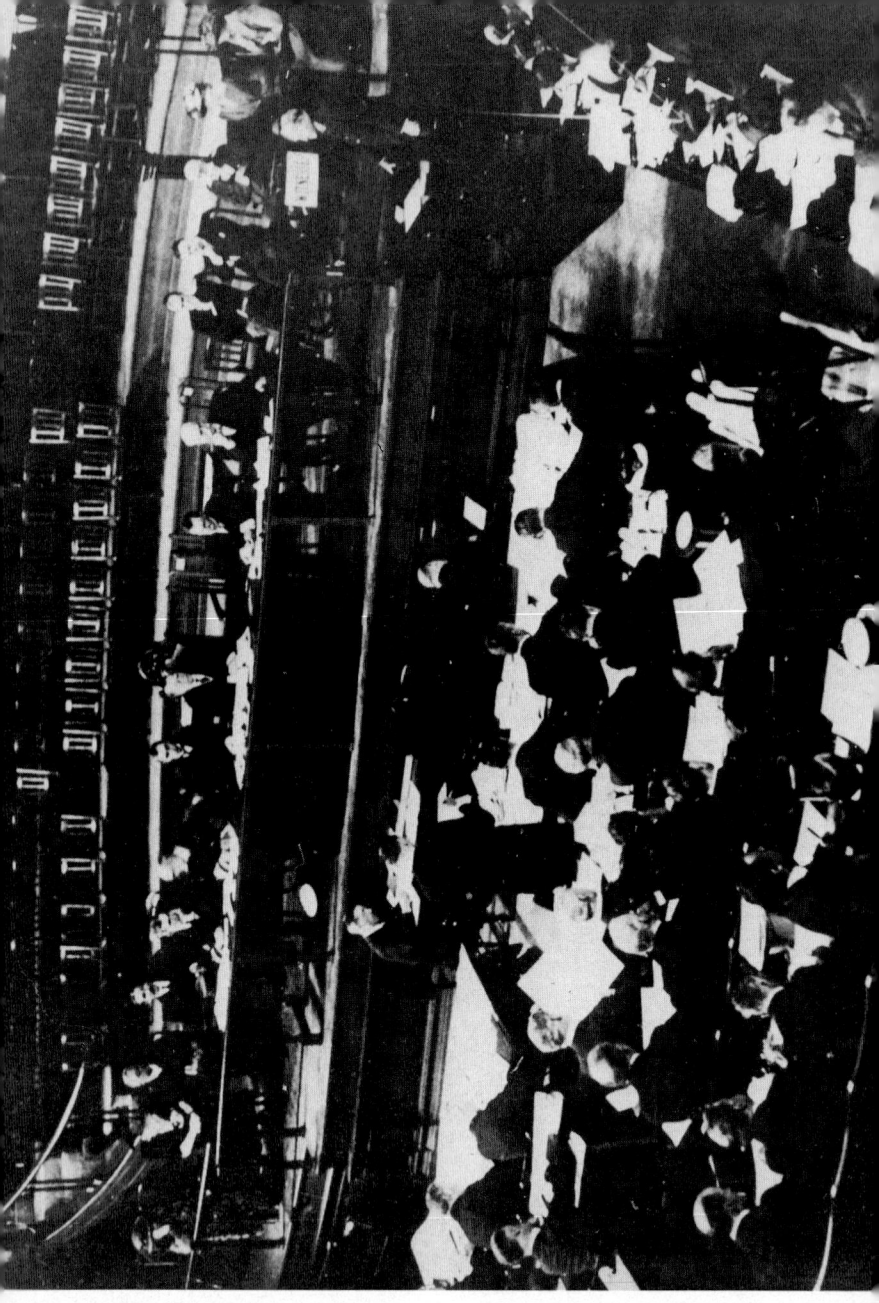

23 Der erste Tag der offiziellen Untersuchung in Westminster am 15. Juni 1915. Captain Turner wird von Sir Edward Carson befragt. Den Vorsitz führt Lord Mersey

von U-20 kam um 8 Uhr 30 an Bord und verließ das Schiff nach einer Stunde. Dann setzte sich das U-Boot eine Viertelmeile weit ab und schoß einen Torpedo in das Schiff, das jedoch nicht sank. Schwieger fuhr wieder näher heran und bohrte die *Candidate* mit einem Dutzend Granaten aus seinem Geschütz um 11 Uhr 25 in den Grund. Die Besatzung wurde von einem Patrouillenboot übernommen, das sich auf seine Rettungsaktion konzentrierte und das U-Boot nicht angriff. Schwieger seinerseits ließ das Patrouillenboot unbehelligt davonfahren.

Eine Stunde später unternahm U-20 einen vergeblichen Angriff auf einen White-Star-Dampfer, der in die Nebelbänke hinein entkam, und um 13 Uhr begegnete das Unterseeboot dann der *Centurion*, einem Schwesterschiff der *Candidate*. Schwieger torpedierte sie ohne vorherige Warnung, und der Torpedo traf im Vorschiff unter der Brücke. Die Besatzung verließ das Schiff, und wiederum kam niemand zu Schaden. Der Torpedo brachte das Schiff nicht zum Sinken, und so mußte U-20 noch einmal heranfahren und feuerte diesmal auf kürzeste Entfernung einen zweiten Torpedo. Trotzdem vergingen eine Stunde und zwanzig Minuten, bis die *Centurion* gesunken war.

Die *Centurion* war seit fast zwei Wochen das erste Schiff, das ohne Vorwarnung versenkt wurde, und in diesem Zusammenhang müssen einige Punkte erwähnt werden, die für die Geschichte der *Lusitania* von Belang sind. Der erste und möglicherweise bedeutsamste Punkt ist der, daß immer und immer wieder der erste deutsche Torpedo sein Opfer nicht zum Sinken brachte. Aus diesem Grund zogen die meisten U-Boot-Kommandanten den Überwasserangriff und die Verwendung ihres Geschützes vor. Damit ein Torpedo traf, mußte sich das Unterseeboot mindestens auf gleicher Höhe mit dem anderen Schiff befinden und nahezu völlig auf Parallelkurs liegen. Betrug der Auftreffwinkel nicht annähernd neunzig Grad, explodierte ein Torpedo nur selten, und selbst wenn er explodierte, brachte der angerichtete Schaden das Schiff in vielen

Fällen nicht zum Sinken. Schwieger vermerkte in seinem Logbuch, daß seine Torpedos bei Schiffen, deren Schotten und wasserdichte Luken richtig geschlossen waren, so gut wie nichts ausrichteten. Die Tatsache, daß von Rosenberg von U-30 sich strikt an die Seefahrtsregeln gehalten zu haben schien, mag den maßgeblichen Leuten in der Admiralität ein falsches Gefühl der Sicherheit eingegeben haben. Vielleicht glaubten sie, die Deutschen benähmen sich wie Gentlemen, obwohl der Öffentlichkeit jedesmal eine ganz andere Geschichte aufgetischt wurde. So wurde zum Beispiel weithin die Nachricht verbreitet, die Besatzung der *Candidate* habe inmitten eines Granathagels in die Boote gehen müssen,[1] und die Tatsache, daß U-20 ihre Übernahme durch völlige Passivität gestattet hatte, wurde überhaupt nicht erwähnt.

Von Rosenberg und Schwieger waren keine Tugendengel, aber sie waren auch keine Piraten. Der Befehl, Schiffe ohne Warnung zu versenken, war ihnen beiden zutiefst zuwider, und wann immer sie keine Gefahr für ihre Boote sahen, hielten sie sich ausnahmslos an die Seefahrtsregeln. Sie hatten ein als Opfer ausersehenes Schiff jedesmal zum Stoppen aufgefordert, wenn sie überzeugt waren, daß es nicht bewaffnet war. Beim geringsten Zweifel oder bei Gefahr allerdings erfolgte ein Torpedoangriff ohne Warnung. Das Prisenkommando von U-20 hatte entdeckt, daß die *Candidate* über zwei mit Sandsäcken geschützte MG-Stände und am Heck über ein Sechs-Pfünder Geschütz verfügte. Die Folge war, daß mit ihrem Schwesterschiff *Centurion* kurzer Prozeß gemacht wurde. Beide Unterseeboote, U-20 und U-30, führten die Standardausgaben von *Jane's Fighting Ships* und *The Naval Annual* mit, und U-20 hatte außerdem einen Mann an Bord, der im Zivilberuf Lotse war und nebenher den Kommandanten bei der Identifizierung von Schiffen zweifelhafter Nationalität unterstützen sollte.

Schwieger war ein vorsichtigerer Seemann als von Rosenberg und weniger geneigt, von einem potentiellen Angriffsziel anzunehmen, daß es unbewaffnet war. Seine Personalakte deutet darauf hin, daß er sowohl rücksichtsloser wie argwöhnischer war. Auf einer früheren Fahrt hatte er ohne Warnung ein Lazarettschiff angegriffen und, obwohl der Torpedo sein Ziel verfehlte, seine Handlungsweise in seinem Bericht damit gerechtfertigt, daß das Schiff von England auslief, folglich keine Verwundeten an Bord haben konnte und deshalb als gewöhnliches Schiff zu betrachten war. Im besten Fall eine fadenscheinige Logik. Frischer war seine Erinnerung an die letzte Fahrt, als er in der Nordsee aufgetaucht war, um ein Schiff zu stoppen, und ein Schnelltauchmanöver durchführen mußte, weil er sonst gerammt worden wäre. Das Manöver war zwar geglückt, aber er hatte mit schwer beschädigtem Sehrohr nach Hause kriechen müssen, und jedesmal, wenn er tauchte, war Wasser durch die Fugen gedrungen. Vier seiner Kameraden, Kommandanten von U-Booten, waren in den letzten neun Wochen getötet worden, und auf dieser Fahrt war er entschlossen, kein ungerechtfertigtes Risiko einzugehen. Er rechnete damit, daß seine drei Angriffe zwischen Kinsale und dem Eingang zum St.-Georgs-Kanal binnen kurzem eine allgemeine Jagd auf ihn auslösen würden. Am Nachmittag des 6. Mai, kurz nach der Versenkung der *Centurion*, bestimmte er seine Position mit zwanzig Meilen genau südlich vom Feuerschiff *Coningbeg*, stellte einen Ausguck aus und blieb über Wasser, während er inzwischen einen schriftlichen Lagebericht anfertigte. Dieser ist in seinem Kriegstagebuch überliefert.

Ein weiteres Vordringen nach Liverpool, dem eigentlichen Operationsgebiet, aus folgenden Gründen aufgegeben:

1. Bei dem dicken Nebel während der beiden letzten Tage, der Windstille und dem Barometerstand ist nicht zu erwarten, daß es während der nächsten Tage klarer wird.
2. Bei unsichtigem Wetter ist ein rechtzeitiges Sehen der zu erwartenden starken feindlichen Bewachung im Georgs-Kanal und der Irischen See, Fischdampfer und Zerstörer, nicht möglich, daher dauernd Gefahrsituation bzw. Unterwasserfahrt.
3. Bei nicht ganz klarer Nacht ist ein Aufpassen über Wasser vor Liverpool auf auslaufende Transporter ausgeschlossen, da beglei-

tende Zerstörer nicht rechtzeitig ausgemacht werden können und anzunehmen ist, daß etwaige Transporter nachts Liverpool verlassen und begleitet werden.

4. Auf dem Marsch bis zum Georgs-Kanal ist der Verbrauch an Treiböl bereits so groß geworden, daß eine Rückkehr von Liverpool südlich um Irland herum nicht mehr möglich wäre. Ich will den Rückmarsch antreten, wenn $^2/_5$ vom Treiböl verbraucht sind, will den Marsch durch den Nordkanal, wenn irgend möglich, vermeiden wegen der Art der Bewachung, die U 20 auf der letzten Fernfahrt dort oben angetroffen hat.

5. Es stehen nur noch 3 Torpedos zur Verfügung, von denen ich nach Möglichkeit zwei für den Rückmarsch aufbewahren will.

Es wird daher beschlossen, südlich vom Eingang zum Bristol-Kanal zu bleiben und Dampfer anzugreifen, bis $^2/_5$ vom Treiböl verbraucht sind, zumal da hier größere Angriffsgelegenheit bei weniger Gegenwirkung anzutreffen ist, als in der Irischen See bei Liverpool.[2]

Um 18 Uhr vermerkte Schwieger in seinem Logbuch, daß der Nebel die Sichtweite wieder auf dreißig Meter heruntergedrückt hatte und daß er das Feuerschiff *Coningbeg* nicht mehr sehen konnte. Er beschloß, auf vierundzwanzig Meter zu tauchen und über Nacht auf die offene See zuzuhalten, um in größerer Entfernung von dem Feuerschiff seine Batterien wieder aufladen zu können.

Die Admiralität erfuhr als erste Stelle von den Angriffen von U-20, nahm sich aber mit der Weiterleitung der Nachricht Zeit und ordnete keine Gegenmaßnahmen an. Lethargie schien sie befallen zu haben. Bis dahin waren immer schnellstens Geleitschiffe von Milford Haven nach Fastnet Rock geschickt worden, auch wenn nur ein Transport mit Mauleseln geschützt werden sollte, und die Umleitung der *Transylvania* und der *Ausonia* nach Queenstown beim ersten Anzeichen der Anwesenheit eines U-Boots deutet auf die übliche prompte Reaktion des Kriegsstabs bei Gefahr in diesen Gewässern hin. Die englischen Meldungen wurden auf der Kriegskarte eingetragen, und Kopien gingen an jeden Sea Lord sowie an die Leiter der Operations-, Nachrichten- und Handelsabteilung. Jeder dieser drei Männer konnte die Entsendung eines Geleitschiffes beantragen, und der Leiter der Handelsabteilung, zu dessen Dienstbereich die *Lusitania* gehörte, konnte von sich aus eine Umleitung nach Queenstown befehlen, wie er dies im Falle der *Transylvania* und der *Ausonia* getan hatte. Der Einsatz von U-Boot-Abwehrkräften, die in Milford Haven oder in Häfen an der Westküste stationiert waren, hätte von den Sea Lords oder von mindestens zwei Mitgliedern des Inneren Stabs angeordnet werden müssen.

Die Nachricht von der Versenkung der *Candidate* traf am 6. Mai um 11 Uhr bei der Admiralität ein, Admiral Coke in Queenstown wurde aber erst am darauffolgenden Tag um 10 Uhr 59 davon unterrichtet. Doch selbst in Unkenntnis des Schicksals der *Candidate* und der *Centurion* erschien Coke die Lage so ernst, daß er etwas unternehmen zu müssen glaubte. Er durfte ohne Rücksprache mit der Admiralität keinem nicht unter seinem Kommando stehenden Schiff Anweisungen erteilen. Er war außerdem dadurch gehandikapt, daß es ihm nicht erlaubt war, ganz spezifische Meldungen über seine Funkstation auszusenden. Seine Funsprüche durften nur »allgemeiner und negativer Art« sein. In seinen Admiralitäts-Instruktionen hieß es ausdrücklich: »Beordern Sie kein Schiff in eine bestimmte Zone, sondern deuten Sie nur an, daß gewisse Zonen unsicher sind.«[3] Der Grund: die Admiralität befürchtete, die Deutschen könnten die Funksprüche auffangen und entschlüsseln und dann die angegebenen Gebiete ansteuern.

Um 19 Uhr studierte Coke die während des Tages eingegangenen Meldungen von U-Boot-Sichtungen, und da er an das Schicksal der *Earl of Lathom* denken mußte, beschloß er, die *Lusitania* nach bestem Vermögen zu warnen. Sein Funkspruch erreichte Captain Turner um 19 Uhr 50, als er sich gerade zum Dinner und zum Konzert hinunterbegeben wollte: »Unterseeboote vor der Südküste Irlands.« Auch Turner waren die Hände gebunden. Er durfte nur auf ausdrückliche Anweisung der Admiralität oder eines britischen Kriegsschiffs von seinem Kurs abweichen. Im Augenblick war er durch seine Instruktionen angewiesen, Liverpool auf einem Kurs südlich um

Irland herum anzulaufen. Die einzige Alternative wäre ein Kurs an der Westküste entlang und um die Nordküste herum gewesen, aber ohne Befehle konnte er den nicht einschlagen. Er hoffte, am nächsten Tag bei Morgengrauen die *Juno* zu sichten, und erwartete, daß sie ihn entweder auf die nördliche Umfahrt schicken oder nach Queenstown dirigieren würde, falls weiterhin U-Boot-Gefahr bestand.

Der Funkspruch war die erste direkt für sie bestimmte Nachricht, die die *Lusitania* empfing. Kurz nach Mittag war bereits eine allgemeine Admiralitäts-Anweisung an alle die Heimat ansteuernden britischen Schiffe eingegangen und bestätigt worden. Sie hatte die *Lusitania* nur insofern betroffen, als es im letzten Satz hieß: »Unterseeboote vor Fastnet Rock«. Turner hatte daraufhin seine Fahrtgeschwindigkeit soweit reduziert und seinen Kurs soweit geändert, daß er Fastnet Rock bei Dunkelheit und in gut fünfundzwanzig Meilen Abstand passieren würde. Weiter auf See hinaus wagte er sich nicht, weil sonst die Gefahr bestand, daß er sein Rendezvous mit der *Juno* verpaßte. Er hatte noch andere Vorsichtsmaßnahmen getroffen. Alle Rettungsboote wurden in ihren Davits ausgeschwenkt, die Planen entfernt, Ruder und Notvorräte überprüft. Man hatte Doppelausgucks postiert und alle für den Betrieb des Schiffes entbehrlichen wasserdichten Türen und Schotten geschlossen. Die Stewards waren angewiesen worden, in den Passagierunterkünften alle Bullaugen zu verdunkeln, und die Passagiere selbst waren gebeten worden, kein unnötiges Licht anzuzünden. Viel mehr konnte Turner nicht tun – außer sich zum Dinner zu den Passagieren hinunterzubegeben.

Cokes Warnung an die *Lusitania* wurde auch der Admiralität zugeleitet und ist dort der Eintragung zufolge um 19 Uhr 25 eingegangen. Damit wurde nur die Tatsache unterstrichen, daß sich der Mann an Ort und Stelle um die *Lusitania* Sorge machte. Obwohl diese Sorge fast international war, scheint sie nicht bis zur Admiralität durchgesickert zu sein, die ihr kollektives Fernrohr offenbar nur an ihr blindes Auge hielt. Captain Webb von der Handelsabteilung unternahm nichts. Captain Hall vom Nachrichtendienst dinierte in Greenwich, Admiral Oliver war im United Services Club, Churchill nahm in Paris ein frühes Souper ein, ehe er nach Calais fuhr, und der ranghöchste Offizier im Amt, Lord Fisher, war erschöpft und von Sorgen geplagt zu Bett gegangen.

In der amerikanischen Botschaft schrieb Walter Hines Page an seinen Sohn, und in seinem zweiten Brief in dieser Woche breitete er seine düsteren Ahnungen aus. Am 2. Mai hatte er geschrieben: »Frieden? Gott weiß, wann! Ich rechne fast mit so etwas [. . .] Wenn nun ein britischer Dampfer voller amerikanischer Passagiere in die Luft fliegt, was wird Uncle Sam dann tun? So wird's kommen.«[4] Nun schrieb er, um seinem Sohn die bevorstehende Rückkehr von House mitzuteilen, und er kam dabei auf seine früheren Vorahnungen zurück: »Wir haben hier alle das Gefühl, daß immer mehr schreckliche Dinge geschehen werden.«[5]

Im Rauchsalon der *Lusitania* erhob sich Captain Turner von seinem Platz. Es war üblich, daß der Kapitän bei solchen Anlässen eine kurze Rede hielt, aber an diesem Abend war es etwas anderes, denn alle Passagiere teilten Pages Gefühl, und einige hatten sich persönlich an Turner gewandt. Sie hatten das Ausschwenken der Boote beobachtet, das Verdunkeln ihrer Kabinen zur Kenntnis genommen. Sie hatten die Bitte des Kapitäns akzeptiert, nicht nach dem Dinner draußen an Deck ihre Zigarren anzuzünden, und ihnen allen war nicht entgangen, daß die *Lusitania* langsamer fuhr. Und nun wollten sie wissen: Was geht vor? Turner sagte, es sei eine U-Boot-Warnung eingegangen, und er habe die Geschwindigkeit des Schiffes so weit herabgemindert, daß man Fastnet Rock während der Nacht oder im frühen Morgengrauen passieren werde. Er betonte, dies alles seien Routinemaßnahmen, und am Morgen würden die Passagiere einen Kreuzer auf gleicher Höhe vorfinden, der sie planmäßig nach Liverpool geleiten werde. »Wenn wir morgen in das Kriegsgebiet einfahren«, schloß er, »befinden wir uns im sicheren Schutz der Royal Navy.«[6]

Als der nächste Morgen heraufdämmerte, war Turner auf der Brücke. Es war Freitag, der 7. Mai. Über Nacht hatte sich der Nebel wieder herabgesenkt, und die Sichtweite betrug nur noch dreißig Meter. Irgendwo voraus vermutete Turner die *Juno*, und Fastnet Rock mußte er inzwischen passiert haben. Er durfte sich jedoch nicht blindlings auf seine Berechnungen verlassen, und so ging er auf fünfzehn Knoten herunter und begann das Nebelhorn einzusetzen. Die Sirene heulte durch den Nebel, ein klagender Ruf, der für die *Juno* bestimmt war, doch der Kreuzer hielt bereits hundert Meilen weiter östlich auf den Hafen von Queenstown zu, in den er um Mittag einlaufen sollte. Hundertzwanzig Meilen voraus von der *Lusitania* stand Schwieger auf dem Kommandoturm von U-20, während die Batterien des Bootes aufgeladen wurden und der Nebel um ihn her wogte und wirbelte. Wenn die Batterien aufgeladen waren und das Wetter sich bis dahin nicht geändert hatte, wollte er Kurs auf Fastnet Rock nehmen und um Irland herum die Heimfahrt antreten.

Beide Schiffsführer, Turner wie Schwieger, stellten zusätzliche Ausgucks aus und begaben sich dann hinunter, um zu frühstücken.

Colonel House suchte kurz nach dem Frühstück Sir Edward Grey auf. Um Mittag sollte House eine Audienz bei König Georg V. haben, und Grey wollte ihn begleiten. Grey hatte ihn gebeten, früh zu kommen, da er die Gelegenheit zu einem »kurzen Gespräch« zu nutzen gedachte. House war überrascht, als bei seinem Eintreffen im Foreign Office Greys Wagen vor der Tür stand und Sir Edward unten in der Halle auf ihn wartete. Grey faßte ihn am Arm und sagte, es verspreche ein so schöner Maimorgen zu werden, daß er sich gedacht habe, es sei eine gute Idee, in die Kew Gardens zu fahren, um sich die Mandelblüte anzusehen. Sie trafen kurz vor 10 Uhr dort ein.

Sir Edward und House, beide im Gehrock, der für königliche Audienzen vorgeschrieben war, schritten durch das taufeuchte Gras. Die Sonne war herausgekommen, und Sir Edward, ein bekannter Ornithologe, bedeutete House mit einem Handzeichen, stehenzubleiben und dem Gesang einer Amsel zu lauschen. Als der Vogel geendet hatte, bemerkte er: »Diese Stimme werden Sie in Texas nicht hören.« Danach geriet die Konversation etwas ins Stocken. Grey erzählte House ein wenig zögernd von seinem Garten in Northumberland, den er gewissermaßen von London aus hatte planen und anlegen müssen. Er bedauerte es, daß er ihn in den letzten fünfzehn Jahren nie zur Blütezeit hatte besuchen können. House erinnerte sich später, er habe einige Momente lang den etwas albernen Eindruck gehabt, er hätte es mit einem schüchternen Jüngling zu tun, der sich nicht recht entschließen kann, seiner Angebeteten einen Antrag zu machen. Er versuchte das Gespräch behutsam auf aktuellere Themen zu lenken. Da hielt Grey plötzlich inne und sagte unvermittelt: »Was wird Amerika tun, wenn die Deutschen einen Ozeandampfer mit Amerikanern an Bord versenken?« House blieb stehen und dachte einen Augenblick nach. Inmitten des Vogelgezwitschers versuchte er seine Erwiderung zu formulieren. Seine Worte abwägend, sagte er: »Ich glaube, eine Flamme der Empörung würde die gesamten Vereinigten Staaten erfassen, und dies allein würde genügen, um uns in den Krieg eintreten zu lassen.«[7] Diese Antwort schien Sir Edward die Zunge zu lösen, denn danach sprach er freimütig und ohne Stocken und bedauerte, daß aus Houses Plan einer »Freiheit der Meere« nichts geworden sei. Er ließ keinen Zweifel daran, daß das unbedingte Nein Kitcheners und Churchills den Gedanken hatte scheitern lassen.

In Queenstown verfolgte Admiral Coke die Lageentwicklung mit wachsender Sorge. Seit Morgengrauen waren vier verschiedene Sichtungen von U-20 gemeldet worden, und um 9 Uhr 20 wurde er von der Versenkung der *Centurion* am Vortag informiert. Um 10 Uhr 59 ging die Nachricht von der Versenkung der *Candidate* ein und wenige Minuten später folgte ein an alle britischen Schiffe gerichteter Funkspruch der Admiralität, der Cokes Warnung vom Abend zuvor aufgriff:

»U-Boote im südlichen Teil des Irischen Kanals zuletzt gemeldet 20 Meilen südlich Feuerschiff *Coningbeg* sicherstellen daß *Lusitania* dies erfährt.« Die Positionsangabe war inzwischen vierundzwanzig Stunden alt, und obwohl Cokes spätere Sichtungen sämtlich an die Admiralität weitergeleitet worden waren, schien man dort von Trägheit erfaßt zu sein. Keine Richtlinien, keine Instruktionen, keine Korrekturen der U-Boot-Position wurden ausgegeben.

Die allgemeine Warnung »an alle britischen Schiffe« wurde der *Lusitania* übermittelt und von ihr um 11 Uhr 52 bestätigt.

Um 11 Uhr hatte sich Schwieger endgültig entschlossen, die Heimfahrt anzutreten, und tauchte, nachdem er vor dem Eingang zum Hafen von Queenstown eines von Cokes Patrouillenschiffen gesichtet hatte. Er wollte bis Mittag auf Tauchstation bleiben und dann rasch durch das Sehrohr die Lage beurteilen. Im Westen lichtete sich der Nebel, und Captain Turner erhöhte seine Geschwindigkeit auf achtzehn Knoten. Der Funkspruch, der ein Unterseeboot zwanzig Meilen südlich des Feuerschiffs *Coningbeg* meldete, gab ihm ein Problem auf. Diese Position lag genau in der Mitte des Eingangs zum St.-Georgs-Kanal, und er sollte einen Kurs längs der Mitte des Kanals steuern. Turner hielt dies für die wahrscheinlichste Stelle, an der die Deutschen ihm auflauern mochten. Beklommen suchte er den Horizont nach der *Juno* ab, doch es zeigte sich kein Schiff. Er mußte im Nebel an dem Kreuzer vorbeigefahren sein. Die Küste von Irland war noch immer eine verschwommene Linie am Horizont, und er nahm eine geringfügige Kursänderung vor, die ihn etwa eine Meile näher an sie heranbringen sollte, damit er seine Position genau bestimmen konnte. Wenn er zwischen den Untiefen und Felsen von Coningbeg mit einem U-Boot Katz und Maus spielen sollte, mußte er genau wissen, wo er sich befand, und nach der Atlantiküberfahrt auf »blinde Berechnung« konnte er sich seiner Position nur auf zwanzig Meilen genau sicher sein. Auch bestand die Gefahr, daß er abermals in Nebel geriet bei einer gefährlichen Küste an Backbord und den Bergen von Wales voraus. Unter solchen Bedingungen wollte er nicht auf gut Glück nach dem schmalen Eingang zum St.-Georgs-Kanal suchen müssen. Coke war damit beschäftigt, die genauen Positionen seiner einzelnen Schiffe zu ermitteln. Er stellte fest, daß er insgesamt neun Fischerboote von der Auxiliary Patrol, zwei Motorboote und die Jacht *Scadaun* zur Verfügung hatte, das Ganze über ein Gebiet von fast 200 Meilen verstreut. Die *Scadaun* geleitete den Hilfsschlepper *Hellespont* von der Gegend um Fastnet Rock nach Queenstown, und die *Hellespont* verfügte über Funk. Er beschloß, die *Scadaun* von dem Schlepper abzuziehen und sie zu beauftragen, das Gebiet zwischen Fastnet Rock und Queenstown nach U-Booten abzusuchen.

Alfred Booth hielt sich im Cunard-Büro in Liverpool auf und las in der Morgenzeitung von der Versenkung der *Centurion* und der *Candidate*. Er hatte die gleiche Vorahnung einer Gefahr wie Captain Turner und eilte sofort zu Admiral Stileman, dem Senior Naval Officer von Liverpool, und verlangte, daß man die *Lusitania* warnte. Booth wollte später nicht genau angeben, was ihm Stileman versprochen hatte, aber er verließ seinen Amtssitz in der Überzeugung, daß die *Lusitania* nach Queenstown umgeleitet werden sollte. Er telefonierte mit seinem Vetter George und teilte ihm dies mit, und George Booth sandte ein Telegramm an Paul Crompton an Bord der *Lusitania*, das ihm vom Cunard-Büro in Queenstown aus zugestellt werden sollte.[8] Er wies Crompton darin an, in Queenstown von Bord zu gehen und über Fishguard mit dem Postdampfer direkt nach London zu reisen. Bis zu seinem Tode gab Alfred Booth lediglich zu, daß Stileman sich bereit erklärt hatte, gewisse Schritte zu unternehmen, daß die Tragödie jedoch eingetreten sei, ehe sie durchgeführt werden konnten.

Etwa um 11 Uhr will Coke sowohl mit der Admiralität wie mit Admiral Stileman in Liverpool gesprochen haben. Was gesagt wurde, ist nicht aufgezeichnet, aber Coke hat angegeben, er habe um die Erlaubnis gebeten, die *Lusitania* nach

Queenstown umleiten zu dürfen, und keine eindeutige Anweisung bekommen können. Man sagte ihm, er solle sicherstellen, daß die *Lusitania* den Admiralitäts-Funkspruch an alle britischen Schiffe empfing, der von der Sichtung eines Unterseeboots zwanzig Meilen südlich des Feuerschiffs *Coningbeg* berichtete.

Der Schlepper *Hellespont* war ein *merchant fleet auxiliary*, ein aus der Handelsmarine stammendes Hilfskriegsschiff, wie die *Lusitania*, und wurde im Funkjargon gleich dieser abgekürzt als M. F. A. bezeichnet. Unglücklicherweise hatte die *Lusitania* das Rufzeichen MFA. Coke wünschte den Schlepper davon in Kenntnis zu setzen, daß sein Geleitschiff *Scadaun* abgezogen wurde, um nach Unterseebooten zu suchen, und daß er selbst so schnell wie möglich Queenstown anlaufen sollte. Das Geleitschiff war dem Schlepper von der Admiralität beigegeben worden, und Coke hätte es nicht ohne Einverständnis der Admiralität abziehen können. Vielleicht ersuchte Coke die Admiralität um die Erlaubnis, das MFA nach Queenstown umzuleiten. Eine positive Erklärung ist unmöglich, und man sieht sich auf Mutmaßungen angewiesen, da, nach Angaben des Leiters der Admiralty Archives, zwei Funksprüche im Admiralitäts-Funkspruchregister für den 7. Mai fehlen. Die Admiralität hat jedoch vor vier Gerichtshöfen bestritten – und bestreitet nach siebenundfünfzig Jahren noch heute –, daß am 7. Mai um 11 Uhr 02 irgendein verschlüsselter oder sonstiger Funkspruch an die *Lusitania* abging. Glücklicherweise existiert eine beglaubigte Kopie der Funkkladde der Marinestation Valentia, aus der eindeutig hervorgeht, daß die *Lusitania* um 11 Uhr 02 einen an MFA gerichteten, aus zwei Worten bestehenden Funkspruch im Marine-Code empfing, der von der *Lusitania* umgehend mit dem für diesen Tag gültigen Codewort »Westrona« bestätigt wurde (siehe Abb. 17 und 18). Die Meldung wurde zu Captain Turner gebracht, der zum Entschlüsseln einige Zeit brauchte, da es der erste Funkspruch in diesem Code war, den er erhielt. Bis an sein Lebensende hielt Turner an seiner Aussage fest, er sei durch den Funkspruch angewiesen worden, Queenstown anzulaufen. Jedenfalls wurde die *Lusitania* möglicherweise durch Zufall umgeleitet. Vielleicht geschah es auch absichtlich, dann wäre es Cokes Versuch gewesen, das Schiff in Sicherheit zu bringen; denn sein Funkspruch an den Schlepper *Hellespont* ging ganz bestimmt der *Lusitania* zu. Leider kam er ein paar Augenblicke zu spät.

Um Mittag hörte Schwieger das Dröhnen von Schiffsschrauben über sich, und als er wenig später auf Sehrohrtiefe auftauchte, sah er die *Juno*, die sich von ihm fort bewegte und Queenstown ansteuerte. Er stellte außerdem fest, daß die Sonne ganz herausgekommen war und der Nebel sich verzogen hatte und daß mit Ausnahme der rasch in der Ferne entschwindenden *Juno* ringsum kein Schiff zu sehen war. Er gab der *Juno* zwanzig Minuten Zeit, um ganz zu verschwinden, tauchte auf und hielt dann mit voller Geschwindigkeit auf Fastnet Rock zu. Vierzig Meilen voraus war die *Lusitania*, und Captain Turner hatte gerade Cokes MFA-Funkspruch entschlüsselt. Um 12 Uhr 15 drehte er die *Lusitania* so stark nach Backbord, daß mehrere Passagiere das Gleichgewicht verloren und unten in den Kombüsen ein Chaos entstand. Die *Lusitania* nahm Kurs auf die Küste.

Der König empfing Colonel House höchst huldvoll, und man unterhielt sich in dem Konversationston, den Monarchen zu Besuch weilenden Staatsmännern vorbehalten. House sprach von den Kew Gardens, von den Amseln und der freundlichen Aufnahme, die er gefunden hatte. Der König blickte stehend zum Fenster hinaus, und seine Hand spielte mit Papieren, die auf einem Tisch lagen. Während er House den Rücken zugekehrt hielt, fragte er plötzlich: »Colonel, was wird Amerika tun, wenn die Deutschen die *Lusitania* versenken?«[9]

Um 13 Uhr 20 sah Schwieger Steuerbord-voraus eine Rauchfahne, und kurz darauf zeigten sich die vier Schornsteine eines Ozeandampfers, der etwa vierzehn Meilen vor ihm auf die Küste zuhielt. Er tauchte sofort und fuhr einen Kurs, der ihn längsseits voraus an sein Angriffsziel bringen mußte, falls es nach Steuerbord abdrehte und einen Kurs parallel zur irischen Küste in Richtung Queenstown einschlug. Ein solcher Kurs würde ihm einen perfekten Flankenschuß ermöglichen. Inzwischen beschrieb er seinem Lotsen das Schiff, während die Mannschaft sich auf Gefechtsstation begab. »Vier Schornsteine, Schonertakelung, über 25 000 Tonnen, Geschwindigkeit etwa zweiundzwanzig Knoten.« Der Lotse gab zur Antwort: »Entweder die *Lusitania* oder die *Mauretania*, beide bewaffnete Hilfskreuzer, die zu Truppentransporten benutzt werden.« Zu ebendieser Zeit befand sich die *Mauretania* 150 Meilen weit entfernt in Avonmouth und übernahm Truppen für die Dardanellen. Schwieger glaubte das Schiff gefunden zu haben, das zu versenken er ausgeschickt worden war.

Indes die *Lusitania* sich der Küste näherte, konnte Turner auf dem Gipfel einer hohen, ins Meer hinausragenden Klippe einen Leuchtturm ausmachen. Er schloß zu Recht, daß es sich wahrscheinlich um den Old Head of Kinsale handelte und befahl eine Kursänderung nach Steuerbord, die ihn nach Queenstown bringen würde. Er war jetzt siebzehn Meilen von der Küste und fünfundzwanzig Meilen vom sicheren Hafen entfernt. Vorsichtig wie eh und je, wies er den Wachoffizier an, mit Hilfe des Leuchtturms eine Reihe von Vierstrichpeilungen vorzunehmen, damit er seine Position genau bestimmen konte, ehe er ohne Schlepper und Lotsen Queenstown ansteuerte. Die Kursänderung führte ihn direkt in Schwiegers Falle, und das Logbuch von U-20 schildert mit professioneller Knappheit, was geschah.

2.35 pm*

Der Dampfer dreht St[euer] B[ord], nimmt Kurs auf Queenstown und ermöglicht so eine Annäherung zum Schuß. Bis 3 h pm. Hohe Fahrt gelaufen, um eine vorliche Stellung zu bekommen.

---

* Schwiegers Uhren waren natürlich auf die deutsche Zeit eingestellt, die der Greenwich-Zeit auf der *Lusitania* eine Stunde voraus war. Außer in Zitaten wurden in der Darstellung die deutschen Zeitangaben auf Greenwich-Zeit umgerechnet.

3.10 pm.

Reiner Bugschuß auf 700 m (G-Torpedo 3 m Tiefeneinstellung),
Schneidungswinkel 90°, geschätzte Fahrt 22 sm. Schuß trifft St[euer]
B[ord]Seite dicht hinter der Brücke.[10]

Nicht nur Kapitänleutnant Schwieger war entgeistert, als er
die Auswirkungen seines Treffers beobachtete.

12

Schwieger traute seinen Torpedos nicht viel zu, und sein Logbuch, das die Wirkung eines Torpedos vom Typ G auf der
Lusitania beschreibt, spiegelt seine große Überraschung wider.
Er hatte die Geschwindigkeit seines Angriffsziels auf zweiundzwanzig Knoten geschätzt und die entsprechende Seiten-
abweichung für einen Schuß ins Vorderschiff einkalkuliert. Er
gab Feuererlaubnis, als der Bug seines Opfers das Fadenkreuz
in seiner Optik berührte – so bestand die Möglichkeit, daß
er den vorderen Kesselraum traf. Das erste Zeichen, das einen
Treffer anzeigte, war eine Wasserfontäne, die hinter der
Brücke und ein kleines Stück vor dem ersten Schornstein auf-
stieg. Sein Logbuchbericht, den er dem neben ihm stehenden
Lotsen diktierte, während er gebannt durch das Sehrohr starr-
te, schildert die weiteren Ereignisse:

Es erfolgt eine außerwöhnliche Detonation mit einer sehr starken
Sprengwolke (weit über den vorderen Schornstein hinaus). Es muß
zur Explosion des Torpedos noch eine zweite hinzugekommen sein
(Kessel oder Kohle oder Pulver?). Die Aufbauten über dem Treff-
punkt und die Brücke werden auseinander gerissen, es entsteht Feuer,
der Qualm hüllt die hohe Brücke ein. Das Schiff stoppt sofort und
bekommt sehr schnell große Schlagseite nach St[euer]B[ord], gleichzeitig vorn tiefer tauchend. Es hat den Anschein, als wollte es in kurzer Zeit kentern. Auf dem Schiff entsteht große Verwirrung; die
Boote werden klar gemacht und zum Teil zu Wasser gelassen. Hier-
bei muß vielfach Kopflosigkeit geherrscht haben; manche Boote
vollbesetzt, rauschen von oben, kommen mit dem Bug oder mit dem
Heck zuerst ins Wasser und schlagen sofort voll.[1]

U-20 fuhr näher heran und um das Schiff herum. Schwieger hing am Sehrohr und vermerkte, daß wegen der Schlagseite viele der Backbordrettungsboote nicht zu Wasser gelassen werden konnten. Er stellte fest, daß sein Torpedo etwas weiter vorschiffs explodiert war, als er zuerst geglaubt hatte, und reduzierte dementsprechend seine Schätzung der Geschwindigkeit des Schiffes auf nicht mehr als zwanzig Knoten. Dann ließ er den Lotsen an das Sehrohr, und der sagte sogleich: »Tatsächlich, es ist die *Lusitania*.« Achtzehn Minuten nach Auftreffen des Torpedos war die *Lusitania* völlig verschwunden, und Schwieger zog das Seerohr ein und hielt auf die offene See zu.

Der Torpedo traf die *Lusitania* kurz vor der Brücke an der Nahtstelle des Längsschotts und des Querschotts, wo der Reservekohlenbunker und der untere Orlopladeraum zusammenstießen. Der unmittelbare Explosionsdruck stieß in den unteren Orlopraum und in den gesamten Längsbunker hinein, der jetzt, gegen Ende der Reise, fast leer war. Er drang weder in den Kesselraum Nr. 1 noch in den gleich vor den Kesseln gelegenen Heizraum ein. Auch explodierten die Kessel nicht, was die beiden einzigen Überlebenden aus Kesselraum Nr. 1 bestätigen, ein Heizer und ein Trimmer, die beide zu dieser Zeit dort arbeiteten. Sie sagten unter Eid am 18. und 19. Mai vor einem Inspektor des Handelsministeriums in Liverpool aus.[2] Der Heizer, Thomas Madden, gab an, daß er in der vorderen Sektion des Heizraums vor dem Kesselraum Nr. 1 gearbeitet hatte, als der Torpedo das Schiff traf. Nach seinem Eindruck kam die Explosion von der Steuerbordseite des Vorderschiffs her. Zwei, drei Minuten lang drang in seinen Kesselraum kein Wasser ein, und er hatte Zeit, zur wasserdichten Ausgangstür zu rennen und festzustellen, daß er eingeschlossen war. Auf dem Rückweg bemerkte er, daß Wasser durch die Ladeöffnung in die Bunker lief und daß das Wasser bereits fünfundvierzig Zentimeter hoch über den Bodenplatten stand. Die Schlagseite und die Strömung des Wassers rissen ihm die Beine weg, aber schließlich gelangte er zu einer Notleiter und kletterte durch einen Luftschacht zum Bootsdeck hinauf. Trimmer Frederick Davis' Angaben bestätigen Maddens Aussage aufs Wort. Auch Davis entkam durch die Entlüftungsanlage.

Das durch den Steuerbordbunker schießende Wasser drang durch die offenen Bunkerluken auch in den Kesselraum Nr. 2 ein. Trimmer Ian McDermott war der einzige Überlebende aus Kesselraum Nr. 2, und auch er bestätigt, daß die Kessel in seinem Raum nicht explodierten. Auch er entkam durch den Entlüftungsschacht, da Schlagseite und Wasserdruck den Handbedienungsmechanismus der wasserdichten Türen außer Funktion gesetzt hatten.

Fast unmittelbar nach dem Treffer tauchte der Bug der *Lusitania* ins Wasser, und in Kesselraum Nr. 3 drang nur wenig Wasser ein, da er sich zusammen mit dem Heck aus dem Wasser heraushob. Weder in den Kesselraum Nr. 4 noch in die Maschinenräume drang durch den Treffer Wasser ein. Die Leute vom Kesselraum Nr. 3 schafften es alle hinauf zum Bootsdeck, und in Kesselraum Nr. 4 befand sich niemand, da er ja außer Betrieb war,

Der G-Torpedo hatte das innere Schott des Kesselraums Nr. 1 nicht zu sprengen vermocht, aber ein Stück weiter vorn sprengte *irgend etwas* den größten Teil des Bugbodens weg. Es können die Drei-Zoll-Granaten der Bethlehem Company gewesen sein, die sechs Millionen Schuß Gewehrmunition oder der höchst zweifelhafte Inhalt der Fellballen oder der kleinen 40-Pfund-Käsekartons. Taucher, die bei dem Wrack waren, bestätigen einstimmig, daß der Bug durch eine heftige innere Explosion herausgerissen wurde und Stücke der Bugplatten, von innen eingebuchtet, in einiger Entfernung vom Rumpf auf dem Meeresboden liegen.

Was auch immer die Ursache der zweiten Explosion war, es waren nicht die Kessel. Sie ereignete sich weiter vorn, war heftiger als die erste und richtete bedeutend mehr Schaden an. Es war auch kein zweiter oder dritter Torpedo. Die Ansicht von Experten sowie Schwiegers Kriegstagebuch und sein Torpedovorrat bestätigen dies. Wahrscheinlich könnten die noch immer geheimen Aufzeichnungen von Captain Hall und Captain Gaunt im Admiralitätsarchiv[3] die einzige schlüssige Auskunft über die Explosionsursache geben. Die hartnäckige Verschwiegenheit der Admiralität – obwohl nach der Dreißig-Jahre-Regel diese Unterlagen offiziell freigegeben werden könnten – scheint zu bestätigen, daß die zweite Explosion durch eine explosive Konterbandeladung verursacht wurde, die gegen die amerikanischen Gesetze verstieß und jedenfalls niemals mit einem Passagierschiff hätte befördert werden dürfen. Schwiegers Torpedo hatte das Vollaufen der Steuerbord-Kohlenbunker und eine Schlagseite von 15 Grad zur Folge. Die Folge der zweiten Explosion war der Untergang der *Lusitania*.

Leslie N. Norton war Steuerbord-Ausguck vorschiffs und Vollmatrose Thomas Quinn Ausguck im Mastkorb. Beide sahen die Blasenbahn des Torpedos, und beide schrien die Meldung zur Brücke hinunter. Quinn sagte gegenüber dem Vertreter des Handelsministeriums später aus, er habe das Schiff »achtern vom Fockmast« getroffen, was mit Schwiegers revidierter Schätzung übereinstimmen würde und mit dem Umstand, daß das Rettungsboot Nr. 5 durch die Wasserfontäne im Gefolge der Explosion zerschmettert wurde. Morton, dessen Beobachtungsposten zwanzig Meter tiefer lag als der Quinns, machte eine dieser Darstellung widersprechende Aussage. Derzufolge war er, nachdem er der Brücke seine Beobachtung gemeldet hatte, sofort zur Vorschiffluke geeilt, die zu den Mannschaftsunterkünften hinunterführte, als der Torpedo das Schiff traf. Bei der Höhe des Vordecks der *Lusitania* über der Wasserlinie und der Lage der Vorschiffluke in der Mitte des Decks wäre ein Beobachten der Wasserlinie backbords oder steuerbords schon rein technisch unmöglich gewesen, und beide Flanken des Schiffes achtern von der Brücke waren schon durch die Brücke selbst dem Blick entzogen. Leslie Morton machte später mehrere Aussagen unter Eid; so wollte er unter anderem nicht nur den Kommandoturm des

U-Boots, sondern *zwei* Torpedos gesehen haben – »soweit ich das von vorschiffs beurteilen konnte«,[4] »trafen sie die Schiffswand zwischen dem zweiten und dritten Schornstein und unterhalb des dritten Schornsteins«. Von der Vordeckluke aus wäre weder die eine noch die andere angegebene Stelle einzusehen gewesen. Morton war damals erst achtzehn Jahre alt, und es war seine erste Fahrt auf der *Lusitania*. Er wurde außerdem von einem Rechtsbeistand betreut, der ihn geschickt durch die Beweisaufnahme steuerte.

Mortons einschränkende Feststellung »soweit ich das von vorschiffs beurteilen konnte« scheint man nicht so wörtlich genommen zu haben, wie sie Mr. Morton, der 1972 starb, zweifellos gemeint hatte. Seine Aussage, die um so überzeugender wirkte, als er persönlich mehreren Menschen das Leben rettete und völlig zu Recht als einer der Helden der Katastrophe betrachtet wurde, führte zu der Falschmeldung, die von zwei oder gar noch mehr Torpedos sprach, die die *Lusitania* in der Mitte und nach dem Heck zu getroffen haben sollten. Treffer an diesen Stellen hätten kaum die Ursache für das fast sofortige Untertauchen des Vorschiffs sein können, und Mortons eidesstattliche Aussage enthält die Bemerkung, daß zu dem Zeitpunkt, als er zu seinem Posten bei den Rettungsbooten rannte – das war etwa eine Minute nach der Explosion –, das Wasser bereits über das Hauptschott auf dem Vordeck lief.

Von den Überlebenden hatte fast jeder seine eigene Vorstellung von der Stelle, an der der Torpedo auftraf, aber die meisten ließen sich durch drei ganz simple Faktoren irreführen. Der erste war der, daß die meisten Zeugen, Morton eingeschlossen, die Spur der Luftblasen, die die Bahn des Torpedos markierte, für den Torpedo selbst hielten. Schwieger hatte den Torpedo auf drei Meter Lauftiefe eingestellt, und die Blasen waren die Druckluft des Antriebsmotors, die an die Oberfläche stiegen. Eine Druckluftblase braucht bei ruhiger See $6\frac{1}{2}$ bis 8 Sekunden, um drei Meter hochzusteigen, so daß der Torpedo bei einer Eigengeschwindigkeit von 45 Knoten und bei einer Fahrtgeschwindigkeit der *Lusitania* von 18 Knoten die

Schiffswand 9 Sekunden vor dem Zeitpunkt treffen mußte, zu dem sich parallel dazu die Blasen zeigten – das heißt, sie waren ein beträchtliches Stück hinter dem wirklichen Auftreffpunkt zu sehen.

Der zweite irreführende Faktor beruht auf ebenso elementaren Kalkulationen und täuschte im Augenblick der Explosion sogar Kapitänleutnant Schwieger. Die Wasserfontäne, die er in die Luft schießen sah, mußte zuerst aufsteigen, um dann herunterzukommen. Die Rettungsboote der *Lusitania* hingen etwa 22 Meter über der Wasserlinie, und nach Quinns Aussage muß es das *herunter*fallende Wasser nebst Trümmern gewesen sein, das auf das Rettungsboot Nr. 5 fiel und es zerschlug. Der Torpedo traf etwa 13 Meter vor der Stelle auf, an der Schwieger die Wasserfontäne beobachtete, und mindestens 30 Meter vor dem Rettungsboot Nr. 5.

Der dritte und letzte irreführende Faktor war die Wolke aus Rauch, Kohlenstaub und – augenscheinlich – Dampf, die zahlreiche Passagiere und Mitglieder der Besatzung für die Explosion des Torpedos hielten. Das war kein Dampf, sondern weißer Kohlenstaubdunst. Die Explosion des Torpedos am äußersten Vorderende des Längsschotts – das als Kohlenbunker benutzt wurde – drückte die Explosionsgase die gesamte Länge dieser zu vier Fünftel leeren und staubigen Sektion hinunter, und die daraus resultierende Wolke aus Staub, Rauch und Dunst entwich durch die Entlüftungsanlagen, die von der Bunkerdecke zu Öffnungen neben den Schornsteinen führten. Diese Entlüftungsanlagen sollten verhindern, daß sich »Taschen« aus weißem Dunst bildeten. Rückblickend kann man sich nur zu leicht ausmalen, daß Zeugen, die eine heftige Explosion hörten und einen großen Ausbruch von Rauch und möglicherweise feuergefährlichem, weißem Dunst gleich neben dem ihnen am nächsten gelegenen Schornstein herausdringen sahen, annahmen, sie befänden sich in der Nähe der Explosion selbst.

Diese etwas langatmige Abhandlung über die wirkliche Auftreffstelle verfolgt nicht die Absicht, den einen Zeugen gegen den anderen auszuspielen. Bei einer unvoreingenommenen Untersuchung des Wracks wurde genau festgestellt, wo der Torpedo auftraf. Die ausführliche Darstellung ist lediglich nötig zur Erklärung der zahlreichen nach bestem Wissen abgegebenen voneinander abweichenden Augenzeugenberichte, die bei den Untersuchungen im Anschluß an das Ereignis zur Sprache kamen. Einem Laien mag die Sache kompliziert erscheinen, aber weder bei der Marine noch bei der Cunard Company war man je im Zweifel darüber, wo der Torpedo traf. Allein dadurch, daß er innerhalb des Schiffes explodierte, dokumentierte er seine genaue Position auf den Schottür-, Feuer- und Wassereinbruchanzeigern auf der Brücke, und drei der fünf Personen auf der Brücke überlebten, unter ihnen Captain Turner.

Turner stand auf der Brücke, als die Ausgucks riefen, daß sich von Steuerbord ein Torpedo näherte. Heppert, der Zweite Offizier, nahm die Meldung entgegen und gab sie sofort an Turner weiter, doch während dieser noch nach Steuerbord rannte, explodierte der Torpedo schon. Wie sich Turner erinnerte, bekam das Schiff innerhalb von zehn Sekunden eine Schlagseite von 15 Grad, so daß es fast unmöglich war, an Deck zu stehen. Er rief dem Quartermaster zu, alle wasserdichten Türen zu schließen, soweit sie nicht schon geschlossen waren, und sah auf den Anzeiger, der angab, welche Schotten noch hielten und ob in irgendeinem Abschnitt Feuer ausgebrochen oder Wasser eingedrungen war. In diesem Augenblick, so sagte Turner aus, »gab es eine zweite dröhnende Explosion, und die Anzeiger auf der Kontrolltafel schienen durchzudrehen, was die meisten Vorschiffsektionen betraf«. Turner wußte, daß er in diesem Augenblick sein Schiff verloren hatte, und als der Bug ins Wasser tauchte, gab er den Befehl, in die Rettungsboote zu gehen und das Schiff zu verlassen. Dann wies er Heppert, den Zweiten Offizier, an, durch den Schiffszimmermann den Schaden am Vorschiff überprüfen zu lassen, und stürmte die Leiter zur Navigationsbrücke hinauf, von der aus er die Bootsdecks zu beiden Seiten des Schiffs überblicken konnte. Er sah sofort, daß die Backbordboote gegen oder über die Reling nach innen gedrückt worden waren, während die Steuerbordboote weit über Bord nach draußen hingen. Rauch und Staub schossen aus allen Entlüftungsschächten, und ein sanfter Wind blies den Qualm zu ihm hin. Turner spürte den Wind auf seinem Gesicht, als er sich abwandte, und wurde sich bewußt, daß die *Lusitania* noch immer Fahrt machte, wodurch ein ungeheurer Druck auf die Querschotten ausgeübt wurde und es unmöglich war, die Rettungsboote gefahrlos zu Wasser zu lassen. Er befahl sofort volle Kraft zurück.

Im Maschinenraum leitete George Little, der rangälteste Dritte Ingenieur-Offizier, den Dampfdruck auf die Rückwärts-Turbinen, aber dabei kam es – Mr. Laslett vom Handelsministerium hatte ihn vor der Abfahrt von Liverpool vor dieser Möglichkeit gewarnt – zu einem Rückstoß, und eines der beiden Hauptdampfrohre platzte, so daß das Oberteil eines Kondensators auf dem Bootsdeck davonflog und Lewis, dem Dritten Offizier, der in der Nähe stand, beinahe der Kopf abgerissen worden wäre. In seiner Aufregung und um die Rückwärts-Turbinen von dem Druck zu entlasten, schaltete Little die Maschinentelegrafen wieder auf »Volle Kraft voraus«. Als Folge des Rückstoßes war der Dampfdruck jedoch von 190 auf 50 lb abgesunken, aber damit machte das Schiff immerhin noch soviel Fahrt, daß es gefährlich war, die Boote hinunterzulassen. Turner sah eine dicke Dampfwolke zwischen dem dritten und dem vierten Schornstein hervorpuffen und wußte sogleich, was geschah. Er schrie den Deckoffizieren zu, sie sollten keine Boote herunterlassen, rief Staff Captain Anderson zu sich hinauf und gab ihm den Auftrag, Rettungsboote erst dann zu Wasser zu lassen, wenn »er glaubte, daß das Schiff genügend Fahrt verloren« habe. Anderson bestätigte den Befehl und machte in einer Meldung an die Brücke den Vorschlag, die Backbord-Trimmtanks zu fluten, um die Schlagseite auszugleichen. Turner sagte sich, daß dadurch etwas an Tragfähigkeit verlorenging, erklärte sich aber einverstanden und gab den entsprechenden Befehl. Er wurde nicht ausgeführt, da die Besatzungsmitglieder, die die Flutventile hätten bedienen sollen, bereits zu den Booten gerannt waren.

Ein, zwei Minuten lang blieb die Schlagseite bei 15 Grad, aber dann begann sich die *Lusitania* noch weiter nach Steuerbord zu neigen, und Turner rief zu Heppert hinunter, er solle den Quartermaster anweisen, jeden weiteren Neigungsgrad auf dem Schlagseitenanzeiger laut zu melden. Ihm war klar, daß die *Lusitania* innerhalb von Minuten kentern würde, wenn sie nicht mit dem Bug vorher auf Grund geriet. Vier Minuten waren jetzt vergangen, und das Vordeck war schon völlig überflutet. Durch die Vorschiffluken und über die Schotten ergoß sich das Wasser in das Schiff. Turner versuchte die *Lusitania* auf das Kap Old Head of Kinsale zuzusteuern, das im Nachmittagssonnenschein so quälend nahe schien, aber der jetzt unter Wasser liegende Bug wollte nicht herum kommen. Turner wußte nicht, daß die Steuerruder am Heck schon fast ganz aus dem Wasser herausragten.

Unten auf dem E-Deck hatte die Schlagseite zunächst die Bullaugen unter Wasser gedrückt, und als sich das Schiff weiter neigte, tauchten auch die Bullaugen des D-Decks unter. Durch jedes Bullauge drangen pro Minute etwa 3 ¾ Tonnen Wasser ein, und aus den Aussagen der Überlebenden geht hervor, daß auf diesen Decks mindestens vierundsiebzig Bullaugen nachweislich geöffnet waren. Zehn Minuten nach Auftreffen des Torpedos und sechs Minuten nach Überflutung der D-Deck-Bullaugen sagte sich Turner, daß sein Schiff verloren war, und er bedeutete Anderson, daß es trotz der erkennbaren Fahrt, die die *Lusitania* noch immer machte, Zeit war, die Boote zu Wasser zu lassen. In diesem Zeitraum von sechs Minuten waren außer dem Wasser, das sich über die Schotten ergoß, indes der Bug immer tiefer sank, mindestens 1500 Tonnen Wasser durch die offenen Bullaugen eingedrungen.

Um 14 Uhr 23 rief Mr. Johnston, der Quartermaster, zu Turner hinauf, die Schlagseite betrage jetzt 25 Grad, und Turner rief zu ihm hinunter: »Dann retten Sie sich.« Johnston griff nach einem Rettungsgürtel und schritt in die See hinaus, die nun behutsam über die Steuerbordseite der Brücke schlappte. Er ließ sich, wie er es ausdrückte, »von der Strömung tragen, wohin sie wollte«.

Turner befand sich jetzt allein hoch oben auf der Backbordseite der Navigationsbrücke. Er stand da und blickte zu den Bootsdecks hinauf, die ihn nun überragten, indes sich das Heck der *Lusitania* immer höher aus dem Wasser hob. Als auch die sich drehenden Schrauben in die Luft zeigten, verlor das Schiff an Fahrt, und Sekunden später stieß der Bug der *Lusitania* auf Grund, wodurch die Neigung zum Kentern für einen Augenblick gebannt war. Turner griff nach den Signalfallleinen und war überrascht, als der Schiffsarzt mühsam zu ihm heraufgeklettert kam. Ob er Hilfe leisten wollte oder nur einen im Augenblick sicheren Platz suchte, weiß niemand. Die *Lusitania* stand und drehte sich jetzt buchstäblich auf dem Bug, der auf dem granitenen Meeresboden ruhte, und ganz langsam begann sie sich im Sinken auf die Steuerbordseite zu drehen. Das Schiff hatte noch drei Minuten Leben vor sich. Die Decks bis hinter zum Heck, das fast hunter Meter entfernt war, ragten jetzt hoch über Turner und dem Schiffsarzt auf, wimmelnd von Menschen, von denen einige noch immer verzweifelt versuchten, die zum Heck hin übriggebliebenen Boote herunterzulassen.

Als das Heck langsam dem Meer entgegensank, gaben die Schotten zu den Kesselräumen schließlich nach, Kessel Nr. 3 explodierte, und der Schornstein Nr. 3 flog in die Luft. Als der Dampf sich lichtete, war die *Lusitania* verschwunden. Nur sechs ihrer achtundvierzig Rettungsboote schwammen inmitten der Trümmer im Wasser, und kein Rettung bringendes Schiff war in Sicht. Es herrschte völlig ruhige See, die Sonne schien hell, und Junior Third Officer Albert Bestic war überrascht von der Wärme des Wassers. Er hatte sich vergeblich bemüht, die Backbordboote herunterzulassen, und war, als er sah, daß es keinen Sinn hatte, in das große Foyer gegangen, wo einige Erster-Klasse-Passagiere herumstanden – anscheinend unbekümmert oder ohne zu wissen, daß sie buchstäblich nur noch Sekunden Zeit hatten, um sich zu retten. Er hatte dort Alfred Vanderbilt und den Theaterproduzenten Carl Frohman angetroffen, die in aller Ruhe Schwimmwesten an einer Reihe von Korbkinderbettchen befestigten, in denen viele der kleinen Kinder an Bord in der Schiffskinderstation nach dem Mittagessen geschlafen hatten. Bestic versuchte die Leute auf die Gefahr hinzuweisen, aber Vanderbilt zuckte nur die Achseln. Als das Wasser immer höher stieg, zitierte Frohman angeblich aus *Peter Pan* die Stelle: »Warum den Tod fürchten? Er ist das schönste Abenteuer des Lebens.«

Eine Flutwelle spülte Bestic dann zur Tür hinaus, über die Reling und ins Meer. Auf dem Rücken liegend inmitten der Trümmer und der Schreie der Menschen um ihn her hörte er das Wimmern der Babys in ihren Körben, die hin und her schaukelten. Die rasch befestigten Schwimmwesten hielten den durch das absinkende Wrack verursachten Strudeln nicht stand, und die Schreie verstummten allmählich, und Bestic hatte den Eindruck, ganz allein zu sein. Er erinnerte sich, daß er nicht die Kraft hatte, die Schwimmweste abzustreifen und sich untergehen zu lassen. Er konnte später das Fiasko der Rettungsboote nie mehr vergessen, und bis an sein Lebensende im Jahr 1969 war ihm die Erinnerung an diese achtzehn Minuten fast unerträglich.[5]

13

Die *Lusitania* verfügte über achtundvierzig Rettungsboote. Zweiundzwanzig davon waren vom konventionellen Typ, aus Holz, in Klinkerbauweise hergestellt und an Davits hängend – elf auf jeder Seite. Sechsundzwanzig waren Klappboote, die einen hölzernen Boden hatten und Segeltuchseitenwände, die entweder an Bord oder im Wasser aufgerichtet werden konnten. Sie lagen auf den Decks, befestigt durch hölzerne Klampen, damit sie nicht hin und her rutschten. Sie schwammen von selbst davon, falls keine Zeit war, sie zu Wasser zu lassen. Acht dieser Klappboote lagen auf dem Achterdeck, und die übrigen achtzehn waren unmittelbar unter achtzehn normalen hölzernen Rettungsbooten verstaut, deren Kiele auf einem Holzrahmen lagen, der seinerseits das Klappboot an Deck festhielt. Wurden die hölzernen Boote ausgeschwenkt, hingen sie ein Stück oberhalb und außerhalb der Klappboote. Im Ernstfall und ehe sie von Passagieren bestiegen wurden, sollten die hölzernen Boote auf die Höhe der Klappboote hinuntergelassen werden, die dann eine Art Stufe bildeten, über die man vom Deck aus in das normale Rettungsboot steigen konnte.

Es war bekannt, daß bei der *Lusitania* die Gefahr einer beträchtlichen Schlagseite bestand, und die Erfahrung hatte gelehrt, daß die konventionellen Rettungsboote, wenn sie ausgeschwenkt und auf die Höhe der Klappboote hinuntergelassen wurden, eine gefährliche Schwankung entwickelten, bei der sie sowohl sich selbst wie die Klappboote in Gefahr brachten. Um dies zu verhindern, hatte man eine segeltuchverkleidete Haltekette angebracht, die vom Deckrand zum inneren Dollbord des hölzernen Rettungsboots reichte. Sie hemmte das Nach-außen-Pendeln und fungierte auf der Innenseite als Puffer. Sie war am Innendollbord mittels Ring und Stift befestigt. Jeder Davit war mit einem Hammer ausgestattet, mit dem man den Stift herausschlagen und auch die das Klappboot festhaltenden Klampen entfernen konnte. Beide Bootstypen konnten zwischen fünfzig und siebzig Personen aufnehmen, und beide Typen wogen unbeladen etwas unter fünf Tonnen.

Für die Boote auf der Backbordseite war Staff Captain Anderson verantwortlich, während die Steuerbordboote dem Ersten Offizier unterstanden. Sowohl das Backbord- wie das Steuerborddeck war in zwei Sektionen unterteilt, und zwar in eine von fünf und eine von sechs Davits. Für jede Sektion war ein jüngerer Offizier zuständig. Es gab elf Doppel-Davits auf jeder Seite, doch wegen des Mangels an Vollmatrosen standen nur für jeweils zehn auch Leute zum Herunterlassen zur Verfügung, wobei auf jeden einzelnen Davit ein Vollmatrose kam; seine Aufgabe war es, den Flaschenzug zu bedienen, ihn wieder hochzuziehen, wenn das konventionelle Rettungsboot im Wasser war, und dann das Klappboot hinunterzulassen. Es war nicht geplant, die Klappboote auf dem Heckdeck hinunterzulassen, aber es war die Aufgabe des Schiffszimmermanns und seiner Leute, die sie festhaltenden Klampen zu entfernen, damit sie von selbst schwimmen konnten, wenn das Schiff sank. Die Bootsmannschaften waren erfahrene Maschinisten und Stewards, und jeder einzelne war darüber belehrt worden, wie und wann er den Stift herauszuschlagen hatte, der die Haltekette festhielt. Den Vollmatrosen waren zwar Bootsstationen zugeteilt worden, aber keine Plätze in den konventionellen Booten, die zuerst hinuntergelassen werden sollten. Ihre »Bootsplätze« – also nicht zu verwechseln mit den »Bootsstationen« – waren in den als zweite Welle hinunterzulassenden Booten. Dieses System konnte nur funktionieren, wenn jeder Mann die ihm zugewiesene Station aufsuchte.

Es standen nur einundvierzig Vollmatrosen zur Bedienung der vierzig Davits zur Verfügung. Diese zwanzig Bootsstationen waren von eins bis zwanzig numeriert; die ungeraden Nummern waren auf der Steuerbordseite, die geraden auf der Backbordseite.

Der Junior Third Officer Albert Bestic war für die Stationen zwei bis zehn auf der Backbordseite zuständig. Es war seine erste Fahrt an Bord eines Ozeandampfers, denn er hatte erst in New York bei Cunard angeheuert. Seine erste dienstliche Aufgabe im Hafen war die Durchführung des Bootsmanövers auf der Backbordseite gewesen, und er vermerkte in seinem Notizbuch, daß es damals wegen der backbords längsseits festgemachten Kohlenleichter unmöglich gewesen war, irgendeines der Boote zu Wasser zu lassen. Das vorgeschriebene Bootsmanöver hatte lediglich darin bestanden, daß er die Leute zusammenrief, die er zur Verfügung hatte, und ihnen ihre Stationen zuteilte. Er kannte die ihm unterstellten Maschinisten und Stewards nur von der Namensliste, die ihm Staff Captain Anderson ausgehändigt hatte. Zwei Tage nach der Katastrophe gab er vor einem Urkundsbeamten des Handelsministeriums eine eidesstattliche Erklärung ab, in der er aussagte, daß bei dem als Übung vorgeschriebenen Bootsmanöver kein Boot zu Wasser gelassen worden war, doch diese Erklärung wurde, obwohl sie von dem Offizier stammte, der das Manöver geleitet hatte, bei keiner Untersuchung als Gegenargument gegen Aussagen vorgebracht, in denen davon die Rede war, daß man die Rettungsboote nicht nur zu Wasser gelassen habe, sondern mit ihnen im New Yorker Hafen umhergerudert sei.

Nach dem Torpedotreffer rannte Bestic auf Captain Turners Befehl zu seiner Station, um die Boote zum Hinunterlassen fertigzumachen. Als er auf seiner Station ankam, hatte Staff Captain Anderson bereits die Anweisung gegeben, die konventionellen Rettungsboote auf die Höhe der Klappboote hinunterzulassen, aber viele Passagiere hatten nicht darauf gewartet, und alle Boote auf Bestics Schiffsseite waren schon voll besetzt. Viele Davit-Männer waren noch nicht auf ihrer Station angelangt, und er stellte fest, daß auf Station zwei nur ein Mann war, und zwar am vorderen Davit. Bestic ging zum hinteren Davit und zog sich hinauf, um zu sehen, was vorging, und um Ordnung in das Durcheinander zu bringen, das nur zu offensichtlich war. Als er auf den Davit kletterte, sah er, daß es bei der starken Steuerbordschlagseite nicht möglich sein würde, das Rettungsboot an der Schiffsseite hinunterzulassen, und daß bei Freigabe der Haltekette das schon mit dem Gewicht der Passagiere belastete Boot nach innen schwingen würde. Er rief nach Leuten, die ihm helfen sollten, das Boot nach außen zu drücken. Während bereitwillige Männer noch seiner Aufforderung nachkamen und auf das Klappboot kletterten, hörte er durch den Lärm hindurch, wie jemand den Befestigungsstift der Haltekette herausschlug, und konnte gerade noch rechtzeitig zurückspringen. Das Rettungsboot Nr. 2 krachte nach innen, zerquetschte die Passagiere in dem Klappboot, und dann rutschten beide Boote auf dem zum Bug hin geneigten Deck nach vorn, rissen die übrigen Passagiere vor sich mit und drückten sie gegen die Brückenaufbauten.

Damit es nicht zu einer Wiederholung dieses Vorgangs kam, kletterte Bestic zur Station Nr. 4 hinauf, aber er kam zu spät, auch Rettungsboot Nr. 4 krachte nach innen und rutschte dann unaufhaltsam in die Trümmer von Rettungsboot Nr. 2 hinein. Bestic erinnerte sich, daß er vor Wut und Verzweiflung weinte, als er sich zum Rettungsboot Nr. 6 durchkämpfte, wo Anderson, der sah, was los war, die Passagiere dazu zu bringen versuchte, wieder auszusteigen, damit das Boot erst einmal über die Schiffswand gedrückt werden konnte. Viele der Boote waren mit Frauen und Kindern besetzt, und zahlreiche männliche Erster-Klasse-Passagiere, die die Gefahr erkannten, halfen Anderson und Bestic, sie zum Aussteigen zu bewegen, aber so schnell die Passagiere ausstiegen, so schnell kletterten andere wieder hinein. Nun gab Anderson zwei Befehle, die in der Verwirrung nicht richtig verstanden wurden. Er befahl zunächst, daß die Frauen und Kinder aussteigen sollten, während Besatzungsmitglieder und männliche Passagiere versuchten, die Boote erst einmal über die Bordwand zu drücken. Damit keine anderen Passagiere in die sich leerenden Boote gleich wieder einstiegen, rief er sodann, das Schiff werde nicht sinken, und schickte Bestic zur Brücke zurück, um Turner zu ersuchen, die Backbord-Trimmtanks fluten zu lassen, um der Schlagseite entgegenzuwirken. Bis Bestic zurückkehrte, waren Andersons Befehle entstellt worden — jetzt hieß es, es sollten »keine Frauen und Kinder in die Boote« und Männer sollten auf die Backbordseite kommen, um die Schlagseite auszugleichen. Während sich Bestic noch an die Seitenwand der Brücke klammerte und durch den Lärm hindurch seine Meldung zu Turner hinaufrief, beobachtete er, wie aufgeregte Passagiere die Boote Nr. 6, 8 und 10 besetzten. Eines nach dem anderen erlitten sie das gleiche Schicksal wie Nr. 2 und 4. Bestics Bootsstation sah aus, als hätte ein Zyklon zugeschlagen — zersplitterte Boote übereinander und über den Passagieren, und der ganze gräßliche Wirrwarr rutschte immer weiter nach vorn, indes der Bug tiefer im Wasser versank.

Auf Station 12 vermochte Anderson einige Ordnung herzustellen. Der Stift war noch nicht herausgeschlagen, und er brachte viele Passagiere dazu, das Boot zu verlassen, und es gelang ihm, es mit Hilfe von Freiwilligen über die Bordwand zu bugsieren. Dann belud er es wieder mit Passagieren und begann es hinunterzulassen. Die Schlagseite betrug inzwischen mindestens zwanzig Grad, und die Flanke der *Lusitania* glich der Eiger-Nordwand. Es war eine Schräge von fast achtzig Grad, übersät von Nieten, mit denen die Panzerplatten befestigt waren. Jede einzelne Niete ragte zwei bis drei Zentimeter über die Platten hinaus, und schon verfingen sich die Nieten an den Unterkanten der Bootsplanken. Anderson sah, daß sie bald die Planken in Stücke reißen würden, und rief zu den Leuten an Bord von Rettungsboot 12 hinunter, sie sollten die Ruder als Schutzpolster zwischen den Nieten und der Bootswand benutzen. Der Befehl wurde befolgt, und Nr. 12

scharrte langsam die Schiffswand hinunter. Wegen der Schlagseite konnten die Leute an den Davits die Position des Bootes nicht mehr erkennen.

Als das Boot auf gleicher Höhe mit der Promenade des darunterliegenden Decks war, begann es einwärts zu schwingen und blieb an der Reling hängen. Passagiere auf diesem Deck versuchten hineinzusteigen, während die Leute an Bord des Bootes sie mit ihren Rudern zurückstießen. Jemand rief der unsichtbaren Besatzung der Davits auf dem Bootsdeck zu, sie solle das Boot weiter hinunterlassen, aber einer der Männer an den Davits ließ los, und das Heck von Nr. 12 kippte so plötzlich ab, daß alle Insassen ins Wasser stürzten. Einen Augenblick lang hing das Boot noch am Bugseil, dann riß dieses Seil, und Nr. 12 rutschte an den Nieten hinunter und klatschte auf die im Wasser zappelnden Passagiere.

Auch Boot Nr. 14 wurde über die Bordkante bugsiert. Als das Hinunterlassen begann, stieß der Bug der *Lusitania* auf Grund. Einen Augenblick lang erzitterte das Schiff, und den Männern an den Davits entglitten zur gleichen Zeit die Seile. Nr. 14 fiel stracks hinunter auf die Trümmer von Nr. 12, landete aber wie durch ein Wunder mit dem Kiel nach unten. Einige zwanzig Überlebende kletterten hinein, und dem Schiffsfriseur gelang es, Nr. 14 vom Schiff wegzupaddeln, ehe es langsam versank, indes Wasser sich durch die überbeanspruchten und durch die Nieten durchlöcherten Planken ergoß. Es war jetzt unmöglich, die noch übrigen Boote über die Seite zu schieben, dennoch versuchten es alle weiter. Dabei kroch das Wasser auf sie zu und trieb die Menschen an Bord immer höher zum Heck hinauf. Diejenigen, die immer noch die Rettungsboote flottzumachen versuchten, wurden dadurch behindert. Irgendwie wurde Nr. 16 von Muskelkraft über die Bordkante gehievt und fiel sofort darauf ins Wasser, wo es zerbrach und versank. Nr. 20 zersplitterte schon an der Bordkante.

Bei Bootsstation Nr. 18 kam es zu einem jener Zwischenfälle, die den Verantwortlichen ein Leben lang nachgehen. Die *Lusi-*

tania stand jetzt auf dem Bug, und das Heck ragte völlig aus dem Wasser. Das Schiff hatte inzwischen fünfundzwanzig Grad Schlagseite nach Steuerbord, und die Schräge Heck-Bug hatte einen Neigungswinkel von annähernd fünfundvierzig Grad. Das Backbord-Bootsdeck war angefüllt mit einer drängenden, schiebenden Menge, die alles, was vor ihr war, zu verschlingen drohte. Boot Nr. 18, mit Passagieren voll besetzt, hing noch immer hoch an seinen Davits, und ein Matrose stand mit einer Axt auf dem Dollbord. Er hatte vor, die Seile zu zerhacken und den Stift herauszuschlagen, sowie das Boot mit dem Meer auf gleicher Höhe war. Der Passagier, der die nachfolgenden Ereignisse auslöste, wußte entweder nichts von dieser Absicht oder mißbilligte sie. Es war Mr. Isaac Lehmann aus New York, der am nächsten Tag in eidesstattlicher Form eine reuevolle Darstellung dessen gab, was sich abgespielt hatte.

Ich lief zum D-Deck hinunter in meine Kabine [...] um mir eine Schwimmweste zu holen [...] Jemand mußte bereits in unserer Kabine gewesen sein und meine Schwimmweste an sich genommen haben. Ich weiß nicht, was da über mich kam, aber ich wühlte in meinen Sachen und steckte meinen Revolver ein, da ich mir sagte, der könne sich als nützlich erweisen, wenn jemand sich nicht richtig verhielt [...] Ich eilte zum A-Deck hinauf [...] und trat auf eines der Klappboote, die, mit Segeltuch bedeckt, an Deck lagen. Auf dem Boot waren schon gut dreißig, vierzig Personen, und ich fragte, warum dieses Boot nicht zu Wasser gelassen wurde. Ich fragte noch einmal, warum man das Boot nicht hinunterließ, und sagte: »Wer hat das Kommando über dieses Boot?« Ein Mann, der eine Axt in der Hand hatte, sagte, der Kapitän habe angeordnet, keine Boote zu Wasser zu lassen. Meine Erwiderung lautete: »Zum Teufel mit dem Kapitän. Sehen Sie nicht, daß das Schiff untergeht? Wer meinen Befehl, dieses Boot zu Wasser zu lassen, nicht befolgt, den erschieße ich.« Ich zog meinen Revolver, und da wurde der Befehl ausgeführt.[1]

Der Matrose schlug den Haltestift heraus, und das vollbesetzte Boot fiel auf das Klappboot und rutschte dann das steile Deck hinunter und bahnte sich eine Gasse durch die Menschenmenge, die über das Deck heraufstrebte. Lehmann berichtete, daß mindestens dreißig Menschen in seiner Nähe zerquetscht wurden, und er selbst trug eine schwere Beinverletzung davon. In diesem Augenblick, als könnte sie keine weitere Schmach mehr ertragen, sank die *Lusitania* ganz rasch und ohne große Umstände – es gab nur eine große Dampfwolke und ein Geräusch, das Lehmann, der sich neben dem Wrack im Wasser wiederfand, als »ein schreckliches Stöhnen« empfand.

Die Boote an Steuerbord unterstanden dem Befehl des Ersten Offiziers Arthur Jones, und der Intermediate Third-Class Officer John Lewis war für die Stationen 1 bis 9 verantwortlich. Auf dieser Seite stießen die Boote natürlich nicht gegen die Bordkante, sie hingen vielmehr infolge der Schlagseite bald so weit außenbords, daß es sowohl schwierig wie gefährlich war, sie zu besteigen. Die Halteketten hielten die Boote in zwei Meter Entfernung von der Bordkante fest. Als sie freigegeben wurden, verbreiterte sich der Abstand auf etwas über drei Meter. Das Deck neigte sich dem Wasser zu und erschwerte es den Männern an den Kränen, einen festen Stand zu finden. Dennoch wurden fast alle Boote zu Wasser gelassen. Boot Nr. 1 war als erstes unten, aber zwei Vollmatrosen waren die einzigen Personen an Bord. Beide waren Backbordstationen zugeteilt, doch in der allgemeinen Verwirrung eilten sie zu dem falschen Boot. Der eine von ihnen, J. C. Morton – ein Bruder des Ausgucks, der den Torpedo gesichtet hatte – berichtete, was geschah:

[...] die Passagiere weigerten sich, ins Boot zu gehen, als wir es hinunterlassen wollten. Wir versuchten, sie zum Einsteigen zu bewegen, aber sie weigerten sich entschieden [...] Ich ließ das Boot zu Wasser und hoffte, wenn ich das getan hatte, würden die Passagiere die Seile hinunterrutschen, aber das taten sie nicht. Ich stellte dann fest, daß ich wegen der Fahrt, die das Schiff noch immer machte, die Seile nicht vom Boot lösen konnte, und so befestigte ich ein Tau an der Seite des Schiffes und rutschte daran hinunter ins Boot. Vollmatrose Brown folgte mir. Wir schnitten dann die Seile durch, in der

Hoffnung, das Tau, das ich oben befestigt hatte, werde uns festhalten, aber die Geschwindigkeit des Schiffes trug es davon, und wir glitten die Flanke des Schiffes entlang und stießen mit Boot Nr. 3 zusammen, das gerade hinuntergelassen worden war. Boot Nr. 3 zerschmetterte Nr. 1, und so kletterten Brown und ich in das Boot Nr. 3.[2]

Der Schaden an Boot Nr. 1 kann kaum ernsthafter Natur gewesen sein, denn es gehörte zu den sechs von insgesamt achtundvierzig Booten, die nach Queenstown gelangten.

Das Boot Nr. 3 hatte zwei Personen an Bord, als Morton und Brown hineinstiegen. Beide waren Besatzungsmitglieder. Als die *Lusitania* immer stärkere Schlagseite bekam und der Bug untertauchte, näherte sich die Steuerbordseite dem Wasserspiegel. Jetzt war es den Passagieren ein leichtes, in das Boot Nr. 3 zu springen, und es war bald voll besetzt. Die Fahrtgeschwindigkeit des Schiffes zog jedoch die Haltekette straff, und der Hammer lag oben bei den Kränen. Unerbittlich kippten die Davits das Boot um und drückten es dann ins Wasser. Die versinkende *Lusitania* zog Rettungsboot Nr. 3, das noch immer von der Kette festgehalten wurde, mit hinunter auf den Grund. Vollmatrose Morton und sein Bruder, der seine Station bei Boot Nr. 13 verlassen hatte und zu ihm gekommen waren, sprangen beide über Bord und retteten sich schwimmend.

Boot Nr. 5 war durch die herabstürzenden Wasser- und Trümmermassen zerschlagen worden, die die beiden Explosionen hochgeschleudert hatten. Boot Nr. 7 wurde zu Wasser gelassen und mit Passagieren besetzt, aber wiederum hielten die Davits es fest und zerdrückten es, ehe es von der Schiffswand abstoßen konnte. Ob die Haltekette freigegeben war oder nicht, läßt sich nicht mehr feststellen. Die Boote Nr. 9 und 11 erreichten beide unversehrt das Wasser und kamen vom Schiff klar. Beide wurden mit nur wenigen Personen an Bord heruntergelassen, nahmen aber nachher viele aus dem Wasser auf. Nr. 13 wurde mit fünfundsechzig Personen an Bord unversehrt zu Wasser gelassen und kam klar, wie auch

Nr. 15, das der Erste Offizier Jones trotz der Deckschräge mit über achtzig Personen an Bord hinunterbekam. Als er vom Schiff fortruderte, entdeckte er das leer im Wasser treibende Boot Nr. 1 und ließ die Hälfte seiner Passagiere umsteigen. Beide Boote ruderten dann unter seinem Kommando zum Schiff zurück, um Passagiere aufzunehmen, die sich schwimmend zu retten versucht hatten. Boot Nr. 17 war mit Passagieren besetzt, aber bei dem hochragenden Heck des Schiffes und der Schräge des Decks verlor die Mannschaft an den Davits die Gewalt über das Boot und alle an Bord wurden herausgeworfen. Nr. 19 erlitt beinahe das gleiche Schicksal, aber da sich der Vorfall ereignete, als das Boot schon fast im Wasser war, fiel nur etwa ein Dutzend Personen ins Meer.

Von den sechsundzwanzig Klappbooten überstanden mehrere die Katastrophe, und ein Mr. Lauriat, ein Passagier aus Boston, veröffentlichte später einen Bericht über seine Erlebnisse in einem dieser Boote. Danach scheinen Lauriat, ein Mr. Gauntlett und ein Mr. Brookes Überlebende aus dem Rettungsboot Nr. 3 gewesen zu sein, das durch die Haltekette unter Wasser gedrückt worden war. Sie schwammen alle drei zu einem Klappboot, wo die beiden Brüder Morton zu ihnen stießen. Lauriats Darstellung wird vollauf bestätigt durch die Angaben, die James Brookes aus Bridport, Connecticut, am nächsten Tag machte, und da Brookes diese Angaben praktisch an Ort und Stelle machte, erscheint es angebracht, Teile davon hier zu zitieren.

Im Augenblick der Torpedoexplosion befand sich Mr. Brookes oben beim Telegrafenraum gleich hinter der Brücke. Er spricht zunächst davon, daß er Augenzeuge des Ausschwenkens der Rettungsboote am Vorabend der Katastrophe wurde. Dann vermerkt er, daß ihm die Halteketten auffielen, und fährt fort:

Es gab eine dumpfe Explosion, und eine Menge Trümmer und Wasser wurde neben der Brücke in die Luft geschleudert. Ich wurde durch das Wasser neben dem Funkraum zu Boden geworfen. Die Explosion schien das Schiff heftig nach Backbord hinüberzuheben, und ihr folgte bald darauf eine zweite dröhnende Explosion, die ganz anders war als die erste [...] Ich blieb mittschiffs auf der Steuerbordseite, bis das Bootsdeck überspült wurde und die noch übrigen Steuerbord-Rettungsboote (Nr. 3 und 7) neben dem Schiff lagen, aber noch mit der früher erwähnten Kette befestigt [...] Ich half einigen Frauen in eines von diesen Booten (Nr. 3) und bemühte mich, dem Matrosen beim Lösen der Kette zur Hand zu gehen. Wir waren dazu aber mit bloßen Händen nicht in der Lage, und es war kein Werkzeug und kein Hammer da, mit dem man den Stift, der die Kette festhielt, hätte herausschlagen können. Das Schiff sank inzwischen steuerbords immer tiefer unter, und der Matrose und ich versuchten so lange, das Boot von der Kette freizumachen, bis der Davit sich so weit neigte, daß er das Boot in der Mitte zerdrückte. Als wir sahen, daß das Boot nicht flottzumachen war, stiegen der Matrose und ich auf den Dollbord und sprangen ins Wasser. Wir schwammen, so schnell wir konnten, vom Wrack weg, weil wir fürchteten, die Schornsteine könnten auf uns fallen, und schafften auch einen guten Abstand, bis ich, als das Schiff auf die Steuerbordseite kippte, plötzlich sah, daß die Funkantenne durch die Luft auf uns herunterkam. Ich wurde getroffen. Auf dem Wasser schwammen zu diesem Zeitpunkt Trümmer aller Art, Leichen aller Altersstufen, viele mit Schwimmwesten [...]

Mr. Charles Lauriat, zwei Matrosen und ich schwammen zu einem Klapp-Rettungsboot, das von Deck gespült worden sein mußte, und kletterten hinauf. Die zwei Matrosen schnitten die Plane ab, und dann begannen wir Menschen aus dem Wasser hereinzuziehen, bis wir 34 gerettet hatten. Dann versuchten wir die Seitenwände aufzurichten, stellten aber fest, daß die eisernen Stützstangen gebrochen waren und daß zwar Dollen vorhanden waren, aber keine Ruder [...] Wir ruderten dann mit Hilfe von einigen Rudern und Trümmerhölzern, die wir aus dem Wasser fischten, zur Küste, und wurden fast zwei Stunden später von einem Segeltrawler aufgenommen. Außer ihm war kein Segel in Sicht. Wir trafen um 9 Uhr 30 in Queenstown ein. Bei unserer Landung trafen wir den amerikanischen Konsul an, der alles in seiner Macht Stehende für uns tat und die Namen der amerikanischen Überlebenden sofort notierte, als sie eintrafen.[3]

Der amerikanische Konsul in Queenstown war Wesley Frost. Über seine normalen konsularischen Pflichten hinaus versuchte er genau zu ergründen, was sich an Bord der *Lusitania* ereignet hatte. Er ließ sich von allen geretteten Amerikanern eidesstattliche Erklärungen geben und leitete sie an das State Department in Washington und das Handelsministerium in London weiter. Bezeichnend für die Einstellung dieser beiden Institutionen ist der Umstand, daß keine einzige dieser fünfunddreißig Erklärungen bei der britischen oder der amerikanischen Untersuchung als Beweisstück herangezogen wurde. Das State Department gab die betreffenden Dokumente 1965 für die Öffentlichkeit frei, aber von den an das britische Handelsministerium gesandten Kopien ist außer der Mr. Frost zugegangenen Empfangsbestätigung keine Spur mehr zu finden, obwohl sie zum Zeitpunkt der Untersuchung von 1915 zur Erhellung vieler die *Lusitania* umgebenden Rätsel von unschätzbarem Wert hätten sein sollen. Vom Handelsministerium wurden alle 289 überlebenden Besatzungsmitglieder unter Eid vernommen. Nur dreizehn dieser Protokolle stehen im Public Record Office zur Verfügung, und sie zeichnen sich allesamt durch einen merkwürdigen Mangel an Originalität aus: Ausnahmslos (einschließlich der mit einem Kreuz unterzeichneten Aussage eines schreibunkundigen Matrosen) geben sie als Auftreffpunkt des Torpedos Stellen weit achtern oder mittschiffs oder beides an. Desgleichen beginnen sie alle mit den Sätzen: »Zur Zeit des Auslaufens war das Schiff in gutem Zustand und gut ausgerüstet. Es war unbewaffnet und besaß keine Waffen zum Angriff oder zur Verteidigung gegen einen Feind und hatte nie über derartige Ausrüstung verfügt. Das Bootsmanöver wurde vor dem Auslaufen aus New York durchgeführt.«[4] Auf diese einstimmige Aussage stützte sich das Handelsministerium bei seiner Untersuchung.

Admiral Coke erhielt kurz nach 14 Uhr 15 die Mitteilung, daß ein SOS-Ruf der *Lusitania* des Wortlauts »Sofort kommen – starke Schlagseite« eingegangen war und als geschätzte Position etwa zehn Meilen südlich des Old Head of Kinsale angegeben war. Er beorderte sofort die *Juno*, die kurz nach Mittag im Hafen eingetroffen war und noch unter Dampf stand, zur Unglücksstelle. Kurz nach Auslaufen der *Juno* meldete der Leuchtturmwärter auf dem Old Head, daß die *Lusitania* gesunken war. Coke schickte »alles, was sich über Wasser halten konnte«, hinaus und wies die Hafenmeister von Kinsale und Oysterhaven an, das gleiche zu tun. Dann gab er der Admiralität die Meldung vom Untergang der *Lusitania* und eine kurzgefaßte Darstellung der von ihm getroffenen Maßnahmen durch.

Admiral Oliver erhielt den Funkspruch kurz vor 15 Uhr und ging damit sofort zu Fisher, der die Nachricht ruhig aufzunehmen schien. Erst als Oliver erwähnte, daß die *Juno* zu der Untergangsstelle unterwegs sei und zweifellos einen ausführlichen Bericht funken würde, schien Fisher zu reagieren. Er befahl, die *Juno* sofort zurückzurufen. Er wollte eine Wiederholung der »Lebend-Köder«-Tragödie auf alle Fälle vermeiden.

Die *Juno* befand sich in Sichtweite der im Wasser treibenden Überlebenden, als sie den Befehl erhielt und nach Queenstown zurückkehrte; die Folge war, daß fast zwei Stunden vergingen, ehe die ersten Bergungsschiffe Überlebende aufzunehmen begannen. Ein Sammelsurium von Fischerbooten und Fahrzeugen der Marinepatrouille suchte die Stelle noch nach Überlebenden ab, als die Dunkelheit hereinbrach. Alles, was noch im Wasser schwamm, trieb mit der Flutströmung westwärts, die ihre Last behutsam auf den Sandflächen von Garretstown Strand und in den Schlammzonen von Courtmacsherry Bay absetzte. Im Morgengrauen des nächsten Tages lasen die Strandgutsucher dieser beiden Dörfer eine grausige Ernte auf, darunter über zweihundert Tote. Weiter westlich, bei Schull, Bantry und am Fuß der felsigen Vorsprünge der Küste von Kerry, stöberten Suchtrupps im Strandgut späterer Flutwellen, angespornt zweifellos durch die von der Cunard Linie und besorgten Verwandten offiziell ausgesetzten Belohnungen. Für eine gewöhnliche Leiche gab es ein Pfund, für einen Amerikaner zwei Pfund, und volle 1000 Pfund waren für die sterblichen Überreste von Alfred Vanderbilt geboten.

14

Die Telefon- und Telegrafenkabel zwischen England und Irland wurden von der Regierung kontrolliert, und Zensoren der Admiralität überprüften alle Nachrichten. Die Zensur bezog sich mehr auf die Aktivitäten der Sinn Fein als auf die der Deutschen, aber bei dieser Gelegenheit verschaffte sie der Admiralität eine Atempause. Die knappe Meldung vom Untergang der *Lusitania* erreichte die Londoner Zeitungsredaktionen, die Cunard Company und die amerikanische Botschaft kurz nach 16 Uhr. Trotz der Zeitdifferenz traf die erste Nachricht in New York erst um 21 Uhr Londoner Zeit ein. Ihre Empfänger glaubten, alle Passagiere seien gerettet worden, und die späten Abendausgaben der Londoner und New Yorker Zeitungen bestätigten diese beruhigende Meldung. In New York berichtete das *Evening Telegram*, der Ozeanriese sei auf Strand gesetzt worden und an Bord sei alles wohlauf.

In der amerikanischen Botschaft in London beschloß Botschafter Page, seine Dinnerparty nicht abzusagen. Erst kurz vor Eintreffen der ersten Gäste erfuhr er von dem schrecklichen Ausmaß der Katastrophe. Er reichte die erste der neuen Meldungen seiner Frau. In ihr war von fast tausend Toten die Rede, zu denen mindestens hundert Amerikaner zählten. Die Dinnerparty nahm ihren Fortgang wie vorgesehen, aber es war eine makabre Festivität. Während des Essens brachte der Butler dem Botschafter immer wieder Telegramme in ihren gelben Umschlägen auf einem silbernen Tablett. Page las jedes Telegramm laut vor. Konventionen waren vergessen, und vielleicht zum ersten Mal in der gesellschaftlichen Geschichte des amerikanischen diplomatischen Korps blieben die Damen anwesend, während die Portweinkaraffen herumgereicht wurden. Page erinnerte sich später, daß die Nachrichten allen die Sprache verschlugen. Es fiel so gut wie keine verurteilende Bemerkung, man sprach nicht über die Folgen der Versenkung, wenn man auch allgemein von der Annahme ausging, daß die Vereinigten Staaten in den Krieg eintreten würden. Diese Ansicht vertrat am nachdrücklichsten der Ehrengast des Abends, Colonel House, der allen Anwesenden versicherte, die Vereinigten Staaten würden noch innerhalb eines Monats in den Krieg eintreten.

Dieses Gefühl hatten auch die amerikanischen Botschafter in Berlin und Brüssel, die sofort und ohne auf Anweisungen vom State Department zu warten, mit Vorbereitungen zum Schließen ihrer Dienststellen begannen. Präsident Wilson erhielt die Nachricht kurz nach Ende einer Kabinettsitzung. Er trat in den Garten des Weißen Hauses hinaus, um stumm mehrere Minuten lang zu weinen. Dann, als er sich wieder gefaßt hatte, schuf er einen Präzedenzfall für Präsidenten in Augenblicken einer Weltkrise – er ging eine Partie Golf spielen.

Die Zensoren der Admiralität sahen sich zu fieberhafter Tätigkeit angespornt, und die Telegramme von Zeitungskorrespondenten von Irland nach New York wurden ebensosehr ihrer Informationen wie der Zensur wegen geprüft. Dies führte zu langen Verzögerungen, und die ersten wirklich definitiven Nachrichten erreichten die Redaktionen in England und Amerika erst lange nach Mitternacht. Die *New York Times* widmete der Meldung eine Extraausgabe und brachte einige haarsträubende Berichte. Ein Passagier – ein obskurer Zeitungsmann namens Ernest Cowper aus Toronto – erlangte internationale Berühmtheit mit dem Augenzeugenbericht von der Sichtung eines U-Boots auf der Wasseroberfläche, das er dabei beobachtet haben wollte, wie es aus hundert Meter Entfernung Torpedos in die Flanke des Schiffes schoß. Er behauptete, von anderen Passagieren gehört zu haben, daß Giftgas verwendet worden sei, und lobte die schnelle und disziplinierte Art und Weise, wie die Boote zu Wasser gelassen worden seien. Der an die *Juno* ergangene Befehl zum Umkehren wurde abgestritten. Ein Sprecher der Admiralität erklärte, das Schiff sei durch ein U-Boot aufgehalten worden, das versucht habe, es anzugreifen und von seiner humanitären Mission abzuhalten. Ähnliche Berichte erschienen in fast allen Zeitungen der Welt. In Schweden und Deutschland wurde die Versenkung begrüßt, doch die nüchterner eingestellten Zeitungen dieser Länder brachten großes Mitgefühl mit den Passagieren zum Ausdruck und betonten den Umstand, daß das Schiff Konterbande geladen hatte.

In der Wall Street wechselten innerhalb einer hektischen Stunde des Börsenhandels fast 600 000 Aktien ihren Besitzer, und bedeutende Unternehmen hatten starke Verluste zu verzeichnen – Bethlehem Steel zum Beispiel fiel von 159 auf 130. Im Hause Morgan herrschte eine gereizte Stimmung, indes von Minute zu Minute neue Meldungen aus dem Börsentelegrafen den Verlust von Millionenwerten anzeigten. Harold Nicolson hat in seiner Biographie von Dwight Morrow diese Stimmung in einer kleinen Episode eingefangen:

Jacob Schiff von der Firma Kuhn Loeb and Co. suchte das Haus 23 Wall Street auf und betrat das Büro des Hauptteilhabers. Mr. J. P. Morgan stand selbst im Zimmer. Mr. Schiff trat etwas scheu auf ihn zu und sprach ihm murmelnd sein Bedauern über die unglückselige Greueltat aus. Mr. Morgan blieb frostig; er machte eine verletzende Bemerkung und drehte sich auf dem Absatz um. Traurig und niedergeschlagen ging der alte Mr. Schiff wieder hinaus. Es folgte ein betretenes Schweigen. »Ich glaube«, sagte Mr. Morgan zu seinen Partnern, »ich bin etwas zu weit gegangen. Ich glaube, ich sollte mich entschuldigen.« Weiterhin betretenes Schweigen. Dwight Morrow griff nach einem Schreibblock und schrieb darauf die Worte: »Nicht um deinetwillen, sondern um deines Namens willen, oh Haus Israel.« Er riß das Blatt ab und reichte es Mr. Morgan hinüber. Dieser las den Text, nickte in völliger Übereinstimmung, nahm seinen Hut und eilte zu Kuhn Loeb and Co. hinüber, um sich zu entschuldigen.[1]

Der Tenor der seriösen amerikanischen Presse deutete an, daß die letzte Krise in den deutsch-amerikanischen Beziehungen gekommen war. Das Weiße Haus hatte regelmäßige Bulletins versprochen, und die *New York Times* glaubte, Wilson werde den Kongreß zu einer Sondersitzung einberufen. Joseph Tumulty, Wilsons Sekretär, besprach die Morgenzeitungen mit dem Präsidenten, der ihm anvertraute, daß ihn die Gedanken an die *Lusitania* nicht schlafen ließen. Was ihm möglicherweise am meisten Sorge bereitete, waren die nüchternen Ausführungen der meisten Seefrachtexperten, die durchblicken ließen, daß die Schnelligkeit des Untergangs sehr wohl auf eine Explosion von Konterbandegut zurückzuführen sein mochte. Wilson rief Lansing an und beauftragte ihn, sofort bei Zolleinnehmer Malone festzustellen, ob die *Lusitania* irgendwelche Konterbande an Bord gehabt habe. Es war ein Samstag, und Malone war nicht da, und so erhielt Mr. Wolsey vom Finanzministerium den Auftrag, ihn ausfindig zu machen. Bis Mittag hatte Lansing einen ausführlichen schriftlichen Bericht von Malone in Händen, der offenbarte, daß »praktisch die gesamte Ladung des Schiffes Konterbande irgendwelcher Art« war[2], und große Mengen von Munition aufführte. Lansing und Wilson war sogleich klar, daß sie die unvermeidliche politische Feuersbrunst wahrscheinlich nicht überleben würden, wenn bekannt wurde, daß über hundert Amerikaner wegen der laxen Auslegung der Neutralität seitens der Regierung zu Tode gekommen waren.

Der Gedanke ans Überleben scheint auch den Verantwortlichen der Admiralität am schwersten auf der Seele gelegen zu haben, die während der Nacht des 7. Mai, eines Freitags, und das ganze Wochenende über arbeiteten. Admiral Oliver rief Captain Webb, den Leiter der Handelsabteilung, zu sich, und die beiden brachten einen ganzen Strom von Funksprüchen und Instruktionen in Bewegung, von denen einige darauf hindeuteten, daß es etwas zu verbergen gab. In einer der allerersten Instruktionen wurde Coke angewiesen, »sicherzustellen, daß die für die Leichenschau-Verhandlung ausgesuchten

Toten nicht durch Einwirkungen, die wir nicht publik zu machen wünschen, den Tod gefunden haben oder verstümmelt worden sind«.* Cokes Antwort stellte sie vor ein Problem. Kinsale war eine alte Stadtgemeinde und stolz auf seine Rechte. Der Leichenbeschauer von Kinsale, Mr. John Horgan, war nicht bereit, innerhalb seines Bezirks angespülte Leichen fortschaffen zu lassen, ohne zuvor seiner Dienstpflicht nachgekommen zu sein. Horgan wollte entweder Unruhe stiften oder hatte es – das war Cokes Vermutung – auf Publizität abgesehen. Er war jedoch ein aktiver Anhänger der Sinn-Fein-Bewegung und mochte sehr wohl zu einem für die britischen Behörden ungünstigen Urteilsspruch kommen.

Oliver hatte keine Zeit für juristische Feinheiten. Am Samstag setzte er sich schon sehr früh mit Sir Frederick Smith, dem zweiten Kronanwalt, in Verbindung. F. E. Smith, der am Abend zuvor an dem Essen in der amerikanischen Botschaft teilgenommen hatte, war sich des Ausmaßes der Katastrophe und ihrer politischen Auswirkungen bewußt. Er erreichte sofort beim Handelsministerium, daß dieses eine offizielle Untersuchung anordnete, und Lord Mersey, der Staatsbeauftragte für Schiffsuntergänge, erklärte sich bereit, den Vorsitz zu übernehmen. Dies hatte zur Folge, daß alle Pressespekulationen über die Ursache des Untergangs ein Ende fanden, da die Angelegenheit *sub judice* kam, das heißt, ein schwebendes

---

* Dieser Funkspruch war der erste, der abgesandt wurde, und er traf in Queenstown kurz nach 15 Uhr ein. Er hatte in erster Linie zur Folge, daß die Royal Navy die Fischer der Umgebung daran zu hindern versuchte, Überlebende bei Kinsale an Land zu setzen. Edward White, Besitzer des Loggers *Elizabeth,* fand achtzig Überlebende und nahm sie in ihren Rettungsbooten ins Schlepptau. Was geschah, als sie nach zwölf Meilen Fahrt vor Kinsale anlangten, beschrieb Walter D. Fair, ein Schiffsingenieur, der den Vorgang beobachtete, in einem Brief an Alfred Booth. »Sie hatten den Eingang zum Hafen von Kinsale erreicht und würden die Passagiere binnen weiterer zwanzig Minuten an Land gebracht haben, als sie von dem Marineschlepper *Stormcock* eingeholt wurden, dessen Kapitän den Fischer White nicht sogleich zur nächstgelegenen Landestelle weiterfahren ließ, sondern darauf bestand, daß die Überlebenden auf die *Stormcock* umstiegen [...] Wie ich hörte, drohte er White damit, sein Boot zu versenken, falls er nicht anhielt.«

Verfahren wurde. Viele Telegramme von Zeitungsreportern erwähnten die zweite Explosion und zitierten die Aussagen von Passagieren, in denen von Munition an Bord die Rede war. Als die Sache erst *sub judice* war, beschränkte sich die Presse auf Berichte über heldenmütiges Verhalten und die Verdammung der Brutalität deutscher U-Boote. Smith ordnete an, daß alle Leichenschau-Verhandlungen in Queenstown durchzuführen waren, setzte sich dann mit dem Kronanwalt der Provinz Cork in Verbindung und wies ihn an, Horgans Leichenschau-Verhandlung in Kinsale zu verhindern, die für Montag, den 10. Mai, 10 Uhr vorgesehen war. Horgan kam dem jedoch zuvor und begann seine Verhandlung am Samstagnachmittag. Er begab sich persönlich nach Queenstown und überbrachte Captain Turner und so vielen Überlebenden, wie er finden konnte, Ladungen zur Verhandlung. Coke berichtete darüber nach London, fügte aber hinzu, man brauche sich keine ernsthaften Sorgen zu machen.

John Horgan hinterließ folgende Darstellung der Vorgänge: »Ich eröffnete die Verhandlung in dem malerischen Old Market House von Kinsale [...] an meiner Seite eine Jury von zwölf Ladenbesitzern und Fischern. Bescheidene, ehrbare Bürger, die alle der schrecklichen Geschichte zuhörten, indes ein Überlebender nach dem anderen in den Zeugenstand trat.«[3] Er berichtete, daß Captain Turner angab, es habe einen Torpedotreffer gegeben, dem bald darauf eine heftige Explosion im Innern des Schiffs gefolgt sei, aber er bekam nicht viel mehr heraus, da Turner in Tränen ausbrach. Horgan fuhr fort:

Eine halbe Stunde nach Beendigung der Verhandlung kam mein verehrter Freund Harry Wynne, der Kronanwalt von Cork, herbeigeeilt mit der Anweisung von der Admiralität, die Leichenschau-Verhandlung abzubrechen und Captain Turner daran zu hindern, auszusagen. Diese erlauchte Institution kam jedoch bei dieser Gelegenheit genauso zu spät wie beim Schutz der *Lusitania* gegen einen Angriff.

Horgan veröffentlichte seine kritischen Bemerkungen nicht.

Er wollte Schlagzeilen machen, und er machte sie mit einem Urteilsspruch, der den Deutschen Kaiser unter die Anklage des »Massenmordes« stellte.

Horgan war ein Ärgernis, aber es sollte noch Unangenehmeres folgen. Coke meldete der Admiralität nach einer ausführlichen Besprechung mit dem Cunard-Marinesuperintendenten Captain Dodd, daß entweder eine ganze *Salve* von Torpedos auf das Schiff abgefeuert worden war oder ein Teil der Ladung explodiert sein mußte. Er fügte hinzu, daß sich Captain Turner bei ihm bitter über das Ausbleiben der *Juno* beklagt habe. Er bestätigte weiterhin – und das ist, im Lichte der späteren Ereignisse gesehen, die wichtigste Meldung –, daß der Angriff etwa fünfzehn Meilen südlich von Old Head of Kinsale stattgefunden hatte und daß das Schiff schließlich etwa drei Meilen weiter landwärts gesunken war. Das Wrack war durch Bojen gekennzeichnet, und den Koordinaten nach lag es 12,2 Meilen südlich und zwei Grad westlich von Old Head.

Oliver wurde sich darüber klar, daß er keine Unterstützung erwarten konnte von Fisher, der die Tragweite des Geschehens nicht zu erfassen schien, und sandte Churchill am Sonntag, dem 9. Mai, ein an Sir John Frenchs Hauptquartier gerichtetes Telegramm: »Marine- und allgemeinpolitische Überlegungen lassen eine möglichst frühe Verlautbarung angezeigt erscheinen, die Sie zweifellos selbst formulieren möchten.« Er erhielt keine Antwort. Zusammen mit Captain Webb arbeitete er an einem Report für die Admiralität, der bei Churchills Rückkehr vorliegen sollte. Oliver überprüfte genau die Funksprüche, während Webb sich durch die zahlreichen Instruktionen durcharbeitete, die von den Senior Naval Officers der einzelnen Häfen an die Schiffsführer ausgegeben worden waren. Bei der Durchsicht des Memorandums, das sie an diesem Wochenende ausarbeiteten, fallen sowohl die Dinge auf, die *nicht* erwähnt werden, wie der gegen Turner gerichtete Tenor. Webb und Oliver hätten auf Grund aller ihnen zur Verfügung stehenden Informationen wissen müssen, daß Turner sich genau an seine Instruktionen gehalten hatte, und die Unterlagen zeigen, daß sie sich dessen auch bewußt waren. Es bestand kein Zweifel daran, daß die *Lusitania* von einem Unterseeboot torpediert worden war, aber die Faktoren, die zu dem schnellen Sinken des Schiffes beigetragen hatten und die doch in einem solchen Memorandum hätten aufgeführt werden sollen, waren bewußt nicht erwähnt. Das gleiche galt für den Umstand, daß kein Geleitschiff gestellt worden war und daß Turner ein solches erwartet hatte.

Mit an erster Stelle nahm sich Oliver den Funkverkehr mit der *Lusitania* vor. Dabei stieß er auf Cokes verschlüsselte, aus zwei Worten bestehende Anweisung an »MFA« und ließ sich von Coke umgehend bestätigen, daß die Funker der Station Valentia die Codes nicht kannten, mit denen sie operierten. Nach Eintreffen dieser Bestätigung unterließ er es, den Funkspruch, der die *Lusitania* nach Queenstown umdirigierte, in die für Churchills Rückkehr vorzubereitende Liste der Funksprüche aufzunehmen. Die Seite mit diesem entscheidenden Funkspruch fehlt auch im Funkspruchregister der Admiralität. Zur gleichen Zeit arbeitete Webb eine Notiz aus[4], in der bestätigt wurde, daß Cokes Umleitungsfunkspruch unter den gegebenen Umständen berechtigt gewesen war und daß er gut daran getan hatte, selbst die Initiative zu ergreifen, anstatt sich zuvor mit London ins Benehmen zu setzen.

Ein Telegramm ging an Sir Courtenay Bennett ab mit der Anfrage, welche Fahrtanweisungen er Captain Turner vor dem Auslaufen aus New York mündlich oder schriftlich gegeben hatte. Sir Courtenay antwortete umgehend, daß er keinerlei Anweisungen erteilt habe, da er selbst keine bekommen habe. Webb stellte fest, daß am 16. April eine Richtlinie herausgegeben worden war, die das Zickzackfahren als Methode zur Reduzierung der Gefahr durch Unterseebootangriffe empfahl. Die *Lusitania* war am 17. April von England ausgelaufen, und so erkundigte sich Webb bei Captain Frederick, dem Stellvertreter des S.N.O.Liverpool, Admiral Stileman, ob man Turner vor seinem Auslaufen aus Liverpool diese Richtlinie mitgegeben habe. Frederick antwortete, er habe dies nicht getan, falls sie ihm überhaupt mitgeteilt worden sei. Es ist in der Tat höchst unwahrscheinlich, daß die Anweisung bis dahin schon nach Liverpool gelangt war. Captain Fredericks formelle Bestätigung über den Empfang der Richtlinie trägt als Datum den 2. Mai.[5] Um seinem Memorandum mehr Gewicht zu verleihen, ging Webb jedoch davon aus, daß Turner die Empfehlung erhalten hatte, und fügte seiner Darstellung genau redigierte und auf ihre Zweckmäßigkeit hin ausgewählte Auszüge aus den Dutzenden von häufig widersprüchlichen Ratschlägen und Instruktionen hinzu, die seit Beginn der Feindseligkeiten herausgegeben worden waren. Die Auswahl wirkt verdächtig. So ließ Webb zum Beispiel Instruktionen außer acht, in denen davon die Rede war, daß deutsche Unterseeboote selten in Sichtweite der Küste operierten, nahm hingegen eine solche auf, die besagte, daß »die größte Gefahr in der Nähe von Häfen und vorspringenden Landzungen« bestehe. Er führte außerdem eine Instruktion an, die die Schiffe davor warnte, dieselben Routen zu befahren wie in Friedenszeiten, und vergaß zu erwähnen, daß die *Lusitania* auf ihrer Friedensroute Fastnet Rock in ein bis zwei Meilen Entfernung passierte und sich dann auf etwa zwei Meilen Distanz von der Küste hielt. Webb wußte, daß sich die *Lusitania* selbst in ihrer küstennächsten Position – im Augenblick des Torpedotreffers – noch fünfzehn Meilen von Land entfernt befunden hatte, und daß sie, bis sie den Umleitungsbefehl nach Queenstown erhielt, etwa fünfundzwanzig Meilen weit draußen auf See gefahren war. Er erwähnte ferner nicht, daß sie sich infolge des stillgelegten Kesselraums mit verminderter Geschwindigkeit fortbewegte. Er hob zum Schluß eine an alle heimwärts fahrenden britischen Schiffe ergangene Anweisung hervor, sich in der Mitte der Fahrtroute zu halten. Dies bezog sich auf die Irische See und den St.-Georgs-Kanal, nicht aber auf den Atlantik und die Südwestküste Irlands.

Wahrscheinlich war für Webb das Motiv der Selbsterhaltung bestimmend. Er wollte sich in seiner Position als Leiter der Handelsabteilung und unmittelbar für die *Lusitania* verantwortlicher Mann der Admiralität absichern und die Entscheidung der Lords der Admiralität kaschieren, die das Schiff und seine Passagiere in gefährlichen Gewässern angesichts einer bis dahin noch nicht beobachteten U-Boot-Tätigkeit aufs Spiel gesetzt hatten. Sein Memorandum und dessen Schlußfolgerungen sollten die gesamte Untersuchung des Falles bestimmen, und diese Schlußfolgerungen sind ebenso ungenau wie ungerecht. Nach einer Zusammenfassung der Funksprüche und Instruktionen stellte Webb fest:

Daraus ist also ersichtlich, daß der Schiffsführer über die in seinem Besitz befindlichen gedruckten Befehle hinaus die ausdrückliche Warnung erhielt, daß Unterseeboote vor der irischen Küste operierten, und daß er Vorgebirge meiden und einen Kurs längs der Mitte der Fahrtroute einhalten sollte.

Trotz dieser Warnungen scheint sich das Schiff fast genau auf der üblichen Handelsroute befunden zu haben und wurde, soweit zur Zeit bekannt ist, 8 Meilen vor Old Head of Kinsale torpediert. Das Schiff befand sich offenbar auf seinem normalen Kurs und bewegte sich mit einer Stundengeschwindigkeit von 18 Knoten vorwärts. Die Entfernung zwischen dem Ort der Katastrophe und Liverpool beträgt etwa 240 Meilen, und bei 18 Knoten pro Stunde wäre die *Lusitania* am Morgen des 8. kurz nach 4 Uhr vor der Mersey Bank eingetroffen. Sie hätte dann bei Tagesanbruch in den Hafen einlaufen können, was mit den Instruktionen der Admiralität übereinstimmt und die einzige Anweisung zu sein scheint, die der Schiffsführer befolgte. Am Morgen des 8. Mai hätte die *Lusitania* die Bank zu irgendeiner Zeit zwischen 4 Uhr und 9 Uhr 30 überqueren können. Der Kapitän hatte daher fünf Stunden Zeit zur Verfügung und hätte, ohne die Flut zu verpassen, eine zusätzliche Entfernung von 90 Meilen zurücklegen können.

Er hätte deshalb einen Kurs ein gutes Stück außer Sichtweite der irischen Küste und mehr in der Mitte der Fahrtroute steuern und dennoch rechtzeitig zur Flut in Liverpool sein können, ohne schneller als 18 Knoten zu fahren. Hätte er gemäß der Empfehlung vom 16. April die Vorsichtsmaßnahme des Zickzackfahrens getroffen, hätte er einen Zickzackkurs bei beispielsweise 22 Knoten steuern können, um die gleiche Entfernung wie bei 18 Knoten und normalem Kurs zurückzulegen, wenn dies seine Absicht gewesen wäre.

Es bestand für ihn außerdem, als er sich Irland näherte, keineswegs die Notwendigkeit, so nah an die Küste heranzufahren. Es stand durchaus in seiner Macht, mehr Dampf für eine höhere Geschwindigkeit zu erzeugen, weit draußen auf See zu bleiben und den St.-Georgs-Kanal bei Dunkelheit auf einem nördlichen Kurs anzusteuern.

Dem Kapitän standen also mehrere Alternativen bezüglich Kurs und Geschwindigkeit bei der Fahrt durch das gefährliche Gebiet zur Verfügung, in dem, wie ihm mitgeteilt worden war, Unterseeboote operierten. Statt dessen blieb er auf der üblichen Handelsschiffroute bei einer Geschwindigkeit, die etwa Dreiviertel dessen betrug, was er aus seinem Fahrzeug hätte herausholen können. Er hielt auf diese Weise sein wertvolles Schiff unnötig lang in einem Gebiet zurück, in dem ein Angriff am wahrscheinlichsten war, und forderte dadurch die Katastrophe heraus.[6]

Rückblickend läßt sich schwer ausmachen, ob Webb niederträchtig oder töricht oder beides war. Wahrscheinlich war er beides. Seine Tatsachenunterschlagungen können nur als Unredlichkeit eingestuft werden. Seine Feststellungen, daß Turner bei zweiundzwanzig Knoten hätte zickzack fahren können, daß er auf der normalen Handelsschiffsroute fuhr und daß er sich im Besitz schriftlicher Anweisungen zum Zickzackfahren befand, fallen in die gleiche Kategorie wie seine Unterschlagungen. Dies gilt auch für die Feststellung, Turner sei nicht fünfzehn, sondern acht Meilen vor der Küste torpediert worden. Webbs taktische Alternativen sind die eines Mannes, der wahrscheinlich bereits ertrunken wäre, wenn man ihn auch nur in seiner Badewanne mit Papierschiffchen hätte spielen lassen, geschweige denn in der Zone der westlichen Zufahrtswege mit wirklichen Schiffen. Er war jedoch ein Karriere-Captain in der Royal Navy, und seine Alternativen müssen untersucht werden, so wie sie vermutlich von der Admiralität untersucht wurden, ehe man sich entschloß, der Öffentlichkeit Turners Kopf anzubieten.

Webb meinte, Turner hätte Kurs und Fahrt so einrichten sollen, daß er um 9 Uhr vor der Bank eintraf. Abgesehen davon, daß dies ein grober Verstoß gegen die schriftlichen Befehle der Admiralität und die Funkspruchanweisungen gewesen wäre, hätte er bei einem solchen Verhalten keine Zeitreserve mehr zur Verfügung gehabt, falls er noch einmal in Nebel geriet. Hätte er die Flut verpaßt, hätte er gerade an der Stelle festgesessen, die die Admiralität als die gefährlichste bezeichnet hatte, und bis zur nächsten Flut vor der Bank warten müssen. Weiterhin meinte Webb, Turner hätte die *Lusitania* bei Dunkelheit und ohne vorher nach einer Atlantiküberquerung seine Position bestimmt zu haben, in den engen Eingang zum St.-Georgs-Kanal steuern können, ein Vorgehen, das, wäre es entdeckt worden, den Schiffsführer wahrscheinlich seine Lizenz gekostet haben würde, da es den Bestimmungen der Cunard Linie wie des Handelsministeriums völlig zuwiderlief.

Captain Webb legte sein Memorandum Admiral Oliver vor, der es abzeichnete und am Donnerstag, dem 13. Mai, nachmittags Lord Fisher unterbreitete. Kurz nachdem es vorgelegt worden war, schickte das Foreign Office die Kopie eines verschlüsselten Funkspruchs von Sir Cecil Spring-Rice, dem Botschafter in Washington, die besagte, daß Sir Courtenay Bennett die Aufmerksamkeit auf mehrere Berichte zu lenken wünschte, die er über eine mutmaßliche deutsche Infiltration bei Cunard eingesandt hatte. Sir Cecil hatte Sir Courtenays Ersuchen als Fußnote die persönliche Bemerkung angefügt: »Deutsche in New York scheinen gewußt zu haben, daß die *Lusitania* in großer Gefahr war, und man hat den Eindruck, daß ihr Kurs bekannt war oder daß über Funk irreführende Anweisungen in unserem Code gegeben wurden.«[7] Webb stellte sofort eine Auswahl von Sir Courtenays Berichten zusammen, fügte Sir Cecils Nachricht hinzu und leitete das Bündel Fisher zu, versehen mit den folgenden Anmerkungen.

1. Die Umstände im Zusammenhang mit dem Untergang der *Lusitania* sind so außergewöhnlich, daß es unmöglich ist, die Katastrophe nicht mit den von Sir C. Spring-Rice angeführten Fakten in Verbindung zu bringen.[8]

Das war eine gute, wenn auch nicht sehr elegante Einleitung, aber Webb fuhr nicht mit einer Zusammenfassung von Sir Courtenays Behauptungen fort, die besagten, daß sich möglicherweise unter dem Cunard-Personal in New York jemand befand, der prodeutsch eingestellt war, sondern er schob seine eigene Vermutung ein, daß Captain Turner ein Spion war, aber wenn man nicht die ganze Akte las, war der Eindruck der, daß die Hypothese von Sir Cecil Spring-Rice stammte.

2. Mit dem von ihm gesteuerten Kurs handelte der Schiffsführer der *Lusitania* den schriftlichen allgemeinen Instruktionen zuwider, die er von der Admiralität erhalten hatte, und mißachtete völlig die telegrafischen Warnungen, die ihm von Queenstown zugingen während der Stunden unmittelbar vor dem Angriff.

3. Auf Grund der jetzt bekannten Tatsachen scheint der Schiffsführer eine fast unvorstellbare Nachlässigkeit an den Tag gelegt zu haben, und man sieht sich zu der Schlußfolgerung gezwungen, daß er entweder absolut unfähig ist oder daß die Deutschen sich an ihn herangemacht haben. Beim Inbetrachtziehen dieser letzteren Möglichkeit muß man nicht notwendigerweise davon ausgehen, daß er irgendeine Vorstellung von dem Verlust von Menschenleben hatte, wie er tatsächlich eintrat, und er mag sehr wohl geglaubt haben, daß er angesichts der nahen Küste genügend Zeit haben würde, sein Schiff an eine sichere Stelle zu steuern, ehe es sank.

Webb erwähnte sodann die Möglichkeit, daß ein Spion im New Yorker Cunard-Büro die Instruktionen für Turner weitergegeben habe, verschwieg aber, daß gar keine Instruktionen für Turner vorgelegen hatten. Die ersten drei Absätze des Memorandums genügten Fisher bereits, der nach seinem Federhalter griff und mit grüner Tinte Anmerkungen anzubringen begann, wobei er die Vermutung unterstrich, daß Turner im Solde der Deutschen stand, und an den Rand schrieb: »Ganz meine Ansicht. Da die Cunard Company sicher keinen *unfähigen* Mann eingestellt hat, steht absolut fest, daß Captain Turner kein Dummkopf, sondern ein Schurke ist!« Der Gedanke, daß er die Absicht gehabt haben könnte, die *Lusi-*

tania auf Strand zu setzen, gefiel Fisher, und er merkte in Klammern »Völlig richtig« an. Wahrscheinlich las er das Memorandum ein zweites Mal durch, denn er machte eine weitere Randnotiz: »Ich hoffe, Captain Turner wird sofort nach der Verhandlung in Haft genommen, *ganz gleich*, wie der Schuldspruch ausfällt.«

Mit seinen Bemühungen offensichtlich noch nicht zufrieden, fertigte Fisher eine weitere, mit einer Anregung schließende Notiz an, die er sowohl dem Sekretär der Admiralität, Sir William Graham Greene, wie Churchill zuleitete. »Ich bin *vollkommen* sicher, daß Captain Turner von der *Lusitania* ein Schurke ist und bestochen wurde. Kein Seemann, der bei Verstand ist, hätte so gehandelt wie er. Sollte man nicht Lord Mersey einen Wink geben?« Fisher setzte seinen Namen darunter und leitete Captain Webbs Machwerk an Churchill weiter, der es am nächsten Tag lesen sollte.

Daß Fisher Webbs These so bereitwillig aufgriff, dürfte zum größten Teil auf ein Gefühl der Verzweiflung zurückzuführen sein. Er muß gewußt haben – wie dies jeder Seemann wußte –, daß die Hauptursache für den Erfolg von U-20 der mangelnde Schutz für die *Lusitania* war. Er wurde sich bewußt, daß er sich mit der Einstufung der irischen Küste als ungefährliches Gebiet getäuscht hatte, und er war zutiefst erbittert über die Anforderungen, die die Dardanellen-Operation an seine Geleit-Kreuzer und -Zerstörer stellten. Er war alt, er war müde, und er hatte während der zwei vorausgegangenen Wochen mit Churchill einen heftigen und vergeblichen Kampf gekämpft, um die britische Nordseeflotte gegen die Abkommandierung weiterer Schiffseinheiten zur Unterstützung der erlahmenden Offensive bei Gallipoli zu schützen. Daher seine Sorge um die *Juno* und zweifellos die Befürchtung, der Navy, der sein Herz gehörte, könnte der Untergang der *Lusitania* ebenso zu Recht angelastet werden, wie die Vorwürfe im Gefolge des Debakels des »Lebendköder«-Geschwaders zu Unrecht erhoben worden waren. Die Vermutungen weiterzutreiben wäre unfair, aber der Strohhalm, den Webbs

These darstellte, erschien um so überzeugender, als Webb bestimmte Tatsachen unterschlagen hatte.

Freitag, der 14. Mai, war ein schwieriger Tag für Churchill, der am Montag aus Frankreich zurückgekehrt war. Die *Times* hatte einen sensationellen Bericht über die Munitionsknappheit an der Westfront gebracht, von der sie durch eine gezielte Indiskretion aus Sir John Frenchs Hauptquartier erfahren hatte. Verfasser des Artikels war der Militärkorrespondent Colonel Repington, und möglicherweise war es kein Zufall, daß er und Churchill während des Wochenendes Transportmittel und Gastgeber in Frankreich miteinander geteilt hatten. Zweck des Unternehmens war es, Kitchener abzulösen, doch in dem politischen Durcheinander, das sich nach Fishers Rücktritt ergab, war eine Koalitionsregierung der einzige Ausweg, und der Preis, den die Konservativen für eine Koalition forderten, war Churchills Ausscheiden. Auf der Sitzung des Kriegsrats an jenem Morgen sahen alle Anwesenden, daß Fisher und Churchill einen ernsthaften Streit wegen der Dardanellen hatten, und am Abend war Churchill nach bestem Vermögen bestrebt, zu einer Versöhnung mit Fisher zu kommen. Erst kurz vor Mitternacht fand er Zeit, seine Papiere durchzusehen. Als er an Webbs Memorandum kam, machte er sich entweder Fishers Standpunkt blindlings zu eigen oder er erkannte die Gefahr, die das Versagen der Navy beim Schutz der *Lusitania* für seine Karriere bedeuten würde. Mehr als alles andere hatte ihn die Behauptung verletzt, er habe das »Lebendköder«-Geschwader dem Feind preisgegeben, und als der Vollblutpolitiker, der er war, wäre er ein Narr gewesen, hätte er nicht die politische Gefahr vorausgesehen. Er nahm ein neues Blatt Konzeptpapier und schrieb mit fester Handschrift seinen Kommentar nieder. Es zeigt sich ganz deutlich, daß Churchill Webbs forensisches Talent zum Rufmord zu schätzen wußte, denn er kam zu dem Schluß, daß Webb, wenn er das Messer schon so gut führen konnte, sowohl an der Verurteilung wie an der Exekution beteiligt sein sollte. »Stimme völlig mit dem Leiter der Handelsabteilung überein. Glaube, bei der Verhandlung vor Lord Mersey sollte die Sache der Admiralität durch einen geschickten Anwalt vertreten werden, und Captain Webb sollte als Zeuge anwesend sein, wenn nicht als Beisitzer fungieren: Wir werden den Captain ohne Rücksichtnahme verfolgen.«[9]

Churchill zeichnete zwar, sein Einverständnis erklärend, Webbs und Fishers Darlegungen ab, nicht aber Fishers Vorschlag, man solle Lord Mersey »einen Wink« geben. Am Tag darauf jedoch, am 15. Mai, trat Fisher zurück.[10] Lord Mersey erhielt ein von Captain Webb unterzeichnetes Schreiben, dem eine Anzahl Dokumente beigegeben waren, die die bevorstehende Untersuchung der Ursache des Untergangs der *Lusitania* betrafen, darunter auch eine Kopie von Webbs Memorandum. In diesem Schreiben hieß es: »Die Admiralität hat mich beauftragt, Ihnen mitzuteilen, daß man es für politisch vorteilhaft hält, wenn Captain Turner, der Schiffsführer der *Lusitania*, auf möglichst deutliche Weise für die Katastrophe verantwortlich gemacht wird.«[11]

15

Am Samstag, dem 8. Mai um 17 Uhr, telegrafierte Botschafter Page an Wilson:

Offiziell hält man sich natürlich mit Kommentaren zurück. Die frei geäußerte offizielle Meinung ist die, daß die Vereinigten Staaten den Krieg erklären müssen, wenn sie nicht die Achtung der Europäer verlieren wollen. Soviel ich weiß, herrscht diese Ansicht allgemein vor. Wenn die U.S. tatsächlich in den Krieg eintreten, wird dies eine moralische und physische Auswirkung haben, die rasch zum Frieden führt und den U.S. einen großen Einfluß bei der Beendigung des Krieges und bei der Neugestaltung der Welt und der Verhinderung eines neuen Krieges einräumt [. . .][1]

Der Präsident teilte Pages Ansichten nicht, die, wie er vermerkte, »nicht seine eigenen« waren, »sondern das, was er für die öffentliche Meinung hält«, und verbrannte das Telegramm sofort. Page hatte recht. Die britische öffentliche Meinung hoffte tatsächlich, ein rechtzeitiges Eingreifen der Vereinigten Staaten werde das Blutbad an der Westfront beenden, aber die Leiter der britischen Politik wollten nicht, daß Amerika in einem neugestalteten Europa den Ton angab. Das Foreign Office instruierte Spring-Rice in Washington, seine unmittelbare Aufgabe sei die, darauf hinzuwirken, daß die Vereinigten Staaten weiterhin eine neutrale Macht und eine ergiebige Kredit- und Nachschubquelle blieben. Page, der sich dieser Stimmung bewußt war, telegrafierte in bedauerndem Ton:

Das aristokratische Element in England, das gesellschaftliche und Regierungsprivilegien genießt und das ist, was wir reaktionär nennen würden, erhofft sich bewußt oder unbewußt amerikanische Untätigkeit, damit sein Mißtrauen gegenüber demokratischen Institutionen gerechtfertigt wird. Diese Kreise glauben, Großbritannien werde aus dem Krieg mächtiger denn je hervorgehen, und sie sind der Ansicht, daß die U.S. in der Welt so wenig Einfluß wie möglich haben sollten.[2]

Page glaubte, die Vereinigten Staaten würden durch ihr Eingreifen die Achtung und die moralische Führerrolle der Welt erringen. Lansing und House, die den Präsidenten unter Druck setzten, hatten andere Motive. Diese wurden einige Wochen später auch von Page genannt, als er die Ansichten einiger der weitsichtigeren englischen Liberalen beschrieb. Sie deckten sich mit den gründlich erforschten Schlußfolgerungen der Politiker und jener Geschäftsleute, die den wahren Umfang der englischen Schulden in Amerika kannten.

Es gibt hier Leute, die wissen, daß Großbritannien aus diesem Krieg bestenfalls mit großen finanziellen und kommerziellen Schwierigkeiten belastet und möglicherweise praktisch bankrott hervorgehen wird [...] sie wissen, daß die U.S. ein oder zwei Generationen lang einen ungeheuren Vorteil gegenüber allen anderen Nationen haben werden, der (falls uns nicht ein großes Unglück befallen sollte) ein ungeheurer Vorteil für alle Zeiten sein wird [...] Ihre eigene finanzielle Macht, die ihre Vorherrschaft begründet, wird dahingeschwunden sein.[3]

Lansing und House, die aufmerksam auf alles achteten, was die Wall Street flüsterte, teilten diese Ansicht und waren auch klug genug, um zu wissen, daß die Vereinigten Staaten es sich jetzt nicht leisten konnten, England den Krieg verlieren zu lassen. Lansing hatte jedoch sein politisches Ohr noch näher am Boden als die anderen und wußte, daß ein bewaffnetes Eingreifen der Vereinigten Staaten nie vom Kongreß gebilligt werden würde. Er empfahl den sofortigen Abbruch der diplomatischen Beziehungen mit Deutschland, schlug aber gleichzeitig vor, daß die U. S. weiter als Versorger und Gläubiger der Alliierten fungieren sollten bis zum politisch und finanziell günstigen Augenblick, den er unmittelbar nach der Präsidentschaftswahl von 1916 ansetzte. Bis dahin, so meinte er, mußte Amerika seinen Streit mit Deutschland auf Eis legen und auf den passenden Gefühlsmoment warten.

Lansing hatte die Stimmung Amerikas richtig eingeschätzt. Während die Ostküstenpresse und Theodore Roosevelt in die Kriegsfanfaren bliesen, verhielten sich die mittleren und westlichen Bundesstaaten deutlich zurückhaltend. Wenn Amerika in den Konflikt eingreifen sollte, dann nur, wenn ein emotionaler Funke zündete. Der Funke war zwar da, aber das Pulver Amerikas war feucht, und der Wind wehte nicht stark genug, um die Flamme des Krieges über den Kontinent zu treiben. Wilson war sich dessen bewußt, unterschätzte aber die gereizte Stimmung und die Macht der Ostküstenpresse. Am 10. Mai hielt er eine Rede vor einer Massenversammlung naturalisierter Amerikaner in Philadelphia. Er soll dabei »ernst und gramerfüllt« gewesen sein.

Das Beispiel Amerikas muß ein besonderes Beispiel sein. Das Beispiel Amerikas muß ein Beispiel des Friedens nicht nur deshalb sein, weil es nicht kämpfen will, sondern weil der Frieden die heilende und erhebende Kraft in der Welt ist und nicht der Kampf. Es gibt so etwas wie einen Menschen, der zu stolz ist, um zu kämpfen.[4]

Scharfe Kritik zwang ihn zu der Erklärung, mit diesen Bemerkungen habe er keine Politik umreißen wollen. In England betrachtete man sowohl Amerika wie seinen Präsidenten als Feiglinge, und sie wurden als solche bitter geschmäht. Wenn etwa in einem Theater das Wort »Amerika« fiel, wurde gejohlt und gezischelt. In Flandern nannte man einen Blindgänger einen »Wilson«, während Colonel House zu Page sagte, ihm sei, »als hätte man mir auf dem Weg vom Constitution Hill herunter einen Tritt versetzt«.[5] Als Folge dieser Reaktion der Öffentlichkeit war allen Angehörigen von Wilsons Kabinett, als sie am Morgen des 11. Mai zusammenkamen, um die Protestnote Amerikas an Deutschland zu besprechen, klar, daß der Ton dieser Note äußerst scharf ausfallen mußte.

Außenminister Bryan, Marineminister Josephus Daniels und Postminister Burleson glaubten, die Angelegenheit könne ohne Abbruch der diplomatischen Beziehungen geregelt werden. L. M. Garrison, der Kriegsminister, war für einen Abbruch und Amerikas aktiven Eintritt in den Krieg. Wilson, beraten von Lansing, der dem Kabinett nicht angehörte, hielt einen Abbruch der Beziehungen ohne Kriegseintritt als unvermeidliche Folge für möglich. Nach dreistündiger Diskussion kam kein Beschluß über die einzuschlagende Politik zustande, und so ließ Wilson, der sich die Entscheidung vorbehalten wollte, Lansing den Entwurf der »Note« zuleiten mit der Anweisung, ihn auszuarbeiten. Lansing zog Garrison hinzu und, mit Wilsons Erlaubnis, da »die Zeit knapp war,« Joseph P. Tumulty, den persönlichen Sekretär des Präsidenten, der ebenso zu den »Falken« zählte wie Garrison. Gemeinsam arbeiteten sie eine schärfere Version von Wilsons Entwurf aus, die in der Öffentlichkeit jede Befürchtung ausräumen würde, die Regierung könnte prodeutsch eingestellt sein. Nach ihrer Veröffentlichung sollte die *Baltimore Sun* am 11. Mai feststellen, sie zeige »so viel Stärke, wie eine starke Nation nur verlangen kann«[6]. Wilson zog diese Version den zurückhaltenderen Entwürfen Bryans vor. Was das wichtigste war: sie bezeichnete die *Lusitania* als ein »unbewaffnetes Schiff«.

Bryan hatte sich drei Tage vorher schriftlich an den Präsidenten gewandt und ihn auf die Gefahren hingewiesen, die fortbestanden, wenn man amerikanischen Staatsbürgern weiterhin erlaubte, auf Munitionsschiffen zu reisen. Wahrscheinlich wies er, wie er später behauptete, bei dieser Gelegenheit auch auf frühere Warnungen bezüglich Status und Ladung der *Lusitania* hin. Wilson stimmte insgeheim zwar mit Bryan überein, drückte in der Antwort aber seine Sorge über einen Punkt aus, auf den Lansing hingewiesen hatte: Wenn man amerikanische Staatsbürger warnte, hätte die Regierung das damals tun müssen, als sie der deutschen Regierung die Note zustellte, in der von der »strikten Verantwortung« die Rede war. Jetzt eine Warnung auszusprechen, hieß eingestehen, daß die Regierung ihrer Pflicht nicht nachgekommen war. Bryan schlug dem Präsidenten vor, wenn er formell Graf Bernstorff, dem deutschen Botschafter, die Note überreiche, solle man gleichzeitig der amerikanischen Presse vertraulich die folgende »Erklärung« zuleiten:

Da die Worte »strikte Verantwortung« von einigen Zeitungen dahingehend ausgelegt wurden, als bedeuteten sie eine sofortige Regelung der Angelegenheit, halte ich die Feststellung für angebracht, daß eine solche Auslegung keine zwangsläufige ist. In einzelnen Angelegenheiten halten es Freunde manchmal für ratsam, die Regelung von Streitfragen bis zu einem Zeitpunkt zu verschieben, zu dem sie in Ruhe und unter Berücksichtigung aller Umstände beurteilt werden können. So sollten sich auch Staaten gegeneinander verhalten. Es ist durchaus möglich, daß die Vereinigten Staaten und Deutschland, zwischen denen eine Freundschaft von langer Dauer besteht, es für richtig halten, alle Streitfragen, die sich nicht auf diplomatischem Wege lösen lassen, erst dann zu behandeln, wenn der Friede wiederhergestellt ist.[7]

Bryan hatte diesen Entwurf im Gedanken daran skizziert, daß es früher oder später zu Enthüllungen bezüglich des Frachtguts der *Lusitania* kommen konnte. Er war nicht prodeutsch eingestellt. Ihm ging es vor allem um Gerechtigkeit, und er war ein aufrichtiger Pazifist. Er hatte allen Grund zu der Annahme, daß der Präsident seine Ansichten teilte, und er hatte aus diesem Grund zugunsten Wilsons darauf verzichtet, die demokratische Präsidentschaftskandidatur anzustreben.

Er hatte zum Teil recht. Der Präsident begriff Bryans Standpunkt sehr wohl, aber ihm gefielen weder seine Formulierungen noch der Umstand, daß er ihm den Donner stehlen wollte. Er erklärte sich in einem Antwortschreiben damit einverstanden, daß der Presse eine offizielle Erklärung übergeben wurde, doch sollte diese direkt vom Weißen Haus kommen. Er fügte einen eigenen Entwurf bei und bat Bryan, ihn abzuzeichnen, falls er damit einverstanden war, und ihm wieder zuzuleiten. Bryan las den Entwurf des Präsidenten:

In Regierungskreisen vertraut man stark darauf, daß Deutschland diese Note im Geiste des Entgegenkommens beantworten wird. Es wird darauf hingewiesen, daß Deutschland zwar nicht zu den vielen Nationen gehört, die in jüngster Zeit mit den Vereinigten Staaten Verträge zur Beratung und Untersuchung ernsthaft strittiger Fragen als Mittel der Ergänzung der normalen diplomatischen Methoden und, soweit das möglich ist, der Verhinderung von Konflikten abgeschlossen haben, doch hat es dem Prinzip eines solchen Vertrags zugestimmt; und man geht davon aus, daß es in diesem Fall im Geiste dieser Zustimmung reagieren wird. Ein Streitfall ist nun unterbreitet worden, und es wird erwartet, daß er in Ruhe und in dem Bestreben behandelt wird, zu einer Vereinbarung zu gelangen, trotz der Leidenschaften der Stunde, an denen sich die Vereinigten Staaten nicht beteiligen, oder daß die ganze Angelegenheit auf eine Ebene der Auseinandersetzung gebracht werden kann, von der aus eine dauerhafte Regelung möglich ist.[8]

Bryan sah, daß Wilson hier trotz des gelehrten Stils seine Hoffnung anklingen ließ, daß die *Lusitania*-Kontroverse, falls Deutschland und Amerika sie nicht auf diplomatischem Wege lösen konnten, in die kühle Atmosphäre eines Schiedsgerichtshofs verwiesen werden würde. Bryan akzeptierte die Version seines Präsidenten, unterzeichnete sie und schickte sie ins Weiße Haus zurück. Unglücklicherweise machte er eine Kopie davon, und was noch schlimmer war: An dem Abend, bevor er die formelle Note an die deutsche Regierung absandte, zeigte er die Kopie Lansing, der, da er sich nicht bewußt war, daß sie aus der Feder des Präsidenten stammte, seine persönliche Mißbilligung ausdrückte und es ablehnte, der Erklärung beizupflichten, – obwohl er als juristischer Berater des State Department gar nicht gebeten worden war, dies zu tun. Seine Aufgabe war es, die Politik seiner Vorgesetzten als Gutachter zu fördern, nicht, sie zu machen. Lansing sah in der Erklärung, die er Bryan zuschrieb, ein Sprungbrett zu dem von ihm angestrebten Posten des Außenministers.
Am nächsten Morgen besprach Bryan am Telefon Routineangelegenheiten mit Joseph Tumulty. Er bemerkte, er sei

»sehr befriedigt« über den vom Präsidenten vorgeschlagenen »Entwurf« der *Lusitania*-Erklärung. Tumulty fragte ihn, von welchem Papier er da spreche. Bryan wurde sich bewußt, daß er einen Fehler gemacht hatte, wechselte das Thema und schickte gleich darauf einen Boten mit einer dringenden Nachricht zu Wilson, in der er diesen bat, Tumulty zu verpflichten, »in dieser wichtigen Angelegenheit Schweigen zu bewahren«[9]. Doch es war schon zu spät. Tumulty, der argwöhnte, Bryan habe hinter dem Rücken des Kabinetts etwas angezettelt, hatte sich bereits mit Lansing in Verbindung gesetzt und ihn gefragt, was in dem Entwurf stehe. Lansing sagte es ihm und fügte hinzu, er persönlich stimme damit nicht überein. Dies galt auch für Tumulty, der Lansing mitteilte, Garrison und einige andere Kabinettsmitglieder würden einen Protest unterstützen. Tumulty fragte, ob er dem Präsidenten von seiner, Lansings, Mißbilligung der Erklärung berichten könne, und Lansing ermächtigte ihn, Wilson mitzuteilen, daß er im Lichte des neuen Entwurfs das Gefühl habe, seine eigene Position in der *Lusitania*-Affäre »werde schwierig«. Tumulty setzte sich daraufhin nacheinander mit den »Falken« im Kabinett in Verbindung und begab sich anschließend zum Präsidenten, um ihn zu warnen – er vermute, eine Kabinettsrevolte braue sich zusammen. Er sagte ihm nicht, daß er diese Revolte zum größten Teil selbst inszeniert hatte. Angesichts der Gefahr einer größeren Kabinettskrise in einer Angelegenheit, die die Öffentlichkeit erregte, entschloß sich Wilson, die inoffizielle Erklärung zurückzuziehen.

Die Tumulty-Intrige, von der mehrere Versionen überliefert sind, ist von amerikanischen Historikern ausführlich untersucht worden. Sie war aber möglicherweise nicht Wilsons einziges Motiv für den Verzicht auf die Erklärung. Umstände deuten darauf hin, daß er einen triftigeren Grund hatte, der genauer dokumentiert ist. An jenem selben Tag, dem 13. Mai, lunchte Lansing mit Captain Gaunt im Shoreham Hotel in Washington. Sie kamen regelmäßig auf solche Weise zusammen und fanden es beide nützlich. Die Berichte, die Gaunt nach

England schickte, spiegelten eine detaillierte Kenntnis dessen wider, was auf den höheren Ebenen der Regierung geschah – Informationen, die nur von Lansing stammen konnten, und in vielen dieser Berichte ist er namentlich erwähnt. Lansing hatte Gaunt schon am 8. Mai von einer wahrscheinlichen Aufspaltung des Kabinetts in zwei Lager erzählt und ihn gleichzeitig gewarnt, daß es »beträchtliche öffentliche Erregung« geben werde, »wenn die Einzelheiten der *Lusitania* bekannt würden«.[10] Gaunt hatte ebenfalls oft interessante Informationen zu bieten, die Lansing zu seinem Vorteil verwenden konnte. Zumeist bezogen sie sich darauf, welcher Fabrikant einen Auftrag der Alliierten bekommen würde, aber im Februar hatte Gaunt mit einer Information aufgewartet, die dazu führte, daß sich mehrere deutsche Diplomaten und vier Angestellte der Hamburg-Amerika-Linie in einen Kriminalprozeß verwickelt sahen. Am 1. März war gegen die vier Hamburg-Amerika-Leute vor einem Geschworenengericht Anklage erhoben worden, aber die Botschaftsangestellten hatte man wegen ihres Status ignoriert. Die Anklage hatte auf »Ausstellen falscher Ladepapiere zur Erlangung einer Auslaufgenehmigung« gelautet. Lansing und Gaunt hatten offensichtlich einen Humor, der eines Talleyrand würdig gewesen wäre.

Zu diesen Begegnungen im Shoreham brachte Lansing gewöhnlich einen Gast mit, und an diesem Tag war es Kriegsminister L. M. Garrison, den man nicht gerade einen Freund Bryans nennen konnte. Tumulty gesellte sich zu ihnen und sagte, er komme gerade von einer sehr schwierigen halben Stunde beim Präsidenten. Gaunt war voller faszinierender Geschichten. Wie er berichtete, hatte der britische Geheimdienst herausgefunden, daß in der deutschen Botschaft Pläne für den Fall eines Kriegseintritts der USA lägen, die unter anderem Sabotage und einen bewaffneten Aufruhr in New York vorsahen. Er spielte auf das Abhorchen der deutschen diplomatischen Kabeldepeschen durch die Briten an und teilte mit, daß die Deutschen glaubten, die amerikanische Regierung werde wegen ihrer wohlwollenden Haltung gegenüber allierten Munitionstransporten an den Pranger gestellt werden. Seiner Meinung nach – er ließ Garrison in keinem Zweifel darüber – würde jede Abschwächung der diplomatischen Note an Deutschland als ein Eingeständnis der amerikanischen Regierung betrachtet werden, daß sie für die unerwartet hohen Verluste an Menschenleben genauso verantwortlich war. Schließlich berichtete er noch von drei Deutschen, die man kurz nach dem Auslaufen an Bord des Schiffes aufgegriffen hatte. Die Kamera erwähnte er nicht, er sprach nur von einem »Apparat«.[11]

Nach dem Mittagessen suchte Garrison sofort den Präsidenten auf. Er scheint einen aufmerksamen Zuhörer gefunden zu haben, denn Wilson traf sogleich zwei Maßnahmen. Zum einen ließ er William J. Flynn, den Chef des Geheimdienstes, kommen und wies ihn an, sofort die Aktivitäten des deutschen Botschafters und seiner Mitarbeiter überwachen zu lassen. Er ermächtigte Flynn in diesem Zusammenhang zum Anzapfen der Telefone der deutschen Botschaft und der Privatanschlüsse des Botschafters und seiner Attachés.[12] Für einen so öffentlich renommierten Pazifisten und Idealisten war dies ein unerhörter Schritt. Zum anderen sandte er, *nachdem* er mit Flynn gesprochen hatte, ein persönliches Schreiben an Bryan:

Ich habe etwas erfahren [...] was mich zu der Überzeugung gelangen läßt, daß wir jede Chance einbüßen würden, die Deutschen zur Vernunft zu bringen, wenn wir ihnen oder unserer eigenen Öffentlichkeit gegenüber in irgendeiner noch so vorsichtigen Weise andeuteten, daß diese Note nur das erste Wort in einer sich lang hinziehenden Debatte sei. Ich sage Ihnen, woran ich dabei denke, wenn ich dies mündlich tun kann [...] bitte, ziehen Sie die Botschaft [Wilsons inoffizielle für die Presse bestimmte Erklärung] überhaupt zurück. Wenn wir etwas Derartiges sagen, dann allenfalls etwas später, nachdem die Note ihre erste Wirkung gezeigt hat.[13]

Bryan war völlig ratlos. Er ging mit Wilsons Schreiben zu Lansing und bemerkte bekümmert, er »könne die Meinungsänderung des Präsidenten nicht begreifen«. Lansing unterließ es, ihn aufzuklären.

Die amerikanische Protestnote an Deutschland vom 11. Mai 1915 war ein historisches und bewußt in scharfem Ton gehaltenes Dokument. Sie ließ die üblichen einleitenden und abschließenden diplomatischen Höflichkeitsformeln vermissen. Sie bestand bedingungslos darauf, daß amerikanische Staatsbürger das Recht hätten, auf jedem ihnen beliebenden Schiff zur See zu fahren, auch wenn es sich dabei um ein bewaffnetes Handelsschiff einer kriegführenden Macht handelte. Sie wiederholte den Begriff von der »strikten Verantwortung«, betonte, daß die *Lusitania* unbewaffnet gewesen sei und schloß mit der feierlichen Warnung, die Vereinigten Staaten würden kein Wort und keinen Schritt unterlassen, die erforderlich seien zur Ausübung ihrer heiligen Pflicht der Wahrung der Rechte der Vereinigten Staaten und ihrer Bürger und des Schutzes ihrer freien Entfaltung. Allein die Ausdrucksweise muß bei der deutschen Regierung jede bis dahin gehegte Vorstellung von der amerikanischen Neutralität zunichte gemacht haben. Die *Times* begrüßte die Note als ein literarisches Meisterwerk, die *English Review* erblickte in Wilsons eleganten Formulierungen ein »Ringen um die Seele der deutschen Nation«, während die Berliner *Vossische Zeitung* schneidend bemerkte:

Die Verantwortung für den Tod so vieler amerikanischer Bürger, der in Deutschland von jedermann auf das tiefste bedauert wird, trifft in starkem Maße mit die amerikanische Regierung. Sie durfte nicht zulassen, daß Amerikaner als Schutzschild vor englische Konterbande gestellt wurden. Amerika hat sich hier von England in schmählicher Weise mißbrauchen lassen. Und nun richtet es, statt England dafür zur Verantwortung zu ziehen, eine Note an die deutsche Regierung.[14]

Lansing und Wilson waren sich der Schwäche der amerikanischen These wohl bewußt, und sie waren sich auch nur zu sehr über die politischen Folgen im klaren, falls die Wahrheit über die Frachtladung der *Lusitania* ans Licht kam. Am 10. Mai hatte Lansing eines seiner persönlichen Memoranden ausgearbeitet, in dem er genau die Grundzüge der deutschen Antwortnote voraussagte. Er glaubte, Deutschland werde anführen, daß die *Lusitania* bewaffnet gewesen war, Munition an Bord gehabt und möglicherweise die Gesetze der Vereinigten Staaten verletzt hatte. Er deutete als Gegengewicht gegen diese Argumente an, der entgegenkommende Dudley Malone könne ja bezeugen, daß das Schiff unbewaffnet gewesen sei und keine gesetzlich verbotene Ladung an Bord gehabt habe, aber er vermerkte, der Punkt, an dem man festzuhalten habe, sei das Recht eines amerikanischen Staatsbürgers, mit jedem Schiff zu reisen, das ihm beliebte. Seine ursprüngliche, handgeschriebene Aufzeichnung ist insofern aufschlußreich, als sie die Wendung enthält: »von der Annahme ausgehend, daß die angeblichen Explosivstoffe tatsächlich explodierten«. Bis zu diesem Zeitpunkt hatte niemand behauptet, daß die *Lusitania* Explosivstoffe an Bord gehabt habe, und Lansing strich das Wort »angeblich« durch. Lansing leitete sein Memorandum der Rechtsabteilung der Regierung zur Stellungnahme im Hinblick auf frühere Entscheidungen nach internationalem Recht zu. Die Antwort der Juristen muß ihn in Verlegenheit gebracht haben. Nach Prüfung der bekannten Fakten stellten sie nämlich fest:

1. Großbritannien hatte die Unterscheidung zwischen Handelsschiffen und Kriegsschiffen abgeschafft.

2. Deshalb hatte Deutschland durchaus das Recht, die *Lusitania* zu versenken.

3. Hätte Deutschland die *Lusitania* nicht versenkt, wäre eine wertvolle Munitionsladung in die Hände der Feinde Deutschlands gelangt.

4. Das internationale Recht bot keine Grundlage für den von den Vereinigten Staaten vertretenen Standpunkt, das Leben eines amerikanischen Bürgers sei unverletzlich, selbst wenn er sich an Bord eines wie auch immer einzustufenden Schiffes einer kriegführenden Macht befinde.

5. England hatte diese Tatsache während des russisch-japanischen Krieges anerkannt und seine Staatsbürger davor gewarnt, mit Schiffen kriegführender Mächte zu reisen.
6. Die Eigner und Verantwortlichen der *Lusitania* schienen gegen Abschnitt 8 der Passagier-Bestimmungen des Schifffahrtsrechts der Vereinigten Staaten verstoßen zu haben.[15]

Lansing bewahrte dieses Gutachten in seinem Privatarchiv auf, und es liegt kein Anzeichen dafür vor, daß er es dem Außenminister zeigte oder mit ihm darüber sprach.

Bryan wurde immer mehr isoliert. Ein merkwürdiges Vorkommnis, bei dem Constantin Dumba, der österreichische Botschafter, eine Rolle spielte, beschleunigte sein Ausscheiden aus dem Amt. Am 17. Mai stattete Dumba Bryan einen formellen Besuch ab, in dessen Verlauf er den Außenminister so verstanden zu haben schien, als seien »die Vereinigten Staaten an einer friedlichen Lösung des Problems interessiert und hofften, die deutsche Regierung werde auf die amerikanische Note in einem freundschaftlichen Geist antworten«. Es ist möglich, daß Dumba den Außenminister mißverstand, vielleicht hat Bryan aber auch seinen persönlichen Gefühlen zu offen Ausdruck verliehen. Wie dem auch war, Dumba drahtete sofort nach Wien, »die Vereinigten Staaten wollten keinen Krieg. Die scharfen Noten seien nicht so bös gemeint, müßten aber geschrieben werden, um die erregte amerikanische öffentliche Meinung zu befriedigen. Die Berliner Regierung solle sich dadurch nicht gekränkt fühlen, sondern eine geeignete Konzession machen, um den Konflikt aus der Welt zu schaffen«.[16] Das Telegramm wurde über Berlin nach Wien geschickt, und der deutsche Außenminister Alfred Zimmermann hatte eine Kopie vor sich liegen, als er mit dem amerikanischen Botschafter J. W. Gerard sprach.

Gerard hatte Zimmermann brüskiert, indem er ostentativ und persönlich Schlafwagenplätze für sich und sein Personal buchte in Erwartung eines Kriegseintritts der Vereinigten Staaten. Zimmermann hielt dem impulsiven Gerard dies vor und zitierte dabei ironisch Stellen aus Dumbas Telegramm. Gerard telegrafierte darüber sofort nach Washington, und Bryans politische Zukunft verdüsterte sich. Er hatte sich jedoch Aufzeichnungen von dem gemacht, was während der Unterredung wirklich gesagt wurde und dem Präsidenten noch am gleichen Tag eine Kopie zugeschickt. Wilson hatte mit einem Schreiben erwidert, in dem es hieß: »Ich finde, Ihre Haltung in dem Gespräch mit dem österreichischen Botschafter war bewundernswert.« [17] Ob Bryan Dumba etwas vertraulich mitteilte oder nicht und Dumba dieses Vertrauen brach, wird sich wahrscheinlich nie feststellen lassen. Immerhin offenbarte Dumbas Telegramm jedoch, daß zwischen der öffentlichen Stimme des State Department und der Stimme der öffentlichen Meinung ein substantieller Unterschied bestand. Entgegen einigen veröffentlichten Berichten war es jedoch nicht der Dumba-Zwischenfall, der zu Bryans Rücktritt führte, wenn er auch zweifellos dazu beitrug.

Deutschlands formelle Antwort auf die amerikanische Note übergab Graf Bernstorff am 28. Mai. Sie bedauerte zutiefst, daß Amerikaner zu Tode gekommen waren, bot eine Entschädigung an, verweigerte aber das Zugeständnis, daß die Versenkung ein »widerrechtlicher Akt« gewesen sei. Sie rechtfertigte den Angriff von U-20 mit sechs Gegenbeschuldigungen, von denen Lansing zwei vorausgesehen hatte.

1. Die *Lusitania* war ein Hilfsschiff der britischen Kriegsmarine.
2. Sie war bewaffnet.
3. Die britische Regierung hatte die Verwendung der US-Flagge als Kriegslist erlaubt.
4. Britische Handelsschiffe waren angewiesen, deutsche Unterseeboote, falls diese sie aufgetaucht zu stoppen versuchten, zu rammen oder auf andere Weise zu zerstören.
5. Die *Lusitania* hatte Munition und Konterbande geladen.
6. Sie war, wie auch schon früher, zum Transport kanadischer Truppen benutzt worden.

Zur Untermauerung dieser Behauptungen fügten die Deutschen Fotografien der an britische Handelsschiffe ausgegebenen Befehle bei, sowie einen klar formulierten Kommentar zur Geschichte und Bewaffnung des Schiffes. Um der Note noch mehr Wirkung zu geben, wurde darauf hingewiesen, daß die Briten als erste ein Kriegsgebiet proklamiert hatten.

Am selben Tag suchte Dumba Bryan auf und unterrichtete ihn davon, daß man eine Reihe von Behauptungen bezüglich der Frachtladung der *Lusitania* überprüfe und, falls sie sich bestätigten, dem State Department Kopien zuleiten werde. Ganz offenkundig ließ er mehr als nur beiläufig durchblicken, worum es sich dabei handelte, denn Bryan nahm zu Recht an, zu gegebener Zeit würden Beweise für diese Behauptungen vorgebracht. Während Dumba mit Bryan sprach, gab Gustav Stahl, der frühere Bekannte des jungen Neil J. Leach, in New York eine eidesstattliche Erklärung ab, in der er behauptete, als er Leach das Gepäck an Bord bringen half, habe er versteckte Geschütze gesehen. Eine Kopie dieser Erklärung wurde formell beim State Department hinterlegt, und unglücklicherweise ging ein weiteres Exemplar der *New York Times* zu.

Die Substanz der einzelnen in der deutschen Antwortnote enthaltenen Behauptungen wurde bereits dargestellt. Hier an dieser Stelle kommt es darauf an, die anschließenden Schritte Bryans und Lansings zeitlich richtig einzuordnen. Auch darf die Tatsache nicht übersehen werden, daß Stahls eidesstattliche Erklärung und die Andeutung von weiteren noch folgenden Erklärungen ziemlich genau mit der Übergabe der deutschen Note zusammenfielen. Vielleicht zu genau.

Bryan war zutiefst bekümmert über die deutschen Gegenbeschuldigungen und Dumbas Mitteilung, aber Lansing war aus härterem Holz geschnitzt – vielleicht weil er mehr zu verlieren hatte. In einem Memorandum an den Präsidenten und Bryan erklärte er, die deutsche Antwort sei sarkastisch und wahrscheinlich für den Hausgebrauch bestimmt. Er betrachtete die Kopien der britischen Befehle an Handelsschiffe als lächerliche Fälschungen. Zu den anderen Behauptungen bemerkte er:

Ich kann mich nicht zu der Auffassung durchringen, daß die Fakten sachdienlich sind und einer Nachforschung bedürfen. Die einzige Frage, die möglicherweise überprüft werden könnte, wäre die, ob die *Lusitania* ein Hilfsschiff der britischen Kriegsmarine war, doch dem scheinen die Anwesenheit von Passagieren an Bord und der Umstand, daß das Schiff zu seiner regulären Fahrt auslief, so offenkundig zu widersprechen, daß eine Untersuchung kaum gerechtfertigt ist.[18]

Der Präsident pflichtete Lansing bei. Bryan, der inständig dafür plädierte, daß das State Department den Behauptungen wenigstens *pro forma* nachging, wurde überstimmt. Der Präsident und Lansing setzten eine Erwiderung auf, die, wenn sie auch in beträchtlich milderem Ton gehalten war als die frühere Note, den folgenden Absatz enthielt:

Von den in der Note Eurer Exzellenz angeführten Fakten hätte, wenn sie wahr wären, die Regierung der Vereinigten Staaten offiziell Kenntnis erhalten müssen. In Ausübung ihrer anerkannten Pflicht als neutrale Macht und in Anwendung ihrer nationalen Rechte war es ihre Pflicht, darauf zu achten, daß die *Lusitania* nicht zu Angriffszwecken bewaffnet war, daß sie nicht als Transportschiff diente, daß sie keine nach den Statuten der Vereinigten Staaten verbotene Fracht an Bord hatte und, falls sie tatsächlich ein Kriegsschiff Großbritanniens war, nicht die Auslaufgenehmigung als Handelsschiff bekam. Sie hat diese Pflicht erfüllt. Sie hat ihren Statuten durch ihre ordnungsgemäß eingesetzten Beamten Geltung verschafft und ist deshalb in der Lage, der Kaiserlich Deutschen Regierung zu versichern, daß sie falsch unterrichtet wurde.[19]

Bryan weigerte sich kategorisch, die Note zu unterzeichnen mit dem abermaligen Hinweis darauf, daß man vor ihrer Absendung wenigstens die Fakten überprüfen solle. Er beanstandete, daß Lansing die Worte »nicht zu Angriffszwecken bewaffnet« gebrauchte, wo es in der ersten Note »unbewaffnet« geheißen hatte. Der Präsident wollte jedoch von solchen Einwänden nichts wissen, und Bryan trat am 8. Juni zurück in der Hoffnung, damit der Öffentlichkeit einen Einblick in die wahren Vorgänge zu geben. Die Note wurde am nächsten Tag formell überreicht, unterzeichnet von Robert Lansing in seiner Eigenschaft als amtierender Außenminister.

Mit Gustav Stahls eidesstattlicher Erklärung wurde kurzer Prozeß gemacht. Die große Jury, die über die Angestellten der Hamburg-Amerika-Linie zu Gericht gesessen hatte, war glücklicherweise noch im Amt. Stahl mußte vor ihr aussagen und den Inhalt seiner Behauptungen wiederholen. Am 3. Juni 1915, sowie er den Zeugenstand verlassen hatte, wurde er von der Geheimpolizei in Gewahrsam genommen. Nach drei Tagen ohne Anklage oder formelle Verhaftung wurde er des Meineids beschuldigt und aufgefordert, in Erwartung seines Prozesses eine persönliche Kaution von 10 000 Dollar zu zahlen. Bürgschaften von dritter Seite wurden nicht zugelassen, und er wurde ohne weitere Formalitäten in die Tombs, das New Yorker Stadtgefängnis, eingeliefert, wo er drei Monate auf seinen Prozeß warten mußte. Schließlich erschien er für fünf Minuten vor dem Richter, bekannte sich schuldig und wurde zu achtzehn Monaten Haft und einer Geldstrafe von einem Dollar verurteilt. Keine Gegenbeweise wurden gegen ihn vorgebracht, lediglich Dudley Field Malone gab eine schriftliche Erklärung ab, in der er versicherte, daß er bei einer persönlichen Inspektion der *Lusitania* keine Geschütze entdeckt habe. Weder die Cunard Company noch ein verantwortlicher Beamter wurden vorgeladen, und als sich die Aufregung gelegt hatte, wies man Stahl in aller Stille in die Schweiz aus. Im Jahre 1924 fand sich die amerikanische Regierung bereit, ihm eine Entschädigung in Höhe von 10 000 Dollar zu zahlen.

Noch ein weiteres Hindernis hatte Lansing zu überwinden. Durch Stahls Festnahme ermuntert, verlangte die britische Regierung von ihm eine formell beeidete Aussage des Inhalts, daß keine der deutschen Behauptungen zutraf, wie dies in der amerikanischen Note festgestellt wurde und auch Grundlage für Stahls Verhaftung und die Anklageerhebung gegen ihn gewesen war. Lansing gab das Problem an Wilson weiter, der eine sorgfältig formulierte Anweisung schrieb. Er muß dabei Malones Bericht über die wahre Frachtladung entweder vor sich gehabt oder ständig an sie gedacht haben.

Ich glaube, es wäre nicht klug, den Bericht des Zolleinnehmers bezüglich der *Lusitania* nach Großbritannien zu schicken zwecks Verwendung vor dem Untersuchungsgericht. Es wäre ratsamer, das Finanzministerium zu beauftragen, dem britischen Botschafter eidesstattliche Erklärungen der Zollbeamten zu von ihm erwähnten Punkten zur Verfügung zu stellen [...]

Lansing war klar, worauf es dem Präsidenten ankam. Lord Mersey konnte sich bei seiner Untersuchung schließlich nicht einmal auf eine eidesstattliche Erklärung stützen, da Malone sich weigerte, eine solche abzugeben, sondern nur auf einen Brief Malones an den Cunard-Manager in New York, der besagte: »Alle in den Ladepapieren der *Lusitania* aufgeführten Posten durften nach den Gesetzen der Vereinigten Staaten auf Passagierschiffe verladen werden.« Malone erläuterte dies nicht näher und erwähnte auch nicht, daß er sich dabei auf die erste, nur eine Seite umfassende Liste bezog und nicht auf die vierundzwanzig Seiten umfassende nachträglich eingereichte Aufstellung. Nachdem dieses Hindernis überwunden und Stahl ins Gefängnis gesperrt worden war, schien der Ausweg aus der *Lusitania*-Sackgasse offenzustehen. Die delikateren Fragen konnten Lord Mersey überlassen werden, und Lansing hatte, wie er in seinen Memoiren ständig betont, einen sehr großen Respekt vor der britischen Justiz.

16

Auf Ersuchen der Admiralität ordnete das Handelsministerium »eine formelle Untersuchung des Untergangs des Dampfschiffs *Lusitania*« an. Sie fand unter Vorsitz des Right Honorable Lord Mersey, »Wreck Commissioner for the United Kingdom«, in den Central Buildings, Westminster, am 15., 16., 17. und 18. Juni und 1. Juli und im Westminster Palace Hotel am 17. Juli statt. Seine Lordschaft wurde beraten in Marineangelegenheiten von Admiral Sir Frederick Inglefield, Kommandeur des Bath-Ordens, und Lieutenant-Commander H. J. Hearn, Royal Navy, und in Fragen der Handelsschiffahrt von den Captains D. Davies und J. Spedding. Diese vier Seeleute fungierten als Beisitzer. Das Untersuchungsgericht tagte siebenmal – viermal öffentlich, zweimal unter Ausschluß der Öffentlichkeit und einmal in dem Hotel – von dieser Sitzung wurde die Öffentlichkeit erst unterrichtet, als sie bereits stattgefunden hatte. Wie der am 17. Juli 1915 verkündete Untersuchungsbericht feststellte, war »der Verlust von Schiff und Menschenleben verursacht worden durch Beschädigungen, die dem besagten Schiff zugefügt wurden von Torpedos, abgefeuert von einem Unterseeboot deutscher Nationalität, die das Schiff zum Sinken brachten. Nach Ansicht des Gerichts war die Tat nicht nur in der Absicht begangen worden, das Schiff zu versenken, sondern auch in der Absicht, das Leben der Menschen an Bord zu vernichten«.
Lord Mersey fügte dem Bericht einen Anhang bei, in dem er seine Feststellungen näher erläuterte. In der folgenden Darstellung der »Mersey-Untersuchung« wurde die Reihenfolge

der Beweisaufnahme verändert, aber die Zeugenaussagen wurden, wenn auch gerafft, so doch nicht redigiert.[1] Die Sitzungen unter Ausschluß der Öffentlichkeit, die im Abstand von drei Tagen stattfanden, wurden als eine einzige Sitzung behandelt. Es besteht, wie aus den zitierten Niederschriften ersichtlich wird, kaum ein Zweifel daran, daß sich Lord Mersey bewußt war, daß die Diskussion gewisser Fragen nicht im öffentlichen Interesse lag.

Lord Mersey war der erste Baron in seiner Familie und stammte aus der Gegend von Liverpool. Er blickte auf eine erfolgreiche Karriere als hervorragender Anwalt auf dem Gebiet des Schiffahrts- und Admiralitätsrechts zurück und hatte sich als Vorsitzender der Untersuchung im Anschluß an den Untergang der *Titanic* einen internationalen Namen gemacht. Als Richter war er autokratisch, unduldsam und leicht reizbar, ein zum großen Teil entschuldbares Gebaren, da in Gerichtsfällen der Admiralität gewöhnlich viele Zeugen auftraten, die wenig Achtung vor dem Gesetz und den Juristen hatten. In jenen Tagen mißtrauten die Seeleute den Anwälten. Ein Matrose der Handelsmarine im Zeugenstand konnte einfach nicht begreifen, daß er da war, um dem Gericht zu helfen. Er war fast immer davon überzeugt, er sei da, um sich zu verteidigen. Zweifellos ein Relikt aus den düsteren Tagen der strengen Marine-Zuchtordnung, denn in jener Zeit war den älteren Leuten die neunschwänzige Katze noch in Erinnerung. Außerhalb des Gerichts war Mersey ein dicklicher, freundlicher Gelehrtentyp, ein Mann, der gutes Essen und seltene Bücher liebte. Er hatte sich sein Haus erlesen-geschmackvoll eingerichtet. Der politischen Einstellung nach war er ein Liberaler, und man suchte seine Gesellschaft und das Gespräch mit ihm, denn es fehlte ihm nie an Mut, seine Ansichten auszusprechen, die häufig radikal waren und ihm die Sympathie von Colonel House eingetragen hatten. England befand sich jedoch im Krieg, und Lord Mersey sah seine oberste Pflicht in der Wahrung des nationalen Interesses.

Er ging an den Fall nicht völlig unvoreingenommen heran,

denn er war von Captain Webb höchst geschickt ins Bild gesetzt worden und hatte vor der Verhandlung nicht weniger als sieben ausführliche Briefe von Admiral Sir Frederick Inglefield erhalten, dem Kandidaten der Admiralität für das Amt des ersten Beisitzers. Churchills Vorschlag, Captain Webb solle diese Funktion übernehmen, war nicht in die Tat umgesetzt worden. Statt dessen war Sir Frederick, der seine Flagge als Kommandierender Admiral der Auxiliary Coastal Patrol Forces eingeholt hatte, dazu bestimmt worden, die Verantwortung für den Untergang des Schiffes klären zu helfen, das seine Patrouillenfahrzeuge nicht zu schützen vermocht hatten.

Kurz nach Abschluß der Untersuchung trat er auf eigenen Wunsch in den Ruhestand. Er glaubte von Anfang an – oder war zu diesem Glauben angehalten worden –, daß Captain Turner schuldig zu sprechen sei. Er hatte vor Beginn der Verhandlung Captain Webbs Memorandum durchgelesen und war sich der Kommentare Churchills und Fishers bewußt. Wahrscheinlich wäre er vor jedem normalen Gerichtshof abgelehnt worden. Churchills und Fishers kritische Bemerkungen konnten wenig Spielraum für unabhängiges Denken gelassen haben. Die drei anderen Beisitzer beurteilten den Fall unvoreingenommen. Die beiden Kapitäne der Handelsmarine waren erfahrene Männer, während Hearn, der noch kein eigenes Schiff befehligt hatte, Unterseebootfahrer war. Im Verlauf der Verhandlungen sagten sie kaum ein Wort. Am Schluß kamen sie einstimmig zu dem Ergebnis, daß Captain Turner von Anfang bis Ende richtig gehandelt habe.

Die Fragen, die das Gericht beantworten sollte, formulierte das Handelsministerium. Im Interesse der Sicherheit mußten sie jedoch, ehe sie vor Gericht zur Sprache kamen, einem von der Admiralität eingesetzten »Intelligence Advisory Comittee« vorgelegt werden. Dieser »Sicherheits«-Ausschuß strich neunzehn der vierzig Fragen, weil sie aus dem einen oder anderen Grund dem wahren Sachverhalt zu nahe kamen. Einige der übriggebliebenen einundzwanzig Fragen wurden sorgfältig entschärft, am bezeichnendsten im Falle der ursprünglich dreiteiligen Frage des Handelsministeriums:

1. Erhielt der Schiffsführer der »Lusitania« vor oder während der Fahrt von New York nach England von den Eignern oder der Admiralität irgendwelche Anweisungen hinsichtlich der Navigation oder der Führung des Schiffes auf der fraglichen Reise?
2. Wenn ja, welches waren diese Anweisungen?
3. Hat der Schiffsführer diese Anweisungen ausgeführt? [2]

Die Admiralität strich den zweiten Teil der Frage, auf den nur Inglefield und Mersey die Antwort kannten. Das heißt, auch sie konnten nur gewußt haben, was Captain Webb ihnen, Turners Anweisungen betreffend, gesagt hatte. Die Beisitzer mußten also darüber entscheiden, ob der Schiffsführer seine Befehle ausgeführt hatte, ohne daß es ihnen erlaubt war, zu erfahren, welches diese Befehle waren. Lord Mersey wurde außerdem davon in Kenntnis gesetzt, daß die Admiralität als Antwort auf die zwei Teile der Frage, die vor Gericht zugelassen waren, einem einfachen Ja oder Nein den Vorzug gab.

Eine weitere Frage wurde ebenfalls sorgfältig zurechtgestutzt. Im Fragenkatalog des Handelsministeriums hieß es: »Welche Funksprüche – wenn überhaupt – wurden von der *Lusitania* vor oder während der fraglichen Fahrt empfangen oder abgesandt?« Der Admiralitäts-Ausschuß, der sich darüber klar war, daß damit Cokes problematischer Funkspruch ans Licht kommen würde, machte daraus: »Wurden von der *Lusitania* während der Überfahrt irgendwelche Funksprüche abgesandt oder empfangen, die sich auf feindliche Unterseeboote bezogen?« [3]

Das Handelsministerium bestimmte fünfundzwanzig Zeugen, die das Gericht bei seinen Beratungen unterstützen sollten, und machte durch eine Anzeige in der *Shipping Gazette* bekannt, daß alle Passagiere, die eine Aussage machen wollten, dies beim Anwalt des Handelsministeriums in Form einer

»Erklärung« tun sollten. Fünf der Zeugen wurden aus dem Personal der Cunard Company und des Handelsministeriums ausgewählt, um Angaben über grundlegende Details zu machen – Passagierkapazität des Schiffes, Nachweis der Eintragung als britisches Schiff und ähnliche unwichtige Dinge. Die übrigen zwanzig Zeugen waren Besatzungsangehörige. Das Handelsschiffahrtsgesetz von 1894 verlangte, daß überlebende Besatzungsmitglieder eines gesunkenen Schiffs eine Darstellung des Geschehens gaben, sobald sich dies nach dem Ereignis einrichten ließ. Bis zum 28. Mai hatten dies 289 überlebende Besatzungsangehörige getan, und auf Grund ihrer Angaben wurden fünfundzwanzig Zeugen ausgewählt; 135 »Erklärungen« wurden von Passagieren eingereicht, die Zeugenaussagen zu machen wünschten, und Wesley Frost, der US-Konsul in Queenstown, schickte weitere fünfunddreißig eidesstattliche Erklärungen, die er sich unmittelbar nach der Katastrophe von überlebenden Amerikanern hatte geben lassen. Frosts Sammlung von Aussagen ignorierte man völlig, während von den Verfassern der 135 »Erklärungen« fünf aufgefordert wurden, vor Gericht zu erscheinen. Während der Verhandlung meldeten sich aus der Zuhörerschaft noch weitere sechs Personen zu Wort, um Aussagen zu machen.

Keiner der Passagiere, die von einer Explosion weiter vorn als mittschiffs wissen wollten, betrat den Zeugenstand. Außerdem waren die Aussagen der Besatzungsmitglieder, wie bereits erwähnt, von einer bemerkenswerten Einstimmigkeit, da sie fast ausnahmslos folgendermaßen begannen: »Zur Zeit des Auslaufens war das Schiff in gutem Zustand und gut ausgerüstet. Es war unbewaffnet und besaß keine Waffen zum Angriff oder zur Verteidigung gegen einen Feind und hatte nie über derartige Ausrüstung verfügt. Das Bootsmanöver wurde vor dem Auslaufen aus New York durchgeführt.« In den schriftlichen Angaben derer, die als Zeugen ausgewählt wurden, war lediglich von kleineren Schwierigkeiten mit den Backbord-Rettungsbooten die Rede. Die »Erklärungen« der Passagiere brachten zum großen Teil Wiederholungen, und es ist aufschlußreich, sich die überzeugenderen Angaben derjenigen Aussagen anzusehen, die nicht benutzt wurden. So hatte zum Beispiel C. T. Hill, der die Festnahme der drei Deutschen beobachtet hatte und ein erfahrener Ozeanreisender war, eine detaillierte und genaue Beschreibung der Fahrt geliefert. Ein weiterer typischer und offenkundig ehrlicher Bericht war die Darstellung eines jungen amerikanischen Passagiers namens McMillan Adams, der eine Anzahl von Fragen aufwarf, die unter normalen Umständen jedes Untersuchungsgericht aufgegriffen hätte.

Angesichts der Aussagen, die Lord Mersey zu hören im Begriff war, ist es wichtig, das Material zu prüfen, das ihm vorenthalten wurde. Adams sprach für eine große Anzahl von Passagieren.

Ich war im Foyer auf dem A-Deck [. . .] als das Schiff plötzlich vom Bug bis zum Heck erbebte und sich sofort nach Steuerbord zu neigen begann [. . .] Ich stürzte auf die Kajütentreppe hinaus [. . .] Während ich dort stand, ereignete sich eine zweite, bedeutend heftigere Explosion. Zuerst glaubte ich, der Mast sei heruntergefallen. Dann stürzte das Wasser herunter, das durch den Einschlag des Torpedos hochgeschleudert worden war [. . .] Mein Vater kam herauf und faßte mich am Arm [. . .] Wir gingen zur Backbordseite [. . .] und halfen beim Losmachen der Rettungsboote. Wegen der Schlagseite des Schiffs hingen die Boote[. . .] nach innen über das Deck, und ehe sie heruntergelassen werden konnten, mußten sie über die Bordkante gedrückt werden. Während wir dort beschäftigt waren, sagte uns der Staff Captain, das Schiff werde nicht sinken, und befahl, die Rettungsboote nicht herunterzulassen. Er bat auch die Herren, beim Räumen des Bootsdecks (A-Deck) von Passagieren zu helfen [. . .] es war unmöglich, die Boote herunterzulassen, wegen der Fahrt, die die *Lusitania* noch immer machte [. . .] Ich sah auf dieser Seite nur zwei Boote, die heruntergelassen wurden. Das erste Boot, zum größten Teil mit Frauen besetzt, fiel aus sechzig oder siebzig Fuß Höhe ins Wasser, und alle Insassen ertranken. Dies hing damit zusammen, daß die Besatzung die Davits und Seile nicht richtig bedienen konnte, sie ließen sie sich aus den Händen gleiten und schickten die Boote ins Verderben [. . .] Ich sagte zu meinem Vater: ›Wir werden es schwimmend versuchen müssen. Am besten gehen wir hinunter und holen unsere Schwimmwesten.‹

Als wir zum D-Deck hinuntergingen, wo unsere Kabinen waren, sahen wir, daß es unmöglich war, die Treppen zu verlassen, da durch alle Bullaugen Wasser hereinströmte [...] Schließlich erreichten wir wieder das Bootsdeck, diesmal auf der Steuerbordseite, und nachdem wir ein Rettungsboot mit Frauen und Kindern gefüllt hatten, sprangen wir hinein. Das Rettungsboot [No. 19] wurde gut hinuntergelassen, bis wir etwa noch zwölf Fuß über dem Wasser waren und der Mann am vorderen Davit die Nerven verlor und das Seil losließ. Die meisten Insassen wurden ins Wasser geschleudert, aber wir waren am Heckende, und es gelang uns, drin zu bleiben. Das Boot war voller Wasser, aber die Matrosen sagten, es würde schwimmen, wenn wir nur von der *Lusitania* fort kämen, die jetzt bald sinken mußte. Mein Vater zog seinen Mantel aus und versuchte mit anderen verzweifelt, die Seile vom Boot zu lösen. Dies war jedoch unmöglich. Das B-Deck war jetzt auf gleicher Höhe mit dem Wasser, und ich sagte zu meinem Vater, wir sollten hinaufklettern und in ein anderes Boot gehen. Er blickte jedoch hinauf und sah, daß die *Lusitania* ihrem Ende nahe war und beim Sinken womöglich auf uns fallen und uns unter sich begraben konnte. Er rief mir zu, ich solle ins Wasser springen, und das tat ich auch. Wir schwammen beide ein paar Meter vom Schiff entfernt im Wasser, als etwas uns trennte. Weiter weiß ich nichts mehr von ihm [...] Nach ungefähr einer Stunde half man mir auf ein umgekipptes Klappboot hinauf. Zu dieser Zeit sahen wir draußen auf See am Horizont Rauch auf uns zukommen, aber sowie der Schornstein in Sicht war, verschwand er wieder. Dies muß eines der Schiffe gewesen sein, die das deutsche Unterseeboot daran gehindert hat, uns zu helfen.

Später kam ein anderes Klappboot, voller Wasser, aber richtig herum und mit Rudern, und nahm uns von dem umgekippten Boot auf. Wir ruderten mehrere Meilen in diesem sinkenden Zustand bis zu [einem] Fischerboot [...] [4]

Vertreter des Handelsministeriums bei der Untersuchung war der Zweite Kronanwalt, Sir Frederick Smith, der über den Fall bereits gut informiert war, da er auf Admiral Olivers Anweisung die Leichenschau-Verhandlung in Kinsale aufzuhalten versucht hatte. Er erschien vor Gericht zusammen mit

dem Ersten Kronanwalt, Sir Edward Carson, assistiert von
P. J. Branson und I. M. Dunlop. Butler Aspinall, Kronanwalt, C. Laing, Kronanwalt, und A. H. Maxwell vertraten
die Cunard Company und Captain Turner, die bei der Untersuchung die einzigen offiziell angesprochenen Parteien waren. Die kanadische Regierung, zahlreiche Passagiere und die
Gewerkschaften, die verschiedene Gruppen von Besatzungsangehörigen vertraten, wünschten ebenfalls zugegen zu sein,
aber wenn sie auch Vertreter stellen konnten, so durften sie
doch weder mit den vom Handelsministerium benannten Zeugen in Verbindung treten, noch wurde ihnen erlaubt, die
schriftlich eingereichten Aussagen von Passagieren und Besatzung einzusehen. Sie wurden weder über die Richtlinien des
Gerichts noch die Fragen informiert, die geklärt werden sollten.

Das Gericht trat am 15. Juni 1915 in der Central Hall, West-
minister, zusammen. Lord Mersey und seine Beisitzer saßen
auf einem Podium am einen Ende des Raums. Links vor ihnen
waren der Zeugenstand und die Presseplätze. Im eingefriede-
ten Areal des Gerichtssaals waren einige Tische aufgebaut, an
denen die Vertreter von Handelsministerium, Cunard und
Captain Turner saßen. Hinter ihnen kamen Bänke und Tische
für die gesetzlichen Vertreter der Passagiere und der Besatzungsangehörigen, und ganz hinten einige Stühle für interessierte Zuhörer. Hinter Lord Mersey war eine Stuhlreihe für
Interessenten von Rang und Würden reserviert. Einladungen
waren an alle Botschaften ergangen, aber in den meisten Fällen waren nur die Damen anwesend. Die US-Botschaft schickte Mr. McBride, einen renommierten Marineingenieur. Selbst
in diesem Stadium hatten die amerikanischen Marinebehörden
eine Ahnung von dem, was die Zeugenaussagen erbringen
mochten. Konsul Wesley Ford hatte bereits einen Teil vor-
weggenommen, als er Lansing berichtete:

Es überrascht mich, daß Deutschland nicht geltend gemacht hat, daß
die Menschenverluste zum großen Teil auf Nachlässigkeit und Un-

fähigkeit zurückzuführen waren, und daß es nicht darauf hingewiesen hat, daß auf einem deutschen Schiff unter ähnlichen Umständen viel mehr Menschen gerettet worden wären. Ich sprach mit Captain Dodd, dem Marine-Superintendenten der Cunard Company über diese Sorglosigkeit seitens der Schiffsoffiziere, und er sagte nur, das Sinken der *Lusitania* in so kurzer Zeit habe ›alle wissenschaftlichen Kalkulationen der Gesellschaft über den Haufen geworfen‹.[5]

Der Erste Kronanwalt eröffnete die Sitzung, und zum ersten Dissens kam es, als die gesetzlichen Vertreter der kanadischen Regierung, der Passagiere und der Besatzung beantragten, gehört zu werden.

CARSON: My Lord, wir haben die erforderlichen formellen Vorladungen dem Kapitän des Schiffes und auch den Schiffseignern zugestellt, und meines Erachtens sind meine verehrten Kollegen Mr. Aspinall und Mr. Laing und andere hier anwesend als [ihre] Vertreter [...] Vom Erscheinen weiterer Parteien weiß ich nichts.

MACMASTER: Ich erscheine hier für die kanadische Regierung.

CARSON: Die einzigen offiziellen Parteien sind natürlich diejenigen Parteien, denen die Vorladung zugestellt wurde.

MERSEY: Und das sind doch wohl die Eigner und der Kapitän?

CARSON: Die Eigner und der Kapitän.

MERSEY: Und sonst niemand?

CARSON: Und sonst niemand.

Carson fuhr mit einer Darstellung des Torpedoangriffs auf die *Lusitania* fort, dem das Gericht fast eine Stunde lang ohne Unterbrechung zuhörte. Als er geendet hatte, erhoben sich nacheinander mehrere Anwälte im Hintergrund des Saales.

MR. COTTER: Ich möchte an dieser Stelle den Antrag stellen, als Vertreter von 150 Besatzungsangehörigen der *Lusitania* aufzutreten.

CLEM EDWARDS, M. P. *: Ich wünsche als Vertreter der Nationalen Seemanns- und Feuerwehrgewerkschaft zu erscheinen, von deren Mitgliedern etwa 150 den Tod fanden.

Der Generalsekretär des Verbands der Marinemaschinisten und Anwälte, die die Testamentsvollstrecker von Mr. Vanderbilt und über 200 Passagiere vertraten, stellten ähnliche Anträge. Lord Mersey hörte sich an, was die einzelnen Anwälte vorzutragen hatten, und entschied dann, daß sie, falls sie Fragen zu stellen wünschten, dies durch ihn tun sollten,

[...] aber ich werde bei dieser Untersuchung niemandem die Funktion einer Partei zuerkennen außer den Personen, die Sir Edward Carson erwähnte, nämlich den Schiffseignern und dem Kapitän. Es versteht sich natürlich von selbst, daß sich, wenn ich in irgendeiner Phase der Untersuchung den Gerichtssaal räumen zu lassen und einen Teil der Untersuchung unter Ausschluß der Öffentlichkeit fortzusetzen wünsche, die Herren, die eben gesprochen haben, zurückziehen müssen [...]

Plan und Konstruktion der *Lusitania* hatte Sir Edward Carson in seiner einleitenden Erklärung erwähnt. Er hatte darauf hingewiesen, daß die deutsche Regierung behauptet habe, es seien »gewisse Veränderungen und Ausstattungen vorgenommen worden«, und er hatte diese Behauptungen aufs nachdrücklichste zurückgewiesen. »Es gab keine derartige Ausstattungen des Schiffes, wie sie von der deutschen Regierung behauptet oder erfunden werden, und Eure Lordschaft wird darüber die genauesten Angaben erhalten.« Die genauesten Angaben hätte natürlich Mr. Peskett machen können, der Konstrukteur der *Lusitania*, aber er war leider am Tag der Katastrophe schwer erkrankt und konnte der gerichtlichen Untersuchung noch nicht beiwohnen.** Statt seiner hatte Cunard den

* Member of Parliament — Unterhausabgeordneter. (Anm. d. Übers.)

** Dem Finanzausschuß wurde am 23. Juni mitgeteilt, daß sich Mr. Peskett am vorausgegangenen Freitag einer Blinddarmoperation unterzogen hatte.

stellvertretenden leitenden Ingenieur Alexander Galbraith geschickt. Seine Vernehmung führte F. E. Smith durch. Dinge wie Tonnage, Geschwindigkeit und Passagierkapazität der *Lusitania* waren rasch erledigt. Dann wurde Galbraith die Frage gestellt, die Mr. McBride, der amerikanische Beobachter, und einige der vom Erscheinen ausgeschlossenen Anwälte dem Gericht zugeleitet hatten: »Wie war das Schiff gebaut?« Galbraith setzte zu einer kurzen Beschreibung an. Er hatte noch keine dreißig Sekunden gesprochen und gerade den Begriff »Schott« erwähnt, als Lord Mersey ihn unterbrach.

MERSEY: Herr Kronanwalt, was soll mit alldem bezweckt werden?

SMITH: Ich dachte, das Gericht wünscht früher oder später im Verlauf der Untersuchung über die Bauweise des Schiffes informiert zu werden.

MERSEY: Aber alle diese Einzelheiten beeindrucken mich wenig. Wir haben andere und viel wichtigere Dinge zu untersuchen.

SMITH: My Lord, das mag sein, aber sicher ist es doch gleichzeitig notwendig, auch wenn es wichtigere Dinge gibt, daß das Gericht über diese Umstände informiert wird?

MERSEY: Deutet irgend etwas darauf hin, daß das Schiff nicht seetüchtig war?

SMITH: Bis wir wissen, was im Verlauf der Untersuchung vorgebracht wird, ist das schwer zu entscheiden.

MERSEY: Haben Sie irgendeinen Grund zu der Annahme, daß etwas Derartiges vorgebracht werden wird?

SMITH: Nein, my Lord, ich habe keinen Grund, irgend etwas anzunehmen. Was vorgebracht werden wird, weiß ich nicht.

MERSEY: Ich würde vorschlagen, Sie stellen diese Details zurück, bis etwas Diesbezügliches zur Sprache kommt.

SMITH: Wie Sie wünschen, Eure Lordschaft. Damit erübrigt sich dann die gesamte Aussage dieses Zeugen.

Dem Gericht wurden keine weiteren Angaben mehr über Plan, Konstruktion, Umbau oder Umrüstung der *Lusitania* gemacht. Es war eine merkwürdige Entscheidung von Lord Mersey, der sich schließlich unter Ausschluß der Öffentlichkeit darüber hätte unterrichten lassen können. Bei der *Titanic*-Untersuchung, die ihm zu internationalem Ruf verhalf, hatten seine kritischen Äußerungen zu Fragen der Sicherheit auf See und der Planung zur Gründung zahlreicher Ausschüsse und zu vielen Verbesserungen geführt. Die Feststellungen des Admiralitäts-Ausschusses hinsichtlich der mangelnden Stabilität von Schiffen mit Längsschotten hatte einen bedeutenden Einfluß auf die Marinepolitik gehabt, nachdem man durch den Verlust des »Lebendköder«-Geschwaders erst einmal klug geworden war. Es ist unwahrscheinlich, daß Mersey aus Empfindlichkeit oder Verärgerung so entschied, wenn er auch für sein anmaßendes Gebaren auf dem Richterstuhl bekannt war – das in krassem Gegensatz zu seiner legeren Art in privatem Kreise stand.

Zu den Anwälten im Hintergrund des Gerichtssaals zählte auch Clem Edwards, M. P., der schon bei der *Titanic*-Untersuchung vor Richter Mersey als Vertreter vieler Besatzungsangehöriger erschienen war. Er war es gewesen, der Merseys Aufmerksamkeit auf zahlreiche Mängel der *Titanic* lenkte, und er hatte sich vorgenommen, die Frage der Konstruktion und der Schotten erneut aufzugreifen, falls sich die Gelegenheit dazu bot. Dies war am nächsten Tag der Fall, als der Dritte Ingenieur George Little in den Zeugenstand trat. Er war von Mr. Dunlop, F. E. Smiths Assistenten, befragt worden, und Mersey hatte seinen Versuch, zu erklären, wie es zu einem Abfallen des Dampfdrucks gekommen war, mit der Frage abgewehrt: »Von welchem Belang ist das?« Edwards wurde gestattet, einige Fragen zu stellen. Er fragte Little zunächst nach der Lage der Schotten und der wasserdichten Türen und war gerade im Begriff, eine detaillierte brauchbare Antwort zu bekommen, als Mersey sich einschaltete. Edwards blieb ihm zumindest keine Antwort schuldig.

MERSEY: Angenommen, Sie bringen das alles in Erfahrung –
von welchem Belang soll das sein?

EDWARDS: Es ist nicht von Belang für diejenigen, die mit diesem Schiff untergegangen sind, my Lord, es ist aber wesentlich für Maßnahmen, die in Zukunft getroffen werden müßten.

MERSEY: Haben Sie vor, in eine Untersuchung der Frage ein-
zutreten, ob dieses Schiff nach den wissenschaftlichsten
Prinzipien gebaut war? Ich verstehe etwas von solchen Untersuchungen, und ich frage mich, wann wir mit dieser Untersuchung zu Ende kommen wollen.

EDWARDS: Wir alle wissen, daß die Erfahrung Eurer Lordschaft in solchen Untersuchungen einmalig ist, und ich habe
zu keiner Zeit daran gedacht, die elementaren Fragen der
Konstruktion aufzuwerfen, die auf Anordnung Eurer Lordschaft nach der *Titanic*-Untersuchung an einen Experten-
Ausschuß verwiesen wurden –

Edwards hielt kurz inne, damit Mersey die Falle sehen konnte, die er ihm gestellt hatte, dann ließ er sie zuschnappen:
»– der Bericht erstattet hat.«

MERSEY: Was ist daraus geworden?

EDWARDS: Sie [gemeint sind die Empfehlungen des Ausschus-
ses] wurden zunächst zurückgestellt, während unsere ganze
Aufmerksamkeit vom Krieg in Anspruch genommen wird;
aber die dort gemachten Vorschläge und Empfehlungen
stellen, wenn ich mich so ausdrücken darf, höchst erfreuli-
che Früchte der Samen dar, die einige von uns säen konnten [...] Ich glaube wirklich, wenn ich das mit größtem Respekt vor dem Gericht sagen darf, daß es zu dieser Untersuchung gehört [...]

MERSEY: Dieser Zeuge ist Dritter Ingenieur. Glauben Sie, seine Aussagen sind von irgendwelchem Wert in diesen ab-
strusen Fragen?

EDWARDS: [...] Ich würde sagen, sie könnten von sehr mate-
riellem Wert in praktischer Hinsicht sein; aber wenn Eure

Lordschaft glaubt, ich sollte die Sache nicht weiter verfolgen, lasse ich sie auf sich beruhen.

MERSEY: Nein, ich glaube gar nichts, aber ich möchte hier nicht eine Untersuchung führen, die, wie ich fürchte, völlig nutzlos wäre. Sie haben das schon einmal versucht.

EDWARDS: Mit allem Respekt –

MERSEY: Ich habe gesagt, was ich zu sagen habe, und ich überlasse das weitere Ihrem Urteilsvermögen.

Clem Edwards ging auf den Wink ein und ließ das Thema fallen. Das Problem kam nicht mehr zur Sprache, wenn Edwards sich auch im weiteren Verlauf der Untersuchung formell vor dem Gericht darüber beschwerte, daß ihm, obwohl er die Angehörigen von über hundert der Ertrunkenen und den größeren Teil der Besatzungsmitglieder vertrat, die die Katastrophe überlebt hatten, kein Zugang zu den Zeugen und ihren eingereichten Aussagen gestattet worden war. Er beschwerte sich weiterhin darüber, daß Lord Merseys Verhandlungsführung ohne Beispiel gewesen sei und daß er jeden Versuch zunichte gemacht habe, den, er, Edwards, oder ein anderer Anwalt unternommen hätten, um herauszufinden, ob der Torpedotreffer oder eine andere Ursache das Schiff zum Sinken gebracht hatte. Es sei ihm auch, so behauptete er, nicht gestattet worden, sich nach dem Ausmaß des Schadens zu erkundigen. Schließlich warf er dem Handelsministerium vor, es versuche mit der Formulierung seiner Richtlinien an Lord Mersey und seiner Auswahl unter den Zeugenaussagen Beweismaterial und wesentliche Fakten zu verschleiern. Es war ein vergebliches Bemühen, denn keiner Zeitung wurde vom Regierungszensor erlaubt, solche Kritik zu veröffentlichen.

Die Frachtladung der *Lusitania* war nicht zum Thema öffentlicher Diskussionen geworden, obwohl die deutschen Behauptungen öffentlich zurückgewiesen worden waren. Solche Diskussionen waren verhindert worden durch eine Ergänzung des Kriegsnotstandsgesetzes vom 17. Mai 1915, die jeden Hinweis auf die Ladung eines britischen oder alliierten Handelsschiffes zu einem Vergehen erklärte. Die Mersey-Untersuchung versprach die erste eingehende Untersuchung der deutschen Behauptungen zu werden. Das zumindest wollte der Erste Kronanwalt die Öffentlichkeit glauben machen, als er in seiner einleitenden Erklärung auf diese Beschuldigungen anspielte. Er teilte dem Gericht mit, die *Lusitania* sei aus New York ausgelaufen mit

einer gemischten Ladung und Kurs auf Liverpool. Es wurden gewisse Äußerungen gemacht, die in die Öffentlichkeit gedrungen sind, und es wurden gewisse Behauptungen aufgestellt im Verkehr zwischen der deutschen Regierung und Amerika. Noten wurden zwischen ihnen gewechselt, und es erscheint angebracht, daß ich Eurer Lordschaft die Erklärung vortrage, die die Vereinigten Staaten hinsichtlich ihrer Gesetzesbestimmungen vor dem Auslaufen der *Lusitania* nach Liverpool abgegeben haben [. . .]

Sir Edward verlas sodann den Text der amerikanischen Note an Deutschland, die die deutschen Behauptungen aufs nachdrücklichste zurückgewiesen hatte. Er fuhr fort: »Darf ich an diesem Punkt feststellen [. . .] da dies eine Erklärung bezüglich der Durchführung der Bestimmungen [. . .] in [. . .] New York ist, daß unser Aussagematerial hier die abgegebene Erklärung vollauf bestätigt [. . .] Eure Lordschaft wird den deutlichsten Beweis dafür erhalten von den Zeugen, die wir aufrufen werden zur Bestätigung dessen, was die Regierung der Vereinigten Staaten festgestellt hat.«

Aber weder in einer der öffentlichen noch in einer der nichtöffentlichen Sitzungen des Gerichts sagten Zeugen unter Eid über Art oder Zusammensetzung der Ladung aus. Bei Captain Turners Vernehmung spielte Carson einmal beiläufig in seinen einleitenden Fragen auf die Ladung an.

Waren Sie der Schiffsführer der Lusitania? Ja.
Auf der Fahrt von New York nach Liverpool? Ja.
Sie sind am 1. Mai ausgelaufen? Ja.
Wir wollen uns nicht mit Einzelheiten, Besatzung und Ladung betreffend, aufhalten, denn das wissen wir ja alles. Welches Patent besitzen Sie? Das eines Kapitäns für große Fahrt.

Von dieser einen Bemerkung abgesehen fiel die einzige andere Anspielung, als Alfred Booth eine Kopie der Ladepapiere als eine wahrheitsgemäße Kopie des Originals identifizierte. Sie war es nicht. Es war eine Kombination von Original und Zusatzpapieren, und mehrere der heikleren Posten waren keineswegs ausreichend beschrieben. Aus Granathülsen wurden Granat-Gußstücke, aus Flugzeug-Magnetzündern und Motorenteilen wurden schlicht Maschinenteile, und ein großer Teil der Munition verwandelte sich in »Metallpakete«. Die Ladepapiere wurden nicht geprüft, und Booth wurde wegen dieser Frage auch nicht ins Kreuzverhör genommen. Booth verließ den Zeugenstand, eine Diskussion über die genauen Grenzen des deutschen Kriegsgebiets schloß sich an, und dann fragte Lord Mersey den Ersten Kronanwalt ausdrücklich: »Gibt es in den Ladepapieren etwas, Sir Edward, worauf Sie meine Aufmerksamkeit lenken möchten?«

CARSON: Da sind, wie Eure Lordschaft sehen werden, wenn Sie die Papiere durchlesen, gewisse Munitionskisten und einige leere Granathülsen, aber bisher waren sie in diesem Zusammenhang noch nicht Gegenstand einer Frage.

MERSEY: Also nicht Granaten, die verwendet werden konnten?

CARSON: Nein, auch nicht Munition, die verwendbar war. Die Munition befand sich in Kisten, wie Sie feststellen werden; das ist das einzige, was von irgendwelcher Bedeutung sein kann, aber es wurde bis jetzt nicht behauptet, daß dies etwas mit der Katastrophe zu tun hatte.

Am nächsten Morgen, als Lord Mersey kaum Platz genommen hatte und noch bevor Zeugen aufgerufen wurden, trug Sir Edward Carson das »umfassende Beweismaterial« vor, das er zur Untermauerung der Erklärungen in der amerikanischen Note an Deutschland versprochen hatte. Es waren keine beeideten Angaben, wenn auch kein Zweifel daran besteht, daß sie von Dudley Field Malone stammten, und sie entsprachen bei weitem nicht der eidesstattlichen Erklärung und der Vorführung von Zeugen, die der Erste Kronanwalt angekündigt hatte. Sir Edward wandte sich an das Gericht mit folgenden Worten:

My Lord, bezüglich der Ladepapiere des Schiffes, die ich gestern vorlegte, und bezüglich dessen, was sich auf dem Schiff von New York ab zutrug, ist hier ein Brief vom Einnehmer der Finanzabteilung der Zollbehörde der Vereinigten Staaten für den New Yorker Hafen. Er ist datiert vom 2. Juni dieses Jahres und gerichtet an Mr. Charles Sumner von der Cunard Steamship Company: ›Sehr geehrter Herr, ich habe Ihren Brief vom 1. Juni erhalten, in dem Sie schreiben, daß Sie ein Telegramm aus Ihrem Liverpooler Büro bekommen haben, das wie folgt lautet: ›Senden Sie Erklärung der zuständigen Zollbeamten bestätigend, daß keine gegen amerikanische Schiffahrtsbestimmungen verstoßende Fracht verladen wurde, insbesondere was Passagierdampfer betrifft.‹ In Beantwortung dieser Anfrage stelle ich hiermit fest, daß alle in den Ladepapieren der *Lusitania* aufgeführten Artikel nach den Gesetzen der Vereinigten Staaten auf Passagierschiffe verladen werden dürfen.‹

Die Ladung wurde erst wieder erwähnt, nachdem Lord Mersey die Schlußerklärungen der Anwälte gehört und die Sitzung vertagt hatte, um seinen Bericht auszuarbeiten. Und zwar geschah es am 27. Juni, als Ernest Moggridge, ein Beamter aus der Marineabteilung des Handelsministeriums, Lord Mersey in seiner Wohnung 22 Grosvenor Place aufsuchte. Er hatte ein besonderes Problem. Offenbar befand sich unten den von den Passagieren eingereichten »Erklärungen« eine, die schwerwiegende Behauptungen hinsichtlich der Ladung des Schiffes enthielt. Der Passagier gab an, es sei doch Munition explodiert, und wollte von mehr als einem Torpedotreffer nichts wissen. Es stellte sich heraus, daß es sich bei dem Passagier um einen Universitätsprofessor und ehemaligen Armeeoffizier handelte. Das Handelsministerium hatte ihn nicht als Zeugen benannt, aber nun hatten sich zwei Komplikationen ergeben.

Der Passagier, Professor Joseph Marichal, war französischer

Staatsbürger und mit einer Engländerin verheiratet. Marichal hatte sich nicht nur beim britischen Handelsministerium, sondern auch beim französischen Außenministerium beschwert. Sir Francis Bertie, der britische Botschafter in Paris, hatte eine hinhaltende Antwort empfohlen, um Marichal daran zu hindern, seine Ansichten in die Öffentlichkeit zu tragen, und eine solche Antwort war gegeben worden. Dennoch beabsichtigte Marichal jetzt, sich an die Öffentlichkeit zu wenden. Er hatte an die Cunard Company geschrieben und gerichtliche Schritte angedroht, wenn er für den erlittenen Verlust nicht entschädigt wurde. Moggridge war nun gekommen, um sich zu erkundigen, ob Lord Mersey die Untersuchung noch einmal aufnehmen und Marichal anhören könne, der, vielleicht glücklicherweise, nicht durch einen Anwalt vertreten war. Lord Mersey war einverstanden und bestellte für den 1. Juli ein Zimmer im Westminster Palace Hotel. Das Handelsministerium fand sich bereit, einen Zeugen zu stellen, der über die Bauweise der *Lusitania* Auskunft geben und bestätigen konnte, daß ein mittschiffs auftreffender Torpedo die Ladung nicht zu entzünden vermochte. Die neue Sitzung wurde nicht öffentlich angekündigt, aber ein Vertreter der *Times* wurde dazu eingeladen.

Marichals Darlegungen waren am 5. Juni im Foreign Office eingetroffen, und man hatte inzwischen einiges über ihn in Erfahrung gebracht. Er war im Departement Haute-Saône geboren und hatte an der Sorbonne europäische Sprachen studiert und sein Examen gemacht. Nach dem Universitätsbesuch war er 1902 als Leutnant zur französischen Arme eingezogen worden. Seine Einheit lag in Lille. Er war zu jener Zeit mit einer Engländerin verlobt, und er bekam Unannehmlichkeiten zum einen, weil er einen Wochenend-Urlaubsschein fälschte, und zum anderen, weil er ohne Erlaubnis seines Obersten heiratete. Man stellte ihn vor ein Militärtribunal und forderte ihn auf, den Dienst zu quittieren. Es war kein eigentliches Kriegsgerichtsverfahren, aber dennoch ein dunkler Punkt in seiner Vergangenheit. Aus der Armee entlassen, war er mit seiner Familie nach Kanada ausgewandert, während der letzten drei Jahre war er Professor für romanische Sprachen an der Queen's University in Ontario gewesen. Er hatte die Stellung im April aufgegeben und in der Absicht, sich in England niederzulassen, für sich, seine schwangere Frau und drei Kinder Plätze auf der *Lusitania* gebucht. Er hatte bei der Katastrophe alles verloren, was er besaß, seine Frau hatte eine Fehlgeburt gehabt, und seine drei Kinder lebten von ihm getrennt von der Fürsorge der Stadt Birmingham. Sein Brief an die Cunard Company kam einem Ultimatum nahe, wenn er auch betonte, daß er nicht den Wunsch habe, die Sache an die Öffentlichkeit zu bringen und erklärte, er wolle sich mit einer Entschädigungssumme von 1000 Pfund zufriedengeben, die ihn in die Lage versetzen würde, seine Familie wieder zusammenzuholen, seine Arztrechnungen zu bezahlen und sich eine Wohnung zu suchen. Er fügte hinzu, wenn er die deutsche Regierung verklagen könne, werde er das tun.

Marichals Angaben bezogen sich hauptsächlich auf die Ladung. Er sagte, der Torpedo habe den vorderen Laderaum getroffen und der zweiten Explosion sei das Knattern explodierender Patronen gefolgt – ein Geräusch, das ihm aus seiner Zeit bei der Armee vertraut war.

Lord Mersey eröffnete die Stegreif-Sitzung im Westminster Palace Hotel am 1. Juli, und Marichal wurde aufgerufen. Mit starkem Akzent sprechend behauptete er, der Admiralität sei vorzuwerfen, daß sie keine Geleitschiffe gestellt habe, und das schnelle Sinken des Schiffes sei auf die Explosion der Ladung zurückzuführen. Mr. Aspinall als Vertreter der Cunard Company überging die Beschuldigung und konzentrierte sich auf seine Person. Er fragte ihn, ob er der Cunard Company einen Brief geschrieben habe mit einer Forderung nach einer »sofortigen Beihilfe auf Grund des Anspruchs, oder ich werde die unangenehme Aufgabe haben, meinen Anspruch öffentlich geltend zu machen und dabei Aussagen zu machen, die sicher nicht zugunsten Ihrer Gesellschaft und der Admiralität sprechen werden«. Marichal sagte, ja, das habe er getan, aber er betonte, er habe das geschrieben, *nachdem* er dem Handelsministerium eine »Erklärung« zugestellt habe, und er habe angenommen, das Handelsministerium werde seine Angaben in einer nichtöffentlichen Sitzung zur Sprache bringen. Lord Mersey fragte ihn daraufhin, ob er damit sagen wolle, daß er auch dann noch vor Gericht so wie heute ausgesagt haben würde, wenn er von der Cunard Company eine Abschlags-Anzahlung erhalten hätte. Marichal bejahte die Frage und wiederholte, er habe an die Cunard Company geschrieben, *nachdem* er bei dem Anwalt des Handelsministeriums seine Angaben gemacht habe. Darauf entgegnete Mersey: »Es tut mir leid, das sagen zu müssen, aber ich tue es – ich glaube Ihnen nicht.« Marichal zog sich mit der Bemerkung zurück, dies sei eine schändliche Art, einen Zeugen zu behandeln.

Mr. Laslett, der Sachverständige des Handelsministeriums, wurde daraufhin hinzugezogen, und nachdem man ihm gesagt hatte, daß der Torpedo die *Lusitania* offenkundig nicht weiter vorn als mittschiffs getroffen habe, bekundete er, daß sich kein Teil der Ladung näher als fünfundvierzig Meter vom Auftreffpunkt entfernt befunden haben könne.

Am nächsten Morgen tat die *Times* Marichals Behauptungen mit scharfen Worten ab, und Marichal schrieb an Lord Mersey und fügte Kopien seiner Briefe an Cunard und das französische Außenministerium bei sowie seine »Erklärung« an das Handelsministerium, die bewiesen, daß er die Wahrheit gesagt hatte. Gleichzeitig brachte er eine Beschuldigung vor, die seine Lordschaft ernst nahm.

Da Sie während der ersten *Lusitania*-Untersuchungen erklärten, Sie würden einer von mehreren Zeugen bekräftigten Aussage keinen Glauben schenken, hätte ich auf Ihre verächtlichen mich betreffenden Bemerkungen vorbereitet gewesen sein sollen [. . .]

Ich habe den Eindruck, daß es Ihnen lediglich darum zu tun war, ein Aufsehen zu erwecken, das die Aufmerksamkeit von sehr schwerwiegenden Beschuldigungen gegen die Cunard Company ablenken würde. Wäre dem nicht so, wäre es, falls Sie überzeugt waren, daß

ich unter Eid die Unwahrheit gesagt habe, unbedingt Ihre Pflicht
gewesen, mich wegen Meineids zu belangen, anstatt mich zu be-
leidigen [...][6]

Er verlangte von Lord Mersey, bei der Verkündung des Un-
tersuchungsergebnisses seinen guten Ruf wiederherzustellen,
sonst sehe er sich gezwungen, weitere Schritte gegen Cunard
zu unternehmen und diesen Brief an seine Lordschaft als Beweismaterial anzuführen. Lord Mersey behielt das Original
des Briefes, ließ aber eine Kopie und die beigefügten Unterlagen an das Foreign Office gehen.
Am 8. Juni behauptete die britische Botschaft in Paris, sie
habe »vom französischen Außenministerium eine Mitteilung
über den Leumund und die Glaubwürdigkeit von Mr. Marichal erhalten«. Man übergab der Exchange-Telegraph-Nach-
richtenagentur eine Erklärung, die die Agentur an fast alle
englischen Zeitungen weiterleitete. Sie begann damit, daß Joseph Marichal aus Birmingham als Jules Marechal aus Soho
bezeichnet wurde, und machte irreführende und herabsetzen-
de Angabe über seine militärische Laufbahn. Weiter hieß es,
er sei 1912 und 1914 in Belgien wegen Fälschung verurteilt
worden, und er sei 1913 vor ein Kriegsgericht gestellt und wegen ehrenrührigen Verhaltens aus der französischen Armee
ausgestoßen worden. Das war eine grobe Entstellung der von
den französischen Behörden gelieferten Angaben, und abgesehen von der Aufbauschung seiner Vergehen waren diese über
zehn Jahre jünger gemacht worden. Professor Marichal erhielt nie eine Entschädigung und fiel 1917 an der Front als
einfacher Soldat im East Yorkshire Regiment. Seine Familie
bemühte sich viele Jahre hindurch um seine nachträgliche Ehrenrettung. Sein noch lebender Enkel hält weitere Anstrengungen für »Zeitverschwendung«.

17

Der Marichal-Zwischenfall beunruhigte Lord Mersey offenkundig. Er hatte sich ereignet, nachdem er die Untersuchung abgeschlossen hatte und ihm während deren Endphase klargeworden war, daß sich der *Lusitania*-Fall keineswegs so eindeutig darbot, wie er sich nach seinen ersten Instruktionen und nach Captain Webbs Memoranden ausgenommen hatte. Er hatte nur das absolute Minimum an Aussagen berücksichtigt, um den Richtlinien des Handelsministeriums zu genügen. Einige Punkte bereiteten ihm offenkundig Sorgen, als er seinen Bericht abfaßte; zum Beispiel der, ob die *Lusitania* bewaffnet war oder nicht – hier stützte sich der Beweis dagegen auf eine einzige Frage, die er Captain Turner gestellt hatte: »War sie bewaffnet oder unbewaffnet?« »Unbewaffnet.« Alfred Booth, die Inspektoren vom Handelsministerium und der Konstrukteur entgingen einer solchen Befragung. Die weitverbreitete Behauptung, daß viele Bullaugen offengestanden hätten, war ebenfalls schnell beiseitegeschoben worden. Der Erste Offizier Jones gab an, er habe sich im Speisesaal aufgehalten, als der Torpedo explodierte. Wenn irgendwelche Bullaugen offen gewesen wären, wären sie, wie er behauptete, geschlossen worden, da er den Befehl dazu gegeben habe. Das Protokoll zeigt, wie unerheblich diese Bemerkung war. Mr. Cotter, der die Steward-Gewerkschaft vertrat, hatte gefragt:

COTTER: Aber es wäre der Schwimmfähigkeit des Schiffes doch
  abträglich gewesen, wenn es bei offenen Bullaugen Schlagseite nach Steuerbord bekam, nicht wahr?

JONES: Natürlich.

COTTER: Sind Sie die Hauptkajütentreppe hinaufgegangen [vom Speisesaal aus]?

JONES: Ja.

COTTER: Haben Sie irgendwelche Passagiere diese Treppe ihnaufgehen sehen?

JONES: Nun, als wir getroffen wurden, aßen etwa 100 Personen im Speisesaal, und wir sind natürlich alle sofort aufgesprungen, und die Passagiere sind vor mir durch die zwei Türen hinausgegangen. Ich war so ziemlich der letzte, der den Speisesaal verließ. Als ich durch die Tür ging, gab ich diesen Befehl: »Schließt die Bullaugen« [. . .]

Es erschien dem Gericht wohl überflüssig, darüber nachzudenken, wer denn noch da war, um diesen Befehl auch auszuführen, und wahrscheinlich ließ man die neunundzwanzig »Erklärungen« von Passagieren, in denen von offenen Bullaugen im Speisesaal die Rede war, aus diesem Grund unter den Tisch fallen. Zur Frage der Bullaugen wurden keine weiteren Aussagen vorgebracht.

Der Erste Kronanwalt hatte die Torpedo-Auftreffstelle diktiert, als er in seiner einleitenden Erklärung feststellte, das Schiff sei »zwischen dem dritten und vierten Schornstein getroffen worden. Es gibt Anzeichen dafür, daß ein zweiter und vielleicht noch ein dritter Torpedo abgefeuert wurden [. . .]« Die Aussagen, die diese Feststellung bestätigen sollen, klingen einigermaßen verwirrend. Sieben Zeugen nahmen zum Auftreffpunkt Stellung.

Zusammengefaßt erklärten sie folgendes:

Bei Rettungsboot Nr. 5 [zweiter Schornstein].

Vor dem zweiten Schornstein.

Vor Kesselraum Nr. 1 [vor dem ersten Schornstein].

Beim ersten Schornstein.

Zwischen dem zweiten und dem dritten Schornstein, und der zweite Torpedo genau unterhalb des dritten Schornsteins, soweit ich das vom Vorschiff aus beurteilen konnte.

Ich sah die Blasenbahn zwischen dem zweiten und dem dritten Schornstein. Eine große Menge Rauch und Dampf kam zwischen dem dritten und dem vierten Schornstein heraus.

Zweiundsiebzig Aussageprotokolle oder »Erklärungen«, in denen gesagt wurde, der Torpedo habe das Schiff neben der Brücke oder in ihrer Nähe getroffen, kamen vor Gericht nicht zur Sprache.

Drei Besatzungsmitglieder, die das Auftreffen nicht beobachtet hatten, sagten aus, sie hätten, als das Schiff sank, die Bahnen weiterer Torpedos gesehen. Jeder hatte eine andere Spur aus einer anderen Richtung kommen sehen. Diese Angaben genügten Lord Mersey zu der Feststellung, daß »die *Lusitania* an einem Punkt zwischen dem dritten und vierten Schornstein steuerbords getroffen wurde [...] Ein zweiter Torpedo wurde unmittelbar danach abgefeuert, der das Schiff ebenfalls auf der Steuerbordseite traf« [1]. Lord Mersey fügte hinzu, es gebe Anzeichen dafür, daß noch ein weiterer Torpedo abgefeuert wurde, woraus man schließen könne, daß »vielleicht mehr als ein Unterseeboot an dem Angriff beteiligt war«. Er ging mit seinen Feststellungen nicht auf den Umstand ein, daß die *Lusitania* über den Bug gesunken war.

Das Fiasko der Backbord-Rettungsboote wurde kaum erwähnt. Der achtzehnjährige Leslie Morton, der offenbar Zeit für Beobachtungen gehabt hatte und zu fast allen Punkten Aussagen machte, erklärte, als er zu den Backbordbooten gegangen sei, hätten sich keine Passagiere dort aufgehalten, die Boote seien alle leer gewesen und keiner habe sie zu Wasser gelassen, da dies offensichtlich unmöglich gewesen sei. Zwei Passagiere behaupteten gesehen zu haben, wie ein Backbordboot seine Insassen ins Wasser kippte, weil die Davits brachen oder die Halteseile klemmten, während eine Frau aussagte, sie sei in ein Backbord-Rettungsboot gestiegen, habe es aber wieder verlassen, als Staff Captain Anderson dazu aufgefordert habe. Möglicherweise hatten zu wenige Personen von der Backbordseite überlebt, um bezeugen zu können, was geschehen war. Bestic wurde als Zeuge aufgerufen, aber seine Aussagen waren sorgfältig zensiert. Er berichtete, daß er versucht hatte, ein Boot über Bord zu drücken, das innenbords geschwenkt war. Er sagte nichts von den Zwischenfällen bei irgendeinem Boot und wurde auch nicht danach gefragt. Die letzte Frage während seiner Vernehmung zu diesem Thema, die kaum länger als eine Minute dauerte, lautete: »Konnte eines der Boote [...] für die Sie verantwortlich waren, vom Schiff ablegen?« Meines Wissens nicht.« Jones, der Erste Offizier, machte die Einstellung, mit der die Frage der Backbord-Rettungsboote in der Untersuchung behandelt wurde, unbewußt deutlich, als er im Kreuzverhör von Cotter gefragt wurde:

COTTER: Waren Sie überhaupt auf der Backbordseite?
JONES: Ja.
COTTER: Was haben Sie dort bezüglich der Boote gesehen?
JONES: Ich erinnere mich an nichts mehr auf der Backbordseite, Sie können das also ruhig übergehen.

Merkwürdigerweise wurde die einzige offene Kritik an der Bedienung der Boote schon am ersten Tag während Captain Turners kurzer Vernehmung laut, als er fast auf alle Fragen nur einsilbige Antworten gab. Er spürte offensichtlich den Druck, der auf ihm lastete, aber einmal ging doch seine Freimütigkeit mit ihm durch. Cotter fragte ihn: »War Ihrer Meinung nach die Besatzung in der Bedienung der Boote geübt?« Turner erwiderte mit einigem Nachdruck: »Nein, das war sie nicht.«
Butler Aspinall, der Anwalt der Cunard Company, erhob sich und lieferte mit stillschweigender Duldung des Gerichts ein klassisches Beispiel für die Kunst der »Neuvernehmung« eines Zeugen.

ASPINALL: Sie haben dem Herrn, der hinter mir sitzt, auf seine Frage geantwortet, Ihrer Ansicht nach sei die Besatzung der *Lusitania* in der Bedienung der Boote nicht geübt gewesen.

Turner schwieg.

ASPINALL: Ich möchte, daß Sie das ein wenig erläutern. Sind Sie der Ansicht, daß auf den modernen Schiffen mit ihren Schmierern und ihren Stewards und ihren Feuerwehrleuten manchmal der Seemann der alten Schule fehlt, den Sie aus Ihrer Jugend kennen?

TURNER: So ungefähr, ja.

ASPINALL: Daran denken Sie also?

TURNER: Ja.

ASPINALL: Sie sind ein Seemann der alten Schule?

TURNER: Ganz recht.

ASPINALL: Und Ihnen war der Seemann Ihrer Jugend lieber?

TURNER: Ja, und er ist mir noch heute lieber.

Aspinall merkte, daß der Kapitän wieder zu kochen begann, und wechselte klugerweise das Thema. Über die Tüchtigkeit oder Erfahrung der Bootsbedienungen wurden keine weiteren Aussagen eingeholt. Viele Passagiere, ob sie nun anwesend waren oder formelle »Erklärungen« eingereicht hatten, dürften aber ihre Zweifel gehabt haben. Der Erste und der Zweite Kronanwalt beschlossen klugerweise, die Zahl der in den Zeugenstand zu rufenden Passagiere zu beschränken. F. E. Smith deutete dies Lord Mersey gegenüber so unverhohlen wie möglich an, mit jener milden Unverschämtheit, die in erster Linie zu seinem Nachruhm beigetragen hat und die so viele Richter empörte, vor denen er auftrat.

My Lord, was die anderen Passagiere betrifft, so besitzt das Handelsministerium eine große Anzahl von Aussagen von Passagieren sowohl der ersten wie der zweiten und der dritten Klasse. Ich habe, glaube ich, alle diese Aussagen gelesen [...] und ich muß Euer Lordschaft sagen, daß sie sich in sehr vielen Punkten wiederholen und, soweit ich mich erinnere, keine spezifischen Klagen vorbringen [...] Ich bin mir ein wenig im Zweifel darüber, wie weit ich hier von Nutzen sein und *dem Gericht helfen* kann.

Der Nachdruck, mit dem er diese drei Worte aussprach, veranlaßte den Gerichtsstenografen dazu, sie zu unterstreichen, aber Lord Mersey verstand den Wink nicht und begann von etwas anderem zu sprechen. Smith schaltete sich mit der Bemerkung ein: »Das Praktischste wäre natürlich, Eure Lordschaft gäbe mir Gelegenheit, noch vor morgen früh das übrige Aussagematerial mit dem Ersten Kronanwalt zu besprechen.« Mersey begriff noch immer nicht. »Heißt das, Sie möchten, daß wir uns vertagen?« »Es ist 10 Minuten vor 4, my Lord.« »Dann heißt das also doch, daß wir uns vertagen sollen.« Der Zweite Kronanwalt stieg auf die Stufe des Sarkasmus hinunter: »Nein, my Lord. Es gibt nichts, was ich lieber täte, als die Beweisaufnahme fortzusetzen, wenn es Eurer Lordschaft Spaß macht, Passagiere zu vernehmen.« Jetzt hatte Lord Mersey begriffen. »Dann ist die Sitzung hiermit vertagt.«

Captain Turner sagte in den öffentlichen Sitzungen wenig aus. Abgesehen von der kurzen grollenden Äußerung über die Bootsbedienungen am ersten Tag hatte er zumeist nur einsilbige Antworten gegeben, und die Juristen hatten nichts Aufregenderes von ihm wissen wollen als sein Alter, die Klasse seines Kapitänspatents und ob U-20 das Schiff gewarnt habe oder nicht, bevor es seinen Torpedo abschoß. Er war jedoch bei allen Sitzungen anwesend und saß recht einsam und verloren hinter Aspinall. Alfred Booth bemerkte seinem Vetter gegenüber: »Der arme Turner klammert sich an Aspinall [. . .] die Sache scheint ihn zu verwirren.« [2]

Turner war mehr als verwirrt. Er war restlos unglücklich. In Liverpool und London hatte eine Flüsterkampagne eingesetzt, die ihm die Schuld an dem Desaster zuschieben wollte. Eine militante Frau hatte ihm eine weiße Feder überreicht, als er am ersten Tag der Untersuchung die Central Hall betrat, und seine Ehefrau ließ ihn im Stich. Er sprach nach der Untersuchung kein Wort mehr mit ihr. Was auch den Bruch zwischen den Eheleuten eingeleitet haben mochte, die Schiffskatastrophe machte ihn vollständig.

Das Gefühl der Einsamkeit, das er empfunden haben muß,

seine privaten Probleme und die Nachwirkungen der Ereignisse – er hatte schließlich sein Schiff verloren und als Sechzigjähriger viereinhalb Stunden im Wasser zugebracht – machten ihn zu einer hoffnungslosen Gestalt, und dies alles trübte wahrscheinlich auch sein Urteilsvermögen, als er unter Ausschluß der Öffentlichkeit in den Zeugenstand trat. Er sah sich den besten Anwälten Englands und einem Richter gegenüber, der durch seine Schärfe schon bewiesen hatte, daß er es keinem Zeugen leicht machte. In Turners Fall war Lord Mersey außerdem angewiesen worden, kurzen Prozeß zu machen. Turner sollte die Tatsache, daß er diese schwere Prüfung überstand, seinem Anwalt Butler Aspinall und Lord Merseys verspäteter, aber hoher Achtung vor dem britischen Gesetz verdanken, die gegen Ende der Untersuchung deutlich zutage trat.

Vor Beginn der Untersuchung war Turner von Anwälten des Handelsministeriums und von »jemandem von der Admiralität« vernommen worden. Man hatte ihm Captain Webbs Beschuldigungen dargelegt, und man hatte ihm gesagt, daß er niemals angewiesen worden sei, nach Queenstown abzudrehen. Man hatte ihm eine Liste überreicht, die angeblich alle Funksprüche enthielt, die ihm übermittelt worden waren. Der Funkspruch, auf den es ankam, war nicht darin aufgeführt. Seine Papiere und das Logbuch waren mit dem Schiff untergegangen, und er sollte später zu Miß Every sagen: »Es war alles so verwirrend – wie ein Alptraum.« Er hatte bei keiner der Vernehmungen vor der Untersuchung einen Rechtsbeistand, und als er sah, daß er sich auf Cokes Funkspruch nicht berufen konnte, weil er nicht vorhanden war, hatte er beschlossen, als Grund für das nähere Heranfahren an die Küste anzugeben, daß er seine genaue Position habe feststellen wollen, um gefahrlos den schmalen Eingang zum St.-Georgs-Kanal zu finden. Er fügte hinzu, daß er in diesem Falle in Küstennähe und nicht in der Mitte des Fahrwassers in den Kanal eingefahren wäre, wie man ihm befohlen hatte. Aspinall hatte zur Verteidigung auf den Funkspruch hingewiesen, der als letzte bekannte Position des U-Boots eine Stelle zwanzig Meilen südlich des Feuerschiffs *Coningbeg* angab, das den Eingang kennzeichnete. Zwanzig Meilen südlich lag die Mitte des Fahrwassers. Es war eine etwas schwache Verteidigungsposition, aber, angesichts des Fehlens von Cokes Funkspruch, die einzig mögliche.

Turner war davon ausgegangen, daß die Funker den Eingang eines Funkspruchs bestätigen würden, auch wenn sie den Code nicht kannten. Zwei Funker waren an Bord gewesen, und beide hatten überlebt. David McCormick, der die Funksprüche entgegengenommen hatte, wurde übergangen, statt dessen ließ man seinen Kollegen Robert Leith aussagen. Leith hatte von zwei Uhr bis acht Uhr Dienst gehabt und sollte McCormick um 14 Uhr wieder ablösen. Als der Torpedo explodierte, aß er gerade etwas, nachdem er den Morgen in seiner Koje verbracht hatte. Es wäre eine etwas verspätete Ablösung gewesen, doch dies rührte daher, daß um Mittag die irisch-englische Zeitdifferenz von fünfundzwanzig Minuten auf den Schiffsuhren berücksichtigt worden war und die beiden Funker vereinbart hatten, sich diese Zeit zu teilen. Daß man Leith und nicht McCormick zum Zeugen aufrief, war Turner gegenüber sehr unfair, da Leith nicht wissen konnte, welche Funksprüche während McCormicks Dienststunden eingegangen waren. Die Funkkladde war mit dem Schiff untergegangen. Leith wurde von Sir Edward Carson vernommen, der seinen Zeugen zur Bestätigung der Fakten »führte«, die die Admiralität in der Aussage enthalten sehen wollte. Es hatte drei verschlüsselte Funksprüche an Turner gegeben, einen von Coke um 11 Uhr 02 und zwei von der Admiralität mit dem Zeitvermerk 11 Uhr 52 und 13 Uhr. Sir Edward interessierten nur zwei davon.

CARSON: Haben Sie am 7. Mai morgens zwei Funksprüche von der Regierung erhalten?
LEITH: Ja.
CARSON: Die von einer Küsten-Funkstation kamen?

LEITH: Ja.

CARSON: Ging der erste etwa um 11 Uhr 30 ein?

LEITH: Ungefähr, ja.

CARSON: Und der andere kurz nach 13 Uhr?

LEITH: Ja.

CARSON: *(zum Gericht gewandt)* Die Frage ist nicht strittig, wenn sich Eure Lordschaft an die Aussagen erinnert, ich wollte es nur noch einmal bestätigen lassen.

Sir Edwards Hinweis »wenn sich Eure Lordschaft an die Aussagen erinnert«, kann sich nur auf Captain Webbs Memorandum oder eine andere private Einweisung vor Untersuchungsbeginn beziehen, da die Funksprüche an dieser Stelle zum ersten Mal als Beweismaterial herangezogen wurden. Keiner der Anwesenden stellte Leith weitere Fragen, was die Funksprüche betraf.

Turner wurde sodann bezüglich der von ihm getroffenen Entscheidungen ins Kreuzverhör genommen. Carson ging zunächst einmal mit ihm die einzelnen Memoranden mit Ratschlägen durch, die er von der Admiralität erhalten haben sollte. Vorher hatte Alfred Booth bezeugt, daß alle Admiralitäts-Ratschläge direkt vom Senior Naval Officer Liverpool an den Kapitän gingen. Der S. N. O. hatte sich geweigert, dies zu bestätigen, wurde aber nicht aufgefordert, es vor Gericht zu widerlegen. Turner erklärte dem Gericht, die einzigen Ratschläge oder Instruktionen, die er in England erhalten habe, stammten von der Cunard Company. Aspinall nahm ihn zu dieser Frage nicht ins Kreuzverhör, aber wenn Turner keine entscheidenden Ratschläge oder Anweisungen erhielt, wäre dies – und darauf kommt es an – eine Unterlassung seitens der Cunard Company und nicht Turners Schuld gewesen. Turner wurde jedoch im Falle jeder einzelnen Instruktion mit Ausnahme der »Zickzack«-Anweisung vom 16. April gefragt, ob er sie an einem bestimmten Datum erhalten hatte. Er bestätigte das in allen Fällen und sagte weiter, er habe sie von der Cunard Company erhalten. Sir Edward kam dann auf die »Zickzack«-Anweisung zu sprechen, aber ohne ihr Ausgabedatum zu erwähnen oder Turner zu fragen, ob er sie erhalten habe. Statt dessen fragte er: »Haben Sie das gelesen?« Turner antwortete: »Ja.«

Falls hier der Vorwurf erhoben wird, dieser Bericht scheine auf eine Entlastung Turners abzuzielen, so muß darauf hingewiesen werden, daß er diesen Text tatsächlich kaum gelesen haben kann. Turner selbst war allerdings davon überzeugt, daß er eine Anweisung dieser Art gelesen hatte, und es gab auch eine Instruktion vom 10. Februar 1915, die die Schiffsführer anwies, beim »Sichten eines U-Boots« *Ausweichmanöver* vorzunehmen und das Boot, wenn möglich, zu rammen. Unter den vorgeschlagenen Ausweichmanövern wurden natürlich plötzliche Kursänderungen verstanden. Aber Turners Eingeständnis, daß er die »Zickzack«-Anweisung gelesen habe, hatte zur Folge, daß der Erste Kronanwalt zu einem entscheidenden Schlag ansetzte. »Ist Ihnen jetzt nicht klar, daß Sie eine wichtige Anweisung nicht befolgt haben?«

Turner gab keine Erwiderung. Später schaltete sich Butler Aspinall ein.

ASPINALL: [. . .] Sie haben diese Instruktion erhalten?

TURNER: Ja.

ASPINALL: Und Sie kennen sie?

TURNER: Ja, ich kenne sie.

ASPINALL: [. . .] Nun, wie haben Sie sie verstanden?

TURNER: Ich habe sie so verstanden, daß ich einem Unterseeboot ausweichen sollte, wenn ich eines sah.

ASPINALL: Wenn Sie ein Unterseeboot sahen?

TURNER: Wenn eins in Sicht war.

ASPINALL: Wenn eins in Sicht war, dann sollten Sie also, so glaubten Sie, Zickzack fahren?

TURNER: Ja.

ASPINALL: Täuschen Sie sich vielleicht?

TURNER: Vielleicht [. . .] Ich habe es jedenfalls so verstanden.

ASPINALL: Was hat Sie veranlaßt, Ihre Ansicht zu ändern?

TURNER: Weil es mir vorgelesen wurde; es hört sich jetzt ganz anders an.

Aspinall sollte später in seiner abschließenden Erklärung auf die Frage des Zickzackfahrens zurückkommen, und er versuchte, die frühere Instruktion zum *Ausweichen* beim Sichten eines Unterseebootes in die Beweisaufnahme einbeziehen zu lassen. Aber Sir Frederick Inglefield schaltete sich ein, und mit der Wahl seiner Worte verriet er etwas über die wahre Rolle der *Lusitania*, denn er erklärte, die Anweisung vom 10. Februar sei irrelevant, weil »dieser Befehl sich eher auf die anfänglichen Operationen dieser *Kreuzer* bezieht«. Lord Mersey muß das aufgefallen sein, denn auf den Urteilsnotizen in seinem Protokoll hat er um das Wort »Kreuzer« einen Kreis gezogen und es außerdem mit einem Ausrufungs- und einem Fragezeichen versehen.

Turner wurde gefragt, warum er nicht schneller gefahren sei – er hätte doch alle verfügbaren Kräfte zu den Kesseln schicken, den Kesselraum Nr. 4 wieder in Betrieb nehmen und es so einrichten können, daß er einige Stunden, bevor ihm die Flut ein Überqueren ermöglichte, bei der Mersey-Bank eintraf. Er erwiderte, das wäre gefährlich gewesen, weil er gewußt habe, daß Unterseeboote in diesen Gewässern operierten. Lord Mersey, der möglicherweise erwartete, hier für Captain Webbs Beschuldigungen eine gewisse Bestätigung zu erhalten, unterbrach ihn: »Dazu möchte ich noch Näheres hören. Wann . . . von wem haben Sie die Informationen erhalten?« Turner erwiderte, das sei allgemein bekannt gewesen, und wenn er sich auch nicht mehr erinnern könne, wie er davon erfahren habe, so habe er doch gewußt, daß Unterseeboote dort operierten.

Mersey fragte ihn sarkastisch: »Länger als 12 Monate ist es aber nicht her, [daß Sie davon gehört haben]?« Turner, der nicht erkannte, daß man ihm damit unterstellte, die deutschen Operationen schon vor dem Krieg gekannt zu haben, antwortete ruhig: »Nein, so lange ist es nicht her.« Mersey sagte, zum Gericht im allgemeinen gewandt: »Sie sehen, diese Antworten sind nichts wert, wenn man sie unter die Lupe nimmt. Sie sind nicht viel wert, in keinem Fall.«

Einmal wenigstens wurde Turner durch Merseys Sarkasmus aufgerüttelt. Sir Edward Carson hatte dem Schiffsführer seinen Kurs vorgehalten und ihn gefragt, warum er so nah an die irische Küste herangefahren sei. Turner erwiderte: »Um meine Position zu ermitteln.«

Mersey schaltete sich ein. »Wollen Sie damit sagen, Sie wußten nicht, wo Sie sich befanden?« »Ich hatte eine ungefähre Vorstellung, aber ich wollte mich vergewissern.« »Warum?« Turner erwiderte, wie man annehmen darf, mit der Würde eines schwer geprüften Mannes: »My Lord, ich steuere kein Schiff nach Mutmaßungen.«

Wiederum blieb es Butler Aspinall überlassen, ruhig darauf hinzuweisen, daß sich die Mitte-Fahrwasser-Anweisungen speziell auf den Ärmelkanal und den St.-Georgs-Kanal bezogen und die Einfahrt zu letzterem von Kinsale fast hundert Meilen entfernt war. Turners Erwiderung muß Lord Mersey zum Bewußtsein gebracht haben, daß er schließlich eine Gerichtsverhandlung leitete. Turner zog sich während der Verhandlungspause zurück, und Mersey bat Aspinall, zu den bisherigen Aussagen des Kapitäns Stellung zu nehmen.

Aspinall leitete seine Bemerkungen mit der Feststellung ein: »Ich möchte zunächst betonen [. . .] daß der Kapitän zweifellos ein schlechter Zeuge war, wenn er auch ein hervorragender Schiffsführer sein mag.« »Nein«, sagte Mersey, »er war kein schlechter Zeuge.«

ASPINALL: Nun, er war verwirrt, my Lord.

MERSEY: Ich habe zur Zeit den Eindruck, daß er während dieser Fahrt ein schlechter Schiffsführer gewesen sein mag, aber ich glaube, er hat die Wahrheit gesagt.

ASPINALL: Ja.

MERSEY: Und ich glaube, er ist ein ehrlicher Zeuge. Ich glaube, er ist bestrebt, die Wahrheit zu sagen [. . .] In diesem Sinne hat er keinen schlechten Zeugen abgegeben.

ASPINALL: [...] Ich wollte gerade darauf hinweisen, daß er ein aufrechter Mann ist.

MERSEY: Das glaube ich auch, und ich glaube nicht, daß Sir Edward Carson und Sir Frederick Smith etwas Gegenteiliges angedeutet haben [...] Der Eindruck, den der Mann auf mich gemacht hat, ist –

Hier zögerte Mersey und begann von neuem: »Ich hatte mir vorgenommen, seine Aussagen sehr sorgfältig zu prüfen, aber der Eindruck, den er auf mich gemacht hat, ist der eines ehrlichen und aufrichtigen Mannes.«

Aspinall plädierte so gut er konnte für Turner. Er konzentrierte sich auf die Vorsichtsmaßnahmen, die Turner getroffen hatte, und erläuterte anhand der Karte seinen Kurs. Er betonte, daß der Kapitän alle seine Anweisungen ausgeführt hatte. Er gab zu, daß er nicht zickzack gefahren war, und versuchte die ursprüngliche Anweisung vom 10. Februar in die Beweisaufnahme einzubringen, aber Inglefield wandte sich so entschieden dagegen, daß Aspinall bemerkte: »Ja, ich glaube, man kann das außer acht lassen.« Die Vorstellung, Turner hätte ohne Landkennung weit draußen auf See bleiben und bei Nacht in den St.-Georgs-Kanal einfahren sollen, wies Aspinall weit von sich. Ohne Zeugen aufzurufen, gelang es ihm, Merseys Zustimmung dazu zu erhalten, daß Sicherheit vor »Ratschlägen« der Admiralität an Kapitäne rangiere. Zum Schluß legte er dem Gericht eine verheerende Liste jener Schiffe vor, die während der vorausgegangenen Wochen längs der Route, die Captain Turner fahren mußte, angegriffen oder versenkt worden waren, und führte damit Lord Merseys Verdacht ad absurdum, daß Turner unzulässige Kenntnis von deutschen Operationen gehabt habe.

F. E. Smith machte seine Schlußerklärung im Namen des Handelsministeriums. Merseys veränderte Einstellung spürend, begann er mit der Erklärung, daß es natürlich nicht seine Aufgabe sei, als Ankläger aufzutreten, daß er aber das Gefühl habe, seine Argumente würden zu »einigen Überlegungen«

Anlaß geben, »die vielleicht zu einer Schlußfolgerung führen, die der von Mr. Aspinall entgegengesetzt ist«. Der Zweite Kronanwalt konzentrierte sich auf die der *Lusitania* zugegangenen Funksprüche, und hier ließ ihn Captain Webbs Stabsarbeit im Stich. Der Dialog zwischen Smith und Mersey muß hier wörtlich wiedergegeben werden; aus ihm wird deutlich, daß Webb, mit der Entlastung der Admiralität nicht zufrieden, eine weitere Anklage gegen den Kapitän und Cunard vorbereitet, sich dann aber aus irgendeinem Grund entschlossen hatte, sie doch nicht vorzulegen. Versehentlich hatte er Lord Mersey ein anderes Memorandum übergeben – das sich unter Merseys Papieren findet – als dem Zweiten Kronanwalt. In Unkenntnis dieser Tatsache begann F. E. Smith aus *seiner* Version vorzulesen.

SMITH: Am 7. Mai, in einem Augenblick, als natürlich die Aufmerksamkeit [der *Lusitania*] ganz auf die Tatsache gerichtet war, daß die allgemeine Unterseebootgefahr an der bestimmten Stelle [südlich von Irland] Gestalt angenommen hatte – am 7. Mai erhielt das Schiff einen Funkspruch: »Unterseebootgefahr sollte vermieden werden durch weiten Abstand zur Küste . . .«

MERSEY: Welches Telegramm meinen Sie?

SMITH: Das vom 7. Mai, my Lord.

MERSEY: An wen?

SMITH: An alle britischen Handelsschiffe.

MERSEY: Wo ist in den Unterlagen darauf verwiesen?

SMITH: Ich werde Eurer Lordschaft das Verweiszeichen nennen.

MERSEY: Lesen Sie aus dem Admiralitätsmemorandum vor?

SMITH: Ja, my Lord.

MERSEY: Würden Sie mir sagen, wo das steht?

SMITH: Wenn Eure Lordschaft nachsehen will – »es wurde ermittelt, daß die folgenden Funkmeldungen am 6., 7. und 8. Mai durchgegeben wurden« – es ist gegen Ende der Seite.

MERSEY: Lesen Sie aus dem Memorandum vor, das mit *Lusitania* überschrieben ist?

SMITH Ja, es trägt die Überschrift *Lusitania*, my Lord.

Mersey reichte seine Kopie von Webbs Memorandum hinunter und sagte: »Wo steht es?« F. E. Smith verglich seine Version mit der Lord Merseys. »Das ist merkwürdig, my Lord. Ich kann mir das überhaupt nicht erklären. Die Kopie Eurer Lordschaft ist nicht die gleiche wie die meine, höchst seltsam. Ich habe hier ein anderes Dokument als Eure Lordschaft.«

MERSEY: Welches ist das Dokument, das Sie haben?

SMITH: Meines, my Lord, ist ein Memorandum der Admiralität, ausgearbeitet von Beamten der Admiralität und überschrieben *Lusitania*.

MERSEY: Könnten Sie mir einen Verweis darauf in den Aussageunterlagen angeben, Mr. Aspinall?

ASPINALL: Nein, my Lord ... Es ist neu.

SMITH: Ich habe es während der gesamten Verhandlung benutzt.

Lord Mersey griff über den Tisch hinweg nach Admiral Inglefields Papieren, zu denen auch die Originalkopie der Funkkladde der Station Valentia gehörte. Er verglich beide Versionen des Webbschen Memorandums mit der Kladde und bat dann Sir Ellis Cunliffe, den Anwalt des Handelsministeriums, zum Gerichtspodium. Er gab ihm alle drei Dokumente und fragte, welches das richtige sei. Sir Ellis entgegnete, Inglefields Dokument, die Originalkopie, sei das richtige. Lord Mersey fragte kalt: »Was soll das alles bedeuten, Sir Ellis, können Sie mir das sagen?« Sir Ellis erwiderte etwas lahm, die einzige Erklärung, die er sich denken könne, sei die, daß Webbs Memorandum formuliert worden sei »für den Fall, daß diese Dinge in einer öffentlichen Sitzung zur Sprache kamen«.

Smith fiel in seinen üblichen scharfen Ton zurück. »Ich muß gestehen, ich wünsche das nicht. Ich glaube, es wäre sehr unfair, wenn ich, wo es dem Schiffsführer nicht vorgelegt und nicht bei der Beweisaufnahme vorgebracht wurde, irgendeinen weiteren Kommentar darauf gründen würde.« Smith dachte dabei daran, daß er Turner gefragt hatte, ob dies die Liste der Funksprüche sei, die er erhalten hatte, worauf der Kapitän fügsam mit ja geantwortet hatte. Aus Inglefields Originalkopie der Funkkladde ging hervor, daß es einen Funkspruch gegeben hatte, der nicht in die Beweisaufnahme eingegangen war. Dies war Cokes verschlüsselter Funkspruch um 11 Uhr 02. Es war Mersey sofort klar, daß man ihn irreführen wollte. Außerdem enthielt die Originalkopie nicht den Funkspruch mit dem »weiten Abstand zur Küste«, der bei der Beweisaufnahme vorgebracht worden war und den erhalten zu haben ein verwirrter Turner zugegeben hatte. Mersey behielt alle Schlußfolgerungen, zu denen er gelangt sein mochte, für sich, aber er behielt auch Inglefields Originalkopie und andere Papiere. In seinen persönlichen Aufzeichnungen zum Prozeß stellte er fest, daß er nicht verstehen konnte, warum Inglefield ihn nicht vorher darauf aufmerksam gemacht hatte, wo die Sache ihm doch von Anfang an bewußt gewesen sein mußte.

Diese Episode scheint das Schlußplädoyer von Smith weitgehend entwertet zu haben. Als er geendet hatte, sprach Mersey zu den versammelten Anwälten. Er war jetzt über die Formulierung der Fragen des Handelsministeriums, die seine Richtlinien bildeten, innerlich beunruhigt.

MERSEY: Jetzt möchte ich eine Frage stellen. Ich werde diesen Punkt behandeln müssen, und angesichts der Form der Fragen – ich nehme an, ihre Form ist genau bedacht worden – ist es uns möglich, eine sehr kurze Antwort zu geben. »Erhielt der Schiffsführer der *Lusitania* vor oder während der Fahrt von New York nach England von den Eignern oder der Admiralität irgendwelche Anweisungen hinsichtlich der Navigation oder der Führung des Schiffes auf der fraglichen Reise?« Die Kronanwaltschaft wird bemerken, daß nicht gefragt wird »und welche Anweisungen«. Deshalb kann diese Frage mit einem einfachen Ja oder Nein beantwortet werden. Ferner: »Hat der Schiffsführer die Anweisungen ausgeführt?« Auch diese Frage kann mit Ja oder Nein beantwortet werden, und ich möchte gern wissen, ob Sie es für klug halten, daß wir versuchen, eine ausführliche Antwort zu geben. Ich will Ihnen sagen, worum es mir geht. Wenn wir dem Schiffsführer die Schuld geben, gibt es eine Berufung gegen unsere Entscheidung, und diese Berufung kann nicht ordentlich verhandelt werden – wenigstens glaube ich das nicht –, wenn wir einen Spruch ohne Begründung fällen; ich spreche natürlich von dieser fraglichen Fahrt; andererseits bin ich mir nicht sicher, ob es wünschenswert ist, Gründe anzugeben, im öffentlichen Interesse, meine ich. Ich kann mir vorstellen, daß über die Berufung vielleicht unter Ausschluß der Öffentlichkeit verhandelt wird, und daß die Gründe, die wir angeben, vielleicht nie in die Öffentlichkeit gelangen, aber je größer die Zuhörerschaft, vor der diese Feststellungen gemacht werden, desto größer das Risiko, und ich möchte von Ihnen wissen, als Vertreter des Handelsministeriums, Sie beantragen ja diese Fragen und legen Sie uns vor – was für Antworten wir nun eigentlich bringen sollen. Ich stelle mir vor – ich weiß es nicht, denn ich habe die frühere Fassung der Fragen gesehen, und dann habe ich die vorliegende Fassung der Fragen gesehen, und diese Fassung wich von der ersten insofern ab, als die frühere nach den Anweisungen fragte und diese Fassung nicht, und da dies die endgültige Fassung war, kam ich zu dem Schluß, daß die Ratgeber des Handelsministeriums bewußt davon abgesehen haben, nach dem Inhalt dieser Anweisungen zu fragen.

SMITH: Genauso war es, my Lord.

MERSEY: Sehr schön. Dann sollte ich natürlich, wenn ich das so richtig verstehe, wahrscheinlich nicht versuchen, auf den Inhalt der Anweisungen Bezug zu nehmen, sondern mich auf eine einfache Antwort, ja oder nein, beschränken.

SMITH: Ja.

MERSEY: Dann kommt die nächste Frage, die, wie ich glaube, schon beantwortet ist durch die Art und Weise, wie Sie die erste Frage beantwortet haben; denn wenn wir uns auf Einzelheiten einlassen bei der Beantwortung der Frage »Hat der Schiffsführer diese Anweisungen ausgeführt?« dann können wir kaum vermeiden zu sagen, welches diese Anweisungen waren.

SMITH: Ist sich Eure Lordschaft ganz sicher, was eine Berufung betrifft (ich habe dieses Problem noch nicht bedacht) – ich meine, daß eine Berufung in irgendeiner Weise behindert würde durch den Umstand, daß diese Fragen nicht ausführlicher beantwortet wurden, als Eure Lordschaft dies zu tun gedenkt?

MERSEY: Ich kann nur sagen, wenn es in der Angelegenheit zu einer Berufung vor Gericht kommt, ist es meiner Meinung nach sehr wünschenswert, daß dieses Gericht die Gründe kennt, von denen sich die erste Instanz bei ihrer Entscheidung leiten ließ.

SMITH: Ich pflichte Eurer Lordschaft natürlich mit allem Respekt bei, aber ich glaube, da gäbe es keine Schwierigkeit. Zumindest würde ich annehmen, daß die Berufungsinstanz ermächtigt wäre, diesen Komplex unter Ausschluß der Öffentlichkeit zu verhandeln.

MERSEY: Das nehme ich auch an. Mir ist nicht bekannt, daß eine Untersuchung dieser Art, bis zu diesem Fall hier, unter Ausschluß der Öffentlichkeit verhandelt wurde.

SMITH: [...] Es ist möglich, daß der Schwierigkeit, die Eure Lordschaft andeutet, daß das Gericht nämlich keine ausführlichen Gründe für diese Fragen kennt, dadurch begegnet wird, daß es Sie ausführlicher befragt, welches Ihre Gründe waren, wenn dieser Punkt vorgebracht werden sollte.

MERSEY: Möglich, ja, und ich könnte sie mündlich darlegen.

SMITH: Ja.

MERSEY: Sehr schön. Dann wäre das wohl die günstigste Verfahrensweise. Nun, ich werde diese Untersuchung nicht schließen für den Fall, daß wir weitere Aussagen oder weitere Unterstützung seitens der Rechtsvertreter brauchen. Ich vertage sie jetzt einfach *auf unbestimmte Zeit.*

Als sich der Gerichtssaal geleert hatte, forderte Lord Mersey seine Beisitzer auf, ihm schriftlich mitzuteilen, ob ihrer Ansicht nach der Kapitän der *Lusitania* in irgendeiner Weise für die Katastrophe verantwortlich war oder nicht. Er bat sie, dies unabhängig voneinander zu tun und ihm die Stellungnahme in einem verschlossenen Umschlag zu übergeben. Von den vieren glaubte nur Inglefield, daß Turner eine Schuld traf. Er war der Ansicht, daß Turner Kurs auf See hätte nehmen und bei Einbruch der Dunkelheit zickzack hätte fahren sollen, und schlug vor, das Gericht solle »einen Tadel wie von Captain Webb angedeutet« aussprechen.

Mersey war anderer Meinung, und so wandte sich Inglefield hinter seinem Rücken an Sir William Graham Greene, den Sekretär der Admiralität. Sir William führte offenbar in aller Eile einige Diskussionen darüber, denn am 1. Juli 1915 unterrichtete er Lord Mersey durch ein formelles Schreiben davon, daß Captain Webbs ursprüngliches Memorandum, wenn es auch zu seiner Anleitung abgefaßt worden sei, nicht zwangsläufig die derzeitige Ansicht der Admiralität widerspiegele. Er fuhr fort:

Auf Wunsch des First Lord habe ich mit Sir Arthur Nicolson vom Foreign Office gesprochen, und er hat mir jetzt mitgeteilt, daß nach Ansicht des Foreign Office, die auch die von Lord Crewe ist, keine Bedenken dagegen bestehen, dem Schiffsführer einen Tadel auszusprechen im Sinne des vorletzten Absatzes von Captain Webbs Memorandum, nämlich daß der Schiffsführer schriftliche Instruktionen erhalten habe, die zu befolgen er unterlassen hat, und daß er auch ausreichend über die Tätigkeit feindlicher Unterseeboote in der Nähe der Stelle, an der er torpediert wurde, informiert worden sei.

Mr. Balfour stimmt mit Lord Crewe in dieser Angelegenheit überein und wünscht, daß ich Sie entsprechend verständige. Sollten Sie zu dem Problem noch immer Zweifel haben, ist Mr. Balfour gern bereit, zu irgendeiner passenden Zeit mit Ihnen zu sprechen.[3]

Graham Greene hatte es jetzt mit einer neuen Admiralität zu tun. Am 15. Mai hatte Fisher formell sein Amt niedergelegt und sich verdrossen nach Schottland zurückgezogen. Er war ein psychisch und physisch erschöpfter Mann und hatte grundlegende Meinungsverschiedenheiten mit Churchill gehabt. Er fürchtete auch, zum Sündenbock in der Dardanellenaffäre gemacht zu werden, aus der sich England herauszulösen versuchte. Die Munitionskrise hatte zur Bildung einer Koalitionsregierung geführt, und der Preis, den die Liberalen für die Mitarbeit der Konservativen zahlen mußten, war die Entlassung und politische Kaltstellung Churchills. A. J. Balfour war First Lord of the Admiralty geworden. In der Admiralität begann ein großes personelles Aufräumen, und es ist unwahrscheinlich, daß Balfour von Captain Webb genau unterrichtet worden war.

Mersey erstattete seinen Bericht am 17. Juli. Angesichts der neuen Männer in der Admiralität beschloß er, soweit Turner betroffen war, seinem Gewissen zu folgen. Insgesamt jedoch unterstützte sein Bericht den Standpunkt der Regierung. Er tadelte Marichal, kam zu dem Ergebnis, daß alle Bullaugen geschlossen waren und daß es keine Explosion von irgend etwas außer der von mindestens zwei Torpedos gegeben hatte. Im Falle Turners kam er zu einem meisterhaften Kompromiß.

Captain Turner war ausführlich informiert über die Mittel, die nach Ansicht der Admiralität am besten geeignet waren, die Gefahren abzuwenden, denen er begegnen mochte, und bei der Beantwortung der Frage, ob ihn eine Schuld an der Katastrophe trifft, mit der seine Fahrt endete, muß ich diesen Umstand berücksichtigen. Es ist sicher, daß Captain Turner in einigen Punkten seinen Anweisungen nicht gefolgt ist. Es kann sein (wenn ich es auch stark bezweifle), daß sein Schiff, hätte er sie befolgt, Liverpool unbeschädigt erreicht haben würde. Es bleibt jedoch die Frage, ob seine Handlungsweise auf Nachlässigkeit oder Unfähigkeit hindeutet. In dieser Frage habe ich mich des Rats meiner Beisitzer versichert, die mir unschätzbare Hilfe geleistet haben, und ich bin zu dem Schluß gekommen, daß dem Kapitän keine Schuld zu geben ist. Die ihm erteilten Richtlinien sollte er wohl ernsthaft und sorgfältig erwägen, aber sie waren nicht dazu gedacht, ihn des Rechts zum Gebrauch seines auf Erfahrung aufgebauten Urteilsvermögens zu berauben in den schwierigen Fragen, die von Zeit zu Zeit bei der Navigation seines Schiffes auftauchen mochten. Daß er seinen Anweisungen nicht in jeder Hinsicht folgte, darf man gerechterweise weder auf Nachlässigkeit noch auf Unfähigkeit zurückführen.

Er gebrauchte seinen Verstand zum besten. Es war der Verstand eines erprobten und erfahrenen Mannes, und wenn andere auch vielleicht anders und möglicherweise mit besserem Erfolg gehandelt hätten, sollte er meines Erachtens nicht getadelt werden.

Die ganze Schuld an der grausamen Vernichtung von Menschenleben bei dieser Katastrophe trifft allein diejenigen, die sie geplant, und diejenigen, die das Verbrechen ausgeführt haben.

In einer anderen Frage zeigte Lord Mersey eine ebenso feste Haltung. Zwei Tage nach Erstattung seines Berichts schrieb er Premierminister Asquith einen förmlichen Brief. Er verzichtete darin auf sein Honorar für die Untersuchungsführung und fügte hinzu: »Ich muß darum ersuchen, daß ich in Zukunft von der Rechtsprechung entbunden werde.« [4] Seinen Kindern gegenüber war er offener. »Der *Lusitania*-Fall«, sagte er ihnen, »war eine verdammt schmutzige Angelegenheit.«

18

Das State Department in Washington begrüßte Lord Merseys Spruch mit unverhohlener Erleichterung. Jeden Tag trafen Briefe von militanten prodeutsch eingestellten Amerikanern ein, die behaupteten, die *Lusitania* sei ein bewaffneter Hilfskreuzer gewesen, der Munition an Bord gehabt habe. Außenminister Lansing bestätigte – mit einer Ausnahme – lediglich den Empfang der Schreiben und unternahm weiter nichts. Gustav Stahls leichtsinnige eidesstattliche Erklärung war in der *New York Times* erschienen, und die Gegenmaßnahmen der Regierung waren ebenso energisch wie verfassungswidrig gewesen. In seiner Erklärung hatte Stahl seine Anwesenheit an Bord der *Lusitania* mit der Behauptung gerechtfertigt, er habe Leach geholfen, seinen Schiffskoffer an Bord zu schaffen. Special Agent Bielaski hatte den Koffer in Stahls Zimmer gefunden – das war der einzige Fehler, den Stahls Darstellung aufwies. Der Chefsteward der *Lusitania* bestätigte, daß Leach angegeben hatte, er habe seinen Bordpaß verloren, und daß ihm ein neuer ausgestellt worden war, so daß Stahl mühelos hatte an Bord gelangen können. Seine Beschreibung der Geschützsockel, ihrer Deckplanen und ihres Verstecks deckt sich genau mit den bekannten Fakten. Wahrscheinlich war es so, daß Stahl in aller Eile einspringen mußte, als die Fotografengruppe nicht zurückkehrte. Aber er hatte nicht das nötige Format, um seine Rolle konsequent durchzuspielen, und drei Monate im New Yorker Stadtgefängnis dürften seine Willenskraft nicht gestärkt haben.

Die meisten anderen Briefe, die Lansing erhielt, stammten

entweder von wohlmeinenden Staatsbürgern oder waren das Produkt deutscher Propagandaorganisationen. Einen hatte jedoch eine Dame geschrieben, deren Familie bis zum heutigen Tag die Nennung ihres Namens verbietet, möglicherweise weil eines ihrer Mitglieder später Präsident der Vereinigten Staaten wurde. Das Original ihres Briefes findet sich unter Lansings Privatpapieren, die Wissenschaftlern zugänglich, aber nicht unbedingt zur Veröffentlichung freigegeben sind.[1] Der Inhalt des Briefes und seine Herkunft verdienen Aufmerksamkeit. Die Dame schrieb, sie sei kürzlich in London gewesen und habe zum Tee Clementine Churchill aufgesucht. Lord Fisher habe hereingeschaut, und während er eine Tasse Tee trank, habe sie, die Briefschreiberin, ihn gebeten, ihr zu einer schnellen Schiffspassage zurück nach New York zu verhelfen. Lord Fisher habe ihr geraten, entweder mit der *Lusitania* oder der *Olympic* zu fahren, da beide Schiffe eine getarnte Bewaffnung mitführten. Er besorgte ihr auch tatsächlich einen Schiffsplatz, und wegen des Datums ihrer Reise war dies ein Platz auf der *Olympic*. Sie sah keine Geschütze, und so sprach sie mit ihrem Steward über Lord Fishers Andeutungen. Der Steward, der sich der besonderen Verbindungen der Dame bewußt wurde, zeigte ihr, wie die Decks hochgehoben werden konnten, so daß Geschützsockel zum Vorschein kamen, und sagte ihr, man brauche etwa zwanzig Minuten, »um die Geschütze in Position zu rollen«. Die Dame bat in dem Brief, Präsident Wilson von diesen Tatsachen zu informieren, damit »es ihm vielleicht eine Hilfe ist beim Treffen irgendwelcher Entscheidungen«. Schließlich betonte sie, der Brief sei nicht zur Veröffentlichung bestimmt.

Der Mersey-Bericht wurde am 17. Juli vorgelegt, aber das britische Kabinett war schon am 10. Juli informiert worden. Sir Cecil Spring-Rice in Washington erfuhr von dem Spruch am 11. Juli, und er informierte seinerseits Lansing noch am gleichen Tag mittels einer handschriftlichen »halb offiziellen« Note. Lansing stellte daraufhin dem Schatzamt und dem Justizministerium ein Bündel explosiver Papiere zu, das ihm drei Wochen vorher der österreichische Botschafter Constantin Dumba zugeschickt hatte, ohne daß das State Department inzwischen etwas unternommen hätte. Das Finanzministerium erwiderte, es wolle ebenfalls nichts unternehmen, sondern die Sache dem Justizministerium überlassen. Unternommen wurde etwas, aber trotz meiner intensiven Nachforschungen ist der Öffentlichkeit noch kein formeller Nachweis darüber zugänglich. Einige von Lansings anderen Unterlagen enthalten jedoch genügend Hinweise, um die vorgebrachten Behauptungen genau zu bestimmen und zu postulieren, was sich ereignete. Dieser Teil der Lansingschen Papiere wurde im April 1962 von der amerikanischen Regierung freigegeben. Veröffentlicht wurden sie nicht.

Am 22. Juni 1915 schrieb Constantin Dumba, der sich gerade in seinem Landhaus in Lennox, Massachusetts, aufhielt, Lansing einen persönlichen und vertraulichen Brief.

Sehr geehrter Herr Lansing,

ich erlaube mir, Ihnen direkt eine offizielle Note nebst einer englischen Übersetzung zuzusenden, die sich auf die Verschiffung von Explosivstoffen mit der Lusitania bezieht. Ich gestatte mir gleichzeitig, die englische Übersetzung des Briefwechsels zwischen meiner Botschaft, dem österreichisch-ungarischen Konsul von Cleveland und Mr. Ritter, einem Chemiker, beizufügen, dessen eidesstattliche Erklärung wichtig genug erscheint, um eine gründliche Untersuchung durch die Bundesbehörden zu rechtfertigen.

Ich möchte meinen Standpunkt in dieser Sache erläutern, um jedes Mißverständnis zu vermeiden, und nachdrücklich darum bitten, daß die Presse und die Reporter unbedingt ausgeschlossen werden und überhaupt nichts von meinem Schritt erfahren. Wir übernehmen keinerlei Verantwortung für die Person oder die Glaubwürdigkeit und Vertrauenswürdigkeit von Mr. Ritter, der ein sehr empfindlicher Mensch ist, wenn auch ein gescheiter Chemiker und sehr findig. Wir beschuldigen niemanden, weder den britischen Militärattaché noch die Cunard Linie. Wir stellen dem State Department lediglich eine Information zur Verfügung, die interessant erscheint und die sich leicht nachprüfen läßt. Die Botschaft wird bestimmt von einigen pro-alliierten Zeitungen angegriffen und verleumdet werden, falls irgend etwas von meiner Note durchsickern und veröffentlicht werden sollte. Ich habe deshalb die Ehre, Sie freundlichst zu bitten, meinen Schritt und meinen Brief streng vertraulich zu behandeln und mich vor unangenehmen Presseangriffen zu schützen.

Mit bestem Dank und freundlichen Grüßen verbleibe ich, mein sehr verehrter Mr. Lansing,

Ihr sehr ergebener
C. DUMBA [2]

Die beigefügte Korrespondenz betraf Ritter von Retteghs Schritte nach seinen Gesprächen mit Captain Gaunt über die Reaktion von Pyroxylin auf Meerwasser einerseits und nach der Lektüre von Augenzeugenberichten über die zweite Explosion auf der *Lusitania* in der amerikanischen Presse andererseits. Er hatte darüber mit dem österreichischen Konsul in Cleveland gesprochen, in dessen Auftrag Reed, Eichelberger and Nord, eine bekannte örtliche Anwaltsfirma, eine äußerst gründliche Untersuchung durchführte. Angehörige des Verpackungs- und Verladepersonals der Firma Dupont wurden befragt und Kopien der Lade- und Frachtpapiere der Leichter-Gesellschaften in New York angefertigt sowie der Akten der *New York, Philadelphia and Norfolk Railway* und der *Pennsylvania Railway*. Dabei ergab sich, daß mehrere hundert Tonnen Pyroxylin zur *Lusitania* und zu anderen nach England auslaufenden Dampfern transportiert worden waren. Die Angaben enthielten nur einen einzigen Irrtum: Die Frachtbriefe bezeichneten Robert Fitzgerald als Zahlmeister der *Lusitania*, während in Wirklichkeit Fitzgerald der Name des Traffic Managers der G. K. Sheldon and Company war, des Agenten der Admiralität auf dem Cunard-Dock. Das Pyroxylin war – ein höchst ungewöhnliches Verfahren – in grobe Leinwand verpackt und in Paketen verschifft worden, die zwischen fünfunddreißig und vierzig englische Pfund wogen. (Die Beziehung zu den zweifelhaften 3813 40-Pfund-Paketen mit Käse ist offenkundig.) Schließlich enthielten die Anlagen von Dumbas Brief Angaben über noch auszuführende Liefe-

rungen mit den Namen der Dampfer, mit denen das Pyroxylin verschifft werden sollte. Es war auch ein kurzes Post-
skriptum beigefügt, in dem mitgeteilt wurde, daß nach Ansicht
eines Mitglieds des Botschaftspersonals Ritter von Rettegh
»nicht ganz normal« sei. Das State Department ließ sich von
Malone die Ladepapiere der von Ritter und seinen Informanten genannten Dampfer schicken, die die Angaben, was diesen Teil des Transportgeschäfts betraf, bestätigten. Special
Agent Barberini bekam den Auftrag, die Frachtunterlagen der
Eisenbahngesellschaften zu überprüfen, und auch er bestätigte, daß die betreffenden Transporte ausgeführt worden waren. Diese Voruntersuchungen wurden durchgeführt vom
»Büro des Zweiten Stellvertretenden Außenministers« und
ihre Ergebnisse wurden dem Stellvertretenden Außenminister
Adee mit dem folgenden Hinweis zugeleitet: »Mr. Adee. Dies
erscheint wichtig. Hat der Außenminister [Lansing] es schon
gesehen? Sollte es nicht auch *(vertraulich)* dem Justizminister
zugeleitet werden?« Adee war dieser Ansicht und gab das Material an Lansing weiter, wobei er auf den Aktenanhänger
schrieb: »Lieber Lansing, ich hatte schon immer meine Zweifel
bezüglich der »Felle« im Wert von 150 000 Dollar an Bord
der *Lusitania.*«
Der Außenminister unternahm zwei Wochen lang nichts und
leitete dann Kopien der gesamten Akte dem Justizminister
zu. Von da an verliert sich die Spur dieser Akten. Was weiter
geschah, läßt sich nur aus Bruchstücken von Informationen
mutmaßen. Am 18. Juli wurde bei dem österreichischen Konsul in Cleveland eingebrochen, und Ritters Papiere wurden
gestohlen. Am 24. Juli wurde Ritter wegen Scheckbetrugs ver-
haftet, und obwohl er behauptete, die fraglichen Schecks weder unterzeichnet noch überhaupt gesehen zu haben, wurde er
in Untersuchungshaft genommen. Am 2. August erschien er
vor Gericht. Er wurde angeklagt wegen »Äußerungen, die
dem Frieden der Nation abträglich sind gemäß Absatz 5 des
Federal Criminal Code«. Die Verhandlung fand unter Ausschluß der Öffentlichkeit statt. Ritter wurde schuldig gespro-

chen und zu einer Haftstrafe zwischen ein und drei Jahren verurteilt. Er behauptete, die Beweise habe man ihm unterschoben, aber es fehlen die Unterlagen, mit deren Hilfe dies nachgeprüft werden könnte. In den Akten des State Department deuten Spuren darauf hin, daß es sich keineswegs um einen einfachen kleinen Betrugsfall handelte. In den *National Archives* befinden sich einige verschlüsselte Telegramme, die zwei Zeugen im Fall Ritter als Mitglieder des Geheimdienstes des Schatzamts bzw. als Sonderagenten des Justizministeriums identifizieren.[3] Schließlich existiert ein verschlüsseltes Telegramm, in dem der Justizminister den obersten Justizbeamten von Cleveland anwies, keinesfalls der Presse irgendwelche Informationen über Ritter zu geben und im übrigen zu warten, bis ein ausführlicher Bericht und Instruktionen aus Washington eingetroffen seien. Vielleicht kam Lansing damit Botschafter Dumbas Wunsch nach Geheimhaltung nach.

Die Regierung konnte sich mit knapper Not aus der Affäre Ritter retten. Die Wahrheit über diese Angelegenheit liegt irgendwo in den Archiven des Justizministeriums begraben, und bezeichnenderweise wird der entscheidende Ordner noch immer als »geheim« klassifiziert.

Wenn man diesen lange zurückliegenden Ereignissen nachspürt und über sie schreibt, bleibt ein schaler Geschmack von Hoffnungslosigkeit und Zynismus, doch unter den verwickelten amerikanischen Reaktionen auf die Katastrophe gibt es auch ein herrliches Beispiel für klassischen Opportunismus, das allein schon deshalb Erwähnung verdient, weil es die Darstellung auflockert.

Ein Wochenschauteam hatte die Abfahrt der *Lusitania* gefilmt, und der Film gehörte Morris Spiers von der Spiers Theatre Realty Co. in Philadelphia. Am 14. Juni trat er an Mr. Powell, den britischen Konsul in dieser Stadt, heran und teilte ihm nicht nur mit, daß er im Besitz des Filmnegativs sei, sondern deutete an, ein Mann mit ausländischem Akzent habe versucht, es ihm abzukaufen, weil »der Film deutlich die Decks zeigt«.[4] Powell verständigte sofort die Botschaft in

Washington, die ihrerseits ein dringendes verschlüsseltes Telegramm nach London sandte. Als Preis für den Film waren 150 Dollar für eine Kopie und 15 000 Dollar für das Negativ genannt worden. Die Admiralität telegrafierte zurück und ermächtigte den Konsul zum sofortigen Kauf von Film und Negativ.[5] Immerhin war Captain Gaunt so klug, sich den Film vorher anzusehen, und konnte London daraufhin versichern, daß »keine Geschütze da waren«.[6] Spiers kam um seine 15 000 Dollar, aber der Hinweis auf das Fehlen der Geschütze zeigt wohl, daß die Admiralität an dem Film nicht nur wegen seines Erinnerungswertes interessiert gewesen war.

Der politische Dialog über die *Lusitania* setzte sich noch den ganzen Herbst über und in den Winter hinein fort. Das deutsche Auswärtige Amt blieb bemerkenswert hartnäckig, und nur das versöhnliche Auftreten von Botschafter Graf Bernstorff verhinderte den Abbruch der diplomatischen Beziehungen. Lansing war für einen Abbruch, möglicherweise auch Wilson. Dann beging das britische »Mystery-Schiff« *Barralong* im August und September allerdings zwei Greueltaten, die Wilsons und Lansings proalliierte Haltung stark erschütterten.[7]

Am 19. August stoppte U-27 den britischen Frachtdampfer *Nicosian* und gab der Besatzung, zu der acht US-Staatsbürger gehörten, Zeit, um in die Boote zu gehen, ehe es das Schiff mit seiner Bordkanone zu versenken versuchte. Inzwischen kam ein weiteres Schiff längsseits, das die amerikanische Flagge führte und ein Brett mit dem daraufgemalten Sternenbanner an der Bordwand befestigt hatte. Es war die *Barralong*. Sie eröffnete das Feuer auf U-27, das schnell sank. Die Überlebenden kletterten an Bord der beschädigten *Nicosian* oder hielten sich mit erhobenen Händen über Wasser. Nachdem die Besatzung der *Nicosian* sie aufgenommen hatte, erschoß die Besatzung der *Barralong* alle Überlebenden von U-27. Der Kommandant des U-Boots sprang vom Deck der *Nicosian* über Bord, als er sah, was geschah, und wurde durch Gewehrfeuer erschossen. Nur durch die Proteste der amerikanischen Besatzungsmitglieder der *Nicosian* beim State Department wurde die Affäre publik. Am 24. September wandte die *Barralong* das gleiche Verfahren gegen U-41 an, nachdem dieses den Dampfer *Urbino* gestoppt hatte. Lt. Crompton von der *Urbino* meldete den Kapitän der *Barralong* bei der Admiralität. Sein Bericht ging unmittelbar nach einer scharfen Note Lansings wegen des U-27-Zwischenfalls ein. Die Admiralität stritt beide Anschuldigungen kategorisch ab und verlieh dem Kapitän der *Barralong* (der später vor Scapa Flow ertrank) sofort das *Distinguished Service Cross.* Lansing äußerte die Zweifel der Regierung am 18. Oktober 1915 in einem verschlüsselten Telegramm an Botschafter Page, den er bat, »ausführliche und vollständige Informationen einzuholen [. . .] damit wir entscheiden können – falls diese Berichte zutreffend sind –, ob es nicht der Regierung obliegt, ihre nachsichtige Haltung gegenüber der Bewaffnung von Handelsschiffen zu ändern« [8].

In dieser Verfassung begann er, eine fast völlige Umkehr seiner Politik zu entwerfen, während er gleichzeitig ständigen Druck auf Deutschland wegen der Regelung der *Lusitania*-Frage ausübte. Er akzeptierte das deutsche Argument, daß es angesichts der Erfindung des Unterseeboots für ein Handelsschiff unangebracht war, irgendwelche Bewaffnung mitzuführen, wenn die Seekriegsregeln beachtet werden sollten. Er trug diese These Wilson vor, der sie billigte. Hier also war der Angelpunkt einer Regelung des *Lusitania*-Disputs. Deutschland würde die Haftung übernehmen, und Amerika würde die Alliierten veranlassen, alle Handelsschiffe zu entwaffnen und ihre Befehle so zu revidieren, daß sie sich automatisch den Anweisungen eines Unterseeboots fügten.

Zwei Faktoren standen dieser Formel im Wege. Der erste war die Stimmung des Kongresses. Die britische Blockade führte zu Verzögerungen im Post-, Telegramm- und Frachtverkehr. Die britischen Zensoren fingen wertvolle Wirtschafts-Informationen ab und gaben sie an britische Firmen weiter. Frachten wurden oft wochenlang festgehalten und häufig beschlagnahmt. In letzterem Fall zahlte Großbritannien schließlich eine volle Entschädigung, aber in der Zwischenzeit gingen den amerikanischen Geschäftsleuten sowohl Geld als auch Absatzmärkte verloren. Der Groll machte sich im Kongreß Luft, und Lansing war sich bewußt, daß der Kongreß, falls er eine Regelung in der *Lusitania*-Frage erreichte, verlangen würde, daß er den britischen Behörden gegenüber eine ähnlich feste Haltung einnahm.

Präsident Wilson wollte sich 1916 zur Wiederwahl stellen. Seine Haltung in der *Lusitania*-Frage hatte ihm bereits die deutschstämmigen Wähler entfremdet. Er konnte es sich nicht leisten, sich noch weitere politische Feinde zu schaffen. Lansing informierte den Präsidenten davon, daß er jetzt zwar in einer Position sei, um eine Regelung mit Deutschland zu treffen, ein solcher Schritt aber »ernste politische Nachteile« bringen werde, »da der Zorn des Kongresses sich dann auf England konzentriert«.[9] Die Deutschen hatten in der Tat eine Note übersandt, die die Angelegenheit effektiv zum Abschluß bringen würde. Der zweite Grund, weshalb Amerika eine Regelung nicht wünschte, war der, daß Colonel House und Wilson einen Plan entwickelt hatten, nach dem Amerika auf der alliierten Seite in den Krieg eintreten sollte. Der Plan hing vom Einverständnis Englands und Frankreichs ab, und Amerika benötigte irgendeinen *casus belli*, um sein Eingreifen zu rechtfertigen. House legte Lansing nahe, den *Lusitania*-Fall hinauszuziehen, während er geheime Besprechungen mit dem französischen Premier Briand und Sir Edward Grey führte. Leider hatte Lansing ohne Wissen von House den alliierten Botschaften ein inoffizielles Memorandum über seine neue Politik zur Entwaffnung der Handelsschiffe zugestellt. Dieses Memorandum war am 18. Januar 1916 hinausgegangen. House erfuhr davon am 24. Januar in London und telegrafierte dem Präsidenten in klaren Worten, daß ein solcher Schritt ihren Plan unrettbar zunichte machen würde. Lansing wurde zu einem diplomatischen Purzelbaum gezwungen.

Um ihm dabei zu helfen, erklärte ihm Wilson den House-Plan. Amerika sollte eine Konferenz zur Beendigung des Krieges vorschlagen. Die Alliierten würden zusagen, und falls Deutschland dies nicht tat, würde sich Amerika den Alliierten anschließen. Sagte Deutschland zu, würde Amerika Friedensbedingungen diktieren, die den Alliierten genehm waren. Nahm Deutschland diese Bedingungen nicht an, würde Amerika den Krieg erklären. Weder Wilson noch House hatten vom Volk oder vom Kongreß ein Mandat zu einem solchen Schritt. Deshalb mußten die Vereinigten Staaten die Auseinandersetzungen in der *Lusitania*-Frage fortsetzen, um sich alle Möglichkeiten offenzuhalten. Es stand nicht nur der Frieden Europas, sondern auch Wilsons Wiederwahl auf dem Spiel. Aus beiden Gründen mußte Lansing die *Lusitania*-Regelung opfern.

Lansing fand eine machiavellistische Lösung.[10] Aus Berlin hatte ihm Botschafter Gerard berichtet, daß die Deutschen die Existenz eines Geheimabkommens zwischen Amerika und den Alliierten argwöhnten. Falls es ein solches Abkommen gab, werde dies dem Verlangen der deutschen Öffentlichkeit und der Marinebehörden nach Wiederaufnahme des uneingeschränkten U-Boot-Kriegs zusätzlichen Nachdruck verleihen. Am 26. Januar bat Lansing den österreichischen Geschäftsträger Baron Zweideneck zu sich. Er zeigte ihm vertraulich das Memorandum bezüglich der Entwaffnung von Handelsschiffen und ließ durchblicken, es stehe dem Baron frei, seiner Regierung einen Wink zu geben. Zweideneck seinerseits vertraute Lansing an, daß in Deutschland immer heftiger eine Wiederaufnahme des uneingeschränkten U-Boot-Kriegs verlangt werde, wenn die Alliierten nicht ihre Handelsschiffe entwaffneten, und meinte, vielleicht könnte man gemeinsam erreichen, daß sowohl die alliierten Schiffe entwaffnet wie die schrecklichen Folgen eines Angriffs ohne vorherige Warnung vermieden werden konnten. Lansing steigerte den Enthusiasmus des Barons noch weiter, indem er ihm anbot, zur Übermittlung seiner Nachricht die amerikanischen diplomatischen Kanäle zu benutzen, da London die Telegramme verzögere. Zweideneck schrieb sein Telegramm, das er Lansing zusammen mit einer englischen Übersetzung übergab. Lansing las den Text und akzeptierte ihn. Er enthielt den Satz: »Mr. Lansing würde eine Ankündigung seitens der Mittelmächte begrüßen, daß sie in Zukunft Handelsschiffe, die mit einem oder mehr Geschützen bewaffnet sind, als Hilfskreuzer betrachten.«[11] Die Antwort ließ nicht lange auf sich warten. Deutschland und Österreich verkündeten, daß sie vom 8. Februar 1916 an eben dies tun würden.

Die öffentliche Empörung, mit der diese Erklärung in den Vereinigten Staaten aufgenommen wurde, verwirrte die Mittelmächte zutiefst. Lansing hatte den Baron hereingelegt und die zweite Periode des uneingeschränkten U-Boot-Kriegs herbeigeführt. Er hatte die Entscheidungsfreiheit für die Vereinigten Staaten gewahrt und ihnen einen Grund zur Ablehnung der vereinbarten *Lusitania*-Regelung verschafft. Am 16. Februar bestätigte ihm Wilson in einem Schreiben, daß dies der einzuschlagende Kurs sei. »Ich zögere nicht, festzustellen, daß es ohne die jüngste Erklärung der Mittelmächte über die Behandlung bewaffneter Handelsschiffe und solcher, die sie dafür halten, unbedingt unsere Pflicht gewesen wäre, die [deutsche] Note als befriedigend zu akzeptieren.«[12]

Lange nach dem Krieg hat Lansing zugegeben, daß er einen Trick angewendet hatte, zu jener Zeit aber war er eifrig bemüht, die Sache als einen weiteren »Dumba«-Zwischenfall hinzustellen, diesmal jedoch mit Zweideneck in der Rolle von Bryan. An demselben Tag, an dem Lansing das Telegramm des Barons las, schrieb er eine Notiz für sein Archiv, in der es hieß: »Den österreichischen Geschäftsträger, *falls sich die Gelegenheit ergibt**, auf seine Verwendung des Wortes begrüßen aufmerksam machen. Ich habe dieses Wort nicht gebraucht, sondern gesagt: ›Wenn die deutsche und die österreichische Regierung eine solche Erklärung abgeben wollen, dann je frü-

---

* Hervorhebung durch den Verfasser.

her, desto besser‹.«[13] Lansing hätte die Absendung des Telegramms verhindern, den Baron sofort verständigen oder eine abstreitende oder korrigierende Instruktion an die amerikanischen Botschafter in Berlin und Wien absenden können. Statt dessen wartete er, bis sich die Mittelmächte an dem Strick, den er ihnen zugeworfen hatte, öffentlich aufhängten. Dann lehnte er formell die insgeheim vereinbarte *Lusitania*-Regelung ab, womit er ganz Amerika zeigte, daß Wilsons Regierung letzten Endes fest und unnachgiebig blieb und Präsident Wilson der Mann war, der bei den bevorstehenden Wahlen die Stimmen der Amerikaner verdiente.

Im Gefühl der Selbstsicherheit zeichnete Colonel House zusammen mit Sir Edward Grey am 22. Februar das Geheimabkommen ab. Sir Edward hatte vorher ein Memorandum für seine Kabinettskollegen ausgearbeitet, dessen Formulierung interessant ist.

Colonel House sagte mir, Präsident Wilson sei, wenn er von Frankreich und England höre, daß der Augenblick günstig sei, bereit, die Einberufung einer Konferenz zur Beendigung des Krieges vorzuschlagen. Sollten die Alliierten diesen Vorschlag akzeptieren und Deutschland ihn ablehnen, würden die Vereinigten Staaten *wahrscheinlich* gegen Deutschland in den Krieg eintreten. Colonel House vertrat die Ansicht, wenn es zu einer solchen Konferenz käme, würde sie den Frieden zu Bedingungen bringen, die für die Alliierten nicht ungünstig seien, und falls sie den Frieden nicht bringe, würden die Vereinigten Staaten * die Konferenz als kriegführende Macht auf der Seite der Alliierten verlassen [. . .]

House und Wilson waren sich nicht darüber im klaren, daß weder England noch Frankreich es zulassen wollten, daß Amerika eine Friedensinitiative ergriff. Wenn einmal ein Eingreifen notwendig war, dann sollte, so sagten sie sich, Amerika unter den gleichen Bedingungen in den Krieg eintreten wie die Alliierten und nicht unter irgendeiner moralischen Verpflich-

---

* Als Präsident Wilson den Entwurf sah, fügte er an dieser Stelle das Wort »wahrscheinlich« ein.

tung. Das House-Grey-Abkommen war nur insofern nützlich, als es Amerikas Ansehen als ehrlicher Makler hoffnungslos kompromittieren würde, falls über seinen Inhalt etwas bekannt wurde. Es war eine glänzende Garantie dafür, daß die Vereinigten Staaten weiterhin das Material und die Kredite stellen würden, während die Alliierten die Arbeit erledigten.

19

Das von Lansing herbeigeführte diplomatische Patt behinderte die zahlreichen Schadensersatzansprüche, die Überlebende und Angehörige von Opfern der Katastrophe gestellt hatten. Das State Department vertrat die Auffassung, daß jeder Versuch, die Sache vor Zivilgerichten abzuhandeln, die Verhandlungsposition Amerikas präjudizieren würde. Aus diesem Grund wurde den zahlreichen von Klägern beauftragten Anwaltsfirmen keinerlei Auskunft erteilt. Mehrere der auf Schadenersatz Klagenden hatten Konsul Frost in Queenstown gegenüber ausführliche Erklärungen abgegeben, besaßen aber keine Kopien davon für den eigenen Gebrauch. Ihr Ersuchen um Einblicknahme in die eigenen Angaben wurde ausweichend beantwortet. Am 9. September 1915 bat die Anwaltspraxis Hunt, Hill and Betts in New York als Rechtsvertreterin von Mrs. Gertrude Adams – deren Ehemann ertrunken war und deren Sohn eine eidesstattliche Erklärung abgegeben hatte, aus der bereits zitiert wurde – um eine Kopie der Aussage des Sohnes. Das State Department verwies sie an das Finanzministerium und dieses wiederum an den Justizminister. Dort gab man ihnen den Rat, sich direkt mit Konsul Frost in Verbindung zu setzen, der den Anwälten seinerseits empfahl, sich an das State Department zu wenden, das – fast war mit dergleichen zu rechnen gewesen – ihnen ein Duplikat des früheren Bescheids schickte, der sie wieder an das Justizministerium verwies. Hunt, Hill and Betts vermochten sich Adams eidesstattliche Erklärung nicht zu beschaffen und forderten ihn schließlich auf, eine neue abzugeben. Inzwischen diente Adams aber bei der amerikanischen Armee, und die militärischen Dienststellen weigerten sich, ihn ohne eine Genehmigung des State Department aussagen zu lassen, die erst im März 1918 erteilt wurde. Dennoch betrieben vierundneunzig von dreizehn Anwaltsfirmen vertretene Kläger weiter ihre Schadenersatzansprüche, die sich auf etwas über fünf Millionen Dollar beliefen.

Alle führten Fahrlässigkeit seitens der Cunard Linie ins Feld, wiesen auf die Bauweise des Schiffes, auf seine prekäre Stabilität, auf offene Bullaugen, Mängel an den Davits und die Navigation des Kapitäns hin. Fünf erwähnten ausdrücklich, die *Lusitania* habe Konterbande und Munition, kanadisches oder sonstiges Militärpersonal an Bord gehabt und sei ein Hilfsschiff der Royal Navy gewesen. Dudley Field Malone sah sich in diesem Zusammenhang der Cunard Company als Mitangeklagter an die Seite gestellt durch den Vorwurf, daß er keine Auslaufgenehmigung hätte erteilen dürfen. Sollte irgendeine der Behauptungen bewiesen werden, stand Malone automatisch unter der Anklage der fahrlässigen Tötung. Die potentiellen gesetzlichen Verwicklungen waren ebenso gefährlich wie die politischen.

Mit einer Vielzahl von Schadenersatzansprüchen konfrontiert handelte Cunard genauso wie die White Star Linie nach dem Untergang der *Titanic*. Die Gesellschaft stellte bei den New Yorker Gerichten einen Antrag auf »Beschränkung ihrer Haftung«. Wurde dem Antrag stattgegeben, bedeutete dies, daß über alle gegen die Gesellschaft vorgebrachten Klagen gleichzeitig verhandelt wurde. Ein amerikanischer Richter würde, wenn er einen solchen Antrag seitens der Cunard Company erst einmal zugelassen hatte, die Aussagen aller Kläger entgegennehmen, und seine Entscheidung würde für alle bindend sein. Sollte er zugunsten von Cunard entscheiden, würde die Haftung der Gesellschaft auf den Wert der geretteten Wrackteile begrenzt sein, zuzüglich der für Schiffspassagen und als Frachtgebühren vereinnahmten Gelder und abzüglich der Kosten für den Transport der Schiffbrüchigen von Kinsale nach

Liverpool. Wurde der Gesellschaft ein Verschulden nachgewiesen, würde die Gesamtschadenshöhe begrenzt sein auf den Betrag, der bei dem »Antrag auf Beschränkung« bei Gericht hinterlegt worden war. Nur wenn die Kläger zu beweisen vermochten, daß Cunard gegen das Gesetz verstoßen hatten oder »an der Katastrophe mitschuldig« waren, konnten die zu vergütenden Schäden höher sein als die bei Gericht hinterlegte Summe.

Cunards Anwälte, die Firma Hill, Dickinson and Co. in Liverpool, beauftragte die Anwaltsfirma Lord, Day and Lord in New York, in ihrem Namen einen »Antrag auf Haftungsbeschränkung« zu stellen und bei Gericht 100 000 Dollar zu hinterlegen. Um diesen Schritt abzusichern, schrieb die Firma Hill-Dickinson am 23. Juni 1916 an die Admiralität und bat um die Erlaubnis, »ihre Klienten zu entlasten«.[1] Die Anwälte beantragten, man möge sowohl *alle* Beweismittel zur Verfügung stellen, die Lord Mersey vorgelegen hatten, als auch *alle* Instruktionen und schriftlichen Mitteilungen, die die Admiralität zurückgehalten hatte. Auf dieses Ersuchen, das in monatlichen Abständen bis zum Ende des Jahres wiederholt wurde, erfolgte keine Antwort. Am 4. Januar 1917 mußten Hill-Dickinson schließlich Lord, Day and Lord im Ton des Bedauerns mitteilen:

Es war uns leider nicht möglich, von der Admiralität eine Antwort zu erhalten auf unsere Bitte um Einzelheiten, die wir Ihnen für die Gerichtsverhandlung in Ihrem Lande hätten zur Verfügung stellen können, und wir fürchten, daß wir Sie angesichts des Fehlens von Instruktionen nicht mit Informationen versehen können. Es ist natürlich leicht verständlich, daß die Beamten der Admiralität gegenwärtig kaum Gelegenheit finden, sich mit Untersuchungen dieser Art zu befassen [...] wir hatten aber fest damit gerechnet, Ihnen schon lange vor diesem Zeitpunkt eine definitive Antwort zustellen zu können.[2]

Die Anwälte von Hill-Dickinson teilten die Ansicht ihrer amerikanischen Kollegen, daß die Langsamkeit der Admiralität ihren anstehenden Fall ernsthaft präjudizieren würde.

Amerikas Kriegseintritt am 6. April 1917 führte zu einer etwas kooperativeren Haltung, denn die Admiralität erklärte sich damit einverstanden, daß alle *in öffentlicher Verhandlung* vor Lord Mersey gemachten Aussagen bei den amerikanischen Gerichtsverhandlungen verwendet würden. Sir William Graham Greene unterstrich das Gewicht dieses Aussagematerials durch einen Brief, in dem er zu verstehen gab, daß irgendwelche anderen Instruktionen und Ratschläge, die dem Schiffsführer erteilt worden sein mochten, für die Navigation des Schiffes nicht entscheidend waren und nur deshalb zurückgehalten würden, um den Deutschen keine Informationshilfe zu leisten. Sein Brief, der schließlich vor einem New Yorker Distriktgericht als Beweisstück zugelassen wurde, enthielt die unwahre Behauptung, in den vor Lord Mersey in öffentlicher Verhandlung gemachten Aussagen seien *»alle** Funksprüche enthalten, die von der Admiralität oder in ihrem Auftrag abgesandt und vom Schiffsführer der *Lusitania* auf deren letzter Fahrt von New York nach England empfangen wurden«.[3]

Im Rückblick gesehen, bot die Position der Cunard Company nur wenig Aussicht auf Erfolg, aber Lucius Beers, der Seniorpartner von Lord, Day and Lord, bemühte sich, ein kolossales juristisches Gebäude zu konstruieren. Der Kriegszustand erwies sich ebenfalls als äußerst hilfreich. Beers setzte durch, daß alle Anwälte der Schadenersatzkläger sich damit einverstanden erklärten, daß es angesichts des Kriegszustandes in der Ordnung sei, einen großen Teil der Aussagen in London vor einem Urkundsbeamten machen zu lassen. Er erreichte außerdem, daß alle vor Lord Mersey gemachten »veröffentlichten« Aussagen insgesamt akzeptiert wurden. Dies hieß, daß Lord Merseys Verhandlungsentscheidungen Fakten wurden. Es war nicht allgemein bekannt, daß die »veröffentlichten« Aussagen wenig mehr enthielten als die einleitenden Erklärungen von Sir Edward Carson und Sir F. E. Smith und die Aussagen sorgfältig ausgewählter Besatzungsmitglieder und Passagiere.

---

* Hervorhebung vom Verfasser.

Lucius Beers glaubte, er werde, wenn es vor dem Richter in New York Ernst würde, noch weitere Zeugen brauchen, und teilte Hill-Dickinson telegrafisch mit, es sei erforderlich, daß Captain Turner und so viele andere wie nur möglich nach New York kämen. Die Liverpooler Anwälte teilten klugerweise diese Ansicht nicht und holten ein formelles Gutachten des gefürchteten Butler Aspinall ein, der feststellte:

Captain Turner wird der Hauptzeuge sein. Während wir uns mit ihm beschäftigen, können wir uns parenthetisch mit dem Punkt befassen, dessentwegen wir konsultiert wurden, nämlich: – ob er für die amerikanische Verhandlung in England oder in Amerika vernommen werden sollte. Wir empfehlen nachdrücklichst eine Vernehmung in England. Captain Turner ist ein schwieriger Zeuge und bedarf einer äußerst behutsamen Führung. Seine Eigenheiten sind denen, die hierzulande mit ihm zu tun hatten, bekannt, nicht aber den Rechtsbeiständen der Beklagten in Amerika, und bei allem Respekt vor diesen sicherlich sehr geschickten Anwälten halten wir doch dafür, daß Captain Turners Aussagen mehr Erfolg versprechen, wenn sie in England entstehen, als wenn sie durch forensische Talente Amerikas entwickelt werden [...] überhaupt sind wir ganz allgemein der Ansicht, daß grundsätzlich möglichst wenige Zeugen in Amerika vernommen werden sollten [...] wir möchten auch von der Hinzuziehung von Passagieren abraten; keiner von ihnen ist von wirklichem Wert, und Passagiere sind gewöhnlich gefährliche Zeugen.[4]

Unterdes wandte sich Lucius Beers mit einem Schreiben an Lansing, um sich zu erkundigen, ob noch »Einwände gegen den Beginn der *Lusitania*-Verhandlungen« bestünden. Er bemerkte bei dieser Gelegenheit, falls die Sache erst nach Beendigung der Feindseligkeiten zur Verhandlung komme, könnte daraus »den Parteien, die mich zu ihrem Rechtsvertreter ernannt haben, ein Nachteil erwachsen«.[5] Am 24. Mai 1917 schrieb Lansing zurück – eine Kopie ging an das Justizministerium –, das State Department habe nichts dagegen, aber alle Parteien müßten ihr Beweismaterial zuvor dem Justizministerium unterbreiten, damit geprüft werden könne, ob die Verhandlung teilweise oder ganz unter Ausschluß der Öffentlichkeit stattfinden müsse.

In London hatten britische Kläger Ansprüche gegen Cunard angemeldet, und Hill-Dickinson drückten dem Cunard-Chef Alfred Booth gegenüber die Ansicht aus, daß es sehr viel günstiger wäre, wenn die Verhandlung in Amerika zuerst abgewickelt würde, da dort nur ein einzelner Richter und nicht eine Jury zu entscheiden hätte. In dem Brief hieß es weiter:

Wenn Sie damit einverstanden sind, werden wir deshalb alles tun, um die Verhandlung in England hinauszuzögern [...] Ihr Einverständnis vorausgesetzt, schlagen wir vor, durch das Gericht die Vernehmung der Angestellten zu beantragen, die mit dem Kommissionsverkauf der Schiffskarten in Amerika beauftragt waren. Würde diesem Antrag stattgegeben, hätte das zur Folge, daß das Verfahren in England mehrere Monate lang aufgeschoben würde.

Booth erklärte sich einverstanden, und man handelte nach dem Rat der Anwälte.

Die Zeugenvernehmungen für das amerikanische Verfahren fanden in London vor einem Urkundsbeamten im Gebäude der Law Society in der Chancery Lane statt. Die Öffentlichkeit war nicht zugelassen, aber im übrigen verlief die Verhandlung fast genauso wie die Untersuchung des Handelsministeriums. Ein jüngerer Cunard-Manager, Charles Cotterel, war als Beobachter anwesend. Sein Tagebuch ist noch vorhanden:

Montag 11. Juni 1917
Bin von Liverpool mit dem Zug um 9 Uhr 40 abgefahren zusammen mit Mr. Peskett und Captain Turner. Mr. Pershouse* von Hill-Dickinson traf ich um 3 Uhr nachmittags im Howard Hotel. Dann gingen wir zu einer Besprechung mit den Anwälten in die Paper Buildings. Die Anwälte gingen mehrere Punkte der wahrscheinlichen Aussagen und Verfahrensfragen durch. Mr. Aspinall entschied

* Geschäftsführer von Hill-Dickinson, aber auch ein qualifizierter Rechtsanwalt.

sich dafür, die Aussage doch nicht mit Captain Turner zu besprechen, weil ihn das nervös machen könnte. Es wurde erwähnt, daß der nominierte Urkundsbeamte ein Mr. R. V. Wynne sei. Als der Name fiel, sagten beide Anwälte, sie kennten ihn; ihrer Meinung nach schien er ein »altes Weib« zu sein [...] Wir kehrten dann zum Howard Hotel zurück, wo Mr. Pershouse von Hill-Dickinson viele entscheidende Punkte mit Mr. Peskett und Captain Turner noch einmal durchging, was bis 7 Uhr 15 abends dauerte.

Dienstag 12. Juni

Ich habe mich mit Hill-Dickinson und den Zeugen um 10 Uhr 15 im Hotel getroffen und dann in die Incorporated Law Society's Hall in der Chancery Lane begeben. Der Urkundsbeamte eröffnete die Sitzung um 11 Uhr, übernahm selbst die Vereidigung und klärte dann Verfahrensfragen mit beiden Seiten, nämlich mit Mr. Butler, Mr. Aspinall und Mr. Reaburn für die Cunard Company und Mr. Scanlan für die Amerikaner. Der Stenograf wurde gerufen, und der erste aufgerufene Zeuge war Mr. Peskett.

Mr. Raeburn befragte Mr. Peskett zur Bauweise des Schiffes, zu Schotten, wasserdichten Türen, Rettungsbooten und Davits, nach der Passagier- und Besatzungskapazität. Mr. Scanlan nahm ihn zu verschiedenen Punkten hart ins Kreuzverhör, der erste war die Frage mechanische Davits oder solche alten Stils [...] Er befragte ihn auch eingehend nach der Stabilität des Schiffes, beim Eindringen von Wasser in einzelne Abteilungen. Mr. Peskett sagte, die Gesellschaft habe errechnet, daß das Schiff bei zwei beliebigen nebeneinander gelegenen gefluteten Abteilungen noch aufrecht schwimmen würde. Mr. Scanlan versuchte ihn zu dem Eingeständnis zu bringen, daß diese Annahme angesichts dessen, was sich ereignet hatte, falsch gewesen war.[6]

Peskett schien jedoch keine genaue Kenntnis von dem zu haben, was sich ereignet hatte, und hatte entweder keine Gelegenheit oder kein Interesse gehabt, sich inzwischen darüber zu informieren. Obwohl er die *Lusitania* konstruiert hatte, weigerte er sich sogar, die Lage ihrer Kesselräume anzugeben. Das stenografische Vernehmungsprotokoll zeigt, wie er sich gegen Scanlans Fragen sperrte.

SCANLAN: Haben Sie gehört, wo das Schiff von dem Torpedo oder den Torpedos getroffen wurde?

PESKETT: Inoffiziell, ja, die Kesselräume drei und vier wurden von dem ersten Torpedo aufgerissen.

SCANLAN: Können Sie auf diesem Plan des Schiffes jene Abteilungen angeben, von denen Sie glauben, daß sie von dem Torpedo oder den Torpedos aufgerissen wurden?

PESKETT: Nein, das kann ich nicht, ich hatte damit nichts zu tun. Ich war die ganze Zeit krank. Ich war ein halbes Jahr nicht da [...] deshalb kann ich zu dem Thema nichts sagen.

SCANLAN: Haben Sie das Gesuch gelesen, daß die Cunard Steamship Company in Amerika bei Gericht eingereicht hat?

PESKETT: Nein, das habe ich nicht.

SCANLAN: Sind Sie, was das Klarmachen der Rettungsboote betrifft, davon unterrichtet worden, daß das Schiff sehr stark Schlagseite bekam?

PESKETT: Wie ich schon sagte, bin ich überhaupt nicht über Einzelheiten des Untergangs informiert.

SCANLAN: Und es war, nehme ich an, überhaupt nicht Ihre Sache, sich über die Umstände unterrichten zu lassen, die herrschten, als die Boote zu Wasser gelassen wurden.

PESKETT: Ich habe es nicht getan.[7]

Scanlan vermochte ihm das Eingeständnis zu entlocken, daß seit dem Untergang des Schiffes die Davits auf Passagierschiffen obligatorisch mit einem Getriebe versehen sein mußten, aber Peskett rechtfertigte seine Verwendung »altmodischer Davits«, wie er sie nannte, mit dem Hinweis, daß sie betriebsicherer seien. Seine technischen Berechnungen waren in der Tat »über den Haufen geworfen« worden, wie Cunards Marine-Superintendent Konsul Frost anvertraut hatte, aber Peskett hatte offensichtlich den Kopf in den Sand gesteckt und nicht das Verlangen, sich unterrichten zu lassen. Seine Aussage kann man nur als »wenig hilfreich« bezeichnen.

Sir Alfred Booth (er war im Januar des Vorjahres für seine Verdienste um die britische Schiffahrt geadelt worden) sagte ebenfalls aus. Auch er gab an, nicht zu wissen, was sich ereignet hatte. Er behauptete, er habe nicht einmal das Protokoll der Mersey-Untersuchung gelesen und wisse nicht, welche Funksprüche oder sonstigen Instruktionen dem Kapitän zugegangen oder mitgegeben worden waren. Scanlan wies ihn auf die Tatsache hin, daß er, Sir Alfred, doch im Namen der Cunard Company bei den amerikanischen Gerichten die eidesstattliche Erklärung abgegeben habe, die Instruktionen und Funksprüche, die vor Lord Mersey zur Sprache gekommen waren, seien die einzigen überhaupt gewesen. Wie habe Sir Alfred, so fragte er ihn, eine solche Erklärung abgeben können, wenn er die Funksprüche und Instruktionen nicht gekannt habe? Sir Alfred erklärte, er habe sich von den maßgeblichen Stellen versichern lassen, daß es sich so verhalten habe. »Von wem?«, wollte Scanlan wissen. »Von der Admiralität«, erwiderte Booth und fügte hinzu, er habe eine ganze Reihe von Unterredungen gehabt, könne sich aber nicht erinnern, mit wem er gesprochen habe. Scanlan drückte sein Erstaunen darüber aus, daß der Cunard-Chef keine präziseren Antworten auf doch sehr simple Fragen geben könne. Sir Alfred verlor die Beherrschung. »Ich habe alle möglichen Noten und Anfragen von der Admiralität bekommen, und ich kann Ihnen genausowenig sagen, was darin steht, wie ich fliegen kann. Es hat also keinen Zweck, mich danach zu fragen [...] Sie können ruhig damit aufhören, denn ich kann Ihnen nicht wahrheitsgemäß antworten, weil ich es nicht weiß.«

Von Scanlan bedrängt, gab Booth zu, daß noch andere Instruktionen existierten, daß er ihren Inhalt aber nicht kenne. Urkundsbeamter Wynne schaltete sich ein und fragte ihn: »Gehe ich recht in der Annahme, daß sich diese Fragen, die solche Schwierigkeiten bereiten, auf ein Staatsgeheimnis beziehen?«

»Ja«, erwiderte Sir Alfred.

Captain Turner gab trotz vorheriger Einweisung ebenfalls zu, daß eine weitere Instruktion durchgegeben worden war, und ließ auch durchblicken, was sie enthalten hatte.

SCANLAN: Darf ich davon ausgehen, daß Sie im Augenblick alle Instruktionen im Kopf haben, die die Admiralität ausgegeben hat?

TURNER: Ja, recht gut.

SCANLAN: Diejenigen, die von Ihrer Gesellschaft angeführt wurden, und diejenigen, die nicht angeführt wurden ...

TURNER: Das wäre ein schönes Stück Arbeit, wenn ich Ihnen sagen sollte, was für Instruktionen ich von der Admiralität und allen möglichen anderen Leuten erhalten habe – ich könnte die Wände damit tapezieren.

SCANLAN: Ich spreche von den Instruktionen in diesem Papier hier [er zeigte Turner das veröffentlichte Protokoll von Lord Merseys Untersuchung] – mit diesen dreien könnten Sie nicht viel tapezieren.

TURNER: Nein, da haben Sie recht.

SCANLAN: Gehe ich recht in der Annahme, daß Sie von der Admiralität noch andere Instruktionen als diese hier erwähnten erhalten haben?

TURNER: Ja.

SCANLAN: Ich wünsche diese Instruktionen zu erfahren.

TURNER: Ich fürchte, bei diesem Wunsch wird es bleiben.

SCANLAN: Sie verweigern die Aussage?

TURNER: Ja. Unbedingt. Ich kann Sie nur mit allem Respekt an die Admiralität verweisen.

SCANLAN: Hatten Sie, bevor das Schiff am 1. Mai 1915 aus New York auslief, irgendwelche Admiralitäts-Instruktionen außer denen erhalten, die Sie bei der Befragung durch Mr. Butler Aspinall erwähnten?

TURNER: Ich kann mich an keine erinnern.

SCANLAN: Waren die anderen Instruktionen, ich meine die, die nicht öffentlich mitgeteilt wurden, Anweisungen der Admiralität bezüglich der Navigation der *Lusitania*?

TURNER: Ja, sie besagten, welcher Kurs einzuschlagen war.

Unverständlicherweise nutzte Scanlan, nachdem er die Existenz und die Bedeutung des vorenthaltenen Funkspruchs festgestellt hatte, den errungenen Vorteil nicht weiter aus. Er stellte auch nicht Turners Eingeständnis, daß er Instruktionen bezüglich der Navigation der *Lusitania* verschwieg, dem Brief von Sir William Graham Greene gegenüber, der dem Gericht vorgelesen wurde, nachdem Turner den Zeugenstand verlassen hatte. Sein Text verdient eine genaue Prüfung.

[...] Ich kann jedoch bestätigen, daß das Memorandum [...] in der Tat alle Instruktionen und Ratschläge enthält, die der *Lusitania* gegeben wurden und die für die Fragen bezüglich der Navigation des Schiffes von Belang sind, und daß es außerdem alle Funksprüche enthält, die von der Admiralität oder in ihrem Namen abgesandt und vom Kapitän der *Lusitania* empfangen wurden.[8]

Abgesehen von der Feststellung, daß die Admiralität Beweismaterial geheim hielt, erwies sich das in London gewonnene Material als von nur geringem Nutzen für die amerikanischen Kläger. Turner, Peskett und Sir Alfred Booth konnten sich den Unannehmlichkeiten eines Kreuzverhörs durch amerikanische Anwälte entziehen, die wahrscheinlich weniger zurückhaltend gewesen wären als Mr. Scanlan. Abschriften der Londoner Vernehmungen wurden allen beteiligten Parteien zugestellt, und die Cunard Company beantragte die Festlegung eines Prozeßtermins. Richter Julius B. Mayer bestimmte dafür den 24. Oktober 1917.

Die Kläger forderten in einem Gegenantrag, den Prozeß bis zum Ende des Krieges zurückzustellen, mit der Begründung, daß man dann die Admiralität zwingen könne, das zurückgehaltene Material freizugeben. Nach Rücksprache mit dem Vorsitzenden des Obersten Gerichts wies Mayer den Antrag der Kläger ab. Empört über diese Zurückweisung bat John M. Nolan von der Anwaltsfirma Nolan, Friedland and Digbey, die einen der Kläger vertrat, den Senator La Follette, einen glühenden Pazifisten und einflußreichen Verleger, das

Justizministerium zu bearbeiten. La Follette ging darüber noch hinaus. Seine beiden Hauptanliegen damals waren Pazifismus und Frauenstimmrecht. Um Nolan zu helfen, trat er an Ex-Außenminister Bryan heran, der ja die Hintergründe der Affäre kennen mußte, und wandte sich auch an Dudley Field Malone, der sich öffentlich für das Frauenstimmrecht ausgesprochen hatte. Daß er sich an Malone wandte, blieb Special Agent Bruce Bielaski nicht verborgen, der dem Präsidenten davon berichtete. Wilson beauftragte Finanzminister McAdoo, durch einen Privatsekretär einen vertraulichen Bericht über Malones Amtsführung erarbeiten zu lassen. Der Privatsekretär, W. B. Clagett, teilte dem Präsidenten am 7. September schriftlich mit, daß Malone seine Pflichten vernachlässige, und fügte einen Anwesenheitsbericht bei, aus dem hervorging, daß er sich kaum in seiner Dienststelle aufhielt.[9] Am gleichen Tag verlangte und erhielt Wilson Malones Rücktrittsgesuch, in dem dieser auf seine Beteiligung an der *Lusitania*-Affäre Bezug nahm und ankündigte, er werde sich in Zukunft der Sache des Frauenstimmrechts widmen, da ihm die Haltung der Regierung in dieser Frage nicht zusage.

Vierzehn Tage später, am 20. September, hielt Senator La Follette in St. Paul, Missouri, eine Rede, in der er sich mit der *Lusitania* und Lansings Doktrin befaßte, daß die Anwesenheit amerikanischer Staatsbürger an Bord gleich welchen Schiffs diesem Immunität verleihe. Er behauptete öffentlich: »Vier Tage, bevor die *Lusitania* auslief, wurde Präsident Wilson persönlich von Außenminister Bryan darüber informiert, daß die *Lusitania* 6 000 000 Schuß Munition geladen hatte, abgesehen von Sprengstoff; und daß die Passagiere, die mit dem Schiff zu fahren gedachten, dies unter Verletzung der Bestimmungen unseres Landes taten [. . .]« Er erläuterte sodann den Sinn des Passagiergesetzes von 1882 und fuhr fort: »Außenminister Bryan ersuchte Präsident Wilson, die Passagiere daran zu hindern, mit der *Lusitania* zu fahren. Ich erzähle Ihnen hier etwas, wovon Sie wahrscheinlich noch nichts gehört haben.«[10]

Die Rede, über die weithin berichtet wurde, löste im Senat Empörung aus. Es wurde ein Komitee gebildet, das den Ausschluß des Senators herbeiführen sollte. Wäre das Vorhaben zur Diskussion gekommen, wären viele Fragen, die jahrelang ungeklärt blieben, ans Licht gebracht worden. Um sich vor dem Senat zu rechtfertigen, verlangte La Follette die vollständigen Ladepapiere der *Lusitania* sowie Kopien von Malones Bericht und sämtliche übrigen sachdienlichen Informationen, die sich beim Schatzamt befinden mochten. Das Schatzamt verwies ihn an Lansing, der erklärte, die Unterlagen seien ins Archiv gekommen, da sie als Geheimdokumente gälten. Malone schrieb daraufhin an Lansing und den Vorsitzenden des Senatsausschusses und erbot sich, für La Follette auszusagen. Lansing mußte rasch handeln. Der Senat ließ den Ausschlußantrag fallen, Malone sagte nicht aus, und Richter Mayer vertagte den Antrag der Cunard Company auf die nächste Gerichtsperiode. La Follette hatte für Nolan einen Aufschub von sechs Monaten herausgeschlagen. Die Kläger hatten das Pech, daß man auf den Frieden noch ein Jahr warten mußte.

Richter Mayer berief die Verhandlung für den 7. April 1918 ein. Es war eine sterile Angelegenheit, die trotz der Vielzahl von Anwälten und der erregenden Fragen, um die es ging, nur wenig Publizität fand. Amerika befand sich seit einem Jahr im Krieg, und die Stimmung hatte sich gewandelt, seit die ersten Verlustlisten eingetroffen waren. Bevor man in die Beweisaufnahme eintrat, wurden alle Behauptungen, die sich auf Konterbandemunition, Truppen und Geschütze bezogen, fallengelassen. Richter Mayer drückte seine Freude darüber aus, indem er bemerkte: »Gut, jetzt ist diese Geschichte für immer erledigt.« [11]

Neue Aussagen zur Stabilität des Schiffes wurden gemacht, aber auf Anordnung des Marineministers [12] erfolgten sie unter Ausschluß der Öffentlichkeit, und über die betreffende Sitzung durfte weder in den Court Notices, dem *Law Journal*, noch im täglichen Terminkalender berichtet werden. Im Grunde bestätigten die neuen Aussagen die konstruktionsbedingte

Instabilität des Schiffes und brachten auch zutage, daß alle amerikanischen Passagierschiffe mit seitlichen Bunkern auf ein Querschotten-System umgerüstet wurden oder bereits umgerüstet worden waren, um eine Wiederholung der Katastrophe zu vermeiden.

Am 23. August 1918 sprach Richter Mayer die Cunard Company frei, wobei er davon ausging, daß der Angriff von U-20 nach der amerikanischen Auslegung des internationalen Rechts ein widerrechtlicher Akt gewesen sei. Von dieser Prämisse ging er zum amerikanischen Präzedenzrecht über, und befand, Fahrlässigkeit könne deshalb nicht vorliegen, weil die direkte Ursache des Unglücks ein widerrechtlicher Akt gewesen sei, es sei denn, Eigner und Kapitän des Schiffes wären an der Aktion von U-20 beteiligt gewesen. Da dem Gericht keine Beweise für eine solche Beteiligung vorlagen, war die Cunard Company freizusprechen. Juristisch war Mayers Entscheidung ebenso stichhaltig, wie sie gelegen kam. Er tat die unter Ausschluß der Öffentlichkeit gemachten Aussagen mit dem Hinweis ab, daß er, da ein widerrechtlicher Akt die Katastrophe verursacht habe, nicht beabsichtige, die »verschiedenen interessanten Argumente« [13] näher zu prüfen, die ihm vorgetragen worden seien.

Niemand erhob Einspruch gegen die Entscheidung. Die Kläger trugen ihre eigenen Kosten, und der Nettowert der Wracktrümmer, der sich auf 147 Pfund und 16 Shilling und 8 Pence belief, wurde unter ihnen aufgeteilt. Die Anwaltsgebühren von Lord, Day and Lord machten 77 695 Dollar und 19 Cent aus. Angesichts der amerikanischen Gerichtsentscheidung erledigte die Cunard Company alle anderen Ansprüche außergerichtlich, indem sie die Prozeßkosten der Kläger übernahm.

Es gab ein Beweisstück, das Richter Mayer nicht vorgelegt worden war, weil Präsident Wilson es noch in seinem Amtszimmer aufbewahrte. Es waren die Ladepapiere der *Lusitania* – die ursprüngliche Liste und die nachgereichte vierundzwanzig Seiten lange Aufstellung, die Dudley Field Malone ihm übergeben hatte. Der Präsident verschloß sie in einem

Umschlag mit dem Vermerk »Nur vom Präsidenten der Vereinigten Staaten zu öffnen« [14] und ließ sie dann in das Archiv des Schatzamts bringen, wo sie vor neugierigen Blicken genauso sicher waren wie die *Lusitania* hundert Meter tief und zwölf Meilen südlich des Old Head of Kinsale.

Captain Turner übernahm ein neues Kommando und wurde 1917 dreißig Meilen westlich von Zypern noch einmal torpediert, als er die *Link* befehligte. Er überlebte, und nach dem Krieg beförderte ihn die Cunard Company zum Commodore ihrer Linie. Im Jahre 1921 veröffentlichte Churchill *Die Weltkrise*, in der auch eine Darstellung des *Lusitania*-Desasters enthalten war, die nur als eine elegantere Version von Captain Webbs Memorandum bezeichnet werden kann. *Die Weltkrise* gilt heute als vierbändige Pflichtübung zur Selbstrechtfertigung, was Lytton Strachey sehr zutreffend charakterisierte, als er Maynard Keynes gegenüber bemerkte: »Winston hat ein vierbändies Buch über sich selbst geschrieben und es *Die Weltkrise* genannt.« [15] Die Darstellung, die damals eine weite Verbreitung erlangte, machte Turner für die Katastrophe verantwortlich. Turner trat in den Ruhestand, verbittert über die feindselige Kritik der Öffentlichkeit der Liverpooler Schifffahrtskreise. Er baute sich ein Häuschen in Yelverton in der Grafschaft Devonshire und betätigte sich als Imker, doch wiederum machte ihn die Presse ausfindig, und so begab er sich für anderthalb Jahre nach Australien, um nach seinen Söhnen zu forschen, die er seit der Untersuchung durch Lord Mersey nicht mehr gesehen hatte. Die Suche war vergeblich, und schließlich packte ihn doch das Heimweh nach Liverpool. Er fuhr zurück, um dort die letzten Jahre seines Lebens zu verbringen, versorgt von seiner Haushälterin Miß Every. Die Kinder in seinem Viertel mochten ihn, er brachte ihnen Seemannshanties bei und spielte dazu auf einer Geige. 1933 starb er an Darmkrebs, nachdem er die letzten fünf Jahre seines Lebens ans Bett gefesselt gewesen war. Zu Besuchern bemerkte er mit bitterem Humor: »Vorn und achtern bin ich in Ordnung, aber das Längsschott hat mich im Stich gelassen.« [16]

Admiral Sir Charles Coke mußte seine Flagge in Queenstown am 27. Mai 1915 einholen und wurde in den Reservestand versetzt. Ein halbes Jahr später wurde er reaktiviert als interimistischer Leiter der von Halifax, Neuschottland, abgehenden Truppentransporte – eine Position, die, wie ein ehemaliger Archivar des Admiralitäts-Archivs bemerkte, »als Ausdruck des Mißfallens ihrer Lordschaften gedeutet werden könnte« [17]. Admiral Hood wurde am 13. Mai 1915 zum Befehlshaber des Dritten Schlachtschiff-Geschwaders ernannt und kam bei der Skagerrak-Schlacht ums Leben.

Captain Hall und Captain Gaunt brachten es beide zu Konteradmiralen und wurden in den Ritterstand erhoben. Kapitänleutnant Schwieger ging am 17. September mit U-88 unter, während Admiral Sir Frederick Inglefield eines normalen Todes starb, genauso wie Sir Alfred Booth und Lord Mersey, dem im November 1915 der Titel eines Viscount verliehen wurde.

William Jennings Bryan blieb in der politischen Isolierung; er trat nur noch einmal kurz in das Blickfeld der Öffentlichkeit, als er in dem berüchtigten »Affenprozeß« im März 1925 die lokale Ansicht verteidigte, die Darwinsche Entwicklungslehre sei ein unschickliches Thema und solle nicht in der Schule gelehrt werden. Robert Lansing wurde von Präsident Wilson nach der Versailler Friedenskonferenz entlassen. Er veröffentlichte 1926 seine Kriegserinnerungen und zog sich nach Henderson Harbour zurück, um Barsche zu angeln und seinem Lieblingsneffen John Foster Dulles Mentordienste angedeihen zu lassen. Alfred Fraser fungierte weiter als pittoresker Unternehmer in den Randbezirken des Schaffellmarkts, und sein Name löst noch heute in Pelzhandelskreisen manches leise Schaudern aus. Dr. Ritter von Rettegh versank nach seiner Entlassung aus der Strafanstalt Cleveland in völliger Anonymität, während von Papen, nachdem er deutscher Reichskanzler geworden war, seine Karriere als deutscher Botschafter in der Türkei während des Zweiten Weltkriegs beendete und von diesem Posten aus noch einige bemerkenswerte Spionageoperationen ins Werk setzte. Churchill ging nach Frankreich als Kommandeur des 6. Bataillons der *Royal Scots Fusiliers* und wurde erst 1939 wieder First Lord of the Admiralty. Damals wurde sein berühmter Funkspruch an die Flotte gesendet: »Winston ist wieder da.« Nüchterner klang sein erster Auftrag vom 7. September an die Handelsabteilung: »Nennen Sie die Namen britischer Passagierschiffe, deren Versenkung Mutlosigkeit bei uns auslösen würde.«[18] Die Handelsabteilung nannte das Schwesterschiff der *Lusitania*, die *Mauretania*, und die *Queen Mary*. Beide Schiffe wurden sofort nach New York beordert, wo sie blieben, bis sie für Truppentransporte benötigt wurden.

Im Januar 1940 befanden sich Großbritannien und Amerika in einem Verhältnis, das mit dem vom Mai 1915 fast identisch war. Am 21. Januar wies Präsident Franklin Roosevelt Edwin M. Watson, einen seiner Sekretäre, an, ihm Präsident Wilsons Päckchen aus dem Archiv des Schatzamts zu bringen. Der damalige Zolleinnehmer Harry M. Durning suchte es heraus und gab es Watson, der es dem Präsidenten mit dem folgenden Begleitschreiben zuleitete:

THE WHITE HOUSE
WASHINGTON
1-26-40
MEMORANDUM FÜR DEN PRÄSIDENTEN
Dies kommt von Mr. Durning. Es sind die Original-Ladepapiere der *Lusitania*. Er wollte, daß ich den Umschlag öffne, aber ich möchte ihn lieber ungeöffnet an Sie übergeben. Ich habe mich bei Mr. Durning bedankt.

E. M. W [19]

Nachwort

Ich bin Harold Evans, dem Herausgeber der *Sunday Times*, zu Dank verpflichtet für seine Geduld während der letzten Jahre, ebenso meinen Kollegen bei dieser Zeitung, die mir bei den Ermittlungen und bei der Ausarbeitung geholfen haben – insbesondere Arnold Field für seine Arbeit in Liverpool, Sheila Robinette, Bob Ducas und Stephen Fay für ihre Nachforschungen in den Vereinigten Staaten und Philipp Knightley und David Leitch für entsprechende Bemühungen im näheren Umkreis.

Lieutenant-Commander Godfrey R. N. (a. D.), ein ehemaliger Archivar im Public Record Office, und Miß Karen de Groot stöberten für mich monatelang in den Archiven der Admiralität und des Foreign Office. Texte aus dem Public Record Office, für die die Krone das Copyright besitzt, sind in diesem Buch mit Genehmigung des Controller von Ihrer Majestät Stationery Office zitiert. Ich sage meinen Dank Dr. Gerd Sandhofer, dem Leiter der Marine-Abteilung des Militärarchivs in Freiburg, für seine Hilfe und die Erlaubnis zum Abdruck der Auszüge aus Bauers und Schwiegers Kriegstagebüchern; der University of Chicago Press, die mir Auszüge aus T. A. Bailey: ›German Documents Relating to the Lusitania‹, *Journal of Modern History*, zur Verfügung stellte; Mr. Thomas A. Bailey für die Überlassung von Auszügen aus ›The Sinking of the Lusitania‹, *American Historical Review;* und der Edward M. House Collection, Yale University Library. Außer den bei den Quellenangaben erwähnten Bibliothekaren bin ich den Bibliothekaren der London Library, der

Norfolk Library, der Norwich Library, des Middle Temple und der *Sunday Times* zu Dank verpflichtet, insbesondere denen der letztgenannten Bibliothek – »Pip« Yates und seine Mitarbeiter verloren trotz meiner ausgefallensten Wünsche nie die Geduld.

Auf technischem Gebiet halfen mir Don Wallace, ehemaliger Chef-Konstrukteur der Cunard Linie und Erbauer der *Queen Elizabeth 2*, Professor Cedric Ridgely-Nevitt vom Webb Institute of Naval Architecture, New York, Noel Bonsor, der Dampfschiff-Historiker, und David Kahn, der amerikanische Kryptograph. Lord Mancroft und der Vorstand der Cunard Company sowie die Anwälte der Gesellschaft, die Firma Hill, Dickinson and Co. in Liverpool (vor allem Mr. R. L. Adam) ließen mir jede Unterstützung zuteil werden; mein Dank gebührt auch Mr. Hendrick Williams, einem ehemaligen Assistant Secretary bei Cunard, der viel Zeit und Mühe darauf verwandte, die Unterlagen der Cunard Company durchzusehen und Mr. Adam zu helfen. Zu Dank verpflichtet bin ich außerdem Mr. J. S. M. Booth von Booth and Co. (International) Ltd. London, der mir alle Aufzeichnungen seines Vaters zugänglich machte und sie mir für dieses Buch zur Verfügung stellte. Die Direktoren von Booth and Co. gestatteten mir uneingeschränkt, die Geschäftskorrespondenz zwischen George und Alfred Booth zu verwerten. Ich konnte mir Miß Mabel Everys Erinnerungen an Captain Turner zunutze machen. Lord Mersey gestattete mir, seine Bibliothek zu benutzen und die *Lusitania*-Notizen seines Großvaters einzusehen, und Lady Mersey sorgte in den Lesepausen freundlicherweise für mein leibliches Wohl.

Ein Sprichwort unter Zeitungsleuten will wissen, daß hinter jedem *Sunday-Times*-Reporter ein guter Anwalt steht. Ich kann mich glücklich schätzen, die Unterstützung Mr. John Calderans von der Firma Theodore Goddard & Co. und Mr. James Evans', des Rechtsberaters der Times Newspaper Ltd. genossen zu haben.

Ich sprach stundenlang über die *Lusitania* mit John und Muriel Light in Kinsale, die über Konstruktion und Geschichte des Schiffes so gut Bescheid wissen wie nur irgendwer, und während meines Aufenthalts in Irland kümmerten sich Niall und Patsy Caughley in Garrettstown in vorzüglicher Weise um mich. Miß Susan Dakins von der *Sunday Times* schrieb das Manuskript ab. Und schließlich erlaubte mir meine Frau nicht nur, in unserer Wohnung ein ähnliches Chaos herzustellen, wie es im Feature-Raum der *Sunday Times* an einem hektischen Samstagabend herrscht, sondern brachte es auch fertig, die ganze Zeit so loyal und unerschütterlich zu bleiben wie 1966, als ich unsere Hochzeit um eine Woche verschob, damit ich in New York mit einem Taucher sprechen konnte.

Anmerkungen

Kapitel 1

1 Senatsdok. 191, 66. Kongreß, 2. Sitzung, Nr. 7670.
2 Hicks Beach, *Life of Sir Michael Hicks Beach*, II, 153.
3 P.R.O., ADM/116/940/B.
4 Joseph Chamberlain Papiere, Box JC 14/4.
5 Brief von Hill-Dickinson an Lord Inverclyde vom 19. März 1903, Cunard Archiv.
6 Cunard Archiv, Abkommen mit der Regierung Seiner Majestät.
7 Swan Hunter machte ursprünglich ein Angebot für den Bau der *Lusitania*, aber das dortige Trockendock hätte nur eine Schiffsbreite von 84 Fuß zugelassen. Peskett sprach sich gegen das Angebot von Swan Hunter aus mit der Begründung, eine solche Breite – es hätte sich um Verminderung von 3 Fuß 6 Zoll gehandelt – könne das Schiff »gefährlich unstabil« machen.
8 US. Distrikt Gericht, Southern District of New York ›Inquiry into the loss of the screw schooner Oregon‹ [›Untersuchung des Untergangs des Schraubenschoners Oregon‹], 17. April 1887.
9 Commissioner Wynne Hearings 1917 (Aussage Peskett), 1–29: Archiv des Justizministeriums.
10 Cunard Archiv, ›Instructions to Masters Lusitania and Mauretania‹.
11 Scale plan of the *Lusitania* [maßstabsgerechter Plan], John Brown Ltd., Clydebank.
12 Commissioner Wynne Hearings, a.a.O.
13 National Maritime Museum, Greenwich, Box 556, 1359–62.
14 Hansard, 5. Folge, Band LIX, Spalte 1583.

Kapitel 2

1 G. Booth an A. Booth, 25. September 1914 (vgl. 3. Kapitel, Anm. 1).
2 ›The oil engine and the submarine‹, Aufzeichnungen von Fisher.
3 W. S. Churchill, *The World Crisis,* rev. edn. 1931, 298.

[4] *Ebenda,* 724–5.
[5] Richmond diaries, 27. Februar 1915.
[6] P.R.O., ADM/116/1359, 23. Dezember 1914.
[7] G. Booth an A. Booth, 5. Oktober 1914.
[8] *Ebenda.*

Kapitel 3

[1] George Booth hinterließ bei seinem Tod 1970 eine unvollendete Autobiographie. Sein Sohn Mr. J. S. M. Booth gewährte mir uneingeschränkten Zugang zu diesem Manuskript, das in diesen Anmerkungen als ›Booth Autobiog.‹ bezeichnet wird. Drei weitere wichtige Booth-Quellen: Booths Privat- und Geschäftskorrespondenz und seine Tagebücher, hier als ›Booth Papiere‹ und ›Booth diaries‹ bezeichnet; die Korrespondenz zwischen George und Alfred ist erhalten in den *partnership letters* von Booth and Co., St. James's Street, London, SW 1, die hier als ›Partnership letters‹ bezeichnet werden, mit Datumsangabe. Zusätzliche Angaben über die Familie Booth machen A. H. John, *A Liverpool Merchant House*, London, 1959, und einige sehr freundliche ältere Mitglieder und Bedienstete des Reform Club, Pall Mall, London.

[2] Dieses Zitat und die Angaben über das Minenlegen stammen aus Marder, *From the Dreadnought to Scapa Flow*, II, 77–84.

[3] Booth partnership letters.

[4] Die Einzelheiten der Morgan-Operation in diesem und späteren Kapiteln sind zum großen Teil den Bänden über die ›Nye Committee hearings into the American Munitions industry‹ [Hearings des Nye-Ausschusses in Sachen der amerikanischen Munitionsindustrie] entnommen. Zahlreiche Akten mußten vorgelegt werden, und etwa 4000 zwischen Morgan and Co. und Lieferanten der Alliierten gewechselte Briefe wurden genau geprüft. Diese finden sich in geraffter Form in Senate Report No. 944, der dem 74. Kongreß (2. Sitzungsperiode) unterbreitet wurde. Die Nachlaßverwalter von Senator Gerald P. Nye und Mrs. Stephen Raushenbush besitzen holographische Kopien aller relevanten Stücke, und diese sind Lesern in der Library of Congress und der John Hopkins University zugänglich. Verwiesen wird auf diese Unterlagen mit der Bezeichnung ›Nye Committee‹. Die Booth-Autobiographie ergänzt diese Akten und liefert mehr »persönliche« Details.

Kapitel 4

1 J. P. Morgan an Henry White, 13. Juni 1914, White Papiere.

2 Bankier Wharton Barker an Senator Underwood, 14. August 1914: »Natürlich weiß jeder, daß der Finanzminister von Kredit und seinem Gebrauch fast keine Ahnung hat, und viele wissen, daß der Präsident in diesen Dingen ein Doktrinär ist, und deshalb sind alle, die etwas von der Anwendung des Kredits verstehen, äußerst besorgt.« (Wharton Barker Papiere)

3 American State Papers. Foreign Relations 1914, Suppl., 580.

4 Lansing an Bryan, 13. Oktober 1914, Bryan Papiere.

5 Nye-Committee, Dokument 2045; vgl. Baker, *Life and Letters of Woodrow Wilson*, V, 186–7. Bezüglich der Tätigkeit Lansings als Fürsprecher amerikanischer Finanzinteressen ist ein Dokument unter den Lansing-Papieren in der Kongreß-Bibliothek aufschlußreich, das den Titel trägt: ›Memorandum of a conversation with the President at 8.30 this morning relative to loans and credits to belligerent governments‹ [Memorandum eines Gesprächs mit dem Präsidenten um 8 Uhr 30 heute morgen, Anleihen und Kredite an kriegführende Regierungen betreffend]. Dieses Papier, das noch unter die Geheimhaltung fällt, lag als Dokument No. 2047 dem Nye Committee vor; die übrigen Dokumente sind nicht von der Geheimhaltung betroffen.

6 Lane, *Letters*, 164.

7 Lansing, *My War Memoirs*, 218.

8 *Ebenda*, 218–19.

9 P.R.O., ADM/137/1058, 71/A.

10 *Ebenda*, 167–70.

11 *Ebenda*, 150.

12 *Ebenda*, 199.

13 *Ebenda*, 198.

14 *Ebenda*, 196, 198, 199.

Kapitel 5

1 Bericht von Konteradmiral Sir Reginald Hall an Amos Peaselee, den New Yorker Anwalt, vom 14. Februar 1930. Das Protokoll des »Black Tom case« in der Bibliothek des Justizministeriums enthält eine vollständige Biographie von Curt Thummel. Er wird auch beiläufig erwähnt von Admiral Sir William James in seiner kurzen Biographie vor. Sir Reginald Hall, *The Eyes of the Navy*.

2 Hendrick, *Life and Letters of Walter Hines Page*, III, 361.

³ State Department Archives, 841.857. L 97/74, freigegeben am 29. April 1963.
⁴ P.R.O., ADM/137/1053/Oliver, 20. Mai 1915.
⁵ P.R.O., ADM/137/89/Oliver, 30. Januar 1915.
⁶ Bundesarchiv – Militärarchiv.
⁷ Fisher, *Memories and Records*, II, 215.

Kapitel 6

¹ Tirpitz, *Erinnerungen*, 2. Aufl., Leipzig 1920, 342.
² Diese Anekdote findet sich in einem Brief von Konteradmiral Arno Spindler, der damals zugegen war, an Charles Tansil, Albert-Shaw-Lektor in diplomatischer Geschichte an der John Hopkins University, vom 26. Oktober 1936.
³ Scheer, Germany 's High Seas in the World War, 230.
⁴ Foreign Relations, Suppl. 1915, 94.
⁵ Baker, *Life and Letters of Woodrow Wilson*, V, 246.
⁶ *Ebenda*, V, 247.
⁷ Cranch, *Reports of the U.S. Supreme Court,* Washington, 1817, IX, 388. Eine knappe, leichte verständliche Darstellung dieser Entscheidung des Obersten Bundesgerichts ist enthalten in Borchard and Lage, *Neutrality for the United States*, 111–12 und 119 ff.
⁸ Aussage von John Bassett Moore vor dem Senate Committee for Foreign Relations Hearings zu S. 3474: 74. Kongreß, 2. Sitzungsperiode, 1936, 185.
⁹ Telegramm von Wilson an House, 3. Februar 1915, House Papiere.
¹⁰ Lord Morley an Andrew Carnegie, 17. Februar 1915, Carnegie Papiere.
¹¹ Foreign Relations, Suppl. 1915, 98–9.
¹² *Ebenda*, Botschafter Page an Bryan, 20. Februar 1915.
¹³ Bryan an Sir Cecil Spring-Rice, 9. September 1914. Das britische Ersuchen, den letzten Satzteil zu streichen, ist in Lansings Handschrift am Rand vermerkt. Lansing Papiere.
¹⁴ *The Times*, London, 16. Juli 1914.
¹⁵ Zitiert in Bluell, *The Washington Conference*, 221.
¹⁶ House an Wilson, 5. Mai 1915, House Papiere. Auch zitiert in *The Intimate Papers of Colonel House*, hrsg. v. Seymour, II, 431–2.
¹⁷ Diese und die folgende Episode finden sich in Vierecks Schrift *Spreading the Germs of Hate*, 60 und 61.

Kapitel 7

[1-4] Diese Zitate stammen aus dem Cunard-Archiv. Angaben über die Besatzung der *Lusitania* und die Betriebskosten des Schiffes sind den im Besitz des Verfasser befindlichen Papieren von Charles Sumner entnommen.

[5] Die Angaben über Captain Turner stammen von Miss Mabel Every, die Turner 1908 kennenlernte. Während der Kriegsjahre lebte Turner von seiner Frau getrennt, und auf Bitten von Turners Schwester führte ihm Miss Every den Haushalt, wenn er nicht auf See war; sie blieb seine Haushälterin bis zu seinem Tod im Jahre 1933. Miss Every, die 92 Jahre alt ist, wenn dieses Buch in Druck geht, lebt noch immer in der Nähe von Liverpool.

[6] Die Schilderung der Vorgänge um die Zeitungsanzeige fußt auf Georg Vierecks eigener Darstellung dieser Vorgänge, die er 1930 veröffentlichte, und auf einer Reihe von Papieren, die er Graf Bernstorff, dem deutschen Botschafter in Washington, unterbreitete. Von Papens Memoiren streifen diese Episode, und es gibt einen ausgezeichneten und wissenschaftlichen Bericht von Admiral Spindler, *Der Lusitania-Fall*, veröffentlicht 1935.

[7] Fregattenkapitän Bauers Tagebuch befindet sich im Bundesarchiv – Militärarchiv. U/78/62017 Kriegstagebuch des Führers der Unterseeboote.

[8] Dr. Ritter von Retteghs eidesstattliche Erklärung und zahlreiche Dokumente zu diesem Komplex finden sich in den Archiven des State Department, Kennziffer 841.857 L.

Kapitel 8

[1] Curt Thummel alias Charles Thorne und Chester Williams tritt immer wieder im Fall »Black Tom« auf, der bereits erwähnt wurde (5. Kap., Anm. 1). Leachs Werdegang und Schicksal sind aufgezeichnet in Agent Bielaskis Bericht über ›Gustav Stahl‹, abgelegt bei der State-Department-Akte über die *Lusitania* (341.111 L 97/37). Dieser Bericht enthält auch den größten Teil des Materials über Hardenberg, Paul König und Kapitän Boy-Ed.

[2] Das Original des Ladeplans des Schiffes befindet sich im Cunard-Archiv, und die Einzelheiten über die Fracht sind den Ladepapieren entnommen, die zu den Papieren F. D. Roosevelts gehören. Die Liverpooler Chiffrenummer taucht auf den

Frachtbriefen auf, die bei der New Yorker Untersuchung zu den Beweisstücken zählten, und die Identität des Inhabers der Nummer ist auf den Ladepapieren bei den Roosevelt-Papieren festgestellt. Die Telegramme zur Frage nach der Stelle, wo die Munition gelagert war, befinden sich im Cunard-Archiv, ebenso die für die New Yorker Untersuchung ausgearbeitete, aber nicht benutzte Erklärung, daß gewisse Sektionen des F-Decks als Laderaum dienten. Der Frachtbrief der Bethlehem Steel Company ist Beweisstück No. 28, Archiv des New York District Court, Southern District, abgelegt am 11. Mai 1918. Mr. Frasers Fellieferungen werden durch die Ladepapiere bestätigt, und zwar in allen Exemplaren davon. Im Cunard-Archiv ist der Frachtsatz vermerkt, und die *Lusitania*-Akte des State Department enthält eine Reihe von Briefen, die sich auf die »Felle« beziehen, die in einem späteren Kapitel behandelt werden.

[3] Die Übernahme von Passagieren und Frachtgut der *Queen Margaret* ist in einem Memorandum Sumners an Cunard festgehalten, sowie in einer eidesstattlichen Erklärung, die er vor Lord, Day and Lord in New York abgab und die bei der New Yorker Untersuchung zur Sprache kam. Die Kabinenzuweisung an Mr. und Mrs. Matthews übergab die Cunard Company Donald Macmaster, Kronanwalt und Unterhausabgeordneter, der bei der Mersey-Untersuchung am 15. Juni 1915 als Rechtsvertreter der kanadischen Regierung erschien. Die Autopsieberichte stammen aus dem Cunard Archiv, in dem sich auch der Brief eines Sergeant Phelan von der Royal Irish Constabulary befindet, der um eine Belohnung für die Auffindung und Ablieferung der mutmaßlichen Leichen von Mrs. Matthews und ihrem Kind bittet.

[4] Die eidesstattliche Erklärung und die Auslaufgenehmigung befinden sich bei den Roosevelt-Manuskripten, Hyde Park, New York, und können eingesehen werden.

Kapitel 9

[1] Intermediate Third-Class Officer Lewis schrieb eine kurzgefaßte Darstellung der Katastrophe, die sich im Besitz des Verfassers befindet. Er zog sich schließlich nach Kalifornien zurück und gab viele Jahre hindurch zahlreichen Personen, die sich für die Geschichte der *Lusitania* interessierten, ebenso höflich wie kompetent Auskunft.

² Die Angaben über Captain Turners Besuch bei Sir Courtenay Bennett stammen von Miss Mabel Every.

³ Lansing an Bryan, 1. Mai 1915; fehlt bei den Bryan-Papieren, wird aber zitiert von Carlton Savage in *Policy of the United States towards Maritime Commerce in War*, 303–4.

⁴ *New York Times Magazine*, 31. Januar 1937, 3–27.

⁵ Über Schwiegers Operationen informieren das Logbuch von U-20 und sein Tagebuch.

Kapitel 10

¹ W. S. Churchill-Papiere, zitiert in Gilbert, *W. S. Churchill*, III, 185.

² Fisher an Jellicoe, Jellicoe-Papiere, 186.

³ *Ebenda.*

⁴ Asquith an seine Frau: »Es ist alles *Eitelkeit* – er wird von Eitelkeit verzehrt.« Papiere von Countess of Oxford and Asquith, zitiert im Margot-Asquith-Tagebuch, 289.

⁵ Clementine Churchill an W. S. Churchill. 187. Spencer-Churchill-Papiere.

⁶ Beatty an Ethel Beatty. 187. Beatty-Papiere.

⁷ Kenworthy and Young, *The Freedom of the Seas*, 211.

Kapitel 11

¹ *Liverpool Post*, 8. Mai 1915.

² Kriegstagebuch U-20, Bundesarchiv-Militärarchiv U/7/61534.

³ P.R.O., ADM/137/1058/3269 und Home Waters Telegrams and Instructions No. 17/8/2/15.

⁴ *The Life and Letters of Walter Hines Page*, hrsg. v. Hendrick, I, 436.

⁵ *Ebenda.*

⁶ Bericht von Wesley Frost an den Außenminister, Archiv des State Department 341.111.L. 97/61.

⁷ *The Intimate Papers of Colonel House*, hrsg. v. Seymour, I, 435.

⁸ Booth Autobiog. 149.

⁹ Seymour, *a.a.O.* I, 435.

¹⁰ Kriegstagebuch U-20. Bundesarchiv-Militärarchiv U/7/61534.

Kapitel 12

1 Kriegstagebuch U-20. Bundesarchiv-Militärarchiv U/7/61534.
2 Aussage von Thomas Madden, Mersey-Untersuchung, 47; P.R.O., Foreign Office 3711/773 (579).
3 Die privaten Papiere des Leiters des Marine-Nachrichtendienstes und seines Stabs werden im Navy Records Office, Bath, aufbewahrt und sind nicht zugänglich.
4 Aussage von Leslie Morton, Mersey-Untersuchung, 16–19: P.R.O., Foreign Office 3711/773 (579).
5 Alle Ereignisschilderungen in diesem Kapitel gehen auf eidesstattliche Erklärungen zurück, die Überlebende innerhalb einer Woche nach der Katastrophe abgaben.

Kapitel 13

1 Archiv des State Department 841.857. L 97/29. Richter Mayers Protokoll, 262–72 und 294–312.
2 Aussage von J. C. Morton, Mersey-Untersuchung 170–80: P.R.O., Foreign Office 3711/773 (579).
3 Archiv des State Department 841.857. L 97/80.
4 ADM/137/1058-X I, 101. Duplikat im Board of Trade Register M.T.9.

Kapitel 14

1 Nicolson, *Dwight Morrow,* 188–9.
2 *Policy of the United States towards Maritime Commerce in War,* hrsg. v. Carlton Savage, 335–37.
3 J. J. Horgan, *Parnell to Pearse,* Dublin, 1948, 372–6.
4 P.R.O., ADM/137/1058.
5 P.R.O., Board of Trade MT/9/1128.16308/1915.9949.
6 Webb-Memorandum, bei Lord Merseys Papieren, Duplikat im P.R.O., ADM/137/1058.
7 P.R.O., ADM/137/1058/3621, 129.
8 *Ebenda,* 130.
9 *Ebenda,* 143.
10 Die beste Darstellung gibt Gilbert, *W. S. Churchill,* III, 438–42.
11 Mersey-Papiere.

Kapitel 15

[1] *The Life and Letters of Walter Hines Page*, hrsg. v. Hendrick, III, 239.

[2] *Ebenda*, 243.

[3] *Ebenda*, 254.

[4] *The Public Papers of Woodrow Wilson*, III, 321.

[5] Hendrick, *a.a.O.*, II, 6.

[6] *Baltimore Sun*, 14. Mai 1915.

[7] Bryan an Wilson, 12. Mai 1915, Bryan-Papiere.

[8] Wilson an Bryan, 13. Mai 1915, *ebenda*.

[9] Bryan an Wilson, 13. Mai 1915, *ebenda*.

[10] Lansings Tagebuch, 8. Mai 1915, Lansing-Papiere.

[11] Memorandum L. M. Garrisons an William J. Flynn, Archiv des Justizministeriums; Kopie bei den Garrison-Papieren.

[12] William J. Flynn, ›Tapped wires‹, in: *Liberty*, 2. Juni 1928, 19.

[13] Wilson an Bryan, 13. Mai 1915, Bryan-Papiere.

[14] *Vossische Zeitung*, Berlin, Abendausgabe vom 18. Mai 1915.

[15] Lansing-Papiere.

[16] Bernstorff, *Deutschland und Amerika. Erinnerungen*. Berlin 1920, 154. Eine ähnliche Schilderung des Vorfalls gibt Dumba in seinen Erinnerungen.

[17] Wilson an Bryan, 20. Mai 1915, Bryan-Papiere.

[18] Lansing an Wilson, Kopie an Bryan, Bryan-Papiere.

[19] Lansing an Botschafter Gerard, 9. Juni 1915, *Senate Foreign Relations*, monatl. Suppl. für Juni, 436–8.

Kapitel 16

[1] Die Zitate in diesem und dem folgenden Kapitel sind dem veröffentlichten Protokoll der Untersuchung (P.R.O., Foreign Office 3711/773 (579)), dem Protokoll der nicht-öffentlichen Sitzungen (Cmd 381 1919) und dem veröffentlichten Gerichtsbericht (P.R.O., ADM/137/1058/9966) entnommen.

[2] Lord Merseys Papiere, auch in seiner nicht-öffentlichen Aussage an die betreffenden Anwälte. Die Stelle fehlt in der Admiralitäts-Akte über den Fall, aber eine Kopie befindet sich im British Museum, da sie in Cmd 381 1919 erschien, das zusammen mit den Foreign-Office-Papieren auch im P.R.O. ist.

[3] *Ebenda*.

[4] Archiv des State Department 841.857. L 97/encl. 4. Eidesstattlich

erklärt gegenüber US-Konsul Wesley Frost und über das Konsulat abgeschickt am 17. Juni 1915.

⁵ Erklärung in einem an Lansing gerichteten Brief, der die in Anm. 4 erwähnte Aussage von Mr. Adams begleitete.

⁶ Mersey-Papiere, Marichal an Mersey, 3. Juli 1915.

Kapitel 17

¹ Lord Merseys Bericht, 7: P.R.O., ADM/137/1058/9966, Blatt 81.

² Booth partnership letters, A. Booth an G. Booth, 21. Juni 1915.

³ Mersey-Papiere.

⁴ Der Durchschlag des vom 19. Juli 1915 datierten Briefes findet sich unter den Mersey-Papieren. Das Original befindet sich nicht bei Asquiths Papieren in der Bodleian Library, aber eine zweite Kopie ging zur Information an Lord Cromer, dessen vom 25. Juli datierte Empfangsbestätigung zu den Mersey-Papieren gehört.

Kapitel 18

¹ Mrs. – – – – an den Präsidenten der Vereinigten Staaten, 12. Juni 1915, Lansing-Papiere.

² Archiv des State Department 841.857. L 97/74; Kopie bei den Lansing-Papieren.

³ *Ebenda.*

⁴ P.R.O., Foreign Office 371/773 (579) vollständige Akte.

⁵ *Ebenda.*

⁶ *Ebenda.*

⁷ Diese Vorgänge werden auch in einem Telegramm von Botschafter Page an Lansing vom 20. August 1915 behandelt, zitiert in *U.S. Foreign Relations*, Suppl. 1915, 528. Eidesstattliche Erklärungen mehrerer US-Bürger sind ebenfalls in *Foreign Relations*, Suppl. 1915, 527–9, 543, 577, 605–6, 651 aufgeführt. Admiral Spindler geht ausführlich auf sie ein in *Der Handelskrieg mit U-Booten*, Berlin 1932–34, Bd. II. Der englische Autor E. K. Chatterton vergißt in *Q-Ships and their Story* zu erwähnen, wie man mit der Besatzung von U-27 verfuhr.

⁸ Lansing an Page, 18. Oktober 1915. *Foreign Relations*, Suppl. 1915, 567–7 sollte lauten: »ihre *nachsichtige* Einstellung [. . .] zu ändern [. . .]«

[9] Dieser Dialog ist jetzt freigegeben und auf U.S. National Archive Mikrofilmrolle 198/580 verfügbar. Diese Warnung wird wiederholt auf Rahmen 0376–7–8.

[10–12] Ausführlich behandelt wird dies auf U.S. National Archive Mikrofilm (M 367 Rolle 25 Rahmen 0074–0449). Aufzeichnungen auch bei den Lansing-Papieren.

[13] Lansing-Papiere und Diensttagebuch.

Kapitel 19

[1] Cunard-Archiv.

[2] *Ebenda.*

[3] *Ebenda*; auch Beweisstück A 99/1, Mayer-Untersuchung.

[4] Cunard Archiv.

[5] Lucius Beers an Lansing, 19. Mai 1917, Lansing-Papiere.

[6] Cunard-Archiv.

[7] *Ebenda.*

[8] *Ebenda.*

[9] State Department, Personalakte über D. F. Malone.

[10] La Follette, *Robert M. La Follette,* II, 376.

[11] Mayer-Protokoll, 8; Cunard Archiv.

[12] Marineminister an Mayer, *Lusitania*-Akte des Justizministeriums.

[13] Mayer decision [Gerichtsbeschluß der Mayer-Untersuchung], Southern District Court of New York, 23. August 1918.

[14] *Lusitania* manifest package [*Lusitania*-Ladepapiere], Naval MSS. collection von F. D. Roosevelt, Hyde Park, New York.

[15] Diese Anekdote wird berichtet von Sir Edward Marsh, Churchills ehemaligem Privatsekretär, der sowohl mit Strachey wie mit Keynes befreundet war.

[16] Miss Every, Captain Turners Haushälterin, im Gespräch mit Arnold Field von *Sunday Times,* Januar 1972.

[17] Lt. Com. Godfrey R. N. (i. R.) im Gespräch mit dem Verf., November 1971.

[18] Leslie Gardiner, *The British Admiralty,* Edinburgh, 1968, 371.

[19] Naval MSS Collection, Franklin D. Roosevelt Museum, Hyde Park, New York. Der Präsident ließ die Ladepapiere in eine Ledermappe einbinden. Es handelt sich natürlich um den Durchschlag des Originals, das zusammen mit dem Schiff verlorenging.

Quellen

A Die offiziellen Quellen

in Großbritannien

1. Unveröffentlichte Dokumente

Die unveröffentlichten britischen *Lusitania*-Dokumente sind weit verstreut. Im Public Record Office werden sie in drei verschiedenen (sich teilweise überschneidenden) Sammlungen aufbewahrt: im Archiv der Admiralität (Nr. ADM/137), im Archiv des Foreign Office in 300 verschiedenen Ordnern (die im Index des P.R.O. verzeichnet sind) und im Archiv des Board of Trade (Nr. MT/9). Die Unterlagen des Naval Intelligence Department, die sich auf die *Lusitania* und ihre Ladung beziehen, werden im Navy Records Office in Bath aufbewahrt, unterliegen aber immer noch der Geheimhaltung. Photokopien von Unterlagen, die sich auf Planung, Konstruktion, Änderungswünsche der Admiralität und Bewaffnungspläne beziehen, befinden sich im National Maritime Museum in Greenwich. Die Originale sind »verlegt« worden. Die Bewegungen der verschiedenen Schiffe, die in dieser Geschichte erwähnt wurden, sind den Monographien des Naval Staff entnommen, die in der Navy Library, Earls Court, eingesehen werden können. Die Funkbefehle wurden den Bänden der Home Waters Telegrams entnommen, die im Public Record Office gesammelt werden. Die Seite mit den Telegrammen vom 7. Mai 1915 fehlt nach Angaben des zuständigen Beamten »schon lange«. Eine beglaubigte Kopie der betreffenden Befehle befindet sich im Archiv des Ersten Viscount Mersey in Bignor Park, Sussex. Eine Abschrift der Untersuchungsergebnisse von Lord Mersey liegt in der British Museum Library (das Original hat Lord Mersey selbst behalten). Zwischen dem Original und den veröffentlichten Version gibt es mehrere kleine Unterschiede.

2. Veröffentlichte Dokumente

British Documents on the Origin of the War, 1898–1914, hrsg. v. G. P. Gooch und H. Temperley. Bd. I–XI, London, 1926–36.

British and Foreign State Papers 1914–17. Bd. CVII–CXI. London, 1917–1921.

Command Papers:

Cd 7816   1915   Correspondence between H.M.G. and the United States Government respecting the rights of belligerents.

Cd 8022   1915   Report of a formal investigation into the circumstances attending the foundering of the British steamship Lusitania.

Cd 8145   1916   Statement of the measures adopted to intercept the seaborne commerce of Germany.

Cd 7223   1916   Memorandum by H.M.G. and the French Government to neutral Governments regarding the examination of parcels and letter mails.

Cd 8225   1916   Correspondence with the United States Ambassador respecting the Trading with the Enemy Act 1915.

Cd 8233–4 1916   Further correspondence between H.M.G. and the United States Government respecting the rights of belligerents.

Cd 8349   1916   Memorandum respecting the treatment of belligerent submarines in Neutral waters.

in Amerika

1. Unveröffentlichte Dokumente

Die United States National Archives enthalten eine wesentlich vollständigere Dokumentensammlung zur *Lusitania*-Affäre als die britischen Archive. Die meisten Dokumente tragen die Signatur 341.111. L 97, und der Index der sogenannten ›decimal files‹ des State Department enthält mehr als zweitausend relevante Eintragungen, meist unter der Bezeichnung Confidential Box 141. Das Mikrofilm System der National Archives ermöglicht eine rasche Einsichtnahme. Die Berichte von Konsul Wesley Frost aus Queenstown enthalten die genaueste Darstellung der Katastrophe. Abschriften des Antrags der Cunard-Gesellschaft, ihre Haftung zu beschränken, und der Beweismaterialien, die Richter Julius B. Mayer im Southern District Court of New York vorgelegen haben, kann im Federal Records Bureau (Nr. A 61–169) eingesehen werden. Kopien zahlreicher Materialien des State Department befinden sich auch in den ›Proceedings of the Mixed Claims Commission of 1924‹, die im Federal Records Bureau aufbewahrt werden. Diese letztgenannte

Sammlung ist aber auch wegen zahlreicher Hinweise auf das Leben Gustav Stahls nach dem Kriege von Wert.

2. Veröffentlichte Dokumente

Compilation of the Messages and Papers of the Presidents, hrsg. v. James D. Richardson. 20 Bde., Washington, 1896–1927.

Congressional Records. 63rd and 64th Congress. Bd. LI–IV.

European War, III, Diplomatic Correspondence with Belligerent Governments relating to Neutral Rights and Duties. Washington, 1916.

Federal Reporter. Bd. CCLI, St Paul, 1918.

Federal Reserve Bulletin 1914–1917. 4 Bde., Washington, 1915–18.

Hearings before the Special Senate Committee [Nye Committee] on the investigation of the Munitions Industry. U.S. Senate, 74th Congress, 2nd session. Teil 25–32, Washington, 1937.

Hearings on Senate Bill 3474. U.S. Senate, 74th Congress, 2nd session. Washington, 1936.

Monthly Summary of the Foreign Commerce of the United States. Washington, 1914–17.

Papers relating to the Foreign Relations of the United States. Supplements. The World War, 1914–17. Washington, 1928–32.

Policy of the United States towards Maritime Commerce in War, hrsg. v. Carlton Savage. 2 Bde., Washington, 1936.

Report of the Federal Trade Commission on War Time Profits and Costs of the Steel Industry. 25. Juni 1924.

The United States Naval War Code. Washington, 1900.

Senate documents:

63rd Congress, 3rd session, No. 660.
66th Congress, 1st session, No. 62.
66th Congress, 2nd session, No. 191.
67th Congress, 2nd session, No. 176.
74th Congress, 2nd session: *Special confidential document printed for the use of the Special Senate Committee on the investigation of the Munitions Industry.* Washington, 1936.

Senate Reports:

42nd Congress, 2nd session, No. 183. Washington, 1872.
74th Congress, 2nd session, No. 994. Washington, 1936.

Proceedings of the Democratic National Convention, St Louis, Missouri, Juni 14–16 1916. Chicago, 1916.

The Public Papers of Woodrow Wilson. Authorised edition, hrsg. v. W. E. Dodd und R. S. Baker. New York 1925–27.

in Deutschland

1. Unveröffentlichte Dokumente

Fregattenkapitän Bauers Kriegstagebuch und das Logbuch von U-20 befinden sich in Freiburg im Militärarchiv des Bundesarchivs. Das Militärarchiv besorgte auch Unterlagen über Briefwechsel und Telefongespräche zwischen dem Marineministerium, dem Flottenstab, dem Reichskanzler und dem Außenministerium in den Jahren 1914 bis 1917; sowie Befehle und Anweisungen des Flottenstabs an die U-Boot-Kommandanten aus den selben Jahren.

2. Veröffentlichte Dokumente

German Official Documents relating to the World War. New York, 1923.
Die Große Politik der Europäischen Kabinette. Bd. XL.
The Kaiser's Speeches, hrsg. v. Wolf von Schierbrand. New York, 1923.

B Private Dokumente

(soweit nicht anders vermerkt, in der Handschriftenabteilung der Library of Congress)

ARNOLD-FORSTER, H. O. British Museum.

ASQUITH, EARL OF OXFORD AND. Bodleian Library, Oxford, by permission of Mr Mark Bonham-Carter.

BALFOUR, A. J. British Museum.

BARKER, WHARTON.

BAYARD, THOMAS.

BOOTH, ALFRED and GEORGE. Mr J. S. M. Booth and Booth and Co., London.

BRYAN, WILLIAM JENNINGS.

CARNEGIE, ANDREW.

CHAMBERLAIN, JOSEPH and AUSTEN. University of Birmingham Library.

CHOATE, JOSEPH H.

CUNARD COMPANY. Chairman's letter file and Board minutes.

GARRISON, L. M.

FISHER, ADMIRAL OF THE FLEET LORD. The Duke of Hamilton.

GORE, THOMAS P.

GREY, SIR EDWARD. Foreign Office Library.

HALL, CAPTAIN REGINALD. In Privatbesitz.

HOUSE, EDWARD M. Yale University Library.

HILL, DICKINSON AND CO. Mr R. L. Adam, Liverpool.

KITCHIN, CLAUDE. University of North Carolina.

LANSING, ROBERT M.

MAYER, JULIUS B. Archives of Department of Justice, New York.

MERSEY, IST VISCOUNT. 3rd Viscount Mersey, Bignor Park, Sussex.

MORGAN, J. P. Jr. Seine Korrespondenz ist nicht vollständig zugänglich. Etwa viertausend Briefe und Dokumente, die sich auf Rüstungskäufe beziehen, befinden sich bei den Akten des Komitees von Senator I. P. Nye, das eine Untersuchung über die Rüstungsindustrie vornahm (74th Congress, 2nd session. Washington, 1936).

MORLEY, JOHN. India Office Library.

PAGE, WALTER HINES. Johns Hopkins University.

RICHMOND, ADMIRAL SIR HERBERT. National Maritime Museum, Greenwich.

ROOSEVELT, FRANKLIN D. Naval MSS. collection, Hyde Park, New York.

ROOSEVELT, THEODORE.

ROOT, ELIHU.

SCHWIEGER, WALTER KURT. Bundesarchiv – Militärarchiv.

SPINDLER, ADMIRAL ARNO. Correspondence mit Professor Charles Seymour, Yale University Library, und mit Charles Tansill, Johns Hopkins University.

WHITE, HENRY.

C Briefe, Tagebücher und Autobiographien

ASQUITH, HERBERT, *Memories and Reflections 1852–1927*. 2 Bde., London, 1927.

BEAVERBROOK, LORD, *Politicians and the War*. London, 1928.

BERNSTORFF, JOHANN HEINRICH GRAF, *Erinnerungen und Briefe*. Zürich, 1936.

–, *Deutschland und Amerika. Erinnerungen aus dem 5-jährigen Kriege*. Berlin, 1920.

BETHMANN-HOLLWEG, THEOBALD VON, *Betrachtungen zum Weltkriege*. Berlin, 1920–21.

BROWNRIGG, SIR DOUGLAS, *Indiscretions of the Naval Censor*. London, 1920.

BRYAN, WILLIAM JENNINGS und MARY, *The Memoirs of William Jennings Bryan*. Philadelphia, 1925.

CHURCHILL, WINSTON S. *The World Crisis,* 4 Bde., London, 1923–27. Dt: *Die Weltkrise.* Berlin, 1946. [gek. Ausgabe]

DUMBA, CONSTANTIN, *Dreibund und Entente-Politik in der Alten und Neuen Welt.* Wien [1930].

FALKENHAYN, ERICH VON, *Die Oberste Heeresleitung 1914–16 in ihren wichtigsten Entschließungen.* Berlin, 1920.

FISHER, LORD (JOHN A.), *Memories and Records.* 2 Bde., New York, 1920.

GREY, VISCOUNT (EDWARD), *Twenty-five Years 1892–1916.* 2 Bde., London, 1924.

GWYNN, STEPHEN Hrsg., *The Letters and Friendships of Sir Cecil Spring-Rice.* 2 Bde., Boston, 1929.

HALDANE, RICHARD B., *An Autobiography.* New York, 1929.

HOFFMANN, MAX, *Der Krieg der versäumten Gelegenheiten.* München, 1924.

HOUSTON, DAVID F., *Eight Years with Wilson's Cabinet 1913–20.* New York, 1926.

JUSSERAND, JEAN J., *Le Sentiment américain pendant la guerre.* Paris, 1931.

LANE, FRANKLIN K., *Letter,* hrsg. v. A. W. Lane und L. H. Wall. Bosten, 1922.

LANSING, ROBERT M., ›Memorandum of Secretary Lansing‹, veröffentlicht von Allen Dulles im *New York Times* Magazin, 31. Jan. 1937.

–, *My War Memoirs.* Indianapolis, 1935.

LLOYD GEORGE, DAVID, *War Memoirs 1914–18.* London, 1932–33.

LODGE, HENRY CABOT, *Selections from the Correspondence of Theodore Roosevelt 1884–1918.* 2 Bde., New York, 1925.

LUDENDORFF, ERICH, *Urkunden der obersten Heeresleitung über ihre Tätigkeit 1916/18.* Berlin, 1920.

–, *Meine Kriegserinnerungen 1914–1918.* Berlin, 1919.

MCADOO, WILLIAM G., *Crowded Years.* Boston, 1931.

PARKER, SIR GILBERT, ›The United States and the War‹, *Harper's Magazine,* März 1918, 521–31.

REDFIELD, WILLIAM C., *With Congress and Cabinet.* New York, 1924.

REPINGTON, CHARLES A COURT, *The First World War 1914–18.* 2 Bde. London, 1920.

SCHEER, REINHOLD, *Deutschlands Hochseeflotte im Weltkrieg. Persönl. Erinnerungen.* Berlin, o. J.

SCHURZ, CARL, *Speeches, Correspondence and Political Papers,* hrsg. v. Frederick Bancroft. 6 Bde., New York, 1913.

SEYMOUR, CHARLES Hrsg., *The Intimate Papers of Colonel House*. 2 Bde., Boston, 1926.

SHARP, WILLIAM G., *War Memoirs*. London, 1931.

TIRPITZ, ALFRED VON, *Erinnerungen*. 2 Aufl., Leipzig, 1920.

–, *Politische Dokumente*. 2 Bde., Berlin – Stuttgart, 1924; Hamburg – Berlin, 1926.

TUMULTY, JOSEPH P., *Woodrow Wilson as I know him*. New York, 1921.

VORSE, MARY. *A Footnote to Folly*. New York, 1935.

WHITLOCK, BRAND. *The Letters and Journal*, hrsg. v. Allan Nevins. 2 Bde., New York, 1936.

WILHELM II., *Ereignisse und Gestalten aus den Jahren 1878–1918*. Leipzig und Berlin, 1922.

D Weitere Literaturhinweise

ADAMS, JAMES T., ›Anglo-American Relations‹, *Landmark XVI*, 629–33.

ALLISON, CHARLES R. Hrsg., *Alien Enemies and Property Rights under the Trading with the Enemy Act*. New York, 1921.

ALPHAUD, GABRIEL, *L'Action allemande aux Etats Unis, de la mission Dernberg à l'incident Dumba*. Paris, 1915.

ANDERSON, CHANDLER P., ›The British prize court decision in the Chicago packing house case‹, *American Journal of International Law*, XI, 1917, 251–69.

APPUHN, CHARLES, ›L'Ambassade de Bernstorff à Washington‹, *Revue d'Histoire de la Guerre Mondiale*, III, 1925, 297–329.

ARCHIBALD, JAMES F. J., ›New Light on Ambassador Dumba's Recall‹, *Current History*, XXXV, 1931, 210–15.

BAILEY, THOMAS A., ›German Documents Relating to the Lusitania‹, *Journal of Modern History*, VIII, 1936, 320–37.

–, ›The Sinking of the Lusitania‹, *American Historical Review*, XLI, 1935–36, 54–73.

–, ›The United States and the Blacklist During the Great War‹, *Journal of Modern History*, VI, 1934, 14–35.

–, ›World War Analogues of the Trent Affair‹, *American Historical Review*, XXXVIII, 1932–33, 286–90.

BAKER, RAY S., *Woodrow Wilson: Life and Letters*. 5 Bde., New York, 1927–35.

BASSETT, JOHN S., *Our War With Germany*. New York, 1919.

BATY, THOMAS, ›Neglected Fundamentals of Prize Law‹, *Yale Law Journal*, XXX, 1920–21, 34–47.

–, ›Danger Signals in International Law‹, *Yale Law Journal*, XXXIV, 1924–25, 457–79.

–, ›The Declaration of London‹, *Empire Review*, Juli 1911, 361 ff.

–, ›Judge Betts and Prize Law‹, *Transactions of the Grotius Society*, XI, 1926, 21–6.

BEARD, CHARLES A., *The Devil Theory of War*. New York, 1936.

–, ›New Light on Bryan and War Policies‹, *New Republic*, 17 Juni 1936, 177–8.

BELL, EDWARD P., *The British Censorship*. London, 1951.

BELLOT, HUGH L., ›The Right of a Belligerent Merchantman to Attack‹, *Transactions of the Grotius Society*, VIII, 1922, 43–58.

BEMIS, SAMUEL F., *A Diplomatic History of the United States*. New York, 1937.

BENTWICH, NORMAN D., *The Declaration of London*. London, 1911.

BISHOP, JOSEPH B., *Theodore Roosevelt and His Times*. 2 Bde., New York, 1920.

BLUELL, R. L., *The Washington Conference*. New York, 1922.

BORCHARD, EDWIN, *Review of International Law and the World War* von James W. Garner, *The Nation*, 20. Juli 1921, 72–3.

BORCHARD, EDWIN und LAGE, W. P., *Neutrality for the United States*. New Haven, 1937.

BRIERLY, JAMES L., ›International Law in England‹, *Law Quarterly Review*, LI, 1935, 24–35.

BRIGGS, HERBERT W., *The Doctrine of Continuous Voyage*. Baltimore, 1926.

BROOKS, SIDNEY, ›America at the Cross-Roads‹, *The English Review*, XX, 1915, 356–66.

BRUNAUER, ESTHER C., ›The Peace Proposals of December 1916 – January 1917‹, *Journal of Modern History*, IV, 1932, 544–71.

BRUNTZ, GEORGE C., ›Propaganda as an Instrument of War‹, *Current History*, XXXII, 1930, 743–7.

BUELL, RAYMOND L., *The Washington Conference*. New York, 1922.

CAMPBELL, REAR-ADMIRAL GORDON, *My Mystery Ships*. London; o. J.

CECIL, SIR ALGERNON, *British Foreign Secretaries, 1807–1916*. London, 1927.

CHAMBERLAIN, JOSEPH, ›The Embargo Resolutions and Neutrality‹, *International Conciliation*, Juni 1929.

CHATTERTON, EDWARD K., *Q-Ships and Their Story*. London, 1922.

CHIROL, VALENTINE, *Cecil Spring-Rice: In Memoriam*. London, 1919.

CLAPP, EDWIN J., *Economic Aspects of the War*. New Haven, 1915.

COHEN, SIR ARTHUR. *The Declaration of London*. London, 1911.

COLE, SANFORD D., ›Belligerent Merchantmen in Neutral Ports‹, *Transactions of the Grotius Society*, III, 1918, 23 ff.

CONSETT, MONTAGUE W. W. P. und DANIEL, O. H., *The Triumph of Unarmed Forces, 1914–1918*. New York, 1923.

CORBETT, SIR JULIAN S., *Naval Operations*. 2 Bde., London, 1920–1921.

COREY, LEWIS, *The House of Morgan*. New York, 1930.

CRECRAFT, EARL W., *Freedom of the Seas*. New York, 1935.

CROWELL, BENEDICT, *America's Munitions, 1917–1918*. Washington, 1919.

CURTI, MERLE E., *The American Peace Crusade*. Durham, 1929.

–, *Bryan and World Peace*. Northampton, 1931.

DANIELS, JOSEPHUS, *The Life of Woodrow Wilson, 1856–1924*. Philadelphia, 1924.

DAVIS, ELMER, *History of the New York Times*. New York, 1921.

DEMARTIAL, GEORGES, *Comment on mobilisa les consciences*. Paris, 1922.

DENNIS, ALFRED L. P., *Adventures in American Diplomacy*. New York, 1928.

DEWEY, DAVIS R., *Financial History of the United States*. New York, 1928.

DODD, WILLIAM E., *Woodrow Wilson and His Work*. New York, 1920.

DOYLE, SIR ARTHUR CONAN, ›Danger!‹, *Collier's Weekly*, 22. August 1914, 5 ff. und 29. August 1914, 7 ff.

ELLIOTT, CHARLES B., ›The Doctrine of Continuous Voyage‹, *American Journal of International Law*, I, 1907, 61–104.

FAY, SIDNEY B., *The Origins of the World War*. New York, 1928.

FAYLE, CHARLES E., *Seaborne Trade*. 3 Bde., London, 1920–24.

FLYNN, WILLIAM J., ›Tapped Wires‹, *Liberty*, 2. Juni 1928, 19–22.

FRENCH, GERALD, *The Life of Field-Marshal Sir John French*, London, 1931.

FROST, WESLEY, *German Submarine Warfare*. New York, 1918.

FULLER, JOSEPH V., ›William Jennings Bryan‹ in *American Secretaries of State and Their Diplomacy*, X, 3–44. New York, 1929.

–, ›The Genesis of the Munitions Traffic‹, *Journal of Modern History*, VI, 1934, 280–93.

GANTENBEIN, JAMES W., *The Doctrine of Continuous Voyage*. Portland, 1929.

GARNER, JAMES W., *Prize Law During the World War*. New York, 1927.

–, *International Law and the World War.* 2 Bde., New York, 1920.

GAYER, CAPT. ALBERT, ›Summary of German Submarine Operations in the Various Theaters of War from 1914 to 1918‹, *Proceedings of the United States Naval Institute*, LI, 1926, 621–59.

–, *Die Deutschen U-Boote in ihrer Kriegführung, 1914–1918.* Berlin, 1920.

GILBERT, MARTIN, *W. S. Churchill.* Bd. IV, London, 1972.

GRAHAM, MALBONE W., *The Controversy Between the United States and the Allied Governments Respecting Neutral Rights and Commerce during the Period of American Neutrality, 1914–1917.* Austin, 1923.

GROOS, OTTO, *Der Krieg in der Nordsee.* 5 Bde., Berlin, 1922–25.

GUICHARD, LT LOUIS, *The Naval Blockade,* übersetzt v. Christopher R. Turner. London, 1930.

HENDRICK, BURTON J. Hrsg., *The Life and Letters of Walter Hines Page.* 3 Bde., London, 1925.

HICKS BEACH, LADY VICTORIA, *Life of Sir Michael Hicks Beach.* 2 Bde., 1932.

HIGGINS, A. PEARCE, *Studies in International Law and Relations.* Cambridge, 1928.

HOUGHTON, W. H. ›The Albert Portfolio‹, *Saturday Evening Post,* 17. August 1929, 117.

HOWDEN-SMITH, ARTHUR D., *The Real Colonel House.* New York, 1918.

HURD, SIR ARCHIBALD S., *The Merchant Navy.* 3. Bde., London 1921–29.

HYDE, CHARLES C. *International Law Chiefly as Interpreted and Applied by the United States.* 2 Bde., Boston, 1922.

JAMES, ADMIRAL SIR WILLIAM, *The Eyes of the Navy.* London, o. J.

JANE, FRED T., *Fighting Ships.* London, 1914.

KEIM, JEANETTE, *Forty Years of German-American Political Relations.* Philadelphia, 1919.

KENWORTHY, JOSEPH M. und YOUNG, GEORGE, *Freedom of the Seas.* New York, 1927.

LA FOLLETTE, B. und F., *Robert M. La Follette,* 2 Bde., New York, 1953.

LAMONT, THOMAS W., *Henry P. Davison.* New York, 1933.

–, Aufsatz im *Manchester Guardian,* 27 January 1920.

LAURENS, ADOLPHE, *Histoire de la guerre sous-marine Allemande.* Paris, 1939.

LAURIAT, CHARLES E., *The Lusitania's Last Voyage.* New York, 1915.

LAWRENCE, DAVID, *The True Story of Woodrow Wilson.* New York, 1924.

LINGELBACH, WILLIAM E., ›England and Neutral Trade‹, *The Military Historian and Economist*, II, 1917, 153–78.

LINK, PROFESSOR A. S., *Woodrow Wilson.* Vols. I–III. Princeton, 1947–1965.

LODGE, HENRY C., *Senate and the League of Nations.* New York, 1925.

LUETZOW, CAPT. FRIEDRICH, ›Der Lusitania-Fall‹, *Süddeutsche Monatshefte*, XVIII, 1921, 391 ff.

Lusitania-Fall, Der, Breslau, 1915. (Eine Zusammenstellung von Artikeln deutscher Professoren, die sich auf den Untergang der *Lusitania* beziehen.)

LUTZ, HERMANN, *Lord Grey and the World War.* New York, 1928.

MCMASTER, JOHN B., *The United States and the World War.* New York, 1918.

MARDER, A. J., *From the Dreadnought to Scapa Flow.* 4 Bde., Oxford, 1964–70.

MATHEWS, JOHN M., *The Conduct of American Foreign Relations.* New York, 1928.

MICHELSEN, ANDREAS H., *Der U-Bootskrieg.* Leipzig, 1925.

MILLIS, WALTER., *Road to War.* Boston, 1935.

MONGER, J. W., *The End of Isolation.* London, 1964.

MONTAGUE, VICTOR A., ›For and Against the Declaration of London‹, *Nineteenth Century and After*, LXIX, 1911, 414–16.

MONTGELAS, MAX, *British Foreign Policy under Sir Edward Grey.* New York, 1928.

MOORE, JOHN B., *Principles of American Diplomacy*, New York, 1918.

–, Statement during Hearings on Senate Bill, 3474, Senate Committee on Foreign Relations, 74th Cong., 2nd sess.

–, *Digest of International Law.* 8 Bde., Washington, 1906.

MORLEY, JOHN, ›On the Eve of Catastrophe‹, *New Republic*, 10. Oktober 1928, 194–200.

NICOLSON, HAROLD, *Dwight Morrow.* New York, 1935.

NOTTER, HARLEY, *The Origins of the Foreign Policy of Woodrow Wilson.* Baltimore, 1937.

NOYES, ALEXANDER D., *The War Period of American Finance.* New York, 1926.

OSUSKY, STEPHEN, ›The Secret Peace Negotiations Between Vienna and Washington‹, *Slavonic Review*, IV, 1926, 657–68.

OWSLEY, FRANK L., *King Cotton Diplomacy.* Chicago, 1931.

PARMELEE, MAURICE, *Blockade and Sea Power.* New York, 1924.

PAXSON, FREDERIC L., *The Pre-War Years, 1913–1917.* Boston, 1936.

PHILIPS, ETHEL C., ›American participation in belligerent commercial controls, 1914–1917‹, *American Journal of International Law*, XXIV, 1933, 675–93.

PIGGOTT, SIR FRANCIS, *The Neutral Merchant and Contraband of War and Blockade*. London, 1915.

POHL, HEINRICH, *Amerikas Waffenausfuhr und Neutralität*. Berlin, 1917.

POLLOCK, SIR FREDERICK, ›The Declaration of London‹, *Law Quarterly Review*, XXVII, 1911, 269–70.

PONSONBY, ARTHUR, *Falsehood in War-Time*. New York, 1928.

POTTER, PITMAN B., *Freedom of the Seas*. New York, 1924.

PRATT, JULIUS W., ›The British Blockade and American Precedent‹, *United States Naval Institute Proceedings*, XLVI, 1920, 1789–1802.

–, ›Robert Lansing‹, in: Samuel F. Bemis, *American Secretaries of State and their Diplomacy*, X, 47–175. New York, 1929.

–, *Expansionists of 1898*. Baltimore, 1936.

PRENDERGAST, MAURICE und R. H. GIBSON, *The German Submarine War 1914–1918*. New York, 1931.

PYKE, HAROLD R., *The Law of Contraband of War*. London, 1915.

ROBINSON, EDGAR E. und WEST, V. J., *The Foreign Policy of Woodrow Wilson, 1913–1917*. New York, 1917.

ROOSEVELT, THEODORE, *America and the World War*. New York, 1914.

SALTER, SIR ARTHUR, *Allied Shipping Control*. Oxford, 1921.

SCOTT, JAMES B., *A Survey of International Relations between the United States and Germany*. New York, 1917.

SEYMOUR, CHARLES Hrsg., *The Intimate Papers of Colonel House*. 2 Bde., Boston, 1926.

–, *Woodrow Wilson and the World War*. New Haven, 1921.

–, *American Diplomacy during the World War*. Baltimore, 1934.

–, *American Neutrality, 1914–1917*. New Haven, 1935.

SIMS, ADMIRAL WILLIAM S., ›The truth about German submarine atrocities‹, *Current History*, XVIII, 1923, 355–63.

SKAGGS, WILLIAM H., *The German Conspiracies in America*. London, 1915.

SNOW, FREEMAN, *International Law*. Washington, 1888.

SPENDER, JOHN A. und ASQUITH, CYRIL, *Life of Herbert Henry Asquith, Lord Oxford and Asquith*. 2 Bde., London, 1932.

SPERRY, EARL E. und WEST, W. M., *German Plots and Intrigues in the United States during the Period of Our Neutrality*. Washington, 1918.

SPINDLER, KONTERADMIRAL ARNO, ›Der Lusitania Fall‹, *Berliner Monatshefte,* Mai 1935, 402–10.

–, ›Der Eintritt der Vereinigten Staaten in den Weltkrieg‹, *Berliner Monatshefte,* April 1937, 281–321.

–, ›The Value of the Submarine in Naval Warfare‹, *Proceedings of the United States Naval Institute,* LI, 1926, 835–54.

–, *Der Handelskrieg mit U-Booten.* 3 Bde., Berlin, 1932–1934. *(La Guerre sous-marine,* trans. Captain René Jouan. 3 Bde. Paris, 1933–35.)

SQUIRES, JAMES D., *British Propaganda at Home and in the United States, 1914–1917.* Cambridge, 1935.

STOLBERG-WERNIGERODE, GRAF OTTO, *Deutschland und die Vereinigten Staaten von Amerika im Zeitalter Bismarcks.* Berlin, 1933.

STRAUS, OSCAR S., *Under Four Administrations.* Boston, 1922.

STREET, CECIL J. S., *Lord Reading.* London, 1928.

STROTHER, FRENCH, *Fighting Germany's Spies.* New York, 1918.

–, ›America, a New World Arsenal‹, *World's Work,* XXXI, 1916, 321–33.

TANSILL, C. C., ›*America Goes to War‹.* Boston, 1938.

THUILLIER, SIR HENRY F., ›Can Methods of Warfare be Restricted?‹, *Journal of the Royal United Service Institution,* LXXXI, 1936, 264–76.

TREVELYAN, GEORGE M., *Grey of Fallodon.* Boston, 1937.

TRIMBLE, E. G., ›Violations of Maritime Law by the Allied Powers during the World War‹, *American Journal of International Law,* XXIV, 1930, 79–99.

TURLINGTON, EDGAR, *Neutrality: Its History, Economics and Law.* Bd. VIII.

VAGTS, ALFRED, *Deutschland und die Vereinigten Staaten in der Weltpolitik.* 2 Bde., London, 1925.

–, ›Colonel House‹, *Europäische Gespräche,* VII, 1929, 430–42.

VALENTIN, VEIT, *Deutschlands Außenpolitik von Bismarcks Abgang bis zum Ende des Weltkrieges.* Berlin, 1921.

VAN ALSTYNE, RICHARD, ›The Policy of the United States Regarding the Declaration of London, at the Outbreak of the Great War‹, *Journal of Modern History,* VII, 1935, 434–47.

–, ›Private American Loans to the Allies, 1914–1916‹, *Pacific Historical Review,* II, 1933, 180–93.

VIALLATE, ACHILLE, *Les Etats-Unis et le Conflit Européen,* 4 Août 1914–6 Avril 1917. Paris, 1919.

VIERECK, GEORGE S., *Spreading the Germs of Hate.* New York, 1930.

–, *The Strangest Friendship in History.* New York, 1932.

WARREN, CHARLES, ›Troubles of a Neutral‹, *Foreign Affairs*, XII, 1934, 377–95.

–, ›Safeguards to Neutrality‹, *Foreign Affairs*, XIV, 1936, 199–215.

WHITE, WILLIAM A., *Woodrow Wilson.* Boston, 1924.

WHITNEY, EDSON L., *The American Peace Society.* Washington, 1928.

WILLIAMS, BENJAMIN H., *Economic Foreign Policy of the United States.* New York, 1929.

WINKLER, JOHN K., *Morgan the Magnificent.* New York, 1931.

WOOLSEY, LESTER H., ›The Personal Diplomacy of Colonel House‹, *American Journal of International Law*, XXL, 1927, 706–15.

WRIGHT, QUINCY, *The Control of American Foreign Relations.* New York, 1922.

Bildnachweis

Archiv Bodo Herzog, Oberhausen (Bild Nr. 11, 12, 13, 16)
Brown Brothers, New York (Bild Nr. 1, 2, 3, 22)
Bundesarchiv-Militärarchiv, Freiburg i. Br. (Bild Nr. 9, 10)
Cunard, London (Bild Nr. 5)
The Mansell Collection, London (Bild Nr. 6, 7, 21)
Lord Mersey, Pulborough (Bild Nr. 17, 18)
The Press Association Ltd., London (Bild Nr. 4)
Radio Times Hulton Picture Library, London (Bild Nr. 8, 14, 19, 20)
Topix, London (Bild Nr. 15, 23)

Der Schlüssel zum Admiralitäts MV Code Serie 1, der bei den Funksprüchen an die *Lusitania* während ihrer letzten Reise verwendet wurde. Siehe Fotos Nr. 17 und 18.
Zur Entschlüsselung werden fortlaufend die Ziffern der Zahl 41513 von der Nummer des Buchstabens im Alphabet (A = 1, B = 2 usw.) abgezogen. Z. B.:

4	1	5	1	3	4	1	5	1	3
w	v	g	n	d	v	j	s	f	v
s	u	b	m	a	r	i	n	e	s

Herbert von Borch

AMERIKA
Dekadenz und Größe

Fischer

Band 3495

Welche Rolle wird Amerika, die Weltmacht Nr. 1, in Zukunft spielen? – Diese Frage drängt sich auf zu Beginn eines Jahrzehnts, in dem die Supermächte sich bedrohlich und mißtrauisch gegenüberstehen und in dem der Anti-Amerikanismus überall in der Welt um sich greift. Antwort geben kann eine differenzierte und realistische Darstellung der amerikanischen Wirklichkeit, wie sie der Autor dieses Buches entwirft. Er schöpft dabei aus historischen und philosophischen Quellen, aus gesellschaftlichen und politischen Veränderungen.

Von Borch sieht Zeichen der Schwäche, der Entfremdung, der innen- und außenpolitischen Vertrauenskrisen: Zeichen des unvermeidlichen Schrumpfungsprozesses einer einst ungeheuren Macht. Gleichzeitig fängt er die andere Stimmungslage im Innern ein: Dekadenz, Vereinzelung, Narzißmus, konservatives Machtstreben, die Allgewalt des Fernsehens, revolutionärer Wandel der Moral. Dennoch ist für von Borch ›Amerika‹ weiterhin lebendig: in der Durchlässigkeit des Staatsgebildes, der Fähigkeit zur Selbstkorrektur und nicht zuletzt auch in den Lebensformen seiner einzigartigen Landschaften und Städte. Darin sieht er auch heute noch die Größe der Vereinigten Staaten.

Fischer Taschenbuch Verlag

fi 530/1